Schriften zur Kriminologie

herausgegeben von

Prof. Dr. Katrin Höffler, Universität Leipzig
Prof. Dr. Johannes Kaspar, Universität Augsburg
Prof. Dr. Jörg Kinzig, Eberhard Karls Universität Tübingen
Prof. Dr. Ralf Kölbel, Ludwig-Maximilians-Universität München

Band 31

Konstantin Hemmert-Halswick

Die strafrechtliche Beteiligung in Fällen organisierter Kriminalität

Nomos

Onlineversion
Nomos eLibrary

Die Deutsche Nationalbibliothek verzeichnet diese Publikation in
der Deutschen Nationalbibliografie; detaillierte bibliografische
Daten sind im Internet über http://dnb.d-nb.de abrufbar.

Zugl.: Tübingen, Univ., Diss., 2023

ISBN 978-3-7560-1407-1 (Print)
ISBN 978-3-7489-1947-6 (ePDF)

D 21

1. Auflage 2024

Vorwort

Organisierte Kriminalität ist in den letzten Jahren – zumindest in Deutschland – etwas aus dem Blickfeld der juristischen Forschung geraten. Neben einer Verlagerung der kriminalpolitischen Schwerpunktsetzung dürfte dies vor allem darauf zurückzuführen sein, dass die Erforschung organisierter Kriminalität sowohl auf empirischer als auch auf juristisch-definitorischer Ebene Schwierigkeiten bereitet. Die im Rahmen der vorliegenden Arbeit durchgeführte Betrachtung der strafrechtlichen Beteiligung in Fällen organisierter Kriminalität ist insofern auch als der Versuch zu verstehen, organisierte Kriminalität in juristischer Hinsicht (wieder) greifbarer werden zu lassen.

Entstanden ist die Arbeit im Zeitraum von 2020 bis 2023 während meiner Tätigkeit als akademischer Mitarbeiter am Institut für Kriminologie (IfK) der Universität Tübingen. Besonders günstig hat sich bei Themenfindung und -bearbeitung der Umstand ausgewirkt, dass mir die Chance gegeben wurde, am Forschungsverbundprojekt „OK 3.0" mitzuwirken. Andernfalls wäre es etwa kaum möglich gewesen, die Arbeit durch die Analyse realer Fallakten anzureichern. Ein besonderer Dank gebührt insofern meinem Doktorvater, Herrn Prof. Dr. Jörg Kinzig, der auch im Übrigen in vielerlei Hinsicht unterstützend zum Gelingen der Arbeit beigetragen hat. Herrn Prof. Dr. Bernd Heinrich sei für die zügige Anfertigung des Zweitgutachtens gedankt. Des Weiteren möchte ich mich bei Prof. Dr. Katrin Höffler, Prof. Dr. Johannes Kaspar, Prof. Dr. Ralf Kölbel und nochmals Herrn Prof. Dr. Kinzig für die Aufnahme in die Reihe „Schriften zur Kriminologie" bedanken.

Während meiner Zeit am IfK habe ich das dortige interdisziplinäre Arbeitsumfeld sehr geschätzt und als gewinnbringend erlebt. In diesem Zusammenhang sei insbesondere meinen Mitstreitern im Projektteam, namentlich Benedikt Iberl, Dr. Katharina Leimbach, Dr. Ümit Namli, Jonas Römer und Sarah Schreier, gedankt. Für juristische Ratschläge, Anmerkungen und generelle Diskussionsbereitschaft möchte ich ferner den Lehrstuhlmitarbeitern Dr. Franziska Maubach und Florian Rebmann meinen Dank aussprechen. Das gleiche gilt für die – in familiärer Verbundenheit stehenden – Dr. Maximilian Hemmert-Halswick und Dr. Friederike Rademacher. Meinem Vater, Dr. Arnold Hemmert-Halswick, danke ich für sorgfältiges

Korrekturlesen der Arbeit. Ricarda Hemmert-Halswick gebührt Dank für ihren hilfreichen Einsatz in bibliothekarischer Hinsicht. Bei meiner Mutter, Siegrid Hemmert-Halswick, bedanke ich mich für den stets zum Ausdruck gebrachten Glauben an meine Fähigkeiten. Abschließend möchte ich meiner lieben Frau, Gayatri, danken, die in vielfältiger Art und Weise unschätzbare Unterstützung bei der Erstellung der Arbeit geleistet hat.

Essen, im Dezember 2023

Inhaltsverzeichnis

A. Einleitung

I. Das Problem der rechtlichen Erfassung kollektiver Kriminalität

In den frühen Morgenstunden des 25. November 2019 drangen Mitglieder des berüchtigten Remmo-Clans in das Grüne Gewölbe in Dresden ein.[1] Sie begaben sich in das Juwelenzimmer des Museums, zerschlugen dort mit einer Axt das schützende Glas einer Vitrine und entnahmen den darin aufbewahrten Schmuck im Wert von schätzungsweise 113 Mio. Euro. Die Einbruchspuren an einem Fenster des Museums gaben unschwer Aufschluss darüber, wie die Täter ins Museum gelangt waren. Die Aufklärung des Tatgeschehens innerhalb der Räume des Museums bereitete – mit Ausnahme der Identifizierung der Täter[2] – ebenfalls keine Schwierigkeiten, da Überwachungskameras installiert waren, die das Geschehen aufzeichneten. Der Tatablauf könnte mithin – zumindest auf den ersten Blick – eine gewisse Schlichtheit bzw. eine geringe Komplexität nahelegen.

Zu gewärtigen ist jedoch, dass das geschilderte Tatgeschehen nur einen kleinen Ausschnitt der strafrechtlich relevanten Vorgänge darstellt. Um eine solche Tat begehen zu können, bedarf es eines gehörigen organisatorischen Aufwands unter Mitwirkung einer Vielzahl von Personen.[3] Neben den unmittelbaren Tätern, die mit der Axt ans Werke gehen, um die Juwelen an sich zu nehmen, sollte mindestens eine weitere Person dafür Sorge tragen, dass die Tat nicht während der Ausführung entdeckt wird, um gegebenenfalls Alarm zu schlagen. Sodann bedarf es eines Fluchtfahrers, der in nächster Umgebung bereitsteht, um die Juwelen an einen Ort zu verbringen, an dem sie vor dem Zugriff Dritter, insbesondere der Polizei, sicher sind. Bei dem Fluchtwagen sollte es sich zudem um einen Mietwagen

---

1 Anschaulich zum Tathergang: https://www.sueddeutsche.de/projekte/artikel/panorama/gruenes-gewoelbe-dresden-sachsen-e960202/ (letztes Abrufdatum: 4.3.2023).

2 So wurde etwa im Wege der ZDF-Sendung „Aktenzeichen XY ungelöst" nach Hinweisen zu den Tätern gesucht, https://www.spiegel.de/panorama/justiz/dresden-einbruch-in-gruenes-gewoelbe-polizei-veroeffentlicht-foto-von-fluchtwagen-a-1300783.html (letztes Abrufdatum: 4.3.2023).

3 Die folgenden Überlegungen sind nicht auf das Geschehen des genannten Falls bezogen, sondern geben beispielhaft wieder, welche Vorbereitungsmaßnahmen in entsprechenden Fällen typischerweise getroffen werden.

handeln, damit eine Halterabfrage nicht unmittelbar zum Fahrer führt. Um die zu erwartenden Ermittlungen zusätzlich zu erschweren, wäre es zudem sinnvoll, die Anmietung nicht durch den Fahrer selbst durchführen zu lassen, sondern durch eine anderweitige Person, am besten jemanden, der von der geplanten Tat nichts weiß.[4] Bei lebensnaher Betrachtung würde eine solche Tat nur begehen, wer bereits einen Abnehmer für die gestohlenen Juwelen in Aussicht hat. Einer der beteiligten Personen müsste also mit logistisch erfahrenen und zahlungskräftigen Personen vernetzt sein – mit anderen Worten über die notwendigen Kontakte verfügen und diese für die Interessen der Gruppierung nutzbar machen. Sodann bedarf es weiterer Personen, etwa solcher, die das Tatwerkzeug besorgen, und solcher, die sich über die Sicherungsvorkehrungen im Museum vorab Kenntnis verschaffen. Um die verschiedenen Mitwirkungsbeiträge zu koordinieren, sollte schließlich eine Person vorhanden sein, die für organisatorische Aspekte zuständig ist.

Dass die Aufklärung eines solchen Sachverhalts mit enormen Schwierigkeiten verbunden ist, versteht sich von selbst.[5] Aber auch die rechtliche Würdigung bereitet Schwierigkeiten. Diese bestehen dabei weniger in der Bestimmung des einschlägigen Delikts,[6] als vielmehr in der beteiligungsrechtlichen Zuordnung der einzelnen Mitwirkungshandlungen. So ist es bei allen involvierten Personen – lediglich mit Ausnahme derjenigen Beteiligten, die im Museum die Entnahme der Juwelen vorgenommen haben[7] – problematisch und klärungsbedürftig, in welcher Form sie an der Tat beteiligt waren. Beim Fluchtfahrer stellt sich die Frage, ob er Gehilfe oder Mittäter war. Hinsichtlich des Anmieters des Fluchtwagens ist fraglich, ob er sich überhaupt strafbar gemacht hat, denn schließlich stellt die Anmietung als solche in der Regel kein strafrechtlich relevantes Verhalten

---

4 Das Fluchtauto im eingangs geschilderten Fall des Juwelendiebstahls aus dem Grünen Gewölbe wurde sogar angezündet – ein Indiz für die besondere Rücksichtslosigkeit und kriminelle Energie der Täter.

5 Zu organisierter Kriminalität im Allgemeinen stellt *Albrecht*, Organisierte Kriminalität und Verfassungsstaat, S. 39, fest, dass „der bedeutsame Unterschied zur individuellen Kriminalität [...] in sehr viel ausgeprägteren Ermittlungsproblemen" bestehe. Ähnlich *Kinzig*, Organisierte Kriminalität, S. 779, nach dem es sich bei organisierter Kriminalität vor allen Dingen um „schwer ermittelbare Kriminalität" handele.

6 Hinsichtlich des eingangs geschilderten Falls ist bislang kein Urteil ergangen, jedoch dürfte relativ unproblematisch ein Bandendiebstahl, womöglich qualifiziert nach § 244a StGB, zu bejahen sein.

7 Diese sind unschwer als unmittelbare Täter im Sinne des § 25 Abs. 1 Alt. 1 StGB einzuordnen.

dar.[8] Der Organisator hat zwar eine sehr einflussreiche Stellung inne und erscheint daher besonders strafwürdig. Die beteiligungsrechtliche Einordnung bereitet jedoch gleichwohl Schwierigkeiten. So könnte er etwa als Anstifter, Mittäter oder mittelbarer Täter zu betrachten sein. Anhand dieser kurzen Betrachtung wird deutlich, dass die rechtliche Behandlung von Fällen mit komplexer Arbeitsteilung vor allen Dingen in beteiligungsrechtlicher Hinsicht Probleme aufwirft, und zwar vorwiegend hinsichtlich solcher Personen, die keine tatbestandsverwirklichenden Handlungen ausführen.

Das deutsche Strafgesetzbuch ist auf unmittelbar handelnde Täter zugeschnitten, also auf einen Bereich, den man mit *Jäger* als „Mikrokriminalität" bezeichnen könnte.[9] Die Tatbegehung durch ein Kollektiv („Makrokriminalität")[10] wird dagegen normativ kaum erfasst.[11] Dementsprechend ist erwartbar, dass sich bei sämtlichen Formen kollektiver Straftatbegehung Probleme hinsichtlich der Beteiligung bzw. der Zurechnung fremder Tatbeiträge ergeben.[12] Soweit ersichtlich gibt es drei typische Fallgruppen kollektiven kriminellen Verhaltens. Zunächst ist die Staatskriminalität zu nennen, bei der unter Verwendung eines Staats- oder Beamtenapparats Straftaten begangen werden. Geläufige Beispiele aus der deutschen Geschichte betreffen sowohl die NS- als auch die DDR-Diktatur. Die zwei-

---

8 In beteiligungsrechtlicher Hinsicht geht es dabei um die Beihilfe durch neutrale Handlungen, auf die unter D.I.5.b) näher eingegangen wird.

9 Nach *Eidam*, Der Organisationsgedanke im Strafrecht, S. 283, ist „Strafrecht [...] in seiner eindeutigen Tradition und seiner unbestreitbaren Grundstruktur folgend *individuell* ausgerichtet" (Hervorhebung im Original). Das Begriffspaar Makro- und Mikrokriminalität geht zurück auf *Jäger*, Makrokriminalität, S. 11.

10 Nach *Jäger*, Makrokriminalität, S. 11, umfasst der Begriff „sämtlich[e] Varianten kollektiver Gewalt", eine konkrete Definition nennt *Jäger* indes nicht. Vielmehr verweist er auf die „Hinweisfunktion" dieser „Sammelbezeichnung", S. 7; charakteristisch für Makrokriminalität sei jedoch (im Unterschied zu Mikrokriminalität), dass die Straftatbegehung nicht als „abweichendes, sondern konformes Verhalten" beschrieben werden könne, S. 12.

11 Zu nennen wären allenfalls die Bildung krimineller Vereinigungen gemäß § 129 StGB sowie die bandenmäßige Begehung, die in einer Vielzahl von Normen als strafschärfende Variante vorgesehen ist. So bezeichnet *Krämer*, Individuelle und kollektive Zurechnung, S. 346, etwa die Tatbestände der §§ 124, 125, 129 StGB als „kollektive Elemente in der individuellen Zurechnungslehre", ohne jedoch die Schlussfolgerung zu ziehen, dass es sich deshalb auch um Formen von Makrokriminalität handele.

12 Anschaulich *Eidam*, Der Organisationsgedanke im Strafrecht, S. 310: „Je mehr Menschen – auch unbewusst – beteiligt sind, umso stärker fallen die Schwierigkeiten für die Individualdogmatik des Strafrechts aus". Vgl. auch *Momsen/Washington*, ZIS 2019, 182 (183), die die Bestimmung der Beteiligungsform im Rahmen von „komplexe[n] Organisations- oder Unternehmensstrukturen" für „notorisch schwierig" halten.

te Fallgruppe betrifft die Unternehmenskriminalität, bei der – wie etwa beim VW-Betrugsskandal – organisatorische Strukturen innerhalb eines Wirtschaftsunternehmens zur Begehung von Straftaten ausgenutzt werden. Als dritte Fallgruppe ist die organisierte Kriminalität im engeren Sinne zu nennen, um die es in dieser Arbeit gehen soll.

Die dogmatische Auseinandersetzung mit kollektiver Straftatbegehung ist kein Novum, wie sich an der Vielzahl einschlägiger Veröffentlichungen zeigt.[13] Allerdings beziehen sich die betreffenden Arbeiten in aller Regel nur auf die ersten beiden Fallgruppen, also Staats- und Unternehmenskriminalität. Eine dogmatische Auseinandersetzung mit organisierter Kriminalität hat dagegen bislang kaum stattgefunden.[14] Dass organisierte Kriminalität im rechtlichen Diskurs mithin eher ein Schattendasein fristet, ist jedoch bei näherer Betrachtung nicht weiter überraschend. So wird eine rechtliche Beschäftigung mit diesem Kriminalitätsbereich zum einen dadurch erschwert, dass phänomenologisch nicht hinreichend geklärt ist, was genau unter organisierter Kriminalität zu verstehen ist.[15] Zum anderen fehlt es an einer normativ-rechtlichen Verankerung, und zwar in zweierlei Hinsicht: Weder gibt es einen Straftatbestand, in dem organisierte Kriminalität als Voraussetzung enthalten wäre,[16] noch verfügen die entsprechenden Gruppierungen oder organisatorischen Zusammenschlüsse über eine rechtliche Verfasstheit, die als Orientierung bei Zurechnungsproblemen dienen könn-

---

13 Vgl. etwa *Eroshkina*, Die organisationsbezogene Beteiligung im Strafrecht; *Morozinis*, Dogmatik der Organisationsdelikte; weitere Beispiele unter B.II.

14 Vgl. *Sinn*, Von Trojanern, Hybriden und Serviceanbietern, S. 260, der konstatiert, dass „strafrechtsdogmatische Konzepte zur Erfassung von OK bis heute rar geblieben" seien. Eine Ausnahme stellt die Arbeit von *Kinzig*, Organisierte Kriminalität, dar, der im Zeichen einer umfassenden Erforschung der rechtlichen Bewältigung organisierter Kriminalität auch materiellrechtliche Aspekte untersucht hat, vgl. dazu auch unter B.I.4.

15 Insbesondere die bis heute maßgebliche Richtliniendefinition von 1990 wird als „vage" angesehen, *Albrecht*, KritV 1997, 229 (232). Das Bundesverfassungsgericht sprach von der „Weichheit des Begriffs der ‚Organisierten Kriminalität'", BVerfG NJW 2002, 1779 (1782). Auch der Gesetzgeber war der Ansicht, dass „[d]ie Konturen der organisierten Begehungsweise, insbesondere ihre Abgrenzung zu anderen Kriminalitätsformen (…) für ein Tatbestandsmerkmal eines Strafgesetzes noch nicht ausreichend gefestigt" seien, BR-Drs. 219/91, S. 78.

16 Im StGB kommt der Begriff „organisierte Kriminalität" nur an einer Stelle vor, nämlich in § 261 Abs. 9 Nr. 2e) StGB, allerdings wird dort lediglich auf einen EU-Rahmenbeschluss (2008/841/JI) verwiesen, dessen Name den Begriff ‚organisierte Kriminalität' enthält.

te.[17] Organisierte Kriminalität als solche ist somit in *rechtlicher* Hinsicht weitgehend unsichtbar. Diese Arbeit soll einen Beitrag dazu leisten, die Forschungslücke, die bei der dogmatischen Auseinandersetzung mit organisierter Kriminalität besteht, zu schließen.

II. Ziel der Untersuchung

Der Arbeit liegt die Prämisse zugrunde, dass das Beteiligungssystem des StGB hauptsächlich auf den Bereich der Mikrokriminalität zugeschnitten ist und deshalb die Subsumtion kollektiver Geschehensabläufe unter die einzelnen Beteiligungsformen regelmäßig zu Problemen führt. Für die Fallgruppen der Staats- und Unternehmenskriminalität wurden diese Probleme bereits umfangreich aufgearbeitet. Anders sieht dies für den Bereich der organisierten Kriminalität aus. Die erste Forschungsfrage lautet demnach: Welche Probleme stellen sich bei der Anwendung der einzelnen Beteiligungsformen des StGB auf Sachverhalte organisierter Kriminalität, und wie werden diese Probleme gelöst?[18]

Dass die Beteiligungsformen des StGB primär auf die Erfassung individuell verwirklichten Unrechts zugeschnitten sind, führt sodann zur zweiten Forschungsfrage: Welche anderweitigen Instrumente des materiellen Rechts stehen zur Verfügung, um kollektive Aspekte der Straftatbegehung in Fällen organisierter Kriminalität zu berücksichtigen?

Darüber hinaus wird in methodischer Hinsicht das Ziel verfolgt, aufzuzeigen, dass eine Kombination dogmatischer und empirischer Ansätze zur Erforschung des rechtlichen Umgangs mit organisierter Kriminalität besonders geeignet ist.

---

17 So können regelmäßig aus übernommenen Zuständigkeiten in Unternehmensbetrieben Garantenpflichten erwachsen, BGHSt 54, 44 = NJW 2009, 3173 (3174).

18 Insofern besteht Ähnlichkeit zu einer der Fragestellungen, die *Kinzig*, Organisierte Kriminalität, S. 335, seiner Aktenanalyse zugrunde gelegt hat: „Sind die im Strafrecht entwickelten Kategorien von Täterschaft und Teilnahme, Bandenmitgliedschaft bis hin zu Mitgliedschaft in einer kriminellen Vereinigung ausreichend, um adäquat auf die möglicherweise neuartigen Mehrtäterkonstellationen antworten zu können?" Da sich *Kinzig* jedoch weitestgehend auf die Analyse des untersuchten Aktenmaterials beschränkte, erscheint es lohnenswert, diese Frage – wie hier – unter dezidiert dogmatischen Gesichtspunkten zu betrachten.

III. Gang der Untersuchung

Um die Forschungsfragen zu beantworten, wird die Arbeit in fünf Teile untergliedert. In einem ersten Teil wird ein Blick auf den aktuellen Stand der Forschung geworfen werden (B.). Zum einen werden dabei Arbeiten thematisiert, die sich speziell auf organisierte Kriminalität[19] beziehen. Zum anderen kommen Arbeiten zur Sprache, die sich allgemein mit dogmatischen Fragen kollektiver Straftatbegehung beschäftigen.

In einem zweiten Teil (C.) soll eine Analyse der gesamten (veröffentlichten) Rechtsprechung zu organisierter Kriminalität stattfinden. Dabei werden Urteile, die einen Bezug zu organisierter Kriminalität aufweisen, erfasst und mit Blick auf Beteiligungs- und Strafzumessungsfragen ausgewertet.[20] Dadurch wird eine zweifache Zielsetzung verfolgt. Einerseits soll die statistische Auswertung einen Überblick über den rechtlichen Umgang der Justiz mit organisierter Kriminalität verschaffen. Andererseits sollen die so gefundenen Entscheidungen als Fundus für Fallbeispiele zur Veranschaulichung materiellrechtlicher Fragestellungen im anschließenden dogmatischen Teil der Arbeit dienen.

Im dritten Teil der Arbeit (D.) soll es um eine dogmatische Untersuchung der aufgeworfenen Forschungsfragen gehen. Dafür werden in einem ersten Abschnitt (D.I.) die einzelnen Beteiligungsformen des Allgemeinen Teils des StGB in den Blick genommen. Im Fokus steht dabei die Frage,

---

19 Hinsichtlich der Schreibweise des Begriffs sind drei Varianten ersichtlich: ,organisierte Kriminalität', ,Organisierte Kriminalität' sowie die Abkürzung ,OK'. Letztere bezeichnet *Albrecht*, KritV 1997, 229 (229), abwertend als „Politikkürzel". Nach *Ostendorf*, JZ 1991, 62 (62), täuscht sie zudem vor, dass es sich um „einen anerkannten Gegenstandsbegriff" handele. Im Rahmen dieser Arbeit wird die erste Variante verwendet, da diese am ehesten geeignet erscheint, einen wertungsfreien bzw. distanzierten Blick auf das Thema zu gewährleisten. Zudem besteht die Erwartung bzw. Hoffnung, dass diese Schreibweise zu einer grammatischen und damit auch zu einer gedanklichen Stringenz anhält. Vgl. zu den verschiedenen Schreibweisen auch die Ausführungen von *Kilchling*, Organised Crime Policies in Germany, S. 717, der diese Debatte an sich für recht merkwürdig („strange") hält – vermutlich aber der hier vertretenen Ansicht folgen würde.

20 Berücksichtigt wird dabei die in der Datenbank von ,Beck-Online' veröffentlichte Rechtsprechung. Die Entscheidung fiel zugunsten dieser Datenbank aus, da sie für die Zwecke der vorliegenden Analyse aufgrund diverser Kategoriensuchfunktionen besonders geeignet erscheint. Eine ergänzende Hinzuziehung anderer Datenbanken erschien nicht erforderlich, da es in diesem Stadium der Untersuchung vor allem darum ging, einen ersten Eindruck von materiellrechtlichen Aspekten organisierter Kriminalität zu erhalten.

welche Besonderheiten sich bei der Anwendung der Beteiligungsformen in Fällen organisierter Kriminalität ergeben. Zunächst wird auf die Abgrenzung von Täterschaft und Teilnahme in Fallkonstellationen eingegangen, die als typisch für organisierte Kriminalität angesehen werden können, wie etwa die Tätigkeit des Kuriers oder desjenigen, der während des Tatgeschehens vor Ort für die Absicherung zuständig ist. Dabei ist insbesondere von Interesse, ob auch organisatorische Aspekte, wie etwa die Stellung innerhalb der Gruppierung, bei der Abgrenzung Berücksichtigung finden. Sodann richtet sich der Blick auf die einzelnen Beteiligungsformen. Im Rahmen der Mittäterschaft werden zwei Sonderformen mittäterschaftlicher Tatbegehung näher untersucht, namentlich die Mittäterschaft des Bandenchefs und die psychische Mittäterschaft. Im Vordergrund steht die Frage, welche Relevanz diesen Sonderformen für den rechtlichen Umgang mit organisierter Kriminalität zukommt. In einem nächsten Schritt wird die mittelbare Täterschaft thematisiert. Es wird im Wesentlichen der Frage nachgegangen, ob die Rechtsfigur der mittelbaren Täterschaft kraft Organisationsherrschaft auf Sachverhalte organisierter Kriminalität Anwendung findet bzw. finden kann. Hinsichtlich der Anstiftung soll ergründet werden, warum diese Form der Beteiligung in Sachverhalten organisierter Kriminalität trotz vielfach anzutreffender vertikaler – und somit eigentlich anstiftungstypischer – Täterstrukturen nur vergleichsweise selten Anwendung findet.[21] Im Zusammenhang mit der Beihilfe werden die Sonderformen der neutralen Beihilfe sowie der organisationsbezogenen Beihilfe näher untersucht. Im Fokus steht dabei die rechtliche Behandlung solcher Personen, die nur einen geringen Mitwirkungsbeitrag leisten und eher am Rande des kriminellen Geschehens zu verorten sind. Zum Schluss soll in diesem Abschnitt die Verbrechensverabredung gemäß § 30 Abs. 2 Alt. 3 StGB und ihre Relevanz für die rechtliche Bewältigung organisierter Kriminalität in den Blick genommen werden.

Im zweiten Abschnitt (D.II.) wird die Frage adressiert, durch welche materiellrechtlichen Instrumente spezifisch kollektive Aspekte der Straftatbegehung in Fällen organisierter Kriminalität berücksichtigt werden. Gegenstand der Untersuchung sind zunächst die im StGB geregelten Kollektivformen der kriminellen Vereinigung und der Bande.[22] Es soll geklärt

---

21 Vgl. dazu etwa die Ergebnisse sowohl der Datenbankanalyse unter C.II.3. als auch der von *Kinzig*, Organisierte Kriminalität, S. 639, durchgeführten Aktenanalyse.

22 Anders als die in § 129 StGB tatbestandlich geregelte Bildung krimineller Vereinigungen ist die Bandenmäßigkeit der Tatbegehung nicht in einem eigenen Tatbestand

werden, wie hoch die Relevanz dieser Kollektivformen[23] für die rechtliche Behandlung von Fällen organisierter Kriminalität ist und wie groß die Schnittmengen der genannten Kollektivformen zu organisierter Kriminalität auf phänomenologischer Ebene jeweils sind. Daneben soll in diesem Abschnitt der Frage nachgegangen werden, ob und inwieweit sich kollektive Aspekte im Rahmen der Strafzumessung berücksichtigen oder zum Ausdruck bringen lassen. Da die Strafzumessung auch als „Ausdifferenzierung der Kategorien der Verbrechenslehre in das Komparative und Quantitative"[24] verstanden werden kann, besteht die Vermutung, dass Aspekte, die – wie organisierte Kriminalität – auf Tatbestandsebene nur unzureichend Berücksichtigung finden, vermehrt auf der Ebene der Strafzumessung zum Ausdruck kommen.

Der vierte Teil der Arbeit (E.) widmet sich einer empirischen Analyse. Gegenstand der Untersuchung sind 13 Verfahrensakten, die im Rahmen des Forschungsverbundprojekts „OK 3.0" von Kooperationspartnern aus Justiz und Strafverfolgung als besonders repräsentativ für organisierte Kriminalität eingestuft wurden. Zunächst werden – auf der Grundlage der Ergebnisse des dogmatischen Teils – Arbeitshypothesen erstellt. Nach einer überblicksartigen Darstellung der Verfahrenssachverhalte samt deren rechtlicher Würdigung werden in einem letzten Schritt die formulierten Hypothesen überprüft. In methodischer Hinsicht steht dabei nicht eine quantitative Auswertung der Verfahren im Vordergrund, sondern vielmehr ein qualitativer Ansatz, durch den insbesondere Auffälligkeiten und Tendenzen jenseits dessen, was statistisch erfassbar ist, herausgearbeitet werden sollen.

Im letzten Teil der Arbeit (F.) findet sich ein Gesamtergebnis.

Wie sich den vorstehenden Ausführungen entnehmen lässt, wird nicht speziell auf Terminologie- und Definitionsfragen eingegangen. Abgesehen von einer andernorts bereits erfolgten umfangreichen Bearbeitung des De-

---

normiert. Vielmehr ist diese in diversen Deliktstatbeständen als Qualifikation oder Regelbeispiel für einen besonders schweren Fall vorgesehen. Im StGB sind dies 24 an der Zahl, in der AO drei, im AsylG, AufenthG, AWG, BtMG, KrWaffKontrG und WaffG jeweils zwei sowie jeweils einer im AMG und MarkenG (insgesamt: 41).

23 *Lampe*, ZStW 106 (1994), 683 (684), spricht hinsichtlich dieser beiden Kollektivformen vom „strafgesetzlich anerkannte[n] Systemunrecht; zustimmend *Eidam*, Der Organisationsgedanke im Strafrecht, S. 123, der den Begriff der „verfassten Unrechtssysteme" verwendet.

24 Vgl. *Frisch*, GA 2014, 489 (490).

finitionsthemas[25] liegt dem die Erwägung zugrunde, dass diese Arbeit den Anspruch hat, weitestgehend ohne die Zugrundelegung eines bestimmten Begriffsverständnisses auszukommen. So werden im empirischen Teil Fälle analysiert, die von dritter Seite, namentlich Experten aus der Strafverfolgungspraxis, der organisierten Kriminalität zugeordnet wurden. Ähnliches gilt auch für die Fälle, die im Rahmen der Datenbankanalyse generiert werden. Auch bei diesen Fällen findet keine Subsumtion unter eine bestimmte Definition statt, vielmehr übernimmt dies im Wesentlichen der Suchmechanismus der Datenbank. Sofern es ausnahmsweise erforderlich erscheint, eine Definition organisierter Kriminalität heranzuziehen, wird nicht auf eine bestimmte Definition abgestellt, sondern es werden mehrere Definitionsansätze ergänzend nebeneinander gelegt.[26]

---

25 Vgl. etwa *Kinzig*, Organisierte Kriminalität, S. 46 ff.; *Möhn*, Organisierte Kriminalität – Terminologische Klarstellung und Begriffsbestimmung.

26 Vgl. etwa unter D.II.2.d), wo die Definitionen von organisierter Kriminalität einerseits und bandenmäßiger Tatbegehung andererseits miteinander verglichen werden.

B. Forschungsstand zu den einzelnen Themenbereichen der Arbeit

Um die Lücke, die diese Arbeit schließen soll, näher zu vermessen, zeigt der folgende Abschnitt den Stand der bisherigen Forschung zu organisierter Kriminalität wie auch zum materiellrechtlichen Umgang mit kollektiver Straftatbegehung auf. Dabei wird – bis auf eine Ausnahme – nur auf deutsche Forschungsarbeiten eingegangen. Ein Anspruch auf Vollständigkeit wird nicht erhoben.[27] Vielmehr erfolgte eine Auswahl solcher Arbeiten, die für die vorliegende Arbeit besonders relevant erscheinen. Gegliedert wird die Darstellung thematisch und chronologisch. Es werden jeweils überblicksartig die für diese Arbeit relevanten Erkenntnisse wiedergegeben, Schnittmengen aufgezeigt und bislang fehlende Themenschwerpunkte herausgearbeitet.

I. Arbeiten zu organisierter Kriminalität in Deutschland

In diesem Abschnitt werden vier Arbeiten zu organisierter Kriminalität näher dargestellt. Der Schwerpunkt dieser Arbeiten lag jeweils auf empirischen Erkenntnissen zu Strukturen, Gefahrenpotenzial und justizieller Verarbeitung von organisierter Kriminalität. Die jeweiligen Erkenntnisse sind zum Teil jedoch auch für dogmatische Betrachtungen verwertbar, was im Folgenden aufgezeigt werden soll.

1. Kerner (1973)

Hans-Jürgen Kerner hat im Rahmen seiner 1973 in Kooperation mit dem BKA erstellten Studie[28] eine empirische Bestandsaufnahme der organisierten Kriminalität in Deutschland und den Niederlanden vorgenommen und damit den Beginn der wissenschaftlichen Beschäftigung mit organisierter Kriminalität in Deutschland eingeläutet. Wesentliches Ergebnis seiner Stu-

---

27 Für einen umfassenden Überblick vgl. *v. Lampe/Knickmeyer*, Organisierte Kriminalität – Die aktuelle Forschung in Deutschland, S. 11 ff.
28 *Kerner*, Professionelles und organisiertes Verbrechen.

die war, dass es sich bei Gruppierungen der organisierten Kriminalität in Deutschland weniger um hierarchisch organisierte Tätergruppen im Stil der italienischen Mafia handele als vielmehr um netzwerkartige Verbrecherstrukturen. *Kerner* spricht insofern von

> „einem ‚System‘ vorwiegend informeller gegenseitiger Kontakte und Abmachungen zwischen einer kleinen Zahl von wenigen hundert marktbestimmenden Individuen an der Spitze und einer größeren Zahl von ausführenden Tätergruppen, (...). Feste Befehls- und Machtstrukturen, gegliederte Hierarchien sowie Abhängigkeitsverhältnisse mit einem eigenständigen Apparat von organisierter Vollstreckung und Herrschaftsgewährleistung im Hintergrund bestehen allenfalls in Ansätzen."[29]

Dieser Befund ist für die vorliegende Arbeit insofern relevant, als sich die Organisationsstruktur innerhalb der jeweiligen Gruppierungen auch auf Fragen der Beteiligung bzw. der Zurechnung fremder Tatbeiträge auswirken kann. So ist etwa eine horizontale Organisationsstruktur typisch für mittäterschaftliche Tatbegehung.[30] Zu beachten ist jedoch, dass die Arbeit von *Kerner* angesichts ihres Alters von fast 50 Jahren wohl nur bedingt geeignet ist, Aufschluss über die aktuelle Lage der organisierten Kriminalität in Deutschland zu geben. Insbesondere politische Veränderungen[31] sowie technischer Fortschritt dürften sich auf dem Feld der organisierten Kriminalität bemerkbar gemacht haben.

2. Weschke/Heine-Heiß (1990)

Ziel der Studie von *Eugen Weschke* und *Karla Heine-Heiß* war es, eine „Bestandsaufnahme des Zustands der Gruppenwirklichkeit" bei organisierter Kriminalität vorzulegen.[32] Zu diesem Zweck führten die Autoren 53

---

29 *Kerner*, Professionelles und organisiertes Verbrechen, S. 296.
30 Vgl. *Roxin*, Strafrecht AT, 25/123.
31 Hier sind vor allem der Abbau der Binnengrenzen (*Mergen*, Die Kriminologie, S. 243; *Sinn*, Organisierte Kriminalität 3.0, S. 1, und Migrationsbewegungen, vgl. *Liebl*, Wirtschafts- und organisierte Kriminalität, S. 27) zu nennen.
32 *Weschke/Heine-Heiß*, Organisierte Kriminalität als Netzstrukturkriminalität Teil 1, S. 16; Teil 2 der Studie beinhaltete eine Aktenauswertung zwecks Untersuchung der historischen Entwicklung von Straftätergruppierungen. Die Autoren selbst bezeichnen die Ergebnisse aus Teil 1 als „die entscheidenden Erkenntnisse zur Beschreibung des Phänomens Organisierte Kriminalität", S. 13.

Interviews mit Berliner Kriminalbeamten.[33] Bei diesen Befragungen vermieden sie es, den Begriff „organisierte Kriminalität" zu verwenden, um „ideologische Antwortverzerrungen" so gering wie möglich zu halten.[34] Die gestellten Fragen hatten sie deswegen auf „Straftätergruppierungen" zugeschnitten.[35] Im Ergebnis konnten *Weschke/Heine-Heiß* den Befund von *Kerner* bestätigen und gelangten (ebenfalls) zum Ergebnis, dass organisierte Kriminalität in Deutschland vorwiegend in Form von „Netzstrukturkriminalität" existiere. Zu verstehen sei darunter „das Zusammenwirken einer großen Anzahl von Straftätergruppierungen unterschiedlicher Struktur und auch mit Einzeltätern".[36] Zwischen den einzelnen Gruppierungen seien jedoch Variationen hinsichtlich der Organisationsstrukturen auszumachen. Diese reichten vom „primus-inter-pares-Prinzip", über kollektive Führungsgremien, bis zu von einem Boss geleiteten hierarchischen Gruppen".[37] Im Rahmen der Interviews seien insgesamt etwa 500 Gruppierungen[38] zur Sprache gekommen, von denen es sich lediglich (oder immerhin) in ca. 30 Fällen um Großgruppen gehandelt habe, also um Straftätergruppierungen, deren Mitgliederzahl zwischen 10 und 50 liegt.[39]

Für die Zwecke dieser Arbeit sind die Ergebnisse von *Weschke/Heine-Heiß* insbesondere insoweit von Interesse, als Angaben zu den gruppeninternen Wirkungsweisen gemacht werden. So ist etwa die Rede davon, dass die Großgruppen zwar „keine mafiaähnlichen Strukturen [aufweisen], [aber] stark auf Bosse bzw. Führungsspitzen ausgerichtet" seien.[40] Eine solche hervorgehobene Stellung der Führungspersonen dürfte auch im Rahmen der materiellrechtlichen Würdigung Auswirkungen haben.[41]

---

33 Ebd., S. 29.
34 Zur ideologischen Prägung des Themas vgl. etwa *Zachert*, ApuZ 1995 Bd. 23 S. 11 (14), der den „ideologischen Standort" als entscheidend für die Gesamteinschätzung der organisierten Kriminalität ansieht; ähnlich die Einschätzung von *Heinrich*, Kriminalistik 1975, 292 (293), wonach organisierte Kriminalität nur insoweit für existent gehalten werde, als dies „den dafür Verantwortlichen im weitesten Sinne opportun" erscheine.
35 *Weschke/Heine-Heiß*, Organisierte Kriminalität als Netzstrukturkriminalität, S. 17.
36 Ebd., S. 44.
37 Ebd.
38 Ebd., S. 77.
39 Ebd.
40 *Weschke/Heine-Heiß*, Organisierte Kriminalität als Netzstrukturkriminalität, S. 37.
41 Vgl. etwa die Erwägung, dass hinsichtlich solcher Führungspersonen allgemein ein Bedürfnis bestehe, diese als Täter und nicht nur als Teilnehmer zu bestrafen, siehe dazu unter D.I.2.b)aa)(3).

3. Bögel (1994)

Marion Bögel untersuchte im Rahmen ihres Dissertationsprojekts[42] – wie auch in einer zusammen mit *Ulrich Sieber* erstellten Forschungsarbeit[43] – die Strukturen der organisierten Kriminalität, legte dabei allerdings eine wirtschaftswissenschaftliche Betrachtungsweise zugrunde. Dieser Ansatz erscheint insofern zweckmäßig, als organisierte Kriminalität häufig mit gewerblichen oder geschäftsähnlichen Strukturen assoziiert wird.[44]

Relevant für die Zwecke dieser Arbeit sind vor allem ihre Erkenntnisse zu Gruppenstrukturen. Zur Netzwerkthese äußerte *Bögel* die nicht uninteressante Vermutung, dass „die Polizei [in Deutschland] deshalb überwiegend lockere Straftäterzusammenschlüsse [beobachte], weil es den Strafverfolgern regelmäßig nur gelinge, die unteren Täterebenen zu durchleuchten, deren Mitglieder aber eben auch nur in lockerer Verbindung zu- und untereinander stehen."[45] Ihre eigene empirische Untersuchung deute – in Übereinstimmung mit der genannten These – darauf hin, dass „hierarchisch strukturierte Gruppen in Deutschland zur Zeit immer größere Bedeutung gewinnen."[46] Insoweit sah *Bögel* jedoch Bedarf für „weitere Aufklärungsarbeit".[47] Zur gruppeninternen Struktur machte *Bögel* relativ detaillierte Angaben. So beschreibt sie den Führungsstil in „Kfz-Verschiebergruppen" als „autoritär".[48] Bei Hütchenspielergruppen bleibe die Führung demgegenüber „im Hintergrund".[49] Mit Blick auf den Führungsstil innerhalb der Gruppierungen stellte *Bögel* fest, dass die Einhaltung von Abmachungen zwischen Mittätern regelmäßig durch Einschüchterung und Gewaltandrohung sichergestellt werde.[50] Zu Aspekten der Tatbegehung äußerte sich

---

42 *Bögel*, Strukturen und Systemanalyse der Organisierten Kriminalität.
43 *Sieber/Bögel*, Logistik der organisierten Kriminalität.
44 Laut dem Lagebild von Europol zu organisierter Kriminalität in Europa machen sich rund 80 Prozent der entsprechenden Gruppierungen geschäftliche Strukturen zunutze, EU SOCTA 2021, S. 18.
45 *Bögel*, Strukturen und Systemanalyse der Organisierten Kriminalität, S. 95.
46 Ebd., S. 95.
47 Ebd.
48 Ebd., S. 94.
49 Ebd., S. 99.
50 Ebd., S. 103.

Bögel kaum, was jedoch angesichts der Konzentration auf logistische Gesichtspunkte verständlich ist.[51]

4. Kinzig (2004)

Jörg Kinzig wählte für seine Studie einen doppelten Ansatz. Er führte zum einen leitfadengestützte Interviews[52] und nahm zum anderen eine umfangreiche Aktenanalyse vor.[53] Im Zeichen einer umfassenden Analyse[54] der rechtlichen Bewältigung organisierter Kriminalität beschäftigte er sich auch mit Fragen des materiellen Rechts. Zu beachten ist, dass den betreffenden Ausführungen nicht der Anspruch einer eingehenden dogmatischen Analyse zugrunde lag. Im Vordergrund stand vielmehr die empirische Feststellung bestimmter Tendenzen und Auffälligkeiten bei der Anwendung des materiellen Rechts in den untersuchten Verfahren.

Kinzig stellte etwa fest, dass lediglich „16% der 205 Hauptbeschuldigten" der von ihm untersuchten OK-Komplexe wegen einer Bandentat verurteilt worden seien.[55] Der Umstand, dass dies „in einer ganzen Reihe von Verfahren" auf den fehlenden Nachweis der personalen oder zeitlichen Komponente des Bandenbegriffs zurückzuführen gewesen sei, hat *Kinzig* als Bestätigung für die These gesehen, „dass die Netzwerke, die in Deutschland im Wesentlichen organisierte Kriminalität konstituieren sollen, als häufig wechselnde Straftäterverflechtungen anzusehen seien".[56] Interessant ist auch der Befund, dass „die Mitgliedschaft in einer Bande faktisch zu begründen [schien], dass die an der Tat beteiligten Bandenmitglieder Mittäter sind, da nach der Zurechnung einer Bandenstraftat eine Diskussion über die Teilnahmeform allenfalls in Ausnahmefällen" stattgefunden habe.[57] Zudem stellte *Kinzig* Tendenzen hin zu einem System der Einheitstäterschaft fest. Dies habe insbesondere die Tatbestände des BtMG betroffen, durch die

---

51 Unter Logistik sei dabei vor allem eine „Übernahme von Erzeugnis- und Betriebsstoffen vom Markt in die Unternehmung" sowie die „Bereitstellung von Betriebsmitteln, Arbeitskräften und Kapitel" zu verstehen, ebd., S. 110 ff.

52 Interviewt wurden insgesamt zehn Straftäter aus dem Bereich der organisierten Kriminalität, *Kinzig*, Organisierte Kriminalität, S. 716 ff.

53 Das von ihm untersuchte Aktenmaterial umfasste 52 Aktenkomplexe, ebd., S. 368 ff.

54 Vgl. *Kinzig*, Organisierte Kriminalität, S. 43, der das Ziel seiner Untersuchung in drei Teile gliedert: Bestandsaufnahme, Verfahrensrecht und materielles Recht.

55 *Kinzig*, Organisierte Kriminalität, S. 781.

56 Ebd.

57 Ebd., S. 782.

ein „Handeltreiben" mit Betäubungsmitteln unter Strafe gestellt wird.[58] So habe sich in beteiligungsrechtlicher Hinsicht gezeigt, dass Differenzierungen zwischen einzelnen Beteiligungsformen nur in geringem Umfang vorgenommen worden seien, meist sei die jeweilige Beteiligungsform ohne nähere Begründung angenommen worden. Entsprechende Differenzierungen nach dem Gewicht der jeweiligen Tatbeiträge seien hingegen auf der Ebene der Strafzumessung zu finden gewesen.[59] Einen der Gründe für diese Tendenz sah *Kinzig* darin, dass die verschiedenen Rollen in Systemen komplexer Arbeitsteilung durch das duale System von Täterschaft und Teilnahme nicht hinreichend differenziert erfasst werden könnten.[60]

Die Feststellungen zu materiellrechtlichen Aspekten dürften sich im Rahmen dieser Arbeit an mehreren Stellen für eine vergleichende Betrachtung eignen. Insbesondere der aufgezeigten Tendenz einer einheitstäterschaftlichen Handhabung gilt es nachzugehen.

II. Arbeiten zur rechtsdogmatischen Behandlung von Mehrtäterkonstellationen

Im Folgenden sollen überblicksartig Arbeiten vorgestellt werden, in denen es schwerpunktmäßig um materiellrechtliche Beteiligungs- und Zurechnungsprobleme im Zusammenhang mit organisierter Kriminalität bzw. ähnlichen Erscheinungsformen kollektiver Kriminalität geht.

1. Schlösser (2004)

Jan Schlösser hat sich im Rahmen seiner Dissertation mit der Frage auseinandergesetzt, welche strafrechtliche Beteiligungsform heranzuziehen ist, wenn es darum geht, Leitungsorgane für Straftaten zur Rechenschaft zu ziehen, die auf ihre Anordnung hin von ihren Untergebenen begangen werden.[61] Im Zentrum der Betrachtung standen dabei sog. Schreibtischtäter der NS- und der DDR-Diktatur. Darüber hinaus äußert er sich auch zu Fällen aus dem Wirtschafts- bzw. Unternehmensstrafrecht. Organisierte

---

58 *Kinzig,* Organisierte Kriminalität, S. 630, 696, 785.
59 Ebd., S. 697.
60 Ebd., S. 785.
61 *Schlösser,* Soziale Tatherrschaft, S. 27.

Kriminalität im engeren Sinne wurde nicht thematisiert.[62] Dennoch dürfte die zentrale These seiner Arbeit auch für die rechtliche Würdigung von Sachverhalten organisierter Kriminalität von Relevanz sein. Die von ihm entwickelte ‚soziale Tatherrschaft' besagt nämlich, dass das Leitungsorgan einer Organisation bzw. deren Hintermann als mittelbarer Täter anzusehen sei, wenn aufgrund des hierarchischen Gefälles von der Unfreiheit des Tatmittlers ausgegangen werden könne.[63] Neu ist an diesem Ansatz, dass Unfreiheit und fehlende Verantwortung nicht – wie es grundsätzlich vertreten wird – lediglich als Changierungen desselben situativen Phänomens begriffen werden.[64] Diese (neue) Sichtweise zugrundegelegt, stünde die gleichzeitige Bestrafung des Hintermannes und des Tatmittlers (jeweils als Täter) somit nicht im Widerspruch zum Verantwortungsprinzip.[65] Zwar weist *Schlösser* darauf hin, dass Unfreiheit je nach Situation im Einzelfall auch zum Entfallen der Verantwortlichkeit (des unmittelbar handelnden) führen könne,[66] der Regelfall sei dies jedoch nicht. Als Beispiel für ein Auseinanderfallen von Unfreiheit und fehlender Verantwortung nennt *Schlösser* gruppendynamische Prozesse. Diese zeichneten sich gerade dadurch aus, dass die Gruppenmitglieder zu Handlungen veranlasst werden können, die sie eigentlich nicht unterstützen. Demnach handeln sie unfrei. Gleichwohl seien sie jedoch verantwortlich für Taten, die sie unter dem Einfluss gruppendynamischer Wirkungen begehen.[67]

Dieses Verständnis sozialer Zusammenhänge für den Freiheitsbegriff könnte womöglich – ohne dass *Schlösser* eine solche Deutung vornimmt – auch in Gruppierungen organisierter Kriminalität die Würdigung der Tatbeiträge von Leitungs- bzw. Führungspersonen beeinflussen.

---

62 Lediglich zur Erläuterung der mittäterschaftlichen Beteiligung eines Bandenchefs wurde das Beispiel einer Einbrecherbande genannt, also ein Kriminalitätsfeld, das typisch für organisierte Kriminalität ist, ebd., S. 250.

63 *Schlösser*, Soziale Tatherrschaft, S. 330.

64 *Schlösser*, Soziale Tatherrschaft, S. 331, spricht in diesem Zusammenhang von der „Diskrepanz zwischen strafrechtlichem Freiheits- und Verantwortungsbegriff".

65 Nach diesem schließen sich die Werkzeug- und Tätereigenschaft bezogen auf ein und dieselbe Person aus, Lackner/Kühl/*Heger*/Heger § 25 Rn. 2.

66 *Schlösser*, Soziale Tatherrschaft, S. 229.

67 Vgl. *Schlösser*, Soziale Tatherrschaft, S. 278.

2. Eidam (2015)

Lutz Eidam beschäftigte sich in seinem Habilitationsprojekt mit der Frage, wie sich Organisationsstrukturen auf die Frage der individuellen Strafbarkeit auswirken. Dafür durchleuchtete er die Normen des Haupt- und Nebenstrafrechts auf tatbestandliche Anknüpfungspunkte für organisatorische Zusammenhänge. Kritik äußerte *Eidam* in Bezug auf die Konzeption des Bandenbegriffs, da sowohl dessen Legitimation als auch die tatbestandlichen Voraussetzungen Mängel aufwiesen. So seien die gängigen Theorien zum Strafgrund bandenmäßiger Tatbegehung, welche auf die Ausführungs- sowie die Organisationsgefahr abstellen, mängelbehaftet, was jedoch angesichts der derzeitigen Voraussetzungen des Bandenbegriffs nicht zu vermeiden sei. Als Lösung schlägt *Eidam* vor, das Vorliegen einer Bande an organisatorische Strukturen zu knüpfen, sie mithin dem Vereinigungsbegriff anzunähern.[68] Auch hinsichtlich der Beteiligungsformen des Allgemeinen Teils ergäben sich laut *Eidam* Unzulänglichkeiten bei der Rechtsanwendung, insbesondere in Form der mittelbaren Täterschaft kraft Organisationsherrschaft.[69] Eine geeignete – wenn auch nur mit Maß anzuwendende – Möglichkeit, entsprechenden Unzulänglichkeiten zu begegnen, sieht er in der Normierung von Tatbeständen im Besonderen Teil nach dem Vorbild des § 357 StGB (Verleitung eines Untergebenen zu einer Straftat).[70]

Bei seinen Ausführungen bezog sich *Eidam* nicht auf eine bestimmte Art von Täterkollektiven. Vielmehr setzte er sich in einem allgemeinen Sinne mit organisiert begangenen Straftaten auseinander. Soweit Fallbeispiele zur Sprache kommen, handelte es sich in der Regel jedoch um Sachverhalte aus dem Bereich der Staats- und Unternehmenskriminalität. Organisierte Kriminalität im engeren Sinne wird hingegen nur am Rande erwähnt. So sei etwa die Kronzeugenregelung des § 46b StGB für Sachverhalte organisierter Kriminalität mit Blick auf deren typischerweise komplexe Täterstrukturen besonders relevant.[71]

---

68 *Eidam*, Der Organisationsgedanke im Strafrecht, S. 122 f.
69 Ebd., S. 171.
70 Ebd., S. 188 ff.
71 Ebd., S. 22.

3. Krämer (2015)

In ihrer Dissertation untersuchte *Katharina Krämer* das Spannungsfeld, welches im gegenwärtigen deutschen Strafrechtssystem zwischen individueller und kollektiver Zurechnung bestehe.[72] Dabei differenzierte sie zwischen den Bereichen der Mikro-, Meso- und Makrokriminalität und zeigte für jede dieser Kriminalitätsebenen auf, welche kollektiven Zurechnungsstrukturen jeweils vorhanden seien.

Für den Bereich der Mikrokriminalität kam *Krämer* zu dem Schluss, dass zwar eine „klare Systematisierung" der kollektiven Zurechnungselemente[73] schwerlich möglich sei.[74] Im Ergebnis sei jedoch das gegenwärtige System als ausreichend anzusehen, um kollektive Einflussfaktoren hinreichend zu berücksichtigen. Änderungsbedarf bestehe insofern nicht.[75] Die Funktion kollektiver Zurechnungselemente auf der Mikroebene[76] beschränke sich nach *Krämer* insbesondere darauf, eine Berücksichtigung psychologischer Aspekte zu ermöglichen, die anderenfalls, das heißt bei ausschließlicher Betrachtung des Individuums, unberücksichtigt blieben.[77] Weitaus relevanter seien kollektive Zusammenhänge hingegen auf der makro- und mesokriminellen Ebene, da auf dieser das Individuum „nicht aus dem kollektiven Kontext isoliert werden kann und sollte".[78] Nach Ansicht von *Krämer* können die kollektiven Einflussfaktoren, die sich in komplexeren Strukturen ergeben, nach gegenwärtiger Rechtslage nicht hinreichend berücksichtigt werden. Dieses Manko begründet sie wie folgt: Im Zentrum

---

72 *Krämer*, Individuelle und kollektive Zurechnung, S. 2.

73 Neben Deliktstatbeständen, die – wie §§ 124, 125 StGB – auf die besondere Gefährlichkeit kollektiver Ansammlungen abstellen, bezieht sich *Krämer* vor allem auf die bandenmäßige Deliktsbegehung und die Gründung einer kriminellen Vereinigung im Sinne von § 129 StGB.

74 *Krämer*, ebd., S. 134, spricht (wie in vergleichbarem Zusammenhang auch *Godenzi*, Strafbare Beteiligung am kriminellen Kollektiv, S. 39) von einem „Sammelsurium" an einschlägigen Vorschriften; *Eidam*, Der Organisationsgedanke im Strafrecht, S. 312, verwendet die Metapher eines „Flickenteppichs".

75 *Krämer*, Individuelle und kollektive Zurechnung, S. 347.

76 Gemeint sind damit die Beteiligungsformen der §§ 25 ff. StGB, die bandenmäßige Begehung oder auch Gemeinschaftsdelikte wie etwa § 224 Abs. 1 Nr. 4 StGB.

77 *Krämer*, Individuelle und kollektive Zurechnung, S. 134, verweist dabei auf Effekte wie etwa ein „Verschwinden von Verantwortungsgefühl" oder eine „starke Affektsteigerung", welche die Handlungen des Individuums im Kollektivzusammenhang (zumindest teilweise) erklären und somit auch für Zurechnungserwägungen fruchtbar gemacht werden könnten.

78 Ebd., S. 262.

des – über 100 Jahre alten – deutschen Strafrechtssystems stehe das Individuum und dessen Schutz vor richterlicher Willkür, der insbesondere durch die weitgehende *Ausblendung* kollektiver Zusammenhänge erreicht werden solle.[79] Die moderne Lebenswelt habe jedoch Veränderungen mit sich gebracht, die dazu geführt hätten, dass das Verhalten der Menschen in wesentlich größerem Ausmaß in kollektive Zusammenhänge eingebettet sei.[80] Um dieses Manko zu beheben, schlug *Krämer* eine „Erweiterung der Zurechnungsstrukturen" vor,[81] die nach dem Vorbild der mittelbaren Täterschaft kraft Organisationsherrschaft in stärkerem Maße die Leitungsebene in die Verantwortung nimmt (sog. „top-down-Perspektive").[82] Auf organisierte Kriminalität im engeren Sinne ging *Krämer* lediglich insofern ein, als fraglich sei, ob diese der Makro- oder Mesokriminalität zuzuordnen sei[83] – ohne jedoch zu einem eindeutigen Ergebnis zu gelangen.

4. Godenzi (2015)

Gunhild Godenzi befasste sich in ihrer Habilitationsschrift mit den Kollektivdelikten des schweizerischen Strafrechts. Ihrer Arbeit lag die Zielsetzung zugrunde, allgemeine Strukturen der verschiedenen Kollektivdelikte herauszuarbeiten.[84] Da Bezugspunkt der dogmatischen Ausführungen das schweizerische StGB ist, lassen sich nicht unmittelbar Rückschlüsse auf das deutsche Strafrecht ziehen. Zu berücksichtigen ist jedoch zum einen, dass zwischen deutschem und schweizerischem Strafrecht viele Ähnlichkeiten bestehen.[85] Zum anderen orientierte sich *Godenzi* häufig an soziologischen Erkenntnissen, die naturgemäß nicht auf einen bestimmten Rechtsraum beschränkt sind.[86]

---

79 *Krämer*, Individuelle und kollektive Zurechnung, S. 348.
80 *Krämer*, Individuelle und kollektive Zurechnung, S. 349, spricht in diesem Zusammenhang von „neue[n] Formen der Kollektivierung".
81 Ebd., S. 350.
82 *Krämer*, Individuelle und kollektive Zurechnung, S. 350.
83 Ebd., S. 138.
84 Gemeint sind damit Banden-, Organisations- und Vereinigungsdelikte, vgl. *Godenzi*, Strafbare Beteiligung am kriminellen Kollektiv, S. 39.
85 Nicht zuletzt dürfte sich eine entsprechende Ähnlichkeit darin erweisen, dass *Godenzi* ihre juristische Ausbildung in Deutschland absolviert hat.
86 Vgl. *Godenzi*, Strafbare Beteiligung am kriminellen Kollektiv, S. 125, zu den (fehlenden) Möglichkeiten der Sozialpsychologie, eine Mindestanzahl von Mitgliedern zu nennen, ab der ein jeweiliger Kollektivverbund angenommen werden könnte.

III. Ergebnis zum Forschungsstand

Aus einer Gesamtschau der genannten Publikationen ergibt sich relativ deutlich die in der Einleitung erwähnte Forschungslücke. Die Arbeiten zu organisierter Kriminalität befassen sich – mit Ausnahme der Arbeit von *Kinzig* – nicht mit dogmatischen Fragestellungen. Gleichzeitig lassen die empirischen Erkenntnisse zu Organisations- und Kooperationsstrukturen offenbar werden, dass in Fällen organisierter Kriminalität beteiligungsrechtliche Probleme besonders virulent sind. Bei den Arbeiten zur dogmatischen Behandlung kollektiver Straftatbegehung fällt auf, dass sich die Autoren hinsichtlich praktischer Anwendungsfelder weitestgehend auf Fälle der Staats- und Unternehmenskriminalität beschränken. Insgesamt lässt sich somit ein Nachholbedarf bei der dogmatischen Auseinandersetzung mit organisierter Kriminalität erkennen.

C. Datenbankanalyse von Urteilen zu Sachverhalten organisierter Kriminalität

Gemäß den Ausführungen in der Einleitung besteht eines der Ziele dieser Arbeit darin, eine Verbindung zwischen empirischer Forschung und Dogmatik herzustellen.[87] Hauptsächlich soll dieses Ziel durch die empirische Untersuchung von Verfahrensakten im fünften Kapitel (E.) erreicht werden, bei der die dogmatischen Erkenntnisse der Arbeit einer empirischen Überprüfung unterzogen werden. Vorab soll jedoch bereits in diesem Kapitel eine Art empirische Voruntersuchung stattfinden. Analysiert wird eine möglichst große Anzahl an Urteilen, die in der Rechtsprechung zum Themenfeld der organisierten Kriminalität ergangen sind. Damit wird eine zweifache Zielsetzung verfolgt: Zum einen sollen die Entscheidungen daraufhin untersucht werden, welche Relevanz den einzelnen Beteiligungsformen zukommt und auf welche Weise kollektive Aspekte der Tatbegehung Niederschlag finden, wobei im Wesentlichen ein quantitativer Ansatz gewählt wird. Zum anderen sollen im Zuge der Analyse einschlägige Fälle gefunden bzw. generiert werden, die im dogmatischen Teil (D.) als Fallbeispiele zur Veranschaulichung materiellrechtlicher Probleme dienen können.

I. Methode

In diesem Abschnitt wird dargestellt, nach welcher Vorgehensweise die Datenbankanalyse erfolgt ist.

1. Sammlung potenziell einschlägiger Urteile

Der erste Schritt bestand darin, möglichst viele Urteile zu sammeln, die potenziell einen Zusammenhang mit organisierter Kriminalität aufweisen.

---

87 Siehe unter A.II.

Dafür wurden in der Datenbank Beck-Online[88] mehrere Schlagwortsuchen durchgeführt. Als Suchbegriffe wurden verwendet: „organisierte Kriminalität", „organisiertes Verbrechen", „mafiaähnlich", „Clankriminalität", „Rockerkriminalität", „kriminelle Vereinigung", „kriminelle Organisation" und „Bandenkriminalität".[89] Eine Begrenzung in zeitlicher Hinsicht wurde nicht vorgenommen. Gleichwohl sind die meisten der gefundenen Entscheidungen jüngeren Datums, also nach der Jahrtausendwende ergangen, was zum einen daran liegen dürfte, dass das Phänomen der organisierten Kriminalität erst relativ spät Einzug in den gesellschaftlichen bzw. politischen Diskurs in Deutschland fand. Zum anderen sind insgesamt betrachtet Urteile jüngeren Datums in weitaus größerem Umfang datenbankmäßig erfasst als ältere Urteile.[90] Da in den Entscheidungen Aspekte der Beteiligung sowie der Strafzumessung gleichermaßen ausgewertet werden sollten, wurde die Suchanfrage auf erstinstanzliche Urteile begrenzt. In diesen finden sich in aller Regel Ausführungen zu beiden Aspekten – was bei Entscheidungen höherer Instanz, in denen meist nur auf die jeweils angefochtenen Aspekte eingegangen wird, nicht der Fall ist.[91] Zudem sollten auch (gerichtliche) Beschlüsse nicht in die Untersuchung einbezogen werden. Zwar finden sich nicht selten gerade in Beschlüssen Ausführungen zu organisierter Kriminalität. Allerdings betreffen diese meist prozessuale bzw. vollstreckungsrechtliche Themen, wie etwa die Rechtmäßigkeit von Haftbefehlen[92] oder die

---

88 Da das Ziel der Untersuchung hauptsächlich darin bestand, einen groben Eindruck von der Anwendungsrelevanz einzelner Beteiligungsformen zu erhalten, erschien nicht erforderlich, weitere Datenbanken – wie etwa juris – zu konsultieren.

89 Durch Verwendung noch offenerer Suchbegriffe, wie etwa „organisiert", wäre es vermutlich möglich gewesen, eine noch größere Menge einschlägiger Entscheidungen zu finden. Allerdings hätte der zusätzliche Sortierungs- und Aussiebungsaufwand kaum im Verhältnis zum Ertrag gestanden.

90 Während auf Beck-Online für die 1980er Jahre jährlich rund 30.000 Urteile erfasst sind, liegt die entsprechende Anzahl für die 2010er Jahre bei jährlich rund 100.000 Urteilen.

91 So ist zwar der Fall BGH BeckRS 2011, 22975 im Rocker- und Zuhältermilieu angesiedelt, ein Zusammenhang mit organisierter Kriminalität liegt also durchaus nahe. Jedoch enthält die Entscheidung keinerlei Informationen zu Strafzumessungsgesichtspunkten und Fragen der Beteiligung. Vielmehr konzentriert sich der BGH auf den (angefochtenen) Aspekt einer unterbliebenen Anordnung der Sicherungsverwahrung.

92 Vgl. KG Berlin BeckRS 2014, 9156, wo zur Aufrechterhaltung der Untersuchungshaft auf die Zugehörigkeit zur organisierten Kriminalität abgehoben wurde.

Aussetzung des Vollzugs einer Restfreiheitsstrafe zur Bewährung,[93] können also über beteiligungsrechtliche Aspekte nur bedingt Aufschluss geben. Insgesamt kamen unter Zugrundelegung dieser Suchkriterien 312 (erstinstanzliche) Strafurteile zusammen, die nach verschiedenen Kriterien in eine Excel-Tabelle eingepflegt wurden.[94]

2. Aussortierung offensichtlich irrelevanter Urteile

Die Suchkriterien brachten es mit sich, dass einige der gefundenen Urteile offensichtlich keinen Bezug zu organisierter Kriminalität aufweisen. Wenn z.B. als Suchbegriff ‚organisierte Kriminalität' eingegeben wird, dann werden sämtliche Entscheidungen angezeigt, in denen kumulativ die Wörter ‚organisiert' (oder eine Variation davon) und ‚Kriminalität' vorkommen, auch wenn zwischen den Wörtern jeweils kein grammatischer oder semantischer Zusammenhang besteht. So befand sich unter den gefundenen Urteilen etwa eine Entscheidung, in der es um einen psychisch kranken Täter geht, der im Zuge unkontrollierter Gewaltausbrüche andere Menschen verletzte.[95] Das Wort ‚organisiert' kommt im Urteilstext insofern vor, als die Mutter des Täters die wöchentliche Medikamentenlieferung für ihren Sohn „organisierte". Das Wort ‚Kriminalität' fand im Zusammenhang mit den Voraussetzungen für die Unterbringung in einem psychiatrischen Krankenhaus gemäß § 63 StGB Erwähnung, wonach vom Täter erhebliche Taten – also zumindest solche der „mittleren Kriminalität" – zu erwarten sein müssen. Letztlich fielen in diese Kategorie 108 Urteile. Für die weitere Analyse wurden diese nicht weiter berücksichtigt.

---

93 Vgl. OLG Hamm BeckRS 2020, 13861, wonach „bei besonders sicherheitsrelevanten Delikten, wie Delikten im Bereich der organisierten Kriminalität erhöhte Anforderungen an eine günstige Prognose im Sinne von § 57 Abs. 1 S. 1 Nr. 2 StGB zu stellen [sind]".

94 Die folgenden Aspekte wurden tabellarisch erfasst: Datum der Entscheidung, Aktenzeichen, Kriminalitätsfeld, angewandte Straftatbestände, Zahl der Taten, Zahl der Angeklagten, ausgeworfene Strafmaße, herangezogene Strafzumessungserwägungen, Beteiligungsformen, Vorliegen eines gestuften Organisationssystems (ja/nein), Bandenmäßigkeit (ja/nein), Basieren des Urteils auf einer Verständigung (ja/nein).

95 LG Essen BeckRS 2019, 41517.

3. Kategorisierung der verbleibenden Urteile nach Deliktsfeldern

In einem dritten Schritt wurden die Urteile nach Deliktsfeldern sortiert. Nicht uninteressant ist, dass auch Deliktsfelder vertreten waren, die für organisierte Kriminalität untypisch sind. Dies betraf Fälle der Wirtschafts-, Sexual-[96] und politisch motivierten Kriminalität. Während die Abgrenzung von Sexualdelikten und politisch motivierter Kriminalität zu organisierter Kriminalität keine besonderen Probleme bereitete, gestaltete sich die Abgrenzung zwischen Wirtschaftskriminalität und organisierter Kriminalität deutlich schwieriger. Als Differenzierungskriterium wurde darauf abgestellt, ob der Zweck der unternehmerischen Betätigung (nahezu) vollständig auf die Begehung von Straftaten ausgerichtet war. Soweit dies der Fall war, wurde der Fall der organisierten Kriminalität zugerechnet.[97] Sofern dagegen die wirtschaftliche Betätigung im Großen und Ganzen legal war und die kriminellen Handlungen lediglich einen Teilaspekt des unternehmerischen Handelns betrafen, wurde das Urteil dem Bereich der Wirtschaftskriminalität zugeordnet.[98] Für die weitere Untersuchung wurden die Urteile, die den genannten drei Deliktsfeldern zuzurechnen waren, nicht berücksichtigt. Dahinter stand die Erwägung, dass diese Deliktsfelder nach allgemeinem Verständnis nicht Teil der organisierten Kriminalität sind, was sich insbesondere an den Lagebildern und den dort aufgeführten Deliktsbereichen erkennen lässt.[99]

Bei den verbliebenen Deliktsfeldern zeigte sich ein erwartbares Bild. Am häufigsten (vgl. Tabelle 1) ging es um Verfahren aus dem Bereich der Betäu-

---

96 Bei den Urteilen zu Sexualdelikten ging es im Wesentlichen um das Betreiben von Online-Plattformen zum Austausch kinderpornografischen Materials.

97 Beispielhaft sei der Fall LG Kleve BeckRS 2018, 50814, genannt: Die Täter hatten eine Schlüsseldienst-Firma mit der Absicht gegründet, in großem Umfang Annoncen in Zeitungen zu schalten, um bei potenziellen Kunden den Eindruck eines seriösen Schlüsseldienstes hervorzurufen. Der Plan sah jedoch vor, den jeweiligen Kunden nach Bestellung der Dienste überhöhte Gebühren in Rechnung zu stellen, ohne eine fachgerechte Leistung erbracht zu haben.

98 In LG Frankfurt BeckRS 2016, 131285, ging es etwa um Angestellte einer Bank, die über Emissionshandel Steuern hinterzogen. Dafür, dass die Bank als solche auf kriminelle Machenschaften ausgerichtet war, waren keine Anhaltspunkte ersichtlich.

99 Aufgeführt sind im Bundeslagebild OK 2021: Rauschgifthandel/ -schmuggel, Kriminalität i. Z. m. dem Wirtschaftsleben, Eigentumskriminalität, Schleusungskriminalität, Steuer- und Zolldelikte, Gewaltkriminalität, Geldwäsche, Menschenhandel und Ausbeutung, Cybercrime, Kriminelle Vereinigung, Fälschungskriminalität, Korruption, Waffenhandel/ -schmuggel, Kriminalität i. Z. m. dem Nachtleben, Umweltkriminalität.

bungsmittelkriminalität (37 Prozent), gefolgt von Eigentums- (21 Prozent) und Betrugskriminalität (17 Prozent). Diese Gewichtung ist durchaus mit den Angaben vergleichbar, die sich regelmäßig in den Bundeslagebildern wiederfinden.[100] Auch bei den Verfahren zu Gewaltkriminalität zeigt sich ein typisches Bild: So wurden die Gewalttaten nicht zur Erlangung eines (unmittelbaren) materiellen Vorteils begangen, sondern vielmehr um der Gewalt selbst bzw. eines mittelbaren Vorteils willen. In zwei dieser Fälle ging es jeweils um einen Auftragsmord,[101] in einem Fall um gewalttätige Auseinandersetzungen zwischen rivalisierenden Gruppierungen.[102]

Tabelle 1: Kategorisierung der gesammelten Urteile nach Deliktsfeldern

Deliktsfelder	Anzahl der Urteile
Betäubungsmittelkriminalität	43
Eigentumskriminalität	25
Betrugsdelikte	20
Steuer- und Zolldelikte	10
Schleusungskriminalität	8
Erpressung	4
Gewaltkriminalität	3
Menschenhandel	2
für OK untypische Deliktsfelder	
Wirtschaftskriminalität	63
politisch motivierte Kriminalität	23
Sexualdelikte	3

---

100 So waren im Bundeslagebild OK 2021 von 696 Fällen 335 (48 Prozent) der Betäubungsmittelkriminalität zugeordnet, 63 Fälle (9 Prozent) der Eigentumskriminalität und 113 Fälle (16 Prozent) der Betrugskriminalität, die in den Lagebildern durch die Kategorie ‚Kriminalität im Zusammenhang mit dem Wirtschaftsleben' erfasst wird.
101 LG Hamburg BeckRS 2020, 25417; LG Schwerin BeckRS 2017, 159789.
102 LG Bamberg BeckRS 2018, 44290.

4. Datenerfassung

Von den verbliebenen Urteilen wurden verschiedene Angaben erhoben wie etwa das jeweilige Kriminalitätsfeld, die verwirklichten Straftatbestände, die jeweiligen Beteiligungsformen und die vom Gericht herangezogenen Strafzumessungserwägungen. Ebenso wurde untersucht, ob innerhalb der jeweiligen Gruppierung ein gestuftes Organisationssystem vorzufinden war.

II. Befunde

Im Folgenden werden die Befunde überblicksartig dargestellt. Eingehende Deutungen und Interpretationen erfolgen in diesem Kapitel nicht, vielmehr sollen einzelne Ergebnisse im Rahmen des dogmatischen Teils an verschiedenen Stellen aufgegriffen und zum Anlass für weitergehende Ausführungen genommen werden.

1. Organisationsstruktur der Mehrtäterverbindungen

Wie bereits bei der Darstellung des Forschungsstands erwähnt, hat sich das Verständnis von den Strukturen organisierter Kriminalität im Laufe der Zeit gewandelt.[103] Wo zunächst die Vorstellung bestand, organisierte Kriminalität sei geprägt von hierarchisch gegliederten Organisationsverbänden, setzte sich nach und nach die Ansicht durch, es seien vorwiegend netzwerkartige Strukturen anzutreffen. Um zu überprüfen, ob sich dieses gewandelte Verständnis auch in der (veröffentlichten) Rechtsprechung widerspiegelt, wurden die Urteile dahingehend untersucht, wie die jeweiligen Gruppierungen organisiert waren. Um die Untersuchung an dieser Stelle nicht zu verkomplizieren, wurden die Urteile lediglich danach sortiert, ob sich innerhalb der Tätergruppierungen eine gestufte Organisationsstruktur finden ließ oder nicht. Ein hierarchisches Organisationssystem wurde dann angenommen, wenn neben den unmittelbar ausführenden Tätern weitere, diesen übergeordnete, Personen vorhanden waren, die quasi von außen auf die Geschicke der Täter bestimmenden Einfluss nahmen.[104] Lag hingegen

---

103 Vgl. unter B.I.
104 In manchen Urteilen ist explizit von „Hintermänner[n]" die Rede, vgl. LG Bielefeld BeckRS 2020, 39137 Rn. 38. Besonders deutlich tritt die hierarchische Strukturierung

zwischen sämtlichen Beteiligten eine Art Gleichordnung vor, womöglich auch mit einem primus inter pares als Anführer, so wurde eine entsprechende organisatorische Gliederung nicht angenommen.[105]

Festgestellt werden konnte ein hierarchisches Organisationssystem in 70 Urteilen. Dieser Anteil an Fälle ist außerordentlich hoch. Als Bestätigung der gemeinhin vertretenen Netzwerkthese lässt sich dieser Befund somit nicht ansehen. Bei diesem Ergebnis sind jedoch mehrere Aspekte zu beachten. Zunächst hat vermutlich die Auswahl der Suchbegriffe zur Folge gehabt, dass bevorzugt organisierte Strukturen gefunden wurden. Netzwerkartige, lose Verbindungen wurden möglicherweise gar nicht erst erfasst, da in den entsprechenden Entscheidungen nicht unbedingt das Wort ‚organisiert' (oder eine Variation davon) enthalten ist. Des Weiteren dürften sich viele Fälle, in denen netzwerkartige Strukturen gegeben sind, auf dem Papier kaum von Fällen allgemeiner, nicht organisierter Kriminalität unterscheiden – und somit nur schwer als solche zu identifizieren sein. Diese Urteile wurden daher womöglich als irrelevant eingestuft. Auch soweit die analysierten Entscheidungen demnach vermutlich nicht das ganze Spektrum organisierter Kriminalität abdecken, dürfte dennoch die Schlussfolgerung zulässig sein, dass gestuften Organisationsstrukturen in diesem Kriminalitätsbereich jedenfalls eine gewisse Relevanz zukommt.

---

auch in LG Hamburg BeckRS 2021, 37701 Rn. 156, hervor: „Aufgrund familiärer Verbundenheit und weil der Angeklagte X. ihm innerhalb des Bandengefüges deutlich übergeordnet war, hätte sich nämlich der Angeklagte C., für den Loyalität ersichtlich ebenfalls von herausragender Bedeutung ist, ohne die Rückendeckung des Angeklagten X. höchstwahrscheinlich nicht zur Sache eingelassen; H. C. bedurfte insoweit gewissermaßen der „Erlaubnis" seines „Chefs", des Angeklagten X. Vgl. auch LG Dresden BeckRS 2020, 47619, in dem eine Gruppierung im Zentrum stand, die Telefonbetrugstaten beging. An der Spitze standen die Callcenter-Betreiber, darunter waren die Vermittler zu verorten, deren Aufgabe es war, Finanzagenten zu finden, die bereit waren, die Wertgegenstände bei den Tatopfern in Empfang zu nehmen. In anderen Urteilen ergab sich die Gestuftheit der gruppeninternen Organisation eher mittelbar, so etwa in LG Hamburg BeckRS 2021, 37701 Rn. 77, wo es heißt, dass sich einer der Beteiligten „tunlichst im Hintergrund gehalten hat und keinen unmittelbaren Umgang mit den Betäubungsmitteln hatte".

105 So ist etwa in dem Urteil BGH BeckRS 2019, 44141 Rn. 64, die Rede davon, dass einer der Angeklagten „als Kopf der Gruppierung [agierte]", gleichwohl schien das Verhältnis der (sieben) Angeklagten untereinander eher partnerschaftlich ausgestaltet zu sein.

2. Beteiligungsformen

In den 115 Urteilen, die Sachverhalte aus dem Bereich organisierter Kriminalität zum Gegenstand hatten, gab es insgesamt 310 Tatbeteiligte. Von jedem Tatbeteiligten wurde die jeweils verwirklichte Beteiligungsform erhoben. Im Falle von Tatmehrheit konnte es auch zu Mehrfachnennungen je Beteiligten kommen, allerdings nur insoweit, als es sich um unterschiedliche Beteiligungsformen handelte.[106]

Tabelle 2: Häufigkeit der Beteiligungsformen (Mehrfachnennungen möglich)

Beteiligungsform	Anzahl der Verurteilten[107]
Mittäterschaft	163
Alleintäterschaft	98
Beihilfe	53
Anstiftung	4
Verbrechensverabredung	2
mittelbare Täterschaft	0

98 Beteiligte wurden wegen Begehung der Tat als Alleintäter verurteilt (vgl. Tabelle 2). Dies betrifft vorwiegend solche Fälle, in denen der betreffende Tatbeteiligte sämtliche Merkmale des Tatbestands in eigener Person verwirklichte. Besonders häufig kam dies im Zusammenhang mit §§ 29 ff. BtMG in der Tatbestandsalternative des „Handeltreibens" vor. Dieses Merkmal ist nur sehr unscharf konturiert und wird bereits durch einzelne Teil- bzw. Unterstützungshandlungen in *täterschaftlicher* Begehungsweise verwirklicht.[108] Die meisten, nämlich 163 Beteiligte, wurden wegen mittäterschaftlicher Begehung verurteilt. Die Teilnahmeform der Beihilfe entfiel auf immerhin 53 Beteiligte. Anstiftung kam mit vier Beteiligten deutlich

---

106 Jede einzelne tatmehrheitlich begangene Tat gleichartiger Beteiligungsform mit einem Zählwert zu berücksichtigen, wäre kaum sinnvoll gewesen. Da in manchen Urteilen mehrere Dutzend Taten Gegenstand des Verfahrens waren, wäre es insofern zu Verzerrungen gekommen, vgl. LG Coburg BeckRS 2019, 52016.

107 Die Summe von 320 im Hinblick auf die 310 Tatbeteiligten erklärt sich daraus, dass zehn Tatbeteiligte wegen mehrerer Beteiligungsformen verurteilt wurden.

108 Vgl. etwa den Fall LG Köln BeckRS 2017, 159066. Dass mit einer solchen Verselbständigung von Beihilfehandlungen eine Tendenz zur Einheitstäterschaft einhergeht, wird unter D.I.1.d) näher beleuchtet.

seltener vor. Noch seltener, bei nur zwei Beteiligten, erfolgte eine Verurteilung wegen Verbrechensverabredung. Keiner der Beteiligten wurde wegen mittelbarer Täterschaft verurteilt.

3. Tatbestandliche Kollektivformen

Fälle bandenmäßiger Tatbegehung fanden sich in 46 der 115 Urteile (vgl. Tabelle 3). Da die Fälle nahezu allesamt Deliktsfelder betrafen, die bandenmäßige Begehungsvarianten vorsehen (vgl. Tabelle 2),[109] könnte dieser Wert womöglich gering erscheinen, zumal organisierte Kriminalität in gewisser Weise als eine spezielle bzw. qualifizierte Form der Bandenkriminalität verstanden werden kann. Die Urteile, in denen keine Bandenmäßigkeit vorlag, betrafen in der Regel Fälle, in denen die übrigen Beteiligten bzw. Bandenmitglieder unbekannt geblieben sind oder in denen die Bandenabrede nicht mit hinreichender Sicherheit nachgewiesen werden konnte. Zudem könnte auch eine prozessuale Erklärung in Betracht kommen. So ist zu bedenken, dass es sich bei der Bandenmäßigkeit stets nur um einen strafschärfenden Umstand handelt.[110] Die Strafbarkeit – bzw. die Verurteilung – als solche scheitert also in aller Regel nicht am fehlenden Nachweis der Bandenabrede. Um einer Aufhebung in der Revision zu entgehen, könnten Gerichte dementsprechend geneigt sein, von einer Verurteilung wegen bandenmäßiger Begehung abzusehen – gerade auch vor dem Hintergrund, dass die Bandenabrede als vorwiegend subjektiver Umstand häufig nur schwer nachzuweisen ist.[111]

---

109 Eine Ausnahme stellen insofern die Gewaltdelikte der §§ 211 ff. StGB bzw. §§ 223 ff. StGB dar. Für die Gründe der fehlenden Normierung bandenmäßiger Begehungsvarianten vgl. unter D.II.2.b).

110 Auf eine Konstellation, in der Bandenmäßigkeit ausnahmsweise strafbegründend wirkt, weisen *Flemming/Reinbacher*, NStZ 2013, 136 (138), hin, nämlich wenn die Tat im Verabredungsstadium stecken geblieben ist und nur durch die (ins Auge gefasste) Bandenmäßigkeit die Schwelle zum Verbrechen überschritten wird.

111 Insbesondere im Rahmen von Verständigungen nach § 257c StPO erscheint es nicht unwahrscheinlich, dass diese Erwägung herangezogen wurde (auch wenn sich eine Verständigung gemäß § 257c StPO nur auf die Rechtsfolgen als solche und nicht auf den angewendeten Straftatbestand beziehen darf). Gestützt wird diese Vermutung dadurch, dass in 75 Prozent (12 von 16) derjenigen Urteile, die auf einer Verständigung beruhten, eine Bandenmäßigkeit nicht angenommen wurde. Vgl. auch *Kinzig*, Organisierte Kriminalität, S. 694, der feststellte, dass eine „Verurteilung als Bandenmitglied als Verhandlungsmasse zwischen Staatsanwaltschaft, Verteidigung und Gericht genutzt werden" könne.

Die kriminelle Vereinigung im Sinne von § 129 StGB kam wesentlich seltener, nur zwei Mal, vor. Da der Tatbestand des § 129 StGB auf Sachverhalte der organisierten Kriminalität generell nur sehr selten angewendet wird, ist dieses Ergebnis jedoch nicht weiter verwunderlich. In einem der Fälle ging es um gewalttätige Auseinandersetzungen im Rahmen von Drogenrevierkämpfen,[112] in dem anderen Fall um ein Hawala-Banking-Netzwerk.[113]

Tabelle 3: Häufigkeit der Kollektivformen

Kollektivform	Anzahl der Urteile
Bandenmäßigkeit	46
kriminelle Vereinigung	2

4. Strafzumessungsrechtliche Aspekte

Bei den Strafzumessungserwägungen wurden solche Aspekte erfasst, die einen Zusammenhang mit beteiligungsrechtlichen Fragestellungen oder mit organisierter Kriminalität als solcher aufweisen. Nicht berücksichtigt wurden dagegen Erwägungen, die eher allgemeinen Charakter haben und bei denen ein spezifischer Zusammenhang mit organisierter Kriminalität ausgeschlossen erscheint – wie das etwa bei der Vorstrafenbelastung, der erlittenen Untersuchungshaft oder auch der kriminellen Energie[114] der Fall ist.

Sehr häufig wurde die Rolle des einzelnen Beteiligten berücksichtigt, sowohl in strafschärfender als auch in strafmildernder Hinsicht (vgl. Tabel-

---

112 LG Köln BeckRS 2017, 159066.
113 LG Mannheim BeckRS 2020, 50512.
114 Bei der kriminellen Energie handelt es sich nach *Walter*, GA 1985, 197 (208), um einen „Sammelbegriff", der in der Regel einer Begründung bzw. Konkretisierung durch Heranziehung weiterer Erwägungen – wie etwa der professionellen Vorgehensweise – bedarf. Vgl. auch *Güntge*, ZIS 9/2018, 384 (384), nach dessen Ansicht der Begriff der kriminellen Energie gleichbedeutend mit demjenigen des Handlungsunrechts ist. Ein unmittelbarer Zusammenhang mit organisierter Kriminalität besteht somit nicht. Dies wird auch anhand einer Studie von *Albrecht*, Strafzumessung bei schwerer Kriminalität, S. 411 ff., deutlich, nach der etwa in Vergewaltigungsfällen häufig auf eine hohe kriminelle Energie abgestellt wird.

le 4).[115] Dieser Gesichtspunkt wurde immer dann erfasst, wenn auf das Gewicht des individuellen Tatbeitrags oder die Stellung eines Angeklagten in der jeweiligen Gruppierung abgestellt wurde. Bei den übrigen Gesichtspunkten – insbesondere bei der Professionalität und dem hohen Organisationsgrad fiel auf, dass diese meist nicht auf individuelles Handeln bezogen waren, sondern auf das Vorgehen der Gruppierung im Ganzen. So erfolgten nicht selten die jeweiligen Erwägungen wortgleich bei jedem der Beteiligten.[116]

Auf das arbeitsteilige Zusammenwirken wurde – teils strafmildernd, teils strafschärfend – relativ selten abgestellt, vermutlich weil arbeitsteiliges Vorgehen Wesensmerkmal bandenmäßiger oder auch mittäterschaftlicher Begehung ist, dessen Berücksichtigung insofern in Konflikt mit dem Doppelverwertungsverbot nach § 46 Abs. 3 StGB stehen könnte. Die strafschärfende Heranziehung wurde damit begründet, dass es sich um ein „auffallend arbeitsteilige[s] Zusammenwirken" gehandelt habe.[117] Strafmildernd fand der Aspekt insofern Berücksichtigung, als der betreffende Angeklagte angesichts der Arbeitsteilung keinen Einfluss auf die Höhe des entstandenen Schadens habe nehmen können.[118]

Bemerkenswert ist auch, dass – wenn auch nur in seltenen Fällen – die Zuordnung eines Sachverhalts zur organisierten Kriminalität als Erwägung in der Strafzumessung Berücksichtigung fand.[119] Letztlich wird daran deutlich, dass organisierte Kriminalität als besonders Gemeinwohl gefährdend wahrgenommen wird, und dass auf Tatbestandsebene keine Möglichkeit bestand, die Zugehörigkeit zur organisierten Kriminalität gesondert zu berücksichtigen. Denn ansonsten wäre eine Berücksichtigung wegen des Verbots der Doppelverwertung nach § 46 Abs. 3 StGB nicht in Betracht gekommen.[120]

---

115 Vgl. insofern den (ähnlichen) Befund von *Kinzig*, Organisierte Kriminalität, S. 632 f., in dessen Untersuchung in 39,8 Prozent der Fälle die „Stellung des Angeklagten" in der Strafzumessung berücksichtigt worden sei.

116 LG Hannover BeckRS 2020, 42751; LG Osnabrück BeckRS 2019, 39065.

117 LG Hamburg BeckRS 2015, 11857.

118 LG Bamberg BeckRS 2020, 20945 Rn. 143, 153.

119 So wird etwa in LG Hamburg BeckRS 2021, 37701 Rn. 191, strafschärfend berücksichtigt, dass der Angeklagte „gewissermaßen ‚ohne Not' von einem Leben in Legalität sogleich mit nur einem Schritt in den Bereich der organisierten Kriminalität gewechselt" sei. Vgl. auch LG Kleve BeckRS 2021, 17539 Rn. 36, wo das Gericht strafschärfend berücksichtigt, dass der Angeklagte sich „in erhebliche Rauschgiftgeschäfte Dritter – und damit in organisierte Kriminalität – hat einbinden lassen".

120 Vgl. dazu auch die weitergehenden Ausführungen unter D.II.3.b)cc).

Eine vergleichende Strafzumessung fand sich in sechs Urteilen. Eine solche wurde angenommen, wenn im Rahmen der individuellen Strafzumessung auf einen anderen Beteiligten Bezug genommen wurde, etwa indem die jeweiligen Tatbeiträge gewichtet bzw. miteinander verglichen wurden.[121]

Tabelle 4: Herangezogene Strafzumessungserwägungen

organisationsrelevante Strafzumessungserwägungen	Anzahl der Beteiligten, auf die der Gesichtspunkt angewendet wurde
- strafmildernde Erwägungen -	
untergeordnete Rolle	53
arbeitsteiliges Vorgehen	1
- strafschärfende Erwägungen -	
kriminelle Energie	147
Professionalität	69
hoher Organisationsgrad	50
bedeutende Rolle	45
sorgfältige Planung	28
konspiratives Vorgehen	21
arbeitsteiliges Vorgehen	7
Zugehörigkeit zur organisierten Kriminalität	6
- vergleichende Strafzumessung -	
Bezugnahmen auf andere Beteiligte	6

---

121 So wird etwa in der Entscheidung LG Osnabrück BeckRS 2008, 16762, im Rahmen der Strafzumessung berücksichtigt, dass einer der Angeklagten „im Verhältnis zu (...) innerhalb der Bande ein höheres Gewicht [hatte], weil er die Kontakte nach den USA und zu (...) unterhielt und er auch eigenen Traffic außerhalb von T-S eingebracht hatte".

III. Ergebnis zur Datenbankanalyse

Im Rahmen der Datenbankanalyse, zeigte sich, dass – wohl erwartbar – die Mittäterschaft für den Bereich der organisierten Kriminalität als die relevanteste der Beteiligungsformen des Allgemeinen Teils anzusehen sein dürfte. Die im Vergleich dazu geringe Relevanz der Beihilfe ist ebenfalls nicht überraschend, sie kann vielmehr als Indiz dafür gesehen werden, dass die These einer Art Einheitstäterschaft im Bereich organisierter Kriminalität von der Tendenz her zutreffend ist. Bezüglich der Anstiftung erscheint die Anzahl von vier Anwendungsfällen eher gering, zumal gerade im Zusammenhang mit organisierter Kriminalität damit zu rechnen ist, dass es häufiger Auftrags- und Anweisungskonstellationen gibt. Den Gründen für diese geringe Anwendung gilt es im weiteren Verlauf der Arbeit nachzugehen. Das gleiche gilt auch für die Verbrechensverabredung, bei der – mit Blick auf Überwachungs- und Observationsmaßnahmen – durchaus Anlass zur Vermutung bestünde, dass sie gerade in Fällen organisierter Kriminalität häufiger vorkommt.

Hinsichtlich der materiellrechtlichen Instrumente zur Berücksichtigung kollektiver Aspekte der Tatbegehung zeigte sich, dass die kriminelle Vereinigung nach § 129 StGB kaum zur Anwendung kommt, die bandenmäßigen Begehungsvarianten dagegen vergleichsweise häufig – wenn auch nicht so häufig, dass die Annahme nahe läge, organisierte Kriminalität betreffe stets auch Fälle bandenmäßiger Straftatbegehung. Der Frage, wie diese – sowohl bei der kriminellen Vereinigung als auch bei der Bandenmäßigkeit – offenbar bestehenden Erfassungslücken zu erklären sind, soll im weiteren Verlauf der Arbeit nachgegangen werden.[122] Bei der Untersuchung der Strafzumessung zeigte sich, dass es eine Reihe typischer, meist strafschärfender Erwägungen gibt, die in Fällen organisierter Kriminalität häufig zur Anwendung kommen. Deuten lässt sich dies so, dass gerade die Strafzumessung dafür geeignet ist, charakteristische Elemente der Straftatbegehung in Fällen organisierter Kriminalität zu berücksichtigen und zum Ausdruck kommen zu lassen. Da in den Urteilen die einschlägigen Strafzumessungserwägungen häufig ohne Begründung angeführt werden, erscheint es lohnenswert, an späterer Stelle auf mögliche Begründungsansätze näher einzugehen.[123]

---

122 Siehe unter D.II.1. und D.II.2.
123 Siehe unter D.II.3.

D. Dogmatischer Teil: Der materiellrechtliche Umgang mit organisierter Kriminalität

Der dogmatische Teil der Arbeit ist zweigeteilt. Zunächst soll untersucht werden, wie die Beteiligungsformen des Allgemeinen Teils auf Sachverhalte organisierter Kriminalität angewendet werden. Im Anschluss wird der Frage nachgegangen, inwiefern im materiellen Strafrecht – über die Beteiligungsformen hinaus – Instrumente vorhanden sind, um kollektive Aspekte der Tatbegehung im Rahmen organisierter Kriminalität zu berücksichtigen bzw. zum Ausdruck zu bringen.

I. Die Anwendung der Beteiligungsformen des StGB auf Sachverhalte organisierter Kriminalität

Die Beteiligung an einer Straftat ist entsprechend der Legaldefinition in § 28 Abs. 2 StGB untergliedert in Täterschaft und Teilnahme. Innerhalb der Täterschaft werden drei Varianten unterschieden, nämlich unmittelbare Alleintäterschaft (§ 25 Abs. 1 Alt. 1 StGB), mittelbare Täterschaft (§ 25 Abs. 1 Alt. 2 StGB) und Mittäterschaft (§ 25 Abs. 2 StGB). Bezüglich der Rechtsfolgen unterscheiden sich diese drei Varianten nicht.[124] Dennoch ist stets eine Zuordnung zu einer der drei Varianten erforderlich, da sowohl bei der mittelbaren Täterschaft als auch bei der Mittäterschaft eine Zurechnung fremden Handelns erfolgt, die grundsätzlich als besonders legitimierungs- und begründungsbedürftig anzusehen ist.[125] Nicht eingegangen wird im Folgenden auf die Alleintäterschaft, da insofern keine (beteiligungsrechtlichen) Besonderheiten im Bereich der organisierten Kriminalität ersichtlich sind.[126] Die Teilnahme unterteilt sich in Anstiftung (§ 26 StGB) und Beihilfe (§ 27 StGB), mit jeweils unterschiedlichen Rechtsfolgen. So wird der Anstif-

---

124 Auch im Tenor eines Strafurteils findet die jeweilige Täterschaftsvariante keine Erwähnung, *Huber/Hofer*, Das Strafurteil, S. 34.

125 Vgl. zur Mittäterschaft *Steckermeier*, Der Tatentschluss von Mittätern, S. 34.

126 Dass in der Justiz auch in Prozessen aus dem Bereich organisierter Kriminalität relativ häufig Einzeltäter abgeurteilt werden (vgl. auch Tabelle 2), hat *Kinzig*, Organisierte Kriminalität, S. 527, als Anzeichen dafür gesehen, dass die Ermittlungsbehörden eher den einzelnen Täter und dessen Straftat, weniger die Gruppierung als solche im Blick hätten.

ter gemäß § 26 StGB gleich einem Täter bestraft. Der Gehilfe kommt demgegenüber gemäß § 27 Abs. 2 StGB in den Genuss einer (obligatorischen) Strafmilderung.

Im Fokus der folgenden Darstellung steht die Frage, welche Probleme sich bei Anwendung der Beteiligungsformen in Sachverhalten organisierter Kriminalität ergeben können. Insbesondere werden zu diesem Zweck spezielle Rechtsfiguren, die in anderweitigen Kontexten zur besseren Erfassung kollektiv begangener Straftaten entwickelt worden sind, in den Blick genommen und auf ihre Anwendbarkeit und Relevanz im Bereich organisierter Kriminalität untersucht. Zuvor wird auf die vorgelagerte Frage der Abgrenzung zwischen Täterschaft und Teilnahme eingegangen, insbesondere im Hinblick darauf, ob in Fällen organisierter Kriminalität in dieser Hinsicht Besonderheiten vorzufinden sind.

1. Täterschaft und Teilnahme

In diesem Abschnitt wird die Abgrenzung zwischen Täterschaft und Teilnahme behandelt. Zuerst werden anhand von Beispielsfällen kurz die gängigen – für diese Abgrenzung wesentlichen – Tätertheorien dargestellt. Sodann werden zwei Fallgruppen näher beleuchtet, die in Sachverhalten häufiger vorkommen und aus deren Behandlung sich möglicherweise verallgemeinernde Schlüsse ziehen lassen. Zum einen geht es dabei um Kuriertätigkeiten und zum anderen um Absicherungsmaßnahmen während des Tatgeschehens. Zum Schluss wird auf die Frage eingegangen, ob und inwiefern sich im Bereich der organisierten Kriminalität Tendenzen hin zu einem System der Einheitstäterschaft erkennen lassen.

a) Beispielsfälle[127]

aa) Fall 1a: Verkauf unwirksamer Widerrufsschreiben[128]

Die Angeklagten A und B ließen über ein Callcenter in der Türkei mehrere Tausend Verbraucher anrufen. In den Gesprächen boten die Callcenter-

---

127 Sämtliche Beispielsfälle, die im weiteren Verlauf aufgeführt sind, weisen Bezüge zu organisierter Kriminalität auf. Die meisten Fälle bilden Entscheidungen ab, die im Rahmen der Datenbankanalyse untersucht wurden.

128 LG Würzburg BeckRS 2013, 100000.

Mitarbeiter den Verbrauchern Widerrufsschreiben zum Verkauf an, die angeblich zur Erstattung eines Geldbetrags verwendet werden konnten. Tatsächlich waren die Widerrufsschreiben jedoch nicht dazu geeignet, von den betreffenden Firmen eine Erstattung erlangen zu können. Der Kaufpreis für ein Widerrufsschreiben betrug zwischen 70 und 90 Euro. Insgesamt gingen 1.036 Personen auf das Angebot ein und überwiesen jeweils den geforderten Betrag. Die Durchführung dieses Projekts mit der internen Bezeichnung „Verbraucherangriff" ging auf den Angeklagten A zurück, der auch den Gesprächsleitfaden für die Anrufe entworfen hatte. Die gezahlten Beträge wurden auch stets auf das Konto des A überwiesen. Der Angeklagte B war über sämtliche Aspekte des Vorhabens informiert. Er war es auch, der den Kontakt zum Betreiber des Callcenters in der Türkei hergestellt hatte. Die von A versprochene Vergütung erhielt B indes nicht.

bb) Fall 1b: Mitwirkung beim Aufbau einer Marihuanaplantage[129]

Der Angeklagte D hatte bereits mehrfach im Betäubungsmittelhandel der Gruppierung um Y und T kleinere Aufgaben erfüllt. Um in der Ortschaft U eine Marihuanaplantage zu errichten, fragten sie D, ob er dazu bereit sei, den Vertrag zur Anmietung eines Objekts zu unterschreiben, welches sie, Y und T, für den Betrieb einer Marihuanaplantage für geeignet befunden hätten. D sollte in der Folge auch die Betreuung und Bewachung der Plantage übernehmen. Im Gegenzug würde D anteilig, nämlich zu 1/6, am Gewinn partizipieren. D stimmte dem Ansinnen zu und unterschrieb in der Folge den Mietvertrag, ohne jedoch an den vorangegangenen Verhandlungen mitgewirkt zu haben. Die Zahlung des Mietzinses in Höhe von monatlich 8.000 Euro wurde von T übernommen, wobei die Auszahlung des Betrags an den Vermieter durch D (in bar) vorgenommen wurde. Mit der Pflanzenzucht war D nicht befasst; er stellte lediglich – auch über Nacht – sicher, dass kein Unbefugter die Plantage betrat. Insgesamt partizipierte er an den Erlösen aus zwei Ernten und erhielt dadurch einen Betrag in Höhe von insgesamt 140.000 Euro ausgezahlt.

---

129 LG Arnsberg BeckRS 2010, 10790.

b) Theorien zur Abgrenzung zwischen Täterschaft und Teilnahme

Bei den Begriffen der Täterschaft bzw. der Teilnahme handelt es sich um unbestimmte und daher ausfüllungsbedürftige Rechtsbegriffe.[130] Das Gesetz selbst enthält kaum Anhaltspunkte für die Beantwortung der Frage, unter welchen Voraussetzungen Täterschaft bzw. Teilnahme anzunehmen ist. Vornehmlich ist insofern auf Theorien zu rekurrieren, die von Rechtsprechung und Lehre entwickelt wurden. Im Folgenden soll überblicksartig auf die wichtigsten dieser Theorien eingegangen werden.

aa) Subjektive Theorie

Gemäß der subjektiven Theorie wird die Täterschaft nach dem sog. „animus auctoris" bestimmt. Demnach ist Täter, wer mit Täterwillen einen objektiven Beitrag zur Tatbestandsverwirklichung leistet und die Tat als eigene will.[131] Das Abstellen auf den Willen des Handelnden und die Ausblendung des Gewichts des jeweiligen Tatbeitrags wird damit begründet, dass gemäß der Äquivalenztheorie alle zum Taterfolg führenden (objektiven) Umstände rechtlich gleichwertig seien.[132] Dem widerspräche es, wenn bei der Abgrenzung zwischen Täterschaft und Teilnahme eine Gewichtung einzelner Tatbeiträge zu erfolgen hätte.

Kritisch angemerkt wird, dass die Theorie angesichts der postulierten Gleichwertigkeit sämtlicher Verursachungsbeiträge sehr „elastisch" sei.[133] Die subjektive Theorie wird heute kaum noch vertreten, wurde jedoch lange Zeit als diejenige Theorie angesehen, die der Rechtsprechung des BGH zugrunde gelegen habe[134] – obgleich in den Urteilen bisweilen Formulierungen verwendet wurden, die eher auf eine Vermischung von objektiven und subjektiven Kriterien hindeuteten.[135]

---

130 *Mosbacher*, FS Seebode (2008), 227 (233).
131 *Kindhäuser*, Strafrecht AT, S. 336.
132 Vgl. *Jakobs*, Strafrecht AT, 21/27; *Renzikowski*, Restriktiver Täterbegriff, S. 16 f., m.w.N.
133 *Jakobs*, Strafrecht AT, 21/27.
134 Ebd., 21/31.
135 Vgl. etwa BGHSt 13, 162, 166 = NJW 1959, 1738 (1739): „Wille zur Tatbeherrschung".

bb) Tatherrschaftslehre

Die Tatherrschaftslehre nach *Roxin* ist als die im Schrifttum herrschende Ansicht anzusehen.[136] Nach ihr ist für die Annahme von Täterschaft das Kriterium der Tatherrschaft entscheidend. Zu fragen sei danach, ob die betreffende Person „das zur Deliktsverwirklichung führende Geschehen beherrscht"[137] bzw. als „Zentralgestalt der Tat"[138] anzusehen sei. Untergliedert werden kann die Tatherrschaft in positive und negative Tatherrschaft.[139] Positive Tatherrschaft setzt voraus, dass der Täter Kontrolle über das Ob und Wie der Tatbestandsverwirklichung hat. Negative Tatherrschaft ist demgegenüber dann anzunehmen, wenn die Nichtvornahme des individuellen Tatbeitrags den Eintritt des tatbestandlichen Erfolgs vereiteln würde. Um die Tatherrschaft im Einzelfall zu bejahen, müssen nach Ansicht von *Roxin* beide Elemente kumulativ vorliegen.[140]

Kritisiert wird an der Tatherrschaftslehre, dass sie hinsichtlich ihrer konkreten Anwendung allzu flexibel oder sogar beliebig sei.[141] Auch wird geltend gemacht, dass der Begriff der *Zentralgestalt* bei der Mittäterschaft angesichts der grundsätzlichen Gleichordnung der Mittäter unpassend erscheine.[142]

cc) Normative Kombinationstheorie

In jüngerer Zeit wird weithin die Ansicht vertreten, dass der Rechtsprechung des BGH eine Theorie zugrunde liegt, die – nicht vom BGH selbst – als „normative Kombinationstheorie" bezeichnet wird.[143] Die Anwendung dieser Theorie werde in den Urteilen dadurch sichtbar, dass für die Abgrenzung „ein ganzes Bündel von Kriterien" herangezogen werde.[144] Die

---

136 SK-StGB/*Hoyer* § 25 Rn. 13.
137 *Roxin*, Strafrecht AT, 25/13.
138 Ebd., 25/10.
139 Vgl. NK-StGB/*Schild* § 25 Rn. 25.
140 *Roxin*, Täterschaft u. Tatherrschaft, S. 346, spricht auch von „Ablaufs- und Hemmungsvermögen".
141 Vgl. *Johannsen*, Die Entwicklung der Teilnahmelehre, S. 168, der die Tatherrschaftslehre mit einem „Zauberhut" vergleicht.
142 Vgl. SK-StGB/*Hoyer* Vor. §§ 25 ff. Rn. 13 ff.
143 *Roxin*, Strafrecht AT, 25/22.
144 *Harden*, NStZ 2021, 193 (200).

insofern häufig gebrauchte Wendung des BGH, aus der die normative Kombinationstheorie abgeleitet wird, lautet:

> „Dabei sind insbesondere der Grad des eigenen Interesses am Erfolg, der Umfang der Tatbeteiligung und die Tatherrschaft oder wenigstens der Wille zur Tatherrschaft zu berücksichtigen."[145]

Entscheidend sind demnach sowohl subjektive (Interesse am Erfolg, Wille zur Tatherrschaft) als auch objektive (Umfang der Tatbeteiligung, Tatherrschaft) Kriterien. Aus dem Adverb ‚insbesondere‘ geht jedoch hervor, dass die genannten Aspekte weder kumulativ vorliegen müssen noch abschließend aufgezählt sind. Die Theorie stellt insgesamt eine Kombination aus subjektiver Theorie und Tatherrschaftslehre dar. Die sich daraus ergebende Weite und fehlende Präzision der Theorie wird erwartbarer Weise kritisiert.[146] Teilweise wird auch angezweifelt, ob es sich überhaupt um eine Theorie handelt.[147]

Die normative Kombinationstheorie wurde auch in den Urteilen zu den Fällen 1a („Verkauf unwirksamer Widerrufsschreiben") und 1b („Mitwirkung beim Aufbau einer Marihuana-Plantage") herangezogen. Im Fall 1a sah das Gericht B als Gehilfen an, da es sich bei dem Projekt „Verbraucherangriff" um ein für ihn fremdes Projekt (nämlich des A) gehandelt, B die Tat mithin nicht als eigene angesehen habe. Zudem habe B keine Kontrolle über die Zahlungsflüsse gehabt, weshalb auch die Tatherrschaft nicht bei B, sondern bei A gelegen habe.[148]

Im Fall 1b nahm das Gericht hinsichtlich der Beteiligung des D Mittäterschaft an. Zwar habe D im Wesentlichen nur auf Anweisung von Y und T gehandelt, gleichwohl sei D jedoch als Täter anzusehen. Als Unterzeichner des Mietvertrags habe er in objektiver Hinsicht eine Schlüsselposition innegehabt, auch wenn er an den vorausgegangenen Verhandlungen nicht mitgewirkt habe. In subjektiver Hinsicht sei insbesondere mit Blick auf die erhebliche Gewinnbeteiligung von einem hinreichenden Tatinteresse auszugehen.[149]

---

145 BGH NStZ-RR 2006, 88 (89); *Roxin*, Strafrecht AT, 25/22, m.w.N.
146 *Harden*, NStZ 2021, 193 (200).
147 *Johannsen*, Die Entwicklung der Teilnahmelehre, S. 93 f.
148 LG Würzburg BeckRS 2013, 100000 Rn. 1300.
149 LG Arnsberg BeckRS 2010, 10790.

dd) Zwischenergebnis

Anhand dieses kurzen Überblicks wird deutlich, dass die Abgrenzung zwischen Täterschaft und Teilnahme – zumindest unter Zugrundelegung der genannten gängigen Theorien – kaum trennscharf vorgenommen werden kann.[150] Vielmehr ist den Theorien gemeinsam, dass jeweils ein sehr weiter Interpretationsspielraum eröffnet wird, wobei der durch die normative Kombinationstheorie eingeräumte Spielraum als besonders weit anzusehen ist.[151]

c) Abgrenzung zwischen Täterschaft und Teilnahme in besonderen Fallgruppen

Im Folgenden werden zwei spezielle, für den Bereich der organisierten Kriminalität durchaus typische Fallkonstellationen beleuchtet, namentlich die Erbringung von Kuriertätigkeiten, sowie die Vornahme von Absicherungsmaßnahmen. Für eine nähere Betrachtung scheinen diese Konstellationen insofern besonders geeignet, als in Rechtsprechung und Lehre einige spezifische Abgrenzungskriterien herausgearbeitet worden sind.

aa) Erbringung von Fahr- und Kurierdiensten

Eine Tätigkeit, die in Sachverhalten organisierter Kriminalität relativ häufig vorkommt, ist die Durchführung von Fahr- bzw. Kurierdiensten.[152] Damit gemeint ist der Transport inkriminierter oder per se illegaler Ware mit dem Ziel, sie einer bestimmten Person zu übergeben. Für einzelne Transporte werden nicht selten Personen engagiert, die nicht im engeren Sinne Teil der

---

150 Vgl. insofern auch die Ansicht von *Dencker*, Kausalität und Gesamttat, S. 249, der sämtliche zur Abgrenzung zwischen Täterschaft und Teilnahme entwickelten Theorien für „derart unverbindlich" hält, „daß in kritischen Fällen eine Zuordnung zum einen oder zum anderen Bereich nicht präzise begründbar" sei; zustimmend *Rotsch*, „Einheitstäterschaft" statt Tatherrschaft, S. 306.

151 Laut *Schünemann*, ZIS 2006, 301 (302), habe sich die Rechtsprechung „bei der Strafrechtswissenschaft wie in einem Gemischtwarenladen bedient".

152 Vgl. dazu etwa die sehr anschauliche Beschreibung des Rauschgiftschmuggels am Frankfurter Flughafen in *Bernard*, Einfallstor Flughafen, S. 55 ff.

jeweiligen Gruppierung sind.[153] Diese Vorgehensweise beruht auf der Erwägung, dass der Transport häufig über nationale Grenzen hinweg erfolgt und dementsprechend mit einem erhöhten Entdeckungs- und Verfolgungsrisiko einhergeht. Der Einsatz außenstehender Personen hat aus Sicht der Gruppierung den weiteren Vorteil, dass von diesen im Falle ihrer Festnahme nicht die Preisgabe gruppeninterner Informationen zu befürchten ist.[154] Nachteile ergeben sich durch die Heranziehung externer Personen kaum; insbesondere handelt es sich beim Transport – von meist kleinen Gegenständen – um eine Tätigkeit, die keine besonderen Fähigkeiten erfordert. In der Regel handelt der Kurier lediglich nach Auftrag und Weisung, seine Tätigkeit ist mithin abhängig und untergeordnet, was Anlass zur Vermutung geben könnte, dass Kuriere meist als Gehilfen anzusehen sind. Von den Gerichten werden Kuriere jedoch bisweilen auch als Mittäter verurteilt. Die Kriterien, nach denen sich die Abgrenzung zwischen Beihilfe und Mittäterschaft bei Kuriertätigkeiten richtet bzw. richten kann, sollen im Folgenden anhand von Beispielsfällen näher dargestellt werden.

(1) Beispielsfälle

(a) Fall 2a: Transport von Betäubungsmitteln aus dem Ausland nach Deutschland[155]

Der Angeklagte begab sich in die Niederlande, um eine erhebliche Menge Heroin in Empfang zu nehmen. Nachdem ihm die Drogen übergeben worden waren, machte er sich – entsprechend der ihm vorab erteilten Weisung – auf den Rückweg. Die Grenze nach Deutschland überquerte er zusammen mit einer Komplizin. Dadurch sollte – insbesondere im Hinblick auf mögliche Kontrollen durch die Polizei – der Eindruck eines gewöhnlichen Freizeitausflugs vermittelt werden. In Deutschland angekommen, trennten sich die Wege. Der Angeklagte hatte seinen Auftrag erfüllt. Die Komplizin begab sich sodann alleine mit den Betäubungsmitteln nach Berlin, um sie

---

153 So müssen Kuriere möglichst unauffällig und unverdächtig wirken, vgl. etwa die Schilderung der Vorgehensweise einer Gruppierung nigerianischer Kokainhändler, deren Mitglieder speziell deutsche Frauen angeworben haben, um Drogentransporte von Brasilien nach Deutschland durchzuführen, *Bernard*, Einfallstor Flughafen, S. 57.

154 Vgl. *Sieber/Bögel*, Logistik der Organisierten Kriminalität, S. 126 f.

155 BGH NStZ 2008, 285.

dort einem Zwischenlieferanten auszuhändigen. Für ihre Dienste erhielten beide einen Lohn in Höhe von jeweils 1.000 Euro.

(b) Fall 2b: Ankauf und Weiterverkauf von Betäubungsmitteln[156]

Der Angeklagte sollte für seine Auftraggeber nach Tschechien fahren, um dort Marihuana in erheblichen Mengen von einem bestimmten Lieferanten zu erwerben und weiterzuverkaufen. Den dafür erforderlichen Geldbetrag hatte er von seinen Auftraggebern für diesen Zweck ausgehändigt bekommen. Dem Plan entsprechend fuhr der Angeklagte nach Tschechien zum betreffenden Lieferanten. Nach Erhalt der Betäubungsmittel verkaufte er sie (zusammen mit dem Lieferanten) in der Nähe der deutschen Grenze an Personen, die im weiteren Verlauf die Einfuhr nach Deutschland vornahmen. Das Spritgeld wurde dem Angeklagten erstattet. Als Lohn erhielt er einen im Vorhinein festgelegten Geldbetrag. Zusätzlich war es ihm gestattet, eine kleine Menge der übergebenen Betäubungsmittel für eigene Zwecke zu verwenden.

(c) Fall 2c: Verbringung von Bargeld aus dem Ausland nach Deutschland[157]

In diesem Fall ging es um eine Tätergruppierung, die sich aus kurdischen Irakern zusammensetzte. Die Gruppierung war darauf spezialisiert, Bargeldtransporte aus dem Irak nach Deutschland durchzuführen. Bei dem Bargeld handelte es sich um Erlöse aus Drogengeschäften. In Deutschland sollte das Geld zunächst in den Büroräumen eines Restaurantbetriebs gelagert werden. Sodann sollte das Bargeld in den Geschäftsbüchern der Firma F als Gegenleistung für den Verkauf von Maschinen ausgewiesen werden. Der Angeklagte zählte nicht zur Führungsebene der Gruppierung. Für Planung und Durchführung der Transportfahrten war er jedoch weitgehend in eigener Verantwortung zuständig. Meist ging es um Bargeldbeträge im niedrigen fünfstelligen Bereich, in einem Fall jedoch um 350.000 Euro. Während der Durchführung der Transporte stand der Angeklagte mit anderen Gruppenmitgliedern in telefonischem Kontakt. Da sie mit der Abhörung ihrer Gespräche durch die Polizei rechneten, erfolgte die

---

156 BGH BeckRS 2016, 20305.
157 LG Essen BeckRS 2016, 11922.

Verständigung zwecks Verschleierung des eigentlichen Gesprächsinhalts zu einem Großteil unter Verwendung von Codewörtern.

(d) Fall 2d: Entwendung eines Kfz mit anschließender Überführung ins Ausland[158]

Der polnische Staatsbürger F wurde von einem Bekannten angesprochen, ob er sich etwas Geld dazuverdienen wolle. Nachdem F sich interessiert zeigte, gab der Bekannte ihm die Telefonnummer einer Kontaktperson P, bei der F sich melden solle – was er auch tat. P wies ihn an, einen Kia Ceed in Polen anzumieten und zu einer bestimmten Adresse in der brandenburgischen Kleinstadt K zu fahren. Dort angekommen sollte er in den an der betreffenden Adresse geparkten Audi A5 einsteigen und sich mit dem Auto an einen bestimmten Ort nach Polen begeben. Zur Ausführung dieses Plans erhielt er im Voraus Bargeld für die Anmietung des Kia Ceed, den Schlüssel für den Audi A5 und ein Mobiltelefon. F führte den Plan entsprechend der Anweisung aus und verbrachte den Audi A5 nach Polen. Dabei war er sich bewusst, dass das Fortschaffen des Kfz nicht im Einverständnis des Eigentümers geschah und dass es sich bei dem Schlüssel um eine unerlaubt angefertigte Kopie handelte.

(e) Fall 2e: Verbringung eines gestohlenen Kfz ins Ausland[159]

Der Angeklagte fuhr mit dem Zug zusammen mit zwei anderen Personen von Litauen nach Deutschland, um ein wertvolles Auto aufzubrechen und nach Litauen zu verbringen. Entsprechend der Planung machten die zwei anderen Personen ein geeignetes Automobil ausfindig und brachen es auf. Der Angeklagte wartete unterdessen wenige Kilometer entfernt darauf, das (entwendete) Fahrzeug in Empfang zu nehmen, um es im Anschluss alleine nach Litauen zu überführen. Nachdem die Übergabe erfolgreich durchgeführt wurde, gelang es dem Angeklagten jedoch nicht, das Kfz nach Litauen zu verbringen. Bereits an der deutsch-polnischen Grenze wurde er von Zollbeamten gestellt.

---

158 LG Gera BeckRS 2019, 56301.
159 BGH NStZ 2018, 144.

(2) Abhängigkeit der rechtlichen Behandlung vom jeweiligen Transportgut

Wie zu zeigen sein wird, wird nicht nur die Frage des einschlägigen Straftatbestands vom jeweils transportierten Gut beeinflusst. Vielmehr ergeben sich insofern auch Unterschiede bei der Bestimmung der Beteiligungsform. Deshalb erfolgt die Darstellung geordnet nach Fallgruppen. Der Rechtsprechungspraxis nach zu urteilen scheint der Transport von Betäubungsmitteln, Bargeld sowie gestohlenen Kraftfahrzeugen besonders relevant zu sein. Auf diese Fallgruppen soll im Folgenden näher eingegangen werden.

(a) Rauschgiftkuriere

Besonders umfangreich und detailliert ist die seitens der Rechtsprechung entwickelte Dogmatik zur beteiligungsrechtlichen Behandlung von Drogenkurieren.[160] Dies dürfte zum einen auf hohe Fallzahlen zurückzuführen zu sein. Zum anderen sind mit dem Handeltreiben und der Einfuhr[161] in den §§ 29 ff. BtMG zwei Tatbestandsalternativen vorhanden, deren Konturierung durch das Gesetz nur unzureichend vorgezeichnet ist.[162] Nach Ansicht von *Oğlakcıoğlu* sind Drogenkuriere grundsätzlich als Gehilfen und nur ausnahmsweise als Mittäter unerlaubten Handeltreibens mit Betäubungsmitteln nach §§ 29 ff. BtMG anzusehen.[163]

Teilweise wird als Abgrenzungskriterium auf die hierarchische Stellung des Kuriers abgestellt. So sei von Beihilfe zum Handeltreiben mit Betäubungsmitteln auszugehen, wenn der Kurier „in die hierarchische Organisation des Rauschgift-Umsatzes an unterer Stelle einzuordnen ist", was auch dann gelten solle, wenn die Tätigkeit des Kuriers im Einzelfall über den bloßen Transport hinausgehe und etwa auch die Art und Weise des Trans-

---

160 Teilweise wird deswegen auch von „Andeutungen eines Fallrechts" gesprochen, *Johannsen*, Die Entwicklung der Teilnahmelehre, S. 137.

161 Die Variante der ‚Einfuhr' spielt insbesondere bei dem Transport auf dem Flugweg eine Rolle, vgl. etwa OLG München NStZ-RR 2006, 55.

162 Unproblematisch ist in den meisten Fällen die Tatvariante des Besitzes. Probleme hinsichtlich des Besitzes können sich indes bei Flugreisen ergeben, da etwa für eine Strafbarkeit gemäß § 29 Abs. 1 Nr. 3 BtMG erforderlich ist, dass der Besitz zu einem Zeitpunkt vorlag, in welchem sich der Täter auf deutschem Boden befand – was bei Transitpassagieren in der Regel nicht der Fall ist, vgl. Patzak/Volkmer/Fabricius/*Patzak* BtMG § 29 Rn. 1017.

163 MüKoStGB/*Oğlakcıoğlu* BtMG § 29 Rn. 390.

ports in seinen Gestaltungsbereich fallen.[164] Zwar wird nach dieser Sichtweise die hierarchische Stellung als eigenständiges Kriterium beschrieben, allerdings dürfte die jeweilige Stellung mangels formeller Verfasstheit in erster Linie nach den zu leistenden bzw. geleisteten Tatbeiträgen zu bestimmen sein.[165] Ein vergleichsweise klares Indiz für eine höhere Stellung dürfte etwa vorliegen, wenn die betreffende Person für die Verteilung von Aufgaben zuständig ist.[166] Spiegelbildlich wird der Kurier als Mittäter angesehen, wenn das Umsatzgeschäft von einer horizontalen Struktur geprägt ist, wenn also ein System der Gleichordnung und Arbeitsteilung vorherrschend ist. Dies soll teilweise sogar dann gelten, wenn sich die Tätigkeit des Kuriers im Einzelfall auf den bloßen Transport beschränkt.[167]

Ein anderes Kriterium, nach dem sich die Abgrenzung zwischen Mittäterschaft und Beihilfe bei den §§ 29 ff. BtMG richten kann, knüpft an den Umfang der vom Kurier ausgeübten Tätigkeit an. Demnach wird Mittäterschaft angenommen, wenn die Tätigkeiten des Kuriers über Aspekte des Transports hinausgehen. Bestimmungsmacht hinsichtlich Art und Weise des vorzunehmenden Transports soll indes nicht ausreichen.[168] Erforderlich ist vielmehr, dass sich die Tätigkeiten auch auf das Umsatzgeschäft als solches beziehen – was etwa dann angenommen wird, wenn der Kurier Einfluss auf die Art, Menge oder Qualität des Transportguts hat[169] oder die Verkaufsmodalitäten (mit)bestimmen kann.[170]

Für Mittäterschaft können im Übrigen auch allgemeine Kriterien sprechen, wie etwa eine anteilsmäßige Partizipation am Erlös oder eine beson-

---

164 BGH NStZ 2007, 338 (339).

165 Vgl. *Schneider*, Kleingruppenforschung, S. 163.

166 Vgl. etwa die Entscheidung BGH BeckRS 2007, 605 Rn. 19, bei der der Kurier bzgl. drei der vier angeklagten Taten als Gehilfe eines bandenmäßigen unerlaubten Handeltreibens mit Betäubungsmitteln verurteilt wurde. In einer der Taten wurde er indes als Mittäter verurteilt, insbesondere weil er für die Aufteilung der Tätigkeiten unter den Kurieren zuständig war.

167 BGH NStZ 2007, 338 (339); BGH NStZ-RR 2007, 246; vgl. auch BGH BeckRS 2014, 7857 Rn. 5, wonach auch „eine Einbindung des Transporteurs in eine gleichberechtigt verabredete arbeitsteilige Durchführung des Umsatzgeschäfts" für die Annahme von Mittäterschaft bezüglich Handeltreibens mit Betäubungsmitteln spreche.

168 BGH NStZ-RR 2012, 375; BGH BeckRS 2014, 3661; BGH NStZ 2015, 225; vgl. auch MüKoStGB/*Oğlakcıoğlu* BtMG § 29 Rn. 433 f., der eine Vielzahl von Transportfaktoren auflistet, die sich jedoch allesamt nicht auf die Beteiligungsform auswirken, das heißt nicht zur Annahme von Mittäterschaft führen.

169 BGH NStZ-RR 2012, 375 (374); vgl. MüKoStGB/*Oğlakcıoğlu* BtMG § 29 Rn. 397, m.w.N.

170 BGH NStZ 2015, 225 (225).

ders hohe Entlohnung.[171] Früher wurde auch die Ansicht vertreten, dass im Falle einer Inkorporation der Betäubungsmittel (Körperschmuggel) von Mittäterschaft auszugehen sei.[172] Diese Ansicht wurde damit begründet, dass die Inkorporation für das Gelingen des Transports von entscheidender Bedeutung sei. Von dieser Ansicht hat sich der BGH mittlerweile jedoch distanziert und nimmt in derartigen Fällen in der Regel Beihilfe zu unerlaubten Handeltreibens an.[173]

In Fall 2a („Transport von Betäubungsmitteln") hat der Angeklagte lediglich die Betäubungsmittel aus den Niederlanden über die Grenze nach Deutschland verbracht. Seine Aufgaben beschränkten sich auf den (bloßen) Transport. Er war nicht in die Hierarchie der Gruppierung eingegliedert. Auch sind Hinweise auf weitere Funktionen im Rahmen des Umsatzgeschäfts nicht ersichtlich. Zudem wurde ihm auch ein feststehender Geldbetrag (sog. Fixum) ausgezahlt, der mit 1.000 Euro als nicht besonders hoch anzusehen war. Dass er vom entscheidenden Gericht als Gehilfe unerlaubten Handeltreibens mit Betäubungsmitteln nach §§ 29a Abs. 1 Nr. 2 BtMG, 27 StGB verurteilt wurde,[174] erscheint mithin nachvollziehbar.

Der Angeklagte im Fall 2b („Ankauf und Weiterverkauf von Betäubungsmitteln") hat zwar auch keine Aufgaben erfüllt, die sich unmittelbar auf das Umsatzgeschäft bezogen haben. Allerdings waren seine Aufgaben nicht auf den bloßen Transport beschränkt. So hat er die Drogen vom Lieferanten entgegengenommen und im Anschluss bis kurz vor die deutsche Grenze verbracht. Dort hat er sie – gemeinsam mit dem Lieferanten – an Abnehmer übergeben, die sodann die Drogen nach Deutschland überführten und dort verkauften. Das Gericht sah den Angeklagten daher in der Funktion eines „Zwischenhändlers".[175] Aus dieser Bezeichnung dürfte sich auch ablesen lassen, dass seine hierarchische Stellung innerhalb der Gruppierung als nicht völlig untergeordnet angesehen wurde. Das Gericht verurteilte den Angeklagten – nach der dargestellten Dogmatik folgerichtig – wegen mittäterschaftlichen Handeltreibens gemäß §§ 29a Abs. 1 Nr. 2 BtMG, 25 Abs. 2 StGB.[176]

---

171 BGH NJW 2007, 1220 (1221).
172 OLG München NStZ-RR 2006, 55 (56); kritisch zu dieser Entscheidung *Kotz*, NStZ 2006, 456 (457).
173 BGH NJW 2007, 1220 (1221); BGH NStZ-RR 2007, 246 (247).
174 BGH NStZ 2008, 285.
175 BGH BeckRS 2016, 20305 Rn. 7.
176 Ebd., Rn. 6.

(b) Geldkuriere

Ein weiterer Gegenstand, für dessen Transport häufig auf die Dienste eines Kuriers zurückgegriffen wird, ist Bargeld. Bei Bargeld handelt es sich dem Grunde nach nicht um eine illegale Ware. Illegalität ist erst dann anzunehmen, wenn es sich um den Erlös aus illegalen Geschäften handelt. Welcher Straftatbestand durch den Transport des Geldes verwirklicht wird, hängt von verschiedenen Faktoren ab. Soweit es sich bei dem Geld um den Erlös aus einem Betäubungsmittelgeschäft handelt, kommt zunächst eine Strafbarkeit nach §§ 29 ff. BtMG in der Form des Handeltreibens in Betracht. Diese ist dann gegeben, wenn das Geschäft zum Zeitpunkt des Transports noch nicht beendet ist, wenn also der Kurier das Geld vom Abnehmer in Empfang genommen hat und noch beabsichtigt, es dem Lieferanten auszuhändigen.[177] Andere Tatbestände, die hinsichtlich des Geldkuriers in Betracht kommen, sind Begünstigung nach § 257 StGB[178] und Geldwäsche nach § 261 StGB.[179] Als Anschlussdelikte werden diese Tatbestände jedoch von §§ 29 ff. BtMG – soweit erfüllt – verdrängt.[180]

Aufgrund der Vielfalt der in Betracht kommenden Delikte hat sich bislang für den Geldkurier keine ebenso klare Dogmatik wie bei der beteiligungsrechtlichen Einordnung eines Rauschgiftkuriers entwickelt. Verallgemeinernde Aussagen lassen sich insbesondere deshalb schwer vornehmen, weil sich die Abgrenzung zwischen Täterschaft und Teilnahme bei der Geldwäsche wegen deren Anschlussdeliktscharakters anders verhält als beim Handeltreiben nach §§ 29 ff. BtMG. Mithin kommt es mehr auf eine Betrachtung des Einzelfalls an. Nach *Oğlakcıoğlu* handelt es sich beim

---

177 *Schoreit*, NStZ 1992, 495 (496), Anm. zu BGH, B. v. 5.11.1991 – 1 StR 361/91. Handelt es sich um ein international organisiertes Absatz- und Finanzsystem, das der Zuführung des Geldes in den legalen Geldkreislauf dient, so sollen sogar sämtliche Teilhandlungen bis zur Übergabe des Erlöses an den Verkäufer, also auch gegebenenfalls vorgenommene Geldwäschehandlungen, als Handeltreiben im Sinne der §§ 29 ff. BtMG anzusehen sein, BGH NJW 1997, 3323 (3324).

178 Vgl. BGH BeckRS 1985, 5552, wo der BGH den Kurier als strafbar gemäß § 257 StGB ansah. Dieser hatte Rauschgifterlöse in Höhe von 300.000 DM auf dem Flugweg von Deutschland in die Türkei gebracht.

179 Vgl. etwa den Fall BGH NJW 1997, 3323, bei dem zumindest die Vorinstanz (LG München I) noch von Geldwäsche ausgegangen war.

180 Vgl. ebd., (3325), wo darauf hingewiesen wird, dass bei Ablehnung einer Strafbarkeit nach § 29a BtMG der Geldwäschetatbestand in Betracht zu ziehen sei. Vgl. zu diesem Verhältnis § 261 Abs. 7 StGB, der die formelle Subsidiarität der Geldwäsche anordnet.

Geldkurier jedoch – im Unterschied zum Drogenkurier – in der Regel um einen Mittäter (am jeweiligen Geldwäschedelikt).[181] Dies dürfte insbesondere damit zusammenhängen, dass die Geldkuriere meist Teil der Gruppierung sind und insofern ein größeres Eigeninteresse an der Tat haben. Beim Geldtransport dürfte zum einen deshalb seltener auf außenstehende Personen zurückgegriffen werden, weil der Transport von Geld mit einem geringeren Entdeckungsrisiko einhergeht als etwa der Transport von Drogen.[182] Zum anderen lässt sich übergebenes Bargeld durch außenstehende Kuriere leichter für eigene Zwecke verwenden. Drogen müssten hingegen – soweit nicht deren Konsum beabsichtigt ist – erst liquide gemacht werden.

In Fall 2c („Verbringung von Bargeld aus dem Ausland nach Deutschland") sah das Gericht den Tatbestand der Geldwäsche gemäß § 261 Abs. 1 S. 1, S. 2 Nr. 2b StGB a.F. als erfüllt an.[183] Ein Handeltreiben mit Betäubungsmitteln nach § 29a BtMG habe nicht vorgelegen, da die Erlöse aus den Drogengeschäften zuvor bereits an den Verkäufer gelangt seien – und nicht erst durch den Transport zu ihm gebracht werden sollten. Problematisiert wird die Frage der einschlägigen Beteiligungsform nicht. Aus den angewendeten Normen geht jedoch hervor, dass das Gericht (unmittelbare) Täterschaft angenommen hat.[184] Dies dürfte auch mit den oben angestellten Erwägungen übereinstimmen. So war der Angeklagte Teil der Gruppierung und hatte trotz der Tatsache, dass er im Wesentlichen Kurierleistungen erfüllte, ein hohes Maß an Verantwortung. Die Bargeldbeträge, die von ihm transportiert wurden, waren stets so hoch, dass die Beauftragung einer

---

181 MüKoStGB/*Oğlakcıoğlu* BtMG § 29 Rn. 403.

182 Zwar gibt es auch Bargeldspürhunde, allerdings ist deren Einsatz durch den Zoll weitaus weniger etabliert als der Einsatz von Drogenspürhunden. Vgl. https://www.focus.de/wissen/natur/hunde/am-flughafen-duesseldorf-geld-stinkt-doch-spuerhund-luke-erschnueffelt-1-2-millionen-euro-bargeld_id_10704596.html (letztes Abrufdatum: 4.3.2023), wonach erstmals 2019 ein Bargeldspürhund an einem deutschen Flughafen im Einsatz war.

183 LG Essen BeckRS 2016, 11922. Als verwirklicht wurde die Tatvariante der Verschleierung der Herkunft von Taterträgen einer fremden Tat angesehen. Durch Art. 1 Nr. 3 des Gesetzes zur Verbesserung der strafrechtlichen Bekämpfung der Geldwäsche (BGBl. 2021 I, S. 327) wurde diese Tatvariante aus § 261 Abs. 1 StGB entfernt. In der heute geltenden Fassung kommt das „Verschleiern" im zweiten Absatz vor, der auf die Verschleierung von Tatsachen abhebt, die für die Ermittlung der Herkunft des Gegenstands von Bedeutung sein können.

184 LG Essen BeckRS 2016, 11922; zu beachten ist jedoch, dass das Urteil auf einer Verständigung beruhte. Möglicherweise war mithin die Frage der Beteiligung (informeller) Gegenstand der Vereinbarung gewesen und bedurfte somit im Urteil keiner weiteren Ausführungen.

gänzlich außerhalb der Gruppierung stehenden Person vermutlich zu riskant gewesen wäre. Auch führte er seine Transportfahrten nicht ausschließlich nach Weisung durch. Vielmehr stand er mit den anderen Mitgliedern in Kontakt und sprach mit ihnen die jeweilige Vorgehensweise ab, was eher für eine Gleichordnung als für eine Über- bzw. Unterordnung innerhalb der Gruppierung spricht.

(c) Kfz-Kuriere

Eine weitere Fallgruppe, bei der häufig Kuriere (oder Fahrer) zum Einsatz kommen, ist der Kfz-Diebstahl.[185] Den Kurieren kommt dabei die Aufgabe zu, gestohlene Autos über die Grenze, oft ins osteuropäische Ausland, zu verbringen.[186] Der Grund für die Beauftragung eines Kuriers ist – wie bei den zuvor genannten Fallgruppen auch – insbesondere darin zu sehen, dass angesichts von Grenzkontrollen der Transport stets mit einem nicht geringen Strafverfolgungsrisiko einhergeht.

In Fall 2d („Entwendung eines Kfz mit anschließender Überführung ins Ausland") verurteilte das Gericht sämtliche Beteiligte wegen mittäterschaftlichen schweren Bandendiebstahls nach §§ 244a Abs. 1, 244 Abs. 1, 243 Abs. 1 S. 2 Nr. 1, 2, 3 StGB.[187] Eine eingehende Begründung der Mittäterschaft erfolgte nicht, vielmehr wurden alle Beteiligten ohne Differenzierung nach den jeweiligen Tatbeiträgen als Mittäter bzw. Täter bestraft. Das Gericht stellte darauf ab, dass die Beteiligten arbeitsteilig vorgegangen seien und jeder einzelne die Tat als eigene gewollt habe.[188] Dass das Gericht (in Bezug auf F) trotz einer „untergeordnete[n] Stellung in der Bande ohne Koordinations- und Leitungsaufgaben" Mittäterschaft annahm,[189] dürfte insbesondere darauf zurückzuführen sein, dass F das Kfz nicht nur über die Grenze gebracht, sondern bereits die vorangegangene Entwendungshandlung vorgenommen hatte.

---

185 *Sieber/Bögel*, Logistik der Organisierten Kriminalität, S. 80, gaben an, dass es innerhalb der von ihnen untersuchten Kfz-Verschieber-Gruppierungen in der Regel 15 bis 20, im Höchstfall sogar bis zu 140 Fahrer gegeben habe.

186 Die (mit Abstand) meisten Sachfahndungstreffer zu gestohlenen deutschen Kfz kamen 2021 aus Polen (1.072), Bundeslagebild Kfz-Kriminalität 2021, S. 16.

187 LG Gera BeckRS 2019, 56301 Rn. 675.

188 Ebd.

189 Ebd., Rn. 144, berücksichtigt wird die „untergeordnete Stellung" jedoch im Rahmen der Strafzumessung (als strafmildernder Gesichtspunkt), Rn. 781.

In Fall 2e ("Verbringung eines gestohlenen Kfz ins Ausland") besteht der Unterschied zum vorangegangenen Fall darin, dass der Angeklagte nicht an der eigentlichen Entwendungshandlung mitgewirkt hat. So hat er weder die anderen Beteiligten zum Ort des Diebstahls gefahren noch während des Aufbrechens den Tatort abgesichert. Sein Beitrag bestand ausschließlich in der (beabsichtigten) Verbringung des Fahrzeugs nach Litauen. Das Gericht der ersten Instanz hatte ursprünglich Mittäterschaft angenommen, da der Angeklagte durch die Zusage seiner Mitwirkung den Tatentschluss seiner Mittäter gefördert habe. Der BGH hob das Urteil jedoch wegen unzureichender Begründung des Täterwillens bzw. der Mittäterschaft auf.[190] *Jäger* kritisiert die Aufhebungsentscheidung.[191] Dass der Angeklagte nicht an der eigentlichen Diebstahlshandlung mitgewirkt habe, könne nicht als Argument gegen Mittäterschaft ins Feld geführt werden. So trage auch der Schmierestehende nicht unmittelbar zum Erreichen des tatbestandlichen Erfolgs bei; dieser könne jedoch – je nach Konstellation im Einzelfall – gleichwohl als Mittäter angesehen werden. Im Ergebnis dürfte die Annahme von Beihilfe mit Blick auf den geringen Umfang der Beteiligung nachvollziehbar sein. Die Mittäterschaft aus einem Vergleich mit dem Schmierestehenden herzuleiten, erscheint im Übrigen wenig sinnvoll, handelt es sich doch bei diesem – wie sogleich darzustellen sein wird – um einen Grenzfall zwischen Mittäterschaft und Beihilfe.

(3) Zwischenergebnis

Kuriere erledigen im Grunde zwar stets die gleiche Tätigkeit, nämlich den Transport eines Gegenstands von einem Ort an den anderen, eine einheitliche beteiligungsrechtliche Würdigung von Kuriertätigkeiten findet jedoch nicht statt. Vielmehr kann ein Kurier je nach Fallgestaltung entweder als Mittäter oder als Gehilfe angesehen werden. Es bietet sich an, zwischen Fallgruppen abhängig vom jeweils transportierten Gegenstand zu unterscheiden. Die Fallgruppen können dabei zwar nicht die Argumentation ersetzen; diese hat sich vielmehr nach den allgemeinen Kriterien zu richten. Allerdings lassen sich mithilfe der Fallgruppen Tendenzen in der rechtlichen Würdigung aufzeigen – wodurch insbesondere das Verständnis teils begründungsarmer Gerichtsentscheidungen erleichtert wird.

---

190 BGH NStZ 2018, 144 (145).
191 *Jäger*, NStZ 2018, 144 (146), Anm. zu BGH, B. v. 11.7.2017 – 2 StR 220/17.

Der Transport von Drogen fällt stets unter die Tatbestände der §§ 29 ff. BtMG, vorwiegend in der Variante des Handeltreibens.[192] Hier hat sich in der Rechtsprechung ein Kriterienkatalog zur Abgrenzung zwischen (Mit-)Täterschaft und Beihilfe beim Handeltreiben herausgebildet. Entscheidend wird dabei auf den Umfang der Tätigkeit abgestellt. Soweit die Tätigkeit sich auf die bloße Durchführung des Transports beschränkt, ist von Beihilfe auszugehen. Sind hingegen zusätzlich auch Tätigkeiten umfasst, die das Umsatzgeschäft oder die Verteilung von Aufgaben an andere Personen betreffen, so liegt in der Regel Mittäterschaft vor. Des Weiteren spielen auch Aspekte der Gruppenstruktur eine Rolle. Bei einer vertikalen Gruppenorganisation sind Kuriere nur Gehilfen, wenn sie auf der untersten hierarchischen Stufe zu verorten sind. Bei einer horizontalen Organisationsstruktur ist der Kurier dagegen eher als Mittäter anzusehen. Auf subjektive Elemente kommt es bei der Bestimmung der Beteiligungsform auch an, allerdings sind in dieser Hinsicht keine fallgruppenspezifischen Besonderheiten zu erkennen.

Bei Geldkurieren, die in der Rechtsprechung auch eine gewisse Rolle spielen, zeigt sich keine so einheitliche Dogmatik wie bei den Drogenkurieren. Dies dürfte insbesondere darauf zurückzuführen sein, dass bei den Geldkurieren bereits die Bestimmung des einschlägigen Straftatbestands problematisch sein kann. In Betracht kommen etwa Begünstigung (§ 257 StGB) oder Geldwäsche (§ 261 StGB).[193] Handelt es sich beim Geld um den Erlös eines Rauschgiftgeschäfts, der an den Verkäufer abzuliefern ist, so ist der Transport als Handeltreiben im Sinne der §§ 29 ff. BtMG einzuordnen. In beteiligungsrechtlicher Hinsicht liegt in der Regel Mittäterschaft vor. Grund dafür ist insbesondere, dass für den Transport von Bargeld seltener auf Personen zurückgegriffen wird, die außerhalb der Gruppierung stehen. Bei Kfz-Kurieren scheint das wesentliche Kriterium zur Abgrenzung zwischen Täterschaft und Teilnahme darin zu liegen, ob der Mitwirkungsbeitrag auf die Kuriertätigkeit beschränkt ist (dann Beihilfe) oder darüber hinaus die vorangegangene Entwendung einschließt (dann Mittäterschaft).

---

192 Siehe dafür auch die Beispielsfälle 2a („Transport von Betäubungsmitteln aus dem Ausland nach Deutschland") und 2b („Ankauf und Weiterverkauf von Betäubungsmitteln").

193 Siehe dazu Beispielsfall 2c („Verbringung von Bargeld aus dem Ausland nach Deutschland").

bb) Absicherung des Tatgeschehens

Die Absicherung während der Tat ist vermutlich besser bekannt unter der landläufigen Bezeichnung „Schmierestehen". Nach *Puppe* ist darunter „eine Maßnahme" zu verstehen, „die geeignet ist, aus der Perspektive des Täters ex ante mögliche Störungen der Tatausführung zu verhindern",[194] wobei wohl auch die rechtzeitige Ermöglichung der Flucht umfasst sein dürfte. Der Absichernde selbst nimmt demnach keine Handlung vor, die unmittelbar zur Verwirklichung des Tatbestands führt. Vielmehr verhält er sich vorwiegend passiv und wird nur insoweit aktiv, als eine Entdeckung der Tat unmittelbar bevorsteht. Für den Bereich der organisierten Kriminalität dürfte die Absicherung besonders relevant sein, da die einschlägigen Gruppierungen typischerweise ihre Taten sorgfältig planen und Strategien zur Minimierung des Strafverfolgungsrisikos entwickeln und anwenden. Absicherungsmaßnahmen kommen vor allem bei solchen Delikten in Betracht, bei denen die unmittelbar Handelnden mit der Tatausführung beschäftigt sind, ohne hinreichend auf eine mögliche Entdeckung der Tat durch Dritte reagieren zu können. Klassischerweise geht es insofern um Eigentumsdelikte.[195] Insbesondere bei Einbruchsdiebstählen ist häufig auch mit einer gewissen Lärmentwicklung zu rechnen, wodurch Wachpersonal oder anderweitige Personen auf das Tatgeschehen aufmerksam werden können. Hinsichtlich der Frage, ob ein Absichernder als Mittäter oder Gehilfe anzusehen ist, werden verschiedene Kriterien genannt. Diese werden im Folgenden – nach Schilderung eines Beispielfalles – dargestellt und diskutiert.

(1) Fall 3: Aufbruch eines Geldautomaten[196]

Die vier Angeklagten schlossen sich zusammen, um künftig Bargeld aus Geldautomaten zu entwenden. Sie stammten allesamt aus Bosnien-Herzegowina und waren zum Teil schon vor diesem Zusammenwirken freund-

---

194 *Puppe*, GA 2013, 514 (533 f.).
195 Gemäß dem Bundeslagebild OK 2021, S. 40, waren 9,1 Prozent der OK-Verfahren dem Bereich der Eigentumskriminalität zuzuordnen, wovon wiederum ca. 49 Prozent auf Kfz-Diebstähle entfielen.
196 Nach LG Trier BeckRS 2013, 203770.

schaftlich verbunden.[197] Die Täter gingen bei ihren Taten nach einem einheitlichen Muster vor: In der Vorbereitungsphase kundschafteten sie ländliche Gebiete aus, um Bankfilialen ausfindig zu machen, die sich für Ein- bzw. Aufbrüche eigneten. Eines der Kriterien für die Geeignetheit war dabei ein hinreichender Abstand zu viel frequentierten Wohn- und Geschäftsbereichen. Dies hielten die Angeklagten insofern für erforderlich, als die Aufbrüche der Geldautomaten mit einer intensiven Licht- und Lärmentwicklung einhergingen. Verwendete Werkzeuge waren nämlich jeweils ein Spreizer und eine sog. Sauerstofflanze. Auch wenn das Entdeckungsrisiko bereits durch die Auswahl der Bankfiliale in ländlichen Gebieten verringert war, bestand angesichts der Licht- und Lärmentwicklung ein nicht geringes Risiko, dass Personen in der näheren Umgebung auf die Angeklagten aufmerksam würden. Deswegen war einer der Angeklagten dafür zuständig, sich im Außenbereich aufzuhalten und darüber zu wachen, ob sich Personen dem Tatort näherten, um gegebenenfalls den Abbruch der Tatausführung zu veranlassen. Entsprechend dieser Planung brachen die Angeklagten einen Geldautomaten in der Sparkassen-Filiale einer rheinland-pfälzischen Kleinstadt auf und entwendeten Bargeld in Höhe von 90.000 Euro.

(2) Kriterien für die Bestimmung der Beteiligungsform des Absichernden

Im Folgenden sollen die Kriterien untersucht werden, die für die Abgrenzung zwischen Täterschaft und Teilnahme in Absicherungsfällen von Rechtsprechung und Lehre angeführt werden.

Jakobs geht davon aus, dass der Absichernde grundsätzlich Teilnehmer sei, da er „auf Art und Maß des Angriffs" keinen „gestaltende[n] Einfluß" habe.[198] Als Mittäter sei der Absichernde ausnahmsweise dann anzusehen, wenn eine „sehr [breite] Arbeitsteilung" vorliege.[199] Diese Ansicht ist Ausdruck des Grundsatzes, dass die Anforderungen an die für Mittäterschaft erforderlichen Tatbeiträge umso niedriger sind, je höher die Anzahl der

---

197 Laut Urteilsfeststellungen sei es nicht auszuschließen gewesen, dass die ausführenden Täter Teil einer größeren Gruppierung waren, vgl. LG Trier BeckRS 2013, 203770 Rn. 13.

198 *Jakobs*, Strafrecht AT, 21/54.

199 Ebd.

mitwirkenden Personen ist.[200] Es komme also auf das relative Gewicht des Tatbeitrags an. Dieser Aspekt könnte insbesondere für Gruppierungen der organisierten Kriminalität relevant sein, da – zumindest in Teilen – von größeren Beteiligtenzahlen auszugehen ist,[201] mit der Folge, dass in entsprechenden Konstellationen zumeist Mittäterschaft des Absichernden anzunehmen wäre.

Nach *Lampe* soll der Absichernde dann Mittäter sein, wenn er nach dem Tatplan nicht nur eine Warnfunktion hat, sondern bei Eintritt bestimmter Bedingungen auch „Gewalt oder List" anwenden soll.[202] Bei diesem Kriterium wäre es angebracht, weiter danach zu differenzieren, ob die Gewalt (oder List) im Einzelfall dazu dienen soll, den (Haupt-)Tätern lediglich die Flucht zu ermöglichen oder ob dadurch die Verwirklichung des Tatbestands sichergestellt bzw. gefördert werden soll. Denn in der letteren Variante wäre die Mittäterschaft angesichts der Notwendigkeit des Beitrags zur Erreichung des Taterfolgs ohnehin relativ problemlos zu bejahen. Soll hingegen nur die Flucht ermöglicht werden, so käme dem Kriterium von *Lampe* eigenständige Bedeutung zu, da sich in diesem Fall der Tatbeitrag in erster Linie als Förderung des Tatentschlusses der unmittelbar Handelnden darstellt – und mithin als klassischer Fall psychischer Beihilfe anzusehen wäre.

Nach *Roxin* ist für Frage der Beteiligungsform des Absichernden entscheidend darauf abzustellen, ob die unmittelbar Handelnden die Tatbegehung von der Erbringung der Absicherungsmaßnahme abhängig gemacht haben. Soweit sie die Tat auch ohne die Absicherung begangen hätten, sei lediglich von Beihilfe auszugehen.[203] *Roxin* stellt damit auf die kausale Wirkung der Absicherung ab.

Teilweise wird ein Abstellen auf die Kausalität für ungeeignet[204] gehalten und stattdessen die Wesentlichkeit der Absicherungsmaßnahme für die Tat als maßgebliches Kriterium angesehen. Abzustellen sei dabei auf eine

---

200 Ebd., 21/49; Schönke/Schröder/*Heine/Weißer* § 25 Rn. 64.
201 Vgl. *Weschke/Heine-Heiß*, Organisierte Kriminalität als Netzstrukturkriminalität, S. 77.
202 *Lampe*, ZStW 119 (2007), 471 (514).
203 *Roxin*, Strafrecht AT, 25/212; kritisch zu der damit einhergehenden Entkoppelung des Tatherrschaftsbegriffs von der Tatbestandsbezogenheit: *Seher*, JuS 2009, 1 (4).
204 So hängt die Kausalität der Absicherung für den Eintritt des Taterfolgs vor allem davon ab, ob der Absichernde überhaupt aktiv werden musste. Soweit dies nicht der Fall ist, dürfte Kausalität allenfalls insofern vorliegen, als die anderen Beteiligten ihren Tatentschluss an die Erbringung absichernder Maßnahmen geknüpft haben.

„Ex-ante-Betrachtung".[205] Nach *Jakobs* bestimmt sich die Wesentlichkeit insbesondere danach, ob der Tatbeitrag „die Tat prägt".[206] *Puppe* spricht in einem ähnlichen Zusammenhang davon, dass eine Orientierung an den Maßstäben des „Verbrechenshandwerks" bzw. einer „instrumentellen Vernunft" sinnvoll sei.[207] Was genau unter dem Begriff des ‚Verbrechenshandwerks' (oder der „Verbrechervernunft")[208] zu verstehen ist, wird nicht näher erläutert. Aus der Sicht eines Delinquenten dürfte es für die Entscheidung zur Absicherung jedoch auf verschiedene Aspekte ankommen, wie etwa die Entdeckungswahrscheinlichkeit, die Möglichkeit zur Flucht oder die Schwere der zu erwartenden Sanktion.

Für *Langneff* ist das entscheidende Kriterium nicht die Rolle des Absichernden während der Tatausführung selbst, sondern diejenige, die er im Rahmen der Tatvorbereitung ausfüllt. Sofern der Absichernde an der Entstehung des Tatentschlusses oder der Entwicklung des Tatplanes in gleichem Maße beteiligt ist wie die unmittelbar Handelnden, sei von Mittäterschaft auszugehen.[209] Zur Begründung führt *Langneff* an, dass es im Falle fehlender Vorfeldbeteiligung „an einem gemeinsamen Tatentschluss fehlt (...), weil er sich den Plan des [Haupttäters] zu keiner Zeit zu eigen gemacht" habe.[210] Für Sachverhalte organisierter Kriminalität gewinnt diese Ansicht eine gewisse Relevanz, da dort nicht selten Personen nur für eine bestimmte Tätigkeit engagiert werden. Diese Personen handeln in aller Regel lediglich nach Anweisung und wirken nicht an der Entstehung des gemeinsamen Tatentschlusses oder des Tatplans mit.

Insgesamt betrachtet, beziehen sich die im Schrifttum vorgeschlagenen Abgrenzungskriterien jeweils auf unterschiedliche Komponenten der Tat. So betreffen die Kriterien die Größe des Täterkollektivs [(aa)], den Umfang des Tatbeitrags des Absichernden [(bb)], die Bedeutung der Absicherung für die Tat [(cc)], die Bedeutung der Absicherung für den Tatentschluss der unmittelbar Handelnden [(dd)] und die subjektive Tatseite des Absichernden [(ee)]. Überzeugend erscheint es, auf die Bedeutung bzw. die Wesentlichkeit der Absicherung für die Tat abzustellen. Diese Ansicht hat den

---

205 MüKoStGB/*Joecks/Scheinfeld* § 25 Rn. 224; vgl. auch LK-StGB/*Schünemann/Greco* § 25 Rn. 213, nach deren Ansicht die Frage der maßgeblichen Perspektive (ex-ante oder ex-post) nicht abschließend geklärt sei.
206 *Jakobs*, Strafrecht AT, 21/51.
207 *Puppe*, GA 2013, 514 (533 f.).
208 BGH BeckRS 2013, 2640 Rn. 12.
209 *Langneff*, Die Beteiligtenstrafbarkeit von Hintermännern, S. 45.
210 Ebd.

Vorteil, dass mit ihrer Anwendung eine Art Gesamtbetrachtung einhergeht. Zwecks Objektivierung und Präzisierung dieses Ansatzes erscheint es sinnvoll, für die Frage der Wesentlichkeit den Maßstab des Verbrechenshandwerks zu Rate zu ziehen. Zudem dürfte als Indiz für mittäterschaftliche Beteiligung anzusehen sein, wenn der Absichernde bereits im Vorfeld der Tat planend mitgewirkt hat.

(3) Ergebnis zu Fall 3 (Aufbruch eines Geldautomaten)

In dem Urteil, das dem Beispielsfall zugrunde liegt, wurden alle vier Angeklagten als Mittäter eines schweren Bandendiebstahls gemäß §§ 244a Abs. 1, 243 Abs. 2 Nr. 2, 242 Abs. 1 StGB verurteilt.[211] Das Gericht nahm auch hinsichtlich des bloß Absichernden keine umfangreiche Begründung der Mittäterschaft vor, vielmehr stellte es lediglich darauf ab, dass dieser durch „„Schmiere stehen' und ‚Checken' maßgebend beteiligt" gewesen sei.[212] Explizit wurde dementsprechend zwar keines der oben genannten Kriterien angewendet. Allerdings ist von einer wertungsmäßigen Übereinstimmung mit diesen auszugehen, da sie mehrheitlich auch zur Annahme von Mittäterschaft geführt hätten. So war die Absicherung – unter Heranziehung des Maßstabs vom Verbrechenshandwerk – als prägendes Element der Tatausführung [(cc)] anzusehen. Angesichts der Lärm- und Lichtentwicklung war nämlich stets mit der Möglichkeit zu rechnen, dass Dritte auf das Tatgeschehen aufmerksam würden und Verdacht schöpfen könnten. In ähnlicher Wertung kann auch davon ausgegangen werden, dass die anderen Angeklagten die Tatausführung zumindest implizit an die Bedingung geknüpft hatten, dass einer der Beteiligten „Schmiere steht". Somit war der Beitrag des Absichernden kausal für den Tatentschluss der übrigen Beteiligten [(dd)]. Für Mittäterschaft spricht zudem die subjektive Tatseite des Absichernden [(ee)]. Rückschlüsse lassen sich etwa aus dem Umstand ziehen, dass er auch an der Auswahl des Tatobjekts, mithin an der Planung der Tat mitgewirkt hat. Zudem handelte es sich bei den anderen Beteiligten teils um Personen, mit denen er freundschaftlich verbunden war. Dies legt zumindest nahe, dass der Absichernde sich insgesamt mit der Tat identifizierte, sich also nicht nur als Teilnehmer einer fremden Tat ansah. Hinsichtlich der übrigen Kriterien erscheint zweifelhaft, ob deren

---

211 LG Trier BeckRS 2013, 203770 Rn. 96.
212 Ebd.

Heranziehung zur Annahme von Mittäterschaft geführt hätte. Die Anzahl von vier Personen dürfte wohl nicht als so hoch anzusehen sein, dass Absicherungshandlungen ohne Weiteres ein Mittäterschaft konstituierendes Gewicht hätten [(aa)]. Zudem enthält der Sachverhalt keine Angaben dazu, ob der Absichernde Handlungen vornehmen sollte, die – insbesondere in Form von Gewaltanwendung – über die Absicherung hinausgehen sollten [(bb)].

(4) Zwischenergebnis

Da es für Gruppierungen organisierter Kriminalität typisch ist, die Taten sorgfältig zu planen, dürfte es relativ häufig vorkommen, dass in den einschlägigen Deliktsbereichen Absicherungsmaßnahmen zur Verhinderung der Entdeckung einer Tat eingeplant und vorgenommen werden. Der Absichernde stellt mit Blick auf seine zwar passive, nicht jedoch unwichtige Rolle einen Grenzfall zwischen Beihilfe und Mittäterschaft dar. Eine pauschale Zuordnung des Absichernden zur Mittäterschaft oder Beihilfe erscheint daher nicht geeignet, um den verschiedenen Ausprägungen dieser Konstellation im Einzelfall gerecht zu werden. Sinnvoll erscheint es, auf die Wesentlichkeit der Absicherungsmaßnahme für die Tat abzustellen, wobei zwecks Objektivierung dieses Kriteriums die Verbrechervernunft herangezogen werden kann.

d) Einheitstäterschaftliche Tendenzen in Fällen organisierter Kriminalität

Die Probleme bei der Abgrenzung zwischen Täterschaft und Teilnahme in Sachverhalten organisierter Kriminalität führen teilweise dazu, dass die Unterscheidung zwischen Täterschaft und Teilnahme verblasst und sich als Resultat einheitstäterschaftliche Tendenzen zeigen. So wird darauf hingewiesen, dass bei einer zu starken Fokussierung auf Täterkollektive Differenzierungen zwischen einzelnen Beteiligten in den Hintergrund treten. Nach *Volk* lasse sich etwa beim Umgang mit organisierter Kriminalität erkennen, dass die „Unterschiede zwischen der ‚Zentralgestalt' und den Randfiguren des Geschehens aufgegeben" werden.[213] *Rotsch* erkennt in allgemeiner Hinsicht einen Widerspruch zwischen „Wirtschafts-, Unternehmens- und

---

213 *Volk*, FS Roxin (2001), S. 563 (570).

Systemkriminalität" und einer „an der Zentralgestalt des Geschehens ausgerichtete[n] Beteiligungsformenlehre" und hält das Hervortreten einheitstäterschaftlicher Tendenzen für eine Folge dieses Widerspruchs.[214]

Einheitstäterschaft bedeutet, dass für alle Beteiligten einer Straftat der gleiche Strafrahmen anzuwenden ist.[215] Eine differenzierte Betrachtung einzelner Tatbeiträge und deren Gewichtung erfolgen sodann auf der Ebene der Strafzumessung.[216] Allerdings hat sich der deutsche Gesetzgeber für den Bereich des Strafrechts[217] gegen die Einheitstäterschaft und für ein dualistisches System, also für die Differenzierung zwischen Täterschaft und Teilnahme (mit zumindest teilweise unterschiedlichen Strafrahmen) entschieden. Dass dennoch teils Tendenzen zur Aufweichung des dualistischen Systems bestehen, lässt sich insbesondere an einer zunehmenden Zahl von Deliktstatbeständen erkennen, in denen die Tathandlungen sehr weit und unbestimmt gefasst sind.[218] So kann etwa § 129 StGB angeführt werden, der die „bloße Unterstützung" des Zusammenschlusses ebenso wie das Werben für selbigen als täterschaftliche Begehung erfasst.[219] Ebenfalls werden in diesem Zusammenhang die Tatbestände der Geldwäsche (§ 261 StGB) und Begünstigung (§ 257 StGB) genannt,[220] in denen Verhaltensweisen als täterschaftliche Begehung normiert sind, die der Sache nach – mit Blick auf die Bezugstat, deren Erträge gesichert werden sollen – eher unterstützender Natur sind. Im Betäubungsmittelrecht findet sich in den §§ 29 ff. BtMG mit dem Merkmal des ‚Handeltreibens' ein sehr unscharf konturierter Begriff, unter den eine Vielzahl von – bisweilen auch unterstützenden

---

214 *Rotsch*, „Einheitstäterschaft" statt Tatherrschaft, S. 314 ff.; vgl. auch *Godenzi*, Strafbare Beteiligung am kriminellen Kollektiv, S. 214, die im schweizerischen Strafrecht insofern ähnliche Tendenzen ausmacht, als „tatbeteiligte Bandenmitglieder prinzipiell als Mittäter" eingestuft würden.

215 Dass alle Beteiligten als Täter anzusehen sind, werde mit Einheitstäterschaft im Übrigen – trotz des insofern missverständlichen Begriffs – nicht ausgedrückt, entscheidend sei lediglich die Einheitlichkeit des zugrunde gelegten Strafrahmens, *Kienapfel*, Der Einheitstäter im Strafrecht, S. 25 f.

216 *Renzikowski*, Restriktiver Täterbegriff, S. 10.

217 Anders ist dies im Ordnungswidrigkeitenrecht, bei dem nicht zwischen verschiedenen Formen der Beteiligung unterschieden wird; allenfalls sind neben dem (Einheits-)Täter die aus dem Strafrecht bekannten Formen der mittelbaren Täterschaft und Nebentäterschaft zu berücksichtigen, KK-OWiG/*Rengier* OWiG § 14 Rn. 4.

218 *Schünemann*, GA 2020, 224 (230), spricht insofern einerseits von den „Versuchungen des extensiven Täterbegriffs für den deutschen Gesetzgeber" und andererseits von den „Sünden der deutschen Rechtsprechung".

219 Ebd.

220 Vgl. *Volk*, FS Roxin (2001), S. 563 (565).

– Verhaltensweisen subsumiert werden kann.[221] Nach § 30a Abs. 2 Nr. 1 BtMG wird zudem als Täter bestraft, wer eine andere (minderjährige) Person zum Handeltreiben „bestimmt", sie also letztlich anstiftet. Ähnlich verhält es sich auch mit dem Tatbestand des § 96 AufenthG, nach dem sich wegen Einschleusens von Ausländern strafbar macht, wer zu einer illegalen Einreise anstiftet oder Hilfe leistet.[222] In den genannten Delikten findet unverkennbar eine Aufweichung der Unterscheidung zwischen Täterschaft und Teilnahme statt. Ein Zusammenhang mit organisierter Kriminalität wird daran erkennbar, dass die genannten Delikte allesamt für den Bereich der organisierten Kriminalität relevant sind.

Ein weiterer normativer Bereich, der einheitstäterschaftlichen Tendenzen Vorschub leistet, betrifft Tatbestände, durch die eine Art Vorverlagerung des Rechtsgüterschutzes stattfindet.[223] Gerade im Zusammenhang mit organisierter Kriminalität werden entsprechende Vorverlagerungen relevant – was insbesondere damit zusammenhängt, dass dem Strafrecht in diesem Kriminalitätsbereich bisweilen präventive Aufgaben zugedacht werden.[224] So treten gerade in den letzten Jahren immer deutlicher Bestrebungen in den Vordergrund, den Tatbestand des § 129 StGB vermehrt auf Sachverhalte der organisierten Kriminalität zur Anwendung kommen zu lassen.[225] Vorverlagerung bedeutet dabei, dass die Strafbarkeit nicht mehr an eine konkrete Rechtsgutsverletzung anknüpft, sondern an ein Verhalten, das lediglich die Gefahr einer *künftigen* Verletzung in sich trägt. Wenn jedoch die Strafbarkeit an relativ unkonkrete (weil nur potenziell gefährliche) Verhaltensweisen anknüpft, folgt daraus, dass insoweit auch die Differenzierung zwischen Täterschaft und Teilnahme an Schärfe verliert.[226]

---

221 Hinsichtlich des Spektrums möglicher Tathandlungen vgl. Patzak/Volkmer/Fabricius/*Patzak* BtMG § 29 Rn. 251 ff.

222 Nach *Kretschmer*, NStZ 2021, 83 (91), handele es sich „formal um eine mittäterschaftlich begangene Beihilfe".

223 Vgl. *Hassemer*, HRRS 2006, 130 (136), der aufgrund der Tendenz zur Vorverlagerung das Strafrecht nur noch als „Mantel" sieht, in dem eigentlich das Gefahrenabwehrrecht stecke.

224 So sei im Rahmen der Diskussion zu organisierter Kriminalität bereits früh der Begriff der „vorbeugenden Verbrechensbekämpfung" geprägt worden, *Luczak*, Organisierte Kriminalität im internationalen Kontext, S. 179.

225 Vgl. *Sinn/Iden/Pörtner*, ZIS 2021, 435 (450); Einzelheiten unter D.II.1.

226 Vgl. *Volk*, FS Roxin (2001), S. 563 (571), der relativ einprägsam formuliert: „Das Rechtsgut nivelliert die Tatbeiträge".

Insgesamt lassen sich im Bereich der organisierten Kriminalität aufgrund verschiedener Gesichtspunkte Tendenzen hin zu einem System der Einheitstäterschaft erkennen.

e) Ergebnis zu Täterschaft und Teilnahme

In Sachverhalten organisierter Kriminalität tritt die Unbestimmtheit und Wertungsoffenheit der Abgrenzung zwischen Täterschaft und Teilnahme in besonderer Weise hervor, vor allem in Form zusätzlicher Abgrenzungskriterien. Dies betrifft etwa die Stellung des Beteiligten in der Organisationsstruktur der jeweiligen Gruppierung. Soweit der Beteiligte eine höhere Stellung innehat, kann Mittäterschaft auch dann angenommen werden, wenn der Mitwirkungsbeitrag in isolierter Betrachtung eher als Beihilfe anzusehen wäre. Eine weitere Besonderheit ergibt sich dadurch, dass in Sachverhalten organisierter Kriminalität häufig eine hohe Zahl an Personen beteiligt ist, was – nach überzeugender Ansicht von *Jakobs* – dazu führt, dass die Anforderungen für Mittäterschaft abgesenkt werden. Beide genannten Aspekte – Mitgliedschaft in einer Gruppierung und hohe Beteiligtenzahl – wirken sich im Ergebnis so aus, dass in Sachverhalten organisierter Kriminalität tendenziell eher Mittäterschaft anzunehmen ist.

Damit übereinstimmend lassen sich für den Bereich der organisierten Kriminalität auch Tendenzen zu einem einheitstäterschaftlichen System erkennen. Dies ergibt sich zum einen aus normativen Aspekten. So gibt es eine Reihe von Deliktstatbeständen, die – wie insbesondere §§ 29 ff. BtMG in der Variante des Handeltreibens – für organisierte Kriminalität typisch sind und eine nur unscharfe Konturierung der jeweiligen tatbestandlichen Handlungen vorsehen. Zum anderen führt die Betonung eines kollektiven oder organisierten Vorgehens dazu, dass individuelle Tatbeiträge – und dementsprechend auch Differenzierungen hinsichtlich der einzelnen Beteiligungsformen – in den Hintergrund rücken.

Zusammenfassend lässt sich somit feststellen, dass die Abgrenzung zwischen Täterschaft und Teilnahme in Sachverhalten organisierter Kriminalität zu besonderen Problemen führt, für deren Lösung zunehmend auf eine simplifizierende einheitstäterschaftliche Handhabung zurückgegriffen wird.

2. Mittäterschaft

Sämtliche speziell geregelten Beteiligungsformen setzen voraus, dass die jeweils Beteiligten zueinander in einer besonderen Beziehung stehen, die über das bloße Erreichen des tatbestandlichen Erfolgs hinaus geht.[227] Bei der Mittäterschaft besteht diese besondere Beziehung gemäß § 25 Abs. 2 StGB in der *gemeinschaftlichen* Tatbegehung. Die anderen Beteiligungsformen sind demgegenüber von asymmetrischen Beziehungen geprägt, in Form von Beherrschung (§ 25 Abs. 1 Alt. 2 StGB), Willensbeeinflussung (§ 26 StGB) oder Unterstützung (§ 27 StGB). Anders als bei den anderen Beteiligungsformen wird der Mittäter somit für Kollektivhandeln verantwortlich gemacht.[228] Hintergrund der Zurechnung mittäterschaftlicher Tatbeiträge ist das gleichgeordnete Zusammenwirken der Mittäter, weswegen teilweise auch davon gesprochen wird, dass die einzelnen Mittäter „zu einer einzigen Gesamtperson zusammengefasst" würden.[229] Die Zurechnung an den einzelnen Beteiligten beruht sodann darauf, dass er sich am Werk des Kollektivs beteiligt hat, ungeachtet des konkreten Ausmaßes seiner Mitwirkung.[230] Im Folgenden wird zunächst kurz auf die tatbestandlichen Voraussetzungen der Mittäterschaft eingegangen. Sodann geht es um zwei Sonderformen mittäterschaftlicher Tatbegehung, deren Relevanz für Sachverhalte organisierter Kriminalität näher untersucht werden soll.

---

227 Ansonsten wäre Nebentäterschaft anzunehmen, der als solcher jedoch „keine selbständige Bedeutung" beigemessen wird, MüKoStGB/*Joecks/Scheinfeld* § 25 Rn. 302 f.

228 *Seelmann*, Kollektive Verantwortung im Strafrecht, S. 8 f.

229 *Jakobs*, Strafrecht AT, 22/19; *Heinrich*, Rechtsgutszugriff, S. 287, spricht von einer „imaginäre[n] Gesamtperson"; *Renzikowski*, Restriktiver Täterbegriff, S. 101, sowie *Joerden*, Strukturen des strafrechtlichen Verantwortlichkeitsbegriffs, S. 79, verwenden in einem ähnlichen Sinne den Begriff der „Kollektivperson". Die Theorie einer Gesamtperson ist allerdings nicht frei von Kritik. So wird insbesondere auf den Gesetzeswortlaut verwiesen. Würde man nämlich die (wie auch immer beschaffene) Gesamtperson als Täter ansehen, so könnten die einzelnen Beteiligten nicht – wie von § 25 Abs. 2 StGB vorgegeben – auch gleichzeitig als Täter bestraft werden, sondern nur *wie* ein Täter, NK-StGB/*Schild* § 25 Rn. 126. Des Weiteren wird eingewandt, dass die Theorie letztlich nur dem Zweck diene, Probleme beim Nachweis der Kausalität eines jeden Tatbeitrags auszuräumen bzw. zu umgehen, vgl. dazu *Eidam*, Der Organisationsgedanke im Strafrecht, S. 147, nach dem es sich bei der Lehre vom Gesamtsubjekt um „eine unzulässig simplifizierende ‚Fiktion'" handele.

230 *Renzikowski*, Restriktiver Täterbegriff, S. 101.

a) Tatbestandliche Voraussetzungen der Mittäterschaft

Nach dem Wortlaut von § 25 Abs. 2 StGB setzt Mittäterschaft lediglich eine *gemeinschaftliche* Begehung der Straftat voraus. Dieses Kriterium kann näher durch ein subjektives und ein objektives Element beschrieben werden.[231] So muss nach allgemeiner Ansicht zum einen ein gemeinsamer Tatentschluss vorliegen, zum anderen müssen die Beteiligten den Taterfolg durch arbeitsteiliges Zusammenwirken herbeiführen.[232]

aa) Gemeinsamer Tatentschluss

In der Rechtsprechung wird der gemeinsame Tatentschluss – soweit ersichtlich – nicht definiert. Vielmehr wird lediglich seine Funktion für das Tatgeschehen umschrieben. So wird dargelegt, dass auf der Grundlage des gemeinsamen Tatentschlusses „jeder Mittäter einen objektiven Tatbeitrag leisten muss".[233] Im Schrifttum wird bezüglich des Tatentschlussbegriffs dementsprechend ein definitorischer Mangel wahrgenommen. So bescheinigt *Seher* etwa den „allermeisten Darstellungen",[234] dass sie zu den inhaltlichen Anforderungen des Tatentschlusses „erstaunlich wortkarg" blieben, wobei insbesondere zur „individual-gedanklichen Grundlage der Willensübereinstimmung der Mittäter" geschwiegen werde.[235] Auch *Steckermeier* konstatiert ein Defizit beim Verständnis des Tatentschlusses. Ihrer Ansicht nach gingen „die meisten Ausführungen in der Literatur (...) nur scheinbar über die nebulösen, subjektiv orientierten und oft austauschbaren Kriterien

---

231 So die Kategorisierung bei BeckOK StGB/*Kudlich* § 25 Rn. 46, 49; eine andere Ansicht vertreten etwa MüKoStGB/*Joecks/Scheinfeld* § 25 Rn. 232, die über den normalen Vorsatz hinaus kein speziell subjektives Kriterium der Mittäterschaft fordern, vielmehr reiche die Kenntnis der Tatumstände aus (einschließlich derer, die zur Begründung der Mittäterschaft herangezogen werden). *Steckermeier*, Der Tatentschluss von Mittätern, S. 206, sieht ebenfalls lediglich objektive Kriterien: Der Tatentschluss – bzw. die Manifestation desselben in Form der Tatverabredung – sei vielmehr ein „objektives Merkmal". Nach hier vertretener Ansicht dürfte jedoch zweifelhaft sein, ob eine Willensübereinstimmung den subjektiven Charakter nur deshalb verliert, weil ihr Nachweis an objektive Umstände geknüpft ist.
232 Vgl. nur *Kindhäuser*, Strafrecht AT, 40/3.
233 BGH NStZ-RR 2018, 40 (40); BGH NJW 2020, 2900 (2902).
234 Explizit nennt *Seher*, JuS 2009, 1 (4), in diesem Zusammenhang lediglich die Darstellungen bei *Roxin*, Täterschaft u. Tatherrschaft, 8. Aufl. (2006), S. 285; und *Herzberg*, Täterschaft und Teilnahme, 62 ff.
235 *Seher*, JuS 2009, 1 (4).

der Rechtsprechung hinaus".[236] *Joecks/Scheinfeld* kritisieren eine uneinheitliche oder „sehr weit[e]" Interpretation in der Rechtsprechung.[237]

Vor diesem Hintergrund ist nicht überraschend, dass Definitionsvorschläge vorwiegend aus dem Schrifttum stammen. So versteht *Roxin* unter dem gemeinsamen Tatentschluss eine „Willensübereinstimmung der Beteiligten im Hinblick auf die Durchführung der Tat und die Verwirklichung ihrer Folgen".[238] Nach *Jakobs* handelt es sich beim gemeinsamen Tatentschluss um „das ausdrückliche oder konkludente Einverständnis zur Verschachtelung einzelner Beiträge zu einer Tat."[239] *Heger* verlangt für das Vorliegen des gemeinsamen Tatentschlusses „das gegenseitige, auf gemeinsamem Wollen beruhende Einverständnis, eine bestimmte Tat durch gemeinsames, arbeitsteiliges Handeln zu begehen".[240]

Entsprechend dieser Definitionen wird deutlich, dass sich Probleme im Zusammenhang mit dem Tatentschluss insbesondere in Fällen unvollständiger oder lückenhafter Kommunikation ergeben können.[241] Vor allem bei größeren Gruppierungen (einschließlich derer organisierter Kriminalität) kann sich das Problem stellen, dass zwischen einzelnen Beteiligten untereinander gar keine Kommunikation stattfindet. Dies führt zu der Frage, wie in solchen Fällen die Willensübereinstimmung im Rahmen des Tatentschlusses trotz fehlender unmittelbarer Kommunikation begründet werden kann. Teilweise wird als Lösung vorgeschlagen, anstelle des gemeinsamen Tatentschlusses einen sog. Einpassungsbeschluss für ausreichend zu erachten.[242] Erforderlich soll demnach eine bloße Konsentierung des Tatvorhabens sein, ohne dass diese durch einen kommunikativen Prozess Ausdruck gefunden haben muss. Ein weiterer Aspekt, der – neben der Größe – für die Frage des Tatentschlusses von Bedeutung ist, betrifft die Organisationsstruktur der Gruppierung. Liegt etwa eine sehr ausgeprägte hierarchische Strukturierung vor, so könnte dies gegen die *Gemeinschaftlichkeit* des Tatentschlusses sprechen – und zur Annahme von mittelbarer Täterschaft

---

236 *Steckermeier*, Der Tatentschluss von Mittätern, S. 29.
237 MüKoStGB/*Joecks/Scheinfeld* § 25 Rn. 235.
238 *Roxin*, Täterschaft u. Tatherrschaft, S. 318.
239 *Jakobs*, Strafrecht AT, 21/41.
240 Lackner/Kühl/Heger/*Heger* § 25 Rn. 10.
241 BGH NStZ 2003, 85.
242 *Jakobs*, Strafrecht AT, 21/43; vgl. dazu die weitergehenden Ausführungen unter D.I.3.c)aa)(2).

oder Anstiftung führen.[243] Beide Aspekte, fehlende unmittelbare Kommunikation und hierarchische Organisationsstruktur, können in Fällen organisierter Kriminalität zum Vorschein kommen. Einen Weg, auch bei großen (mafiösen) Gruppierungen den gemeinsamen Tatentschluss zu begründen, zeigt *Langneff* auf, indem sie unterstellt, dass bereits die (freiwillige) Mitgliedschaft in einer entsprechenden Organisation mit der Bereitschaft zur Straftatbegehung einhergehe und auf dieser Grundlage der Tatentschluss in der Übernahme der konkret aufgetragenen Taten gesehen werden könne.[244] *Langneff* erweitert also die Theorie des Einpassungsbeschlusses um die Möglichkeit einer Willensübereinstimmung qua Mitgliedschaft.

bb) Arbeitsteiliges Zusammenwirken

In objektiver Hinsicht ist für Mittäterschaft erforderlich, dass die Beteiligten arbeitsteilig zusammenwirken. Verbindendes Element zwischen Tatentschluss und Tatausführung ist der Tatplan.[245] In ihm werden insbesondere die Funktionen der einzelnen Akteure festgelegt. Von Mittäterschaft ist nur dann auszugehen, wenn der individuelle Tatbeitrag im Ausführungsstadium wesentlich ist.[246] Zu der Frage, wann der einzelne Beitrag als wesentlich einzustufen ist, werden verschiedene Ansichten vertreten. Für Sachverhalte organisierter Kriminalität dürfte insbesondere die Ansicht von *Jakobs* relevant sein, wonach die Wesentlichkeit unter anderem von der Anzahl der zusammenwirkenden Akteure abhängig sei. So gehe eine größere Anzahl an Akteuren mit niedrigeren Anforderungen an die Wesentlichkeit des einzelnen Tatbeitrags einher.[247] *Jakobs* bezeichnet diese antiproportionale Korrelation als „die strafrechtsdogmatische Konsequenz der anonymisierenden Wirkung von Arbeitsteilung".

---

243 Vgl. *Roxin*, FS Schroeder (2006), 387 (390), nach dem die „Befolgung einer Anweisung (...) das Gegenteil der gemeinsamen, einvernehmlichen Entschlussfassung von Mittätern" sei.

244 *Langneff*, Die Beteiligtenstrafbarkeit von Hintermännern, S. 136.

245 Die begriffliche Trennung zwischen Tatplan und Tatentschluss wird teils sehr streng (*Herzberg*, Täterschaft und Teilnahme, 1977, S. 62 ff.), teils aber auch eher großzügig (vgl. *Renzikowski*, Restriktiver Täterbegriff, S. 101) gehandhabt.

246 *Roxin*, Täterschaft und Tatherrschaft, S. 875; *Rotsch*, ZJS 2012, 680 (684), Anm. zu BGH, B. v. 16.3.2011 – 5 StR 581/10; Schönke/Schröder/*Heine/Weißer* § 25 Rn. 75.

247 *Jakobs*, Strafrecht AT, 21/49.

b) Spezielle Mittäterschaftsformen und ihre Relevanz in Sachverhalten organisierter Kriminalität

Im Folgenden soll hinsichtlich zweier Sonderformen mittäterschaftlicher Tatbegehung näher untersucht werden, ob und inwiefern sie auch in Sachverhalten organisierter Kriminalität zur Anwendung kommen können. Gegenstand der Betrachtung ist zunächst die Mittäterschaft des Bandenchefs, ehe in einem zweiten Schritt die psychische Mittäterschaft thematisiert wird.

aa) Mittäterschaft des Bandenchefs

Mit der informellen Bezeichnung des Bandenchefs wird derjenige bezeichnet, der die Tat plant und organisiert, bei der unmittelbaren Ausführung jedoch nicht mitwirkt, sondern vielmehr im Hintergrund bleibt.[248] Demgemäß wird der Bandenchef metaphorisch auch dadurch beschrieben, dass er im Hintergrund die Fäden ziehe.[249] Kritik könnte an der Verwendung des Begriffs ‚Bandenchef' insoweit geäußert werden, als von ihm möglicherweise eine suggestive Wirkung ausgeht, die eine sachliche Auseinandersetzung erschwert.[250] Letztendlich scheint der Begriff jedoch weitgehend akzeptiert zu sein. So verwendet auch die Rechtsprechung den Begriff.[251] Außerdem sind keine alternativen Begriffe ersichtlich, die sich für das Anliegen einer objektiven Auseinandersetzung mit der Thematik besser eigneten.[252] Im Folgenden soll – nach Schilderung zweier Beispielsfälle –zunächst auf die Relevanz von Bandenchef-Konstellationen für Sachverhalte organisierter Kriminalität eingegangen werden. Sodann werden Erwägun-

---

248 *Steen*, Die Rechtsfigur des omnimodo facturus, S. 180 f.

249 Lackner/Kühl/Heger/*Heger* § 244 Rn. 8.

250 Vgl. *Herzberg*, JZ 1991, 856 (860), der zu bedenken gibt, dass Mittäterschaft aufgrund von Vorbereitungshandlungen nicht davon abhängig gemacht werden dürfe, dass es um die vorbereitenden Handlungen eines „Chefs" geht.

251 Vgl. etwa BGH BeckRS 2003, 9868, wo der BGH klarstellend darauf hinweist, dass für das Vorliegen einer Bande keine Gleichordnung zwischen den Mitgliedern vorhanden sein müsse.

252 Vgl. *Puppe*, GA 2013, 514 (523), die mit Hinweis auf dessen Verwendung in Kriminalfilmen den Begriff „Professor" verwendet; *Rebscher/Vahlenkamp*, Organisierte Kriminalität, S. 44, listen mehrere Begriffe auf, die von (interviewten) Polizeibeamten für die betreffenden Personen verwendet worden seien, darunter: ‚Fürst', ‚King', ‚Drahtzieher', ‚Leithammel', ‚Zentralfigur', ‚Rädelsführer', ‚Hauptmatador', ‚Oberguru', ‚Manager', seltener hingegen: ‚Boss' oder ‚Chef'.

gen sowohl zur Zulässigkeit dieser Mittäterschaftsform als auch zu deren Anforderungen im Einzelfall dargestellt.

(1) Beispielsfälle zur Mittäterschaft des Bandenchefs

(a) Fall 4a: Überfälle auf italienische Lokale[253]

Der Angeklagte schloss sich mit vier weiteren Personen zusammen, um Raubüberfälle auf italienische Restaurants und Geschäfte zu verüben. Er wählte die einzelnen Lokale aus und instruierte die anderen vier Beteiligten hinsichtlich des Vorgehens bei den jeweiligen Überfällen. Die Einweisungen umfassten unter anderem die Wahl des jeweils einzusetzenden Drohmittels. Er selbst war bei den einzelnen Raubüberfällen nicht anwesend. Im Gegenzug dafür sicherte er den vor Ort Handelnden zu, dass er sich im Falle ihrer Inhaftierung um die Regelung der notwendigen Angelegenheiten, insbesondere um die Vermittlung eines geeigneten Strafverteidigers,[254] kümmern werde.

(b) Fall 4b: Brandanschläge im Rotlichtmilieu[255]

Der Angeklagte betrieb mehrere Bordelle in Bamberg. Da er bereits fortgeschrittenen Alters war und sich auf das Leben im Ruhestand vorbereitete, führte er den D an Leitungsaufgaben heran, damit dieser den Betrieb der Bordelle in Zukunft übernehmen werde. Kurz darauf begann das Geschäft schlechter zu laufen, was der Angeklagte darauf zurückführte, dass in der Stadt ein neues Bordell eröffnet hatte. Um das Geschäft wieder anzukurbeln, hielt er es für erforderlich, den neuen Konkurrenten zu vertreiben. Dafür plante der Angeklagte einen Brandanschlag auf das betreffende Bordell. Die Ausführung trug er dem D auf. Um keine Spuren zu hinterlassen, sollten D und seine Komplizen Schutzanzüge anziehen, deren Öffnungen mit Klebeband abkleben und nach der Tat sämtliche Kleidungs- und Aus-

---

253 BGHSt 46, 138 = NJW 2001, 83.

254 Nach *Sieber/Bögel*, Logistik der Organisierten Kriminalität, S 193, ist es typisch für organisierte Kriminalität, dass auch „unbedeutende Helfer" durch spezialisierte „OK-Anwälte", finanziert durch die entsprechende Gruppierung, vertreten werden. Nicht zuletzt solle dies dem Zweck dienen, dass der Rechtsanwalt „ihn bezüglich seiner Aussagen auch im Interesse der Hintermänner steuern kann".

255 LG Bamberg BeckRS 2018, 44290.

rüstungsgegenstände verbrennen. D stimmte dem Vorhaben zu und setzte den Plan entsprechend den Vorgaben des A in die Tat um. Ausschlagegebend war für D insbesondere der Umstand, dass der Angeklagte ihn bis zur Tatausführung nur „undankbare" Aufgaben, wie insbesondere das Reinigen der Badezimmer, hatte durchführen lassen. Zudem hatte er dem D unterschwellig, etwa durch beiläufiges Zeigen seiner Pistole, mit der Anwendung von Gewalt gedroht.

(2) Relevanz von Bandenchef-Konstellationen für organisierte Kriminalität

Bandenchef-Konstellationen werden häufig in Lehrbüchern herangezogen, um die Problematik der Mittäterschaft aufgrund von Mitwirkungshandlungen im Vorbereitungsstadium zu veranschaulichen.[256] Angesichts der Beliebtheit dieser Konstellationen in der juristischen Didaktik ist es bemerkenswert, dass kaum einschlägige Entscheidungen auffindbar sind. Zwar gibt es Entscheidungen, in denen vom ‚Bandenchef' die Rede ist. Um beteiligungsrechtliche Fragestellungen geht es dabei allerdings nur in wenigen Fällen.[257] In manchen dieser Entscheidungen wird zwar auch Mittäterschaft des „Bandenchefs" angenommen, so auch im Urteil, das dem Beispielsfall 4a („Überfälle auf italienische Lokale") zugrunde liegt.[258] Rechtlich problematisiert wird die Frage der Mittäterschaft dabei indes nicht, vielmehr erfolgt lediglich ein Verweis auf die „allgemeinen Grund-sätze", denen gemäß ein Beitrag im Ausführungsstadium nicht erforderlich sei.[259] Problematisiert wird (in den „Bandenchef-Entscheidungen") dagegen die Auslegung des Tatbestandsmerkmals ‚unter Mitwirkung eines Bandenmitglieds' gemäß § 250 Abs. 1 Nr. 2 StGB[260] bzw. die Frage, ob dieses Merkmal die Anwesenheit des betreffenden Bandenmitglieds am Tatort voraussetzt. Diese Fragestellung weist zwar inhaltliche Ähnlichkeiten zur Frage der Mittäterschaft

---

256 Bei NK-StGB/*Schild* § 25 Rn. 139, ist auch die Rede vom „vielbesungene[n]" Bandenchef; *Kühl*, Strafrecht AT, 20/110, bezeichnet den „Fall des ‚Bandenchefs'" als „Paradebeispiel" für die Beteiligung eines nicht am Tatort Anwesenden.

257 Zu den wenigen Entscheidungen, in denen es um die Frage der strafrechtlichen Beteiligung des Bandenchefs geht, zählen BGHSt 33, 53 = NJW 1985, 502; BGH NStZ-RR 2018, 211 (212).

258 Vgl. auch BGH NStZ 2000, 255 (256).

259 BGHSt 46, 138 = NJW 2001, 83 (83).

260 In BGH NStZ 2000, 255 (256) geht es um dieselbe Problematik im Zusammenhang mit § 244 Abs. 1 Nr. 2 StGB.

auf, ist jedoch – mit Blick auf die Verortung im Besonderen Teil – nicht deckungsgleich.[261] Eine Ausnahme stellt insofern die Entscheidung dar, die dem Beispielsfall 4b („Brandanschläge im Rotlichtmilieu") zugrunde liegt. In diesem Urteil problematisiert das Gericht die Mittäterschaft des angeklagten Bordellchefs, der bei der eigentlichen Tatausführung nicht mitgewirkt hatte.[262] Zur Begründung der Mittäterschaft stellt das Gericht darauf ab, dass er der „Drahtzieher" gewesen sei und „aufgrund seiner Organisationsmacht die Umsetzung seines Tatplans durch D jederzeit [habe] ‚stoppen' können".[263]

Insgesamt entsteht der Eindruck, dass die Rechtsfigur der Mittäterschaft des Bandenchefs keine hohe praktische Relevanz hat, was auch die bisherige empirische Forschung nahelegt, wonach organisierte Kriminalität im Wesentlichen durch netzwerkartige Strukturen geprägt ist, die sich eher durch Gleichordnung als durch Über- bzw. Unterordnung auszeichnen. Zu beachten ist jedoch, dass die geringe Anzahl einschlägiger Entscheidungen in nicht unwesentlichem Maße auf ermittlungspraktische Schwierigkeiten zurückzuführen sein dürfte. Meist richten sich die Ermittlungen nämlich nur gegen die unmittelbar handelnden Personen.[264] Letztlich ist es somit sehr schwierig, genaue Aussagen zur Relevanz der Rechtsfigur für den Bereich der organisierten Kriminalität zu treffen. Ganz in Abrede zu stellen ist eine gewisse Bedeutung jedoch nicht – wie sich etwa an den dargestellten Entscheidungen erkennen lässt.

---

261 So wird für das Tatbestandsmerkmal der ‚Mitwirkung' die Anwesenheit insbesondere deswegen nicht vorausgesetzt, da die bandentypische Organisationsgefahr auch dann gegeben sei, wenn eines der Bandenmitglieder nur im Hintergrund agiere, vgl. BGH NJW 2001, 83 (84).

262 Zu beachten ist, dass das Gericht in der Entscheidung nicht vom ‚Bandenchef' spricht, sondern vom ‚Hintermann'. Der Grund für diese Begriffswahl dürfte darin liegen, dass es nicht um eine bandenmäßige Begehung im technischen Sinne ging. Eine solche kam bereits mit Blick auf die angeklagten Delikte nicht in Betracht, denn weder §§ 303 ff. StGB noch §§ 306 ff. StGB sehen eine bandenmäßige Begehungsvariante vor. Dass das Gericht dennoch eine „Bandenchef-Konstellation" angenommen haben dürfte, spiegelt sich auch darin wider, dass das Gericht von „organisierte[n] Strukturen" spricht, LG Bamberg BeckRS 2018, 44290 Rn. 284.

263 Ebd., Rn. 194.

264 *Kirkpatrick*, wistra 2016, 378 (378).

(3) Anwendbarkeit der Mittäterschaft in Bandenchef-Konstellationen

Problematisch ist die Einordnung des Bandenchefs als Mittäter mit Blick auf den Wortlaut des § 25 Abs. 2 StGB, der auf eine „gemeinschaftliche" Begehung der Tat abstellt. Der Bandenchef verwirklicht in eigener Person jedoch keine tatbestandlich umschriebene Handlung, weshalb seine Tatbeiträge den anderen Beteiligten – zur Begründung deren Mittäterschaft – nicht zugerechnet werden. Dass die Mittäterschaft des Bandenchefs als Rechtsfigur besonders begründungsbedürftig ist, lässt sich mithin ohne Weiteres erkennen.

Bei der entsprechenden dogmatischen Diskussion entsteht häufig der Eindruck, dass eine Bestrafung des Bandenchefs als Teilnehmer nicht als ausreichend empfunden wird, um dem verwirklichten Unrecht Ausdruck zu verleihen. Die dogmatischen Überlegungen scheinen sodann weniger dazu zu dienen, ergebnisoffen die einschlägige Beteiligungsform zu ermitteln, als vielmehr dazu, die *Täterschaft* des Bandenchefs zu legitimieren. So spricht etwa *Kudlich* davon, dass die Bestrafung des Bandenchefs als Teilnehmer zu „unbefriedigende[n] Ergebnisse[n]" führen könnte.[265] In diesem Sinne fasst auch *Roxin* zusammen, dass „alle Bemühungen, bestimmte Vorbereitungshandlungen für die Mittäterschaft zu retten, [sich] in dem Gedanken [treffen], daß man den ,Bandenchef' nicht als bloßen Anstifter bestrafen dürfe."[266]

Teilweise wird darauf verwiesen, dass die Beschränkung der Mittäterschaft auf Beteiligte, die unmittelbar am Tatgeschehen mitwirken, lediglich dem „gesetzlich geforderten Mindestmaß", also einer möglichst restriktiven Auslegung des § 25 Abs. 2 StGB entspreche.[267] Möglich sei hingegen auch eine offenere Auslegung, durch die auch Handlungen im Vorbereitungsstadium, also insbesondere solche eines Bandenchefs, erfasst würden. Nach Ansicht von *Lampe* ist eine Auslegung der Mittäterschaft in extensiver Richtung in dem Maße möglich, wie das „materiale Unrecht" einer Tat reiche. Unter dem Begriff des materialen Unrechts sollen dabei sämtliche Umstände zu fassen sein, die sich auf den Unrechtsgehalt der Tat auswirken, wozu insbesondere auch die in § 46 Abs. 2 StGB genannten Gesichtspunkte zählten.[268] Das insofern abgebildete materiale Unrecht wird auch

---

265 BeckOK StGB/*Kudlich* § 25 Rn. 47.
266 *Roxin*, Strafrecht AT, 25/210.
267 *Lampe*, ZStW 119 (2007), 471 (495).
268 Ebd.

als „Gesamttat" bezeichnet, bestehend aus gesetzlichem Tatbestand und Strafzumessungstatbestand.[269] Mitwirkungsbeiträge im Vorbereitungsstadium lassen sich demnach als Teil des materialen Unrechts verstehen, soweit sie etwa als Beleg für die ‚aus der Tat sprechende Gesinnung' oder für den ‚bei der Tat aufgewendeten Willen' angesehen werden können.

Für die Mittäterschaft des Bandenchefs wird des Weiteren angeführt, dass in Form der mittelbaren Täterschaft kraft Organisationsherrschaft[270] eine vergleichbare dogmatische Konstruktion bereits vorhanden sei, bei der ebenfalls täterschaftliche Begehung angenommen werde.[271] Beide Fälle zeichneten sich dadurch aus, dass eine Person die organisatorischen Voraussetzungen für die Tatbegehung schaffe, ohne an der unmittelbaren Tatbestandsverwirklichung mitzuwirken.

Als Argument gegen die Mittäterschaft des Bandenchefs wird angeführt, dass der Bandenchef keine Möglichkeit habe, auf spontane Planänderungen zu reagieren.[272] Nach *Zieschang* handele es sich dabei nicht etwa um einen trivialen Aspekt.[273] Vielmehr sei charakteristisches Element mittäterschaftlicher Tatbegehung, dass die (unmittelbar an der Herbeiführung des Taterfolgs mitwirkenden) Mittäter auf spontane Planänderungen reagieren und die eigenen Mitwirkungshandlungen entsprechend anpassen können. Diese Erwägungen träfen auf den Bandenchef nicht zu.[274] *Schild* spricht davon, dass der Bandenchef zwar „Herr über die Ausführungen" sei, aber nicht „Herr der Tatbestandshandlung" – was vielmehr nur auf die Ausführenden selbst als „frei handelnde Täter" zuträfe.[275]

Teilweise wird Mittäterschaft bei Mitwirkungshandlungen im Vorbereitungsstadium unter Anführung systematischer Erwägungen kategorisch ausgeschlossen.[276] So sei die Trennung zwischen Vorbereitungs- und Begehungsphase vom Gesetzgeber bewusst vorgenommen worden. Sie drohe zu verwischen, wenn Mittäterschaft auch bei bloßen Vorbereitungshand-

---

269 *Lang-Hinrichsen*, FS Engisch (1969), 353 (359).

270 Die mittelbare Täterschaft kraft Organisationsherrschaft wird im weiteren Verlauf der Arbeit eingehender besprochen. Hier sei nur insofern auf diese Rechtsfigur Bezug genommen, als sie argumentativ im Rahmen der Bandenchef-Dogmatik herangezogen wird.

271 Vgl. *Lampe*, ZStW 119 (2007), 471 (472).

272 Vgl. *Zieschang*, ZStW 107 (1995), 361 (378).

273 *Zieschang*, ZStW 107 (1995), 361 (378), lehnt insofern die relativierende Ansicht von *Maurach/Gössel/Zipf*, Strafrecht AT Teilband 2, 7. Aufl. (1989), S. 295 Rn. 36, ab.

274 *Zieschang*, ZStW 107 (1995), 361 (378).

275 NK-StGB/*Schild* § 25 Rn. 139.

276 Vgl. MüKoStGB/*Joecks/Scheinfeld* § 25 Rn. 204.

lungen angenommen werden könnte. *Renzikowski* weist darauf hin, dass das Abstellen auf einen prägenden Einfluss im Vorbereitungsstadium eine Abgrenzung zur Beihilfe erschwere, da auch Beihilfehandlungen regelmäßig ein prägender Einfluss zugemessen werden könne.[277] Darüber hinaus würden sich auch Schwierigkeiten bei der Abgrenzung zur Anstiftung ergeben, da die Ausarbeitung eines Tatplans samt Instruktion des ausführenden Täters dem klassischen Fall einer Anstiftung entspreche.[278] *Puppe* geht sogar einen Schritt weiter und hält den Bandenchef für den „Prototyp des Anstifters".[279] Ihrer Ansicht nach sei kein Grund ersichtlich, den Anwendungsbereich der Mittäterschaft auszudehnen, nur um den Bandenchef als Täter bestrafen zu können.[280] Sie weist in diesem Zusammenhang auch auf den „tätergleiche[n] Strafrahmen der Anstiftung" hin[281] und plädiert dafür, „der Anstiftung ihr Unwertgewicht [zurückzugeben]".[282]

Nach Ansicht von *Oğlakcıoğlu* sprechen neu eingeführte Tatbestände wie insbesondere § 152b StGB (Fälschung von Zahlungskarten mit Garantiefunktion)[283] dafür, die Theorie von der Mittäterschaft bei Vorbereitungshandlungen „nochmals auf den Prüfstand zu stellen".[284] Dadurch, dass derartige Regelungen Vorbereitungshandlungen als eigenständige, isolierte Tatbestände unter Strafe stellen, entfalle nämlich – bezogen auf die jeweiligen Tatbestände – das Bedürfnis, für die Bestrafung als Täter auf vorgelagerte Handlungen abzustellen.[285] *Oğlakcıoğlu* folgert aus der Existenz entsprechender Normen, dass Vorbereitungshandlungen möglicherweise nur insoweit als täterschaftliche Begehung angesehen werden könnten, wie sie als tatbestandliche Handlungen in einem (speziellen) Straftatbestand normiert seien.

Den dargestellten Meinungen lässt sich entnehmen, dass die Mittäterschaft des Bandenchefs oder – allgemein – die Mittäterschaft aufgrund von Handlungen im Vorbereitungsstadium sehr kontrovers diskutiert wird.

---

277 *Renzikowski*, Restriktiver Täterbegriff, S. 103.
278 Ebd.
279 *Puppe*, GA 2013, 514 (523).
280 Vgl. *Puppe*, GA 2013, 514 (523), die ein wenig überspitzt formuliert, dass „in der Literatur (...) der sog. Bandenchef (...) beinahe als Prototyp des Mittäters [erscheint]".
281 Ebd.
282 *Puppe*, NStZ 2006, 424 (426).
283 Eingeführt durch das 35. StRÄndG (BGBl. 2003 I, S. 2838), (Änderungen durch das Gesetz zur Reform der strafrechtlichen Vermögensabschöpfung (BGBl. 2017 I, S. 872) sowie das 61. StRÄndG (BGBl. 2021 I, S. 333).
284 *Oğlakcıoğlu*, ZWH 2012, 360 (361 f.), Anm. zu BGH, B. v. 2.5.2012 – 2 StR 123/12.
285 Ebd.

Teils werden eher fernliegende Vergleiche – wie etwa die mittelbare Täterschaft kraft Organisationsherrschaft – herangezogen, um die Bestrafung als Mittäter auf eine dogmatische Grundlage zu stellen. Soweit ein Beteiligter jedoch keine Tatherrschaft hat, also weder aktiv den Taterfolg herbeiführen kann, noch auf dessen Vereitelung hinwirken kann, lässt sich Mittäterschaft kaum überzeugend begründen. Dass ein entsprechendes Strafbedürfnis besteht, ist sicherlich nachvollziehbar, ein Argument in dogmatischer Hinsicht ergibt sich daraus jedoch nicht. Perspektivisch ist auch der Hinweis von *Oğlakcıoğlu* auf ein mögliches Erfordernis, die Dogmatik zur Täterschaft bei Vorbereitungshandlungen auf den Prüfstand zu stellen, im Auge zu behalten. Derzeit gibt es jedoch keine konkreten Anzeichen für entsprechende Änderungen im Umgang mit der Problematik. Hier bleibt die weitere Entwicklung abzuwarten.[286]

(4) Anforderungen an die Mittäterschaft des Bandenchefs

Innerhalb der Ansichten, die Mittäterschaft bei Vorbereitungshandlungen grundsätzlich für möglich halten, gibt es Unterschiede hinsichtlich der Anforderungen, die an die betreffenden Mitwirkungsbeiträge gestellt werden. Nach der bekannten Wendung von *Jakobs* muss etwa das „Minus" bei der Entscheidungsherrschaft „durch ein Plus bei der materiellen Herrschaft in Form der Gestaltungsherrschaft (...) ausgeglichen werden".[287] *Seelmann* stellt hingegen weder auf einzelne Vorbereitungs- und Planungsbeiträge ab, sondern auf die „soziale Rolle" des Bandenchefs in Form einer „Organisationsmacht".[288] Teilweise wird vertreten, dass auch eine „noch so detaillierte Planung nicht die ‚gemeinschaftliche Begehung' ersetzen" könne.[289] So sei der – im Hintergrund agierende – Bandenchef allenfalls dann als Mittäter

---

286 Kritik an der von *Oğlakcıoğlu* ins Spiel gebrachten Interpretation anlässlich der Einführung von Normen wie § 152b StGB könnte jedoch insofern geäußert werden, als der Gesetzgeber dadurch motiviert werden könnte, die täterschaftliche Bestrafung für Beteiligungen im Vorfeld einer Tat durch Schaffung neuer, spezieller Straftatbestände zu ermöglichen. Zwar ist bereits jetzt eine Tendenz des Gesetzgebers hin zu vermehrter Vorfeldstrafbarkeit festzustellen, vgl. dazu die Auflistung der gesetzgeberischen Aktivitäten bei *Kempf*, NJW 1997, 1729 (1731). Allerdings wird diese Tendenz bereits zum jetzigen Zeitpunkt sehr kritisch gesehen, vgl. *Hefendehl*, StV 2005, 156 (159); *Kempf*, NJW 1997, 1729 (1731); *Flemming/Reinbacher*, NStZ 2013, 136 (138).
287 *Jakobs*, Strafrecht AT, 21/48.
288 *Seelmann*, JuS 1980, 571 (574).
289 LK-StGB/*Schünemann/Greco* § 25 Rn. 207.

anzusehen, wenn er während der Tatausführung mit den Ausführenden in Kontakt steht und „die einzelnen Ausführungshandlungen durch Weisungen dirigiert oder koordiniert".[290] Wie der Kontakt dabei zustande kommt, sei unerheblich. *Schünemann/Greco* nennen als Beispiele den Kontakt per Telefon, Funkspruch oder über Mittelsmänner.[291] Diese Ansicht dürfte angesichts des technologischen Fortschritts insofern an Bedeutung gewonnen haben, als der Kontakt mit einem Ortsabwesenden durch die quasi ubiquitäre Verbreitung von Mobiltelefonen deutlich erleichtert worden ist.

(5) Zwischenergebnis

An der Bandenchef-Problematik lässt sich bereits erkennen, dass die Beteiligungsformen des StGB nicht primär für die rechtliche Bewältigung kollektiver Tatbegehung – und somit auch organisierter Kriminalität – gedacht sind. Es ergibt sich nämlich ein Spannungsfeld zwischen einem empfundenen Strafbedürfnis und den materiellrechtlichen Möglichkeiten, diesem Bedürfnis zu entsprechen. Gelöst wird dieses Problem von der herrschenden Meinung über eine extensive Auslegung mittäterschaftlicher Tatbegehung. Frei von Kritik ist diese Handhabung nicht. Zum einen wird teilweise bereits verneint, dass für die Bestrafung des Bandenchefs als Mittäter überhaupt ein legitimes Bedürfnis bestehe, da insbesondere die Anstiftung als geeignetere Beteiligungsform zur Verfügung stehe. Zum anderen wird von einem Teil des Schrifttums die Tatherrschaft des Bandenchefs in Zweifel gezogen, soweit er lediglich im Vorbereitungsstadium aktiv wird und daher außerstande ist, auf spontane Planänderungen zu reagieren. Ungeachtet dieser dogmatischen Kritik ist jedoch zu bedenken, dass die Rechtsfigur in der Praxis nur eine geringe Rolle spielt – was weniger mit dogmatischen Schwierigkeiten als mit ermittlungspraktischen und beweistechnischen Problemen zu tun haben dürfte. Zu bedenken ist nämlich, dass sich ein Bandenchef in der Regel gerade deshalb im Hintergrund hält, um seine Tatbeteiligung so weit wie möglich im Verborgenen zu halten.

---

290 LK-StGB/*Schünemann/Greco* § 25 Rn. 207; ähnlich *Puppe*, GA 2013, 514 (523).
291 LK-StGB/*Schünemann/Greco* § 25 Rn. 207.

bb) Mittäterschaft aufgrund bloß psychischer Unterstützung des Täters

Falls der im Hintergrund Agierende lediglich intellektuell oder mora-
lisch unterstützend auf den Tatausführenden einwirkt, ohne dessen Tatentschluss als solchen hervorzurufen, spricht man auch von psychischen
Tatbeiträgen. Diese lassen sich in fünf Fallgruppen einteilen und reichen
von der sog. Rathilfe bis zur moralischen Unterstützung durch bloße Anwesenheit.[292] Da die Intensität derartiger Tatbeiträge tendenziell eher niedrig
ist, handelt es sich in der Regel um Beihilfe. Ausnahmsweise wird bei
psychischen Unterstützungsbeiträgen jedoch auch Mittäterschaft erwogen.
Dies betrifft vor allem Fälle organisierter Straftatbegehung, da in diesem
Bereich ein Teil der mitwirkenden Personen häufig nur im Hintergrund
tätig wird und dadurch – bezogen auf die eigentliche Tatbegehung – in
erster Linie eine psychologisch-unterstützende Funktion erfüllt.

Um die Mittäterschaft aufgrund psychischer Beiträge soll es im Folgenden gehen. Von der Darstellung eines Beispielsfalles wird abgesehen, da
bislang – soweit ersichtlich – keine Entscheidung aus dem Bereich der
organisierten Kriminalität (im engeren Sinne) zu diesem Themenfeld ergangen ist. Im Zentrum der Betrachtung steht deshalb vielmehr die Frage,
ob ‚psychische Mittäterschaft‘ als solche überhaupt möglich ist und für
Sachverhalte organisierter Kriminalität Relevanz besitzt.

(1) Ansichten im Schrifttum zu psychischer Mittäterschaft

Nach der überwiegenden Meinung im Schrifttum ist psychische Mittäterschaft nicht möglich.[293] *Roxin* weist etwa darauf hin, dass eine Abgrenzung
zur Anstiftung bzw. zur psychischen Beihilfe „nicht ohne Willkür" vorgenommen werden könne.[294] Außerdem sei eine „Solidarisierung" nicht zur
Begründung von Tatherrschaft geeignet.[295]

---

292 Vgl. *Charalambakis*, FS Roxin (2001), 625 (634 ff.).
293 MüKoStGB/*Joecks/Scheinfeld*   § 25 Rn. 215;   LK-StGB/*Schünemann/Greco*   § 25
     Rn. 211.
294 *Roxin*, Strafrecht AT, 25/207.
295 Ebd.

(2) Schützenhilfe-Fall als häufig zitiertes Urteil zur psychischen Mittäterschaft

Ein Fall,[296] der vergleichsweise häufig als Beispiel für psychische Mittäterschaft genannt wird,[297] betrifft folgenden Sachverhalt: Die zwei Angeklagten hatten ein größeres Drogengeschäft geplant und sich mit Revolvern ausgestattet, um sich im Falle einer Polizeikontrolle verteidigen zu können.[298] Diesbezüglich hatten sie sich gegenseitig „Schützenhilfe" zugesagt, bei der auch der Tod der Polizeibeamten in Kauf genommen werden sollte. Als es zu einer Polizeikontrolle durch zwei Polizeibeamte kam, nahm einer der Beteiligten (innerlich) Abstand von der ursprünglichen Abmachung. Sein Komplize hatte von diesem Sinneswandel jedoch nichts mitbekommen und eröffnete – im Vertrauen auf die zugesagte Schützenhilfe – das Feuer gegen die Polizeibeamten. Dabei erschoss er beide Polizeibeamten. Der Schütze wurde wegen Mordes aus (sonstigen) niedrigen Beweggründen verurteilt. Der andere Beteiligte wurde, obwohl er von der ursprünglichen Zusage Abstand genommen und keine Schützenhilfe geleistet hatte, wegen Mordes *in Mittäterschaft* verurteilt.

Laut BGH liegt die Mittäterschaft in der „psychische[n] Unterstützung durch seine Präsenz als solche" begründet.[299] Dass kein aktiver Tatbeitrag geleistet wurde und – insofern erkennbar – nicht mehr am Tatentschluss festgehalten wurde, hindere die Annahme von Mittäterschaft nicht. *Roxin* äußert in Bezug auf das Urteil die Kritik, dass die Mittäterschaft nicht hinreichend begründet sei.[300] *Puppe* pflichtet bei, dass die Anwesenheit als solche „ein Zustand und keine Handlung" sei und mithin kein Tatbeitrag sein könne.[301] Auch könne in der Zusage wechselseitiger Schützenhilfe bereits keine mittäterschaftliche Tatverabredung gesehen werden. Vielmehr handele es sich lediglich um eine Vorbereitungshandlung.[302] Diese Kritik erscheint nachvollziehbar, insbesondere weil über das Fehlen des voluntativen Elements auf Seiten des die Tat Aufgebenden nicht einfach hinweggesehen werden kann. Der (kausale) Beitrag, der in der Förderung des

---

296 BGHSt 37, 289 = NJW 1991, 1068.

297 Zitiert etwa von *Puppe*, NStZ 1991, 571 (572); Lackner/Kühl/Heger/*Heger* § 25 Rn. 11a; *Drenkhahn/Momsen/Diederichs*, NJW 2020, 2582 (2586).

298 Im Urteil ist auch von einem „fast kriegsmäßig'" ausgestatteten Kraftfahrzeug die Rede, BGH NJW 1991, 1068 (1068).

299 Ebd.

300 *Roxin*, JR 1991, 207, Anm. zu BGH, U. v. 15.1.1991 – 5 StR 492/90.

301 *Puppe*, NStZ 1991, 571 (572).

302 Ebd.; zust. *Eisele*, ZStW 112 (2000), 745 (753) Fn. 33.

Tatentschlusses des Haupttäters lag, dürfte insofern lediglich zur Annahme psychischer Beihilfe führen.

Fraglich erscheint jedoch, ob sich aus diesem Fall Rückschlüsse für die Dogmatik der psychischen Mittäterschaft im Allgemeinen ziehen lassen. Zweifel ergeben sich insoweit, als es sich hier um eine Irrtums- und Planänderungskonstellation handelt. Die lediglich psychische Unterstützung war somit nicht Teil der ursprünglichen Planung. Eine solche Konstellation ist kaum als idealtypisch bzw. deren rechtliche Beurteilung als verallgemeinerungsfähig anzusehen. Letztlich wird der Umstand, dass der BGH einen vornehmlich psychischen Tatbeitrag unter die Mittäterschaft subsumiert hat, jedoch so gedeutet werden können, dass er der Rechtsfigur der psychischen Mittäterschaft zumindest nicht per se ablehnend gegenübersteht.

(3) Das NSU-Urteil als aktueller Fall zur psychischen Mittäterschaft

Ein Urteil, in dem Mittäterschaft aufgrund psychischer Tatbeiträge bejaht worden ist, ohne dass eine Irrtums- oder Planänderungskonstellation die rechtliche Bewertung verkompliziert hätte, ist in jüngerer Vergangenheit seitens des OLG München ergangen – und vom BGH bestätigt worden.[303] Diese Entscheidung hatte die (teils nur versuchten) Morde und Raubüberfälle zum Gegenstand, die durch den sog. Nationalsozialistischen Untergrund (NSU) in den Jahren 1998 bis 2007 verübt worden waren. Unmittelbar ausgeführt wurden die Taten durch die NSU-Mitglieder Uwe Böhnhardt und Uwe Mundlos. Diese konnten jedoch nicht angeklagt werden, da sie bereits vor Beginn des Verfahrens verstarben.[304] Angeklagt wurde vielmehr – neben vier Unterstützern der Gruppierung[305] – das dritte Mitglied, Beate Zschäpe. Obwohl sie bei den Morden nicht selbst am Tatort gewesen war oder die Taten im Ausführungsstadium auf sonstigem Wege (etwa per Funkkontakt) mitgestaltet hatte, wurde sie vom OLG München (unter anderem) wegen mittäterschaftlichen Mordes in zehn Fällen verurteilt. Für die Dogmatik der strafrechtlichen Beteiligung im Rahmen organisierter

---

303 OLG München BeckRS 2018, 51467; BGH BeckRS 2021, 44186.

304 Die Todesumstände sind bis heute nicht geklärt, vgl. https://www.spiegel.de/panorama/justiz/nsu-prozess-die-merkwuerdigkeiten-am-tod-von-boehnhardt-und-mundlos-a-1110322.html (letztes Abrufdatum: 4.3.2023).

305 Zwei der Unterstützer wurden wegen Beihilfe zum Mord in neun Fällen verurteilt, zwei weitere wegen Unterstützung einer terroristischen Vereinigung, OLG München BeckRS 2018, 51467.

Tatbegehung ist die Entscheidung von großer Bedeutung, weshalb sie im Folgenden näher dargestellt wird, wobei der Fokus auf den Mitwirkungsbeiträgen der Angeklagten Zschäpe liegt.

(a) Sachverhalt

Im Vorfeld der Taten bestanden die Tatbeiträge der Angeklagten in der „gemeinsame[n] Auswertung der (...) bei zuvor durchgeführten Ausspähmaßnahmen gewonnenen Erkenntnisse" und in der gemeinsamen Auswahl der Opfer der jeweiligen Tat.[306] In dieser Phase der Tatvorbereitung wurden die Aktivitäten der Gruppierung laut Urteil allesamt von den drei Mitgliedern gemeinsam durchgeführt. Im Zeitraum vor, während und nach den Taten hatte die Angeklagte die Aufgabe, den anderen Tätern während deren tatbedingter Abwesenheit durch Legendierung eine „Rückzugsmöglichkeit zu schaffen".[307] Das heißt, es wurde nach außen – soweit erforderlich – ein glaubhaftes Motiv für deren Abwesenheit vermittelt und aufrechterhalten, damit von dritter Seite kein Verdacht geschöpft würde. Während der eigentlichen Tatbegehungen sah der Plan vor, dass die Angeklagte sich in der als Zentrale der Vereinigung genutzten Wohnung aufhalten solle, um im Falle des Todes eines der Täter ein Bekennerdokument zu veröffentlichen und Beweismittel zu vernichten. Diesen Plan setzte die Angeklagte nach dem Tod ihrer Komplizen im November 2011 in die Tat um.

(b) Rechtliche Würdigung durch das Gericht

Hinsichtlich der durch den NSU begangenen bzw. versuchten Morde und räuberischen Erpressungen verurteilte das OLG München die Angeklagte als Mittäterin. Die Mittäterschaft begründete das Gericht indes nicht anhand einem der genannten Tatbeiträge. Vielmehr stellte es klar, dass keiner der Tatbeiträge isoliert herangezogen werden könne, um die Mittäterschaft zu begründen. Es sei eine Gesamtbetrachtung vorzunehmen, in der vor allem auf den „Grad des eigenen Interesses" abzustellen sei. Dieser sei mit Blick auf die ideologische Motivation der Angeklagten als „hoch" anzusehen.[308] Des Weiteren sei jedoch auch die Tatbeteiligung der Angeklagten

---

306 OLG München BeckRS 2018, 51467.
307 Ebd.
308 OLG München BeckRS 2018, 51467.

selbst als wesentlich zu bewerten. Begründet wird dies damit, dass die ausführenden Täter die Taten ohne die Beiträge der Angeklagten nicht begangen hätten. Ihr Tatbeitrag sei vor diesem Hintergrund „objektiv wesentlich" gewesen.[309]

(c) Kritik seitens der Literatur

Die Bewertung der Tatbeteiligung als Mittäterschaft ist im Schrifttum – soweit ersichtlich – größtenteils auf Kritik gestoßen. So wird insbesondere darauf hingewiesen, dass es sich „bei der Förderung des Tatentschlusses durch Zusage eines Tatbeitrags (...) um einen klassischen Fall psychischer Beihilfe" handele.[310] Das Gericht begründe zudem „eine Art psychischer Mittäterschaft".[311] Dass die Autoren hier von „begründen" sprechen, ist durchaus interessant, da dies – vermutlich zutreffend – nahelegt, dass bislang eine solche Art der Mittäterschaft nicht existiert hat. Zu beachten ist dabei, dass das Gericht selbst nicht von „psychischer Mittäterschaft" spricht.

Der Kern der Kritik zielt auf die befürchteten Folgewirkungen des Urteils ab, die darin bestünden, dass die Schwelle für Mittäterschaft in kriminell operierenden Vereinigungen abgesenkt werde. So würde – unter Zugrundelegung der Ansicht des Gerichts – der Tatbeitrag nicht mehr daran gemessen, wie er sich auf die Tatausführung selbst, sondern wie er sich auf das Funktionieren der Vereinigung auswirke.[312] Das Gericht habe etwa hinsichtlich der Vorbereitungshandlungen darauf abgestellt, dass die Beteiligten „gemeinsam" gehandelt hätten, ohne dabei jedoch den individuellen Tatbeitrag genau zu benennen. Dadurch sei es vom Grundsatz der vollständigen Beweiswürdigung abgewichen und habe sich auf eine „Art Wahrscheinlichkeitsvermutung" beschränkt.[313] Insgesamt sehen die Autoren in dem Urteil einen „Schritt in die Vergangenheit", da die Auffassung des Gerichts gleichsam zur „Strafbarkeit des Komplotts" führe – ein Straf-

---

309 Ebd.
310 *Drenkhahn/Momsen/Diederichs*, NJW 2020, 2582 (2586); verwiesen wird etwa auf BGH NStZ 1993, 535.
311 *Drenkhahn/Momsen/Diederichs*, NJW 2020, 2582 (2586).
312 Ebd.
313 Ebd., (2587).

tatbestand, den es zuletzt in der Constitutio Criminalis Carolina[314] gegeben habe.[315] Vergleichbare Kritik wird auch in Bezug auf das bestätigende Revisionsurteil des BGH geltend gemacht. *Valerius* etwa hält es für „zumindest missverständlich", dass der BGH zur Begründung der Mittäterschaft auf das über die einzelnen Taten hinausgehende Ziel des NSU verweist. Eine Differenzierung zwischen der Zugehörigkeit zur Gruppierung einerseits und der Beteiligung an der einzelnen Tat andererseits erfolge nicht in der gebotenen Klarheit.[316]

(d) Stellungnahme und Einschätzung zur Übertragbarkeit auf Sachverhalte organisierter Kriminalität

Im Vorfeldstadium hatte die Angeklagte keine herausgehobene Stellung gehabt. Von einem besonderen Beitrag im Vorbereitungsstadium, der die Tat geprägt hätte, oder der im Sinne von *Jakobs* als ‚Plus' in der Vorbereitungsphase anzusehen wäre,[317] kann mithin nicht die Rede sein. Mittäterschaft unter Heranziehung der Bandenchef-Dogmatik kam also nicht in Betracht.[318]

Die Verschaffung einer Legende ist prima facie vergleichbar mit einem Ablenkungsmanöver, durch das die Entdeckung der Tat erschwert werden soll. Bei solchen Ablenkungsmanövern wird in der Regel Mittäterschaft angenommen.[319] Ein Unterschied besteht jedoch darin, dass Ablenkungsmanöver in zeitlicher Hinsicht typischerweise mit der unmittelbaren Tatausführung koinzidieren und diese ermöglichen sollen. Die Legendierung durch die Angeklagte erstreckte sich hingegen über einen langen Zeitraum und ermöglichte nicht die Tatausführung selbst, sondern das Abtauchen vor und nach der Tat. Einfluss auf das unmittelbare Tatgeschehen übte die Angeklagte dadurch nicht aus, weshalb auch nicht von einer tatherrschafts-

---

314 Damalige deutsche Bezeichnung: Peinliche Hals- und Gerichtsordnung Karls V. von 1532.

315 *Drenkhahn/Momsen/Diederichs*, NJW 2020, 2582 (2587).

316 *Valerius*, NJW 2851 (2853).

317 *Jakobs*, Strafrecht AT, 21/48.

318 Vgl. *Fahl*, NStZ 2021, 663 (668), Anm. zu BGH, B. v. 12.8.2021 – 3 StR 441/20, der darauf hinweist, dass Beate Zschäpe bislang nicht als Bandenchefin angesehen worden sei. Auch sei nicht ersichtlich, dass der festgestellte Sachverhalt Anhaltspunkte für ein Beteiligungsplus im Vorbereitungsstadium liefere; die gleiche Ansicht vertritt auch *Valerius*, NJW 2021, 2851 (2853).

319 *Lampe*, ZStW 119 (2007), 471 (472).

begründenden Funktion der Angeklagten auszugehen ist. Soweit die Tatentschlüsse oder Tatbeiträge der anderen Täter durch diesen Beitrag gefördert wurden, dürfte es sich eher um einen Fall psychischer *Beihilfe* handeln. Bei der Vernichtung des Beweismaterials und der Veröffentlichung des Bekennervideos handelt es sich um rein psychische Tatbeiträge. Diese Handlungen dienten hauptsächlich dazu, das ideologische Ziel der Gruppierung abzusichern bzw. nach außen zur Geltung zu bringen. Eine exponierte Stellung der Angeklagten, etwa in Form einer Steuerung oder Kontrolle der anderweitigen Beteiligten, ergibt sich dadurch nicht. Vielmehr liegt auch insofern lediglich ein den Tatentschluss der Haupttäter fördernder Beitrag vor. Im Ergebnis war keiner der Tatbeiträge als tragfähige Grundlage in objektiver Hinsicht für die Annahme von Mittäterschaft anzusehen. Richtigerweise hätte somit auf Beihilfe entschieden werden müssen.

Die von Seiten der Literatur geäußerte Kritik erscheint weitgehend berechtigt, denn die Ausdehnung der Mittäterschaft in Bereiche, die typischerweise für die Beihilfe vorgesehen sind, dürfte nicht zur Vorhersehbarkeit gerichtlicher Entscheidungen beitragen. Vielmehr stünde eine Erweiterung des (ohnehin schon beträchtlichen)[320] richterlichen Beurteilungsspielraums bei Beteiligungsfragen zu erwarten. Gleichzeitig erweist sich anhand der Entscheidung einmal mehr, dass das Beteiligungssystem des StGB nicht auf kollektive Tatbegehung zugeschnitten ist. Denn gerade in verfestigten Gruppierungen wie dem NSU kann es vorkommen, dass eines der Mitglieder zwar nicht an der Tatausführung mitwirkt, aber aufgrund seiner besonderen Rolle im Kollektiv als in gleichem Maße strafwürdig angesehen wird. Beim Bandenchef kann die Mittäterschaft noch mit den (benennbaren) Auswirkungen, die sein Mitwirkungsbeitrag im Ausführungsstadium hat, begründet werden. Bei der psychischen Unterstützung, durch die der Tatentschluss gefördert wird, fällt die Begründung der Mittäterschaft ungleich

---

320 So geht der BGH hinsichtlich der Abgrenzung zwischen Täterschaft und Teilnahme von einem Beurteilungsspielraum aus, in dessen Grenzen das Gericht auf Grundlage einer wertenden Betrachtung entscheidet, BGH NStZ-RR 2017, 5 (6); BGH NJW 1997, 3385 (3387); BGH NStZ-RR 1998, 136 (136). Als dogmatische Begründung für die Einräumung eines nur eingeschränkt überprüfbaren Beurteilungsspielraums wird teilweise auf die Strafzumessungsähnlichkeit des Abgrenzungsvorgangs verwiesen. So handelt es sich nach *Mosbacher*, FS Seebode (2008), 227 (239), bei der Abgrenzung „gleichsam um eine Art wertende[n] Strafzumessungsakt"; ähnlich: *Lesch*, GA 1994, S. 119; *Renzikowski*, Restriktiver Täterbegriff, S. 35; *Bloy*, Beteiligungsform, S. 291. Kritisch dazu: *Pache*, Tatbestandliche Abwägung und Beurteilungsspielraum, S. 44, der von einer „ausschließliche[n] Rechtsfrage" und somit auch einer vollständigen Kontrolle durch das Revisionsgericht ausgeht.

schwerer – weshalb auf vergleichsweise konturarme Begriffe wie „objektive Wesentlichkeit" zurückgegriffen wird.

Ob die psychische Mittäterschaft, so wie sie vom Gericht gesehen wurde, auch für den Bereich der organisierten Kriminalität im engeren Sinne Geltung haben kann,[321] hängt wohl davon ab, wie sehr die ideologische Motivation des NSU den Ausschlag für die Annahme von Mittäterschaft gegeben hat – bzw. ob ein überwiegend finanzielles Interesse in vergleichbarem Maße wie eine politisch-ideologische Zielsetzung zur Begründung eines hinreichenden Tatinteresses herangezogen werden kann.

Dass die Entscheidung des OLG München vom BGH bestätigt wurde, könnte der Diskussion zur psychischen Mittäterschaft sicherlich Aufwind geben. Zu bedenken ist jedoch, dass das (erstinstanzliche) Verfahren außerordentlich langwierig und umfangreich war. Von daher könnte schon deswegen eine gewisse Hemmung vorhanden gewesen sein, das OLG-Urteil – lediglich zwecks Korrektur der Beteiligungsform – aufzuheben.[322] Aus dem Urteil verallgemeinernde Rückschlüsse zu ziehen, erscheint auch insofern zweifelhaft, als es sich bei dem NSU-Komplex um eine zeitgeschichtliche Sondersituation gehandelt hat, die mit anderen Formen organisierter Straftatbegehung nur bedingt vergleichbar ist. Insgesamt bleibt abzuwarten, welche Folgewirkungen sich aus dem Urteil ergeben. Zumindest aber kann psychische Mittäterschaft als mögliche Beteiligungsform künftig nicht vollständig ausgeblendet werden.

(4) Zwischenergebnis

Mittäterschaft aufgrund bloßer psychischer Unterstützung hat bislang als dogmatische Rechtsfigur kaum eine Rolle gespielt. Allerdings deutet die Rechtsprechung zum NSU an, dass sich dies ändern könnte. Nach diesem Urteil ist es möglich, dass Mitwirkungsbeiträge, die sich in der Förderung

---

321 Zwar dürfte auch der NSU-Tatkomplex Berührungspunkte mit organisierter Kriminalität haben (vgl. die verübten Banküberfälle), allerdings dürfte die politische Zweckrichtung überwiegen – und deshalb hauptsächlich eine Zuordnung zur politisch motivierten Kriminalität vorzunehmen sein.

322 Vgl. *Johannsen*, Die Entwicklung der Teilnahmelehre, S. 124 f., der die These vertritt, dass sich die Revisionserfolgsquote umgekehrt proportional zur Dauer des Verfahrens verhalte. Zur Begründung bezieht er sich auf *Barton*, Die Revisionsrechtsprechung des BGH in Strafsachen, S. 264 ff., der im Rahmen einer empirischen Untersuchung die Anzahl der Sitzungstage in der Tatsacheninstanz als einen von sechs wesentlichen Faktoren für den Erfolg einer Revision identifizierte.

eines fremden Tatentschlusses erschöpfen, für Mittäterschaft ausreichen können. Erforderlich ist dafür, dass der Unterstützer sich mit den Zielen der Tat genauso identifiziert wie der Täter selbst. Diese Identifikation ist bei ideologisch motivierten Terrorgruppierungen vergleichsweise leicht zu begründen. Bei – in der Regel finanziell motivierten – Gruppierungen organisierter Kriminalität erscheint es dagegen zweifelhaft, ob eine ebenso starke Identifikation erreicht werden kann. Ausgeschlossen erscheint dies jedoch nicht. Ein relevanter Faktor könnte womöglich die Höhe der Geldsumme sein, die mit der Tat erwirtschaftet werden soll.

In rechtspraktischer Hinsicht hätte die Anwendung der Rechtsfigur zur Folge, dass Beweisschwierigkeiten in geringerem Ausmaß ein Problem darstellen würden. Insbesondere Führungspersonen könnten leichter als bisher wegen mittäterschaftlicher Begehung belangt werden, ohne dass deren Tatbeiträge im Detail geklärt sein müssten – was jedoch aus rechtsstaatlicher Sicht nicht unkritisch zu sehen wäre. Darüber hinaus wäre eine Erweiterung des Anwendungsbereichs der Mittäterschaft auf psychische Tatbeiträge mit Blick auf eine zusätzliche Erschwerung der Abgrenzbarkeit von Täterschaft und Teilnahme kaum wünschenswert. Wenn weder konkrete Tatnoch entscheidende Planungsbeiträge für die Annahme von Täterschaft erforderlich sind, ist – gerade in Fällen organisierter Tatbegehung – nicht ersichtlich, wie Objektivität und Nachvollziehbarkeit entsprechender Entscheidungen gewährleistet werden können.

c) Ergebnis zur Mittäterschaft

Untersucht wurden zwei Sonderformen mittäterschaftlicher Tatbegehung, zum einen die Mittäterschaft aufgrund von Vorbereitungshandlungen, dargestellt am gängigen Lehrbuchbeispiel des Bandenchefs, zum anderen die psychische Mittäterschaft. Beide Varianten sehen Mittäterschaft für Führungspersonen innerhalb eines Täterkollektivs vor, die nicht unmittelbar am Tatgeschehen mitwirken – was eine Abkehr von einem eher objektiv geprägten Tatherrschaftsverständnis bedeutet. Dieser Bruch mit hergebrachten dogmatischen Grundsätzen wird in Kauf genommen, um die betreffende, für besonders strafwürdig erachtete Person als Täter bestrafen zu können. Beim Bandenchef ist die Tatherrschaft mit dem Verweis auf den prägenden Einfluss, den seine Handlungen auch für das unmittelbare Tatgeschehen gehabt hat, dogmatisch noch begründbar. Bei der psychischen Mittäterschaft sind jedoch keine ähnlichen Anhaltspunkte für die Tatherrschaft vorhanden. Lediglich die (starke) Identifikation mit der

Tat kann kaum zur Annahme von Tatherrschaft führen. Anhand beider Mittäterschaftsformen lässt sich die Tendenz einer Subjektivierung des Täterschaftsbegriffs erkennen, die gerade bei kollektiven Zusammenschlüssen zu einer extensiven Anwendung mittäterschaftlicher Beteiligung führt.

3. Mittelbare Täterschaft

Als zweite besondere Form täterschaftlicher Straftatbegehung wird die mittelbare Täterschaft (§ 25 Abs. 1 Alt. 2 StGB) in den Blick genommen. Die Ergebnisse der Datenbankanalyse könnten zwar nahelegen, dass die mittelbare Täterschaft für den Bereich organisierter Kriminalität eine nur untergeordnete, vielleicht sogar keine Rolle spielt. Denn in keinem der erfassten Urteile fand sich eine Bestrafung wegen dieser Beteiligungsform.[323] Anders sieht es jedoch in der dogmatischen Diskussion aus. Dort ist die Frage der Anwendbarkeit der mittelbaren Täterschaft kraft Organisationsherrschaft auf Fälle organisierter Kriminalität von nicht unerheblicher Bedeutung – was insbesondere daran erkennbar ist, dass diese Frage sowohl von *Roxin*, dem Begründer der Rechtsfigur, als auch vom BGH adressiert und jeweils bejaht worden ist.

a) Allgemeine Einordnung

Mittelbare Täterschaft zeichnet sich – anders als Mittäterschaft – durch eine vertikale Täterstruktur aus. Dies ergibt sich bereits aus dem Gesetzeswortlaut. So handelt der mittelbare Täter nach § 25 Abs. 1 Alt. 2 StGB nicht *mit*, sondern *durch* einen anderen. Dadurch kommt zum Ausdruck, dass einer der Akteure instrumentalisiert wird, es besteht mithin ein Über- und Unterordnungsverhältnis. *Lampe* spricht insofern davon, dass es sich bei der mittelbaren Täterschaft – im Unterschied zur Mittäterschaft – nicht um eine Täter*gemeinschaft* handele.[324] Zur genauen Ausgestaltung dieser Instrumentalisierung äußert sich das Gesetz nicht explizit. Lediglich aus

---

323 Verurteilungen wegen mittelbarer Täterschaft fanden sich nur innerhalb der noch unsortierten Entscheidungen und betrafen Fälle aus dem Bereich der Wirtschaftskriminalität (vgl. LG Köln BeckRS 2016, 125725) bzw. Kriminalität durch Staatsapparate (BGH BeckRS 9998, 166424).

324 *Lampe*, ZStW 119 (2007), 471 (503) (im Original ist das Wort „Tätergemeinschaft" in Gänze hervorgehoben).

dem ‚oder' in § 25 Abs. 1 StGB wird teilweise abgeleitet, dass derjenige, der vom mittelbaren Täter instrumentalisiert wird, nicht gleichzeitig auch als unmittelbarer Täter strafbar sein könne.[325] Diese gegenseitige Ausschließlichkeit führe dazu, dass beim unmittelbar Handelnden ein Strafbarkeitsmangel (bzw. „Defekt")[326] gegeben sein müsse, welchen der mittelbare Täter herbeigeführt hat oder zumindest ausnutzt. Dabei kann der Strafbarkeitsmangel in sämtlichen Umständen begründet sein, die zum Entfallen der Strafbarkeit führen. Die Rechtsfigur der mittelbaren Täterschaft kraft Organisationsherrschaft, auf die im weiteren Verlauf schwerpunktmäßig eingegangen wird, bringt es allerdings mit sich, dass das Erfordernis eines Strafbarkeitsdefizits nicht mehr absolut gilt – weshalb in diesen Fällen auch vom Täter hinter dem Täter gesprochen wird.[327]

b) Traditionelle Formen mittelbarer Täterschaft

Die Lehrbuchbeispiele der Irrtumserregung bzw. -ausnutzung mit der Folge der Vorsatzlosigkeit des Vordermannes gemäß § 16 StGB dürften für Sachverhalte organisierter Kriminalität keine besondere Relevanz haben. Da die Täter in der Regel planvoll und organisiert vorgehen, dürften sie sich wohl kaum darauf verlassen, dass etwa ein vorsatzlos handelnder Tatmittler den gewünschten Taterfolg quasi im Blindflug herbeiführen möge.[328]

Für den Bereich der organisierten Kriminalität kann hingegen die mittelbare Täterschaft kraft Nötigungsnotstands relevant werden. Nötigungsnotstand liegt vor, wenn eine Person zur Begehung einer Straftat genötigt wird.[329] Hinsichtlich der in Betracht kommenden Nötigungsmittel sind grundsätzlich sämtliche Mittel denkbar, die den Tatbestand des § 240 StGB erfüllen. Für die Annahme mittelbarer Täterschaft ist darüber hinaus erfor-

---

325 Vgl. *Lampe*, ZStW 119 (2007), 471 (503).

326 Wessels/*Beulke/Satzger*, Strafrecht AT, S. 289 Rn. 773.

327 Ein Widerspruch mit dem Willen des historischen Gesetzgebers geht mit dieser Entwicklung im Übrigen nicht einher, dieser hat es nämlich explizit der Wissenschaft überlassen, diese Frage zu klären, BT-Rds. IV/650, S. 149.

328 Da Täuschungshandlungen im Zusammenhang mit organisierter Kriminalität indes keine geringe Rolle spielen dürften, erscheint es erwähnenswert, dass manche Autoren den Betrug (§ 263 StGB) mit Blick auf die Instrumentalisierung des Opfers gegen sich selbst als „Vertypung mittelbarer Fremdschädigung in mittelbarer Täterschaft" ansehen, vgl. NK-StGB/*Kindhäuser* § 263 Rn. 45.

329 Nach *Roxin*, Strafrecht AT, 25/47, ist dies der „einfachste Fall einer auf Zwangseinwirkung beruhenden Willensherrschaft".

derlich, dass beim Genötigten die Voraussetzungen des § 35 StGB erfüllt sind.[330] Für ihn muss demgemäß zum einen eine Gefahr für Leben, körperliche Unversehrtheit oder Freiheit vorliegen. Zum anderen muss sich die Situation für ihn quasi so darstellen, als habe er keine andere Wahl.[331] Soweit diese Voraussetzungen erfüllt sind, ist der Nötigende Inhaber einer Nötigungsherrschaft. Dass die mittelbare Täterschaft aufgrund Nötigungsnotstands in Sachverhalten der organisierten Kriminalität eine gewisse Relevanz hat, lässt sich zwar anhand der (veröffentlichten) Rechtsprechung nicht erkennen. Allerdings deuten Äußerungen im Schrifttum zumindest auf ein entsprechendes Potenzial hin. So geht *Roxin* davon aus, dass „bei den rauhen [sic] Sitten der kriminellen ‚Szene' oft genug" von der Anwendung Nötigungsherrschaft begründender Druckmittel auszugehen sei.[332] *Langneff* nennt in diesem Zusammenhang einen (fiktiven) Fall, in dem ein „Berufskiller" von einer Mafiaorganisation angeworben und später von ihr erpresst worden sei.[333] Diese Fallkonstellation erscheint insofern durchaus realitätsnah, als jeder, der sich an einer organisierten Straftatbegehung beteiligt, potenziell erpressbar ist[334] – insbesondere vor dem Hintergrund, dass die Ersuchung staatlichen Schutzes als Reaktion auf solche Erpressungshandlungen keine naheliegende Option darstellen dürfte.[335]

c) Mittelbare Täterschaft kraft Organisationsherrschaft

Die mittelbare Täterschaft kraft Organisationsherrschaft hat die deutsche Strafrechtsdogmatik in den letzten Jahren bzw. Jahrzehnten sehr beschäftigt – was unter anderem an der hohen Anzahl einschlägiger Dissertationen erkennbar ist.[336] Die Brisanz dieser Rechtsfigur ergibt sich bereits daraus, dass durch sie die Dogmatik der mittelbaren Täterschaft quasi auf den Kopf gestellt wird. Das zuvor gängige Verständnis der mittelbaren Täterschaft war davon geprägt, dass der Tatmittler nicht verantwortlich für die Tatbe-

---

330 *Roxin*, Strafrecht AT, 25/47, 25/48.

331 *Bottke*, FS Gössel (2002), 235 (254 f.), spricht in diesem Zusammenhang von „relevante[r] Freiheitsdeoptimierung".

332 *Roxin*, Strafrecht AT, 25/210; vgl. auch *Harden*, NStZ 2021, 193 (201).

333 *Langneff*, Die Beteiligtenstrafbarkeit von Hintermännern, S. 56 f.

334 Vgl. *Lampe*, ZStW 106 (1994), 683 (696).

335 Dieser Aspekt dürfte auch der Grund dafür sein, dass im Rahmen der Recherche kein reales Beispiel für eine entsprechende Konstellation gefunden werden konnte.

336 Vgl. etwa *Schlösser*, Soziale Tatherrschaft; *Morozinis*, Dogmatik der Organisationsdelikte; *Langneff*, Die Beteiligtenstrafbarkeit von Hintermännern.

gehung sein dürfe. Nur soweit diese Verantwortlichkeit fehlt, könne – statt dem Tatmittler – der Hintermann für die Tat verantwortlich sein. Es konnte sich also nur einer als Täter strafbar machen – entweder der Vordermann oder der Hintermann.[337] Dieses Dogma wird durch die Rechtsfigur der mittelbaren Täterschaft kraft Organisationsherrschaft aufgegeben. Nach ihr kann nämlich der unmittelbar Handelnde als voll verantwortlicher Täter und gleichzeitig der Hintermann als – ebenfalls voll verantwortlicher – mittelbarer Täter bestraft werden. Im Folgenden soll zunächst die Entstehungsgeschichte dieser Rechtsfigur dargestellt werden. Im Anschluss geht es um die Frage, welche Bedeutung sie für Sachverhalte organisierter Kriminalität hat.

aa) Überblick zur Entwicklung der Rechtsfigur

In der Nachkriegszeit stellte sich die Frage, wie sog. Schreibtischtäter der NS-Zeit bestraft werden sollten. Unter Schreibtischtätern sind diejenigen Personen zu verstehen, die innerhalb eines organisatorischen Machtapparates kraft ihrer Führungs- bzw. Befehlsfunktion die Verübung von Straftaten veranlasst haben, ohne jedoch selbst die unmittelbare tatbestandsverwirklichende Handlung auszuführen.[338] Der bekannteste Fall ist der von Adolf Eichmann, der als SS-Obersturmbannführer in der mittleren Hierarchieebene die Erschießung und Vergasung tausender Juden im Holocaust befehligte. Im Jahre 1961 wurde er vor dem Strafgerichtshof in Jerusalem (unter anderem) wegen mittäterschaftlicher „Tötung von Millionen von Juden" verurteilt.[339] Vor allem dieser Fall gab Anlass zur Diskussion über die Frage, welche Beteiligungsform am ehesten geeignet sei, um das von Schreibtischtätern begangene Unrecht zu erfassen.

---

337 Laut *Welzel*, SJZ 1947, 645 (650) ist mittelbare Täterschaft bei voller Verantwortlichkeit des unmittelbar Ausführenden ein „Unbegriff"; zustimmend *Zaczyk*, GA 2006, 410 (413).

338 Zur Bedeutung des Begriffs im Wandel der Zeit vgl. LG Köln NJW 1998, 2894.

339 Im Wesentlichen wurde Eichmann in allen 15 Anklagepunkten schuldig gesprochen. Rechtliche Grundlage war das 1950 im israelischen Parlament beschlossene ‚Gesetz zur Bestrafung der Nazis und ihrer Helfer'. Die 15 Anklagepunkte lassen sich in Verbrechen gegen das jüdische Volk, Verbrechen gegen die Menschheit und Mitgliedschaft in feindlichen Organisationen unterteilen, vgl. *Less*, Schuldig – das Urteil gegen Adolf Eichmann, S. 327 ff.

(1) Entwicklung der Theorie durch Roxin (1963)

Von *Roxin* wurde als Lösung dieses Problems die mittelbare Täterschaft kraft Beherrschung eines organisatorischen Machtapparates (bzw. Organisationsherrschaft) vorgeschlagen,[340] welche er an drei Voraussetzungen knüpfte: Fungibilität der ausführenden Person, Rechtsgelöstheit des Machtapparats und Befehlsgewalt des Hintermannes.[341] Bis heute orientiert sich die dogmatische Auseinandersetzung an diesen Kriterien, weshalb sie im Folgenden kurz dargestellt werden sollen. Dabei soll jeweils auch auf geltend gemachte Kritik eingegangen werden.

(a) Fungibilität des ausführenden Täters

Im Allgemeinen sei für mittelbare Täterschaft charakteristisch, dass der Hintermann das durch einen anderen bewirkte Tatgeschehen in maßgeblicher Weise lenken könne.[342] Dafür, wie diese Lenkung ausgestaltet sein kann, sieht *Roxin* grundsätzlich drei Möglichkeiten: Nötigungsherrschaft durch Zwang, Herrschaft durch Hervorrufung oder Ausnutzung eines Irrtums und – als „deutlich abgegrenzte dritte Form" – die Organisationsherrschaft.[343] Bei all diesen Varianten halte der Hintermann das Geschehen, das zur Herbeiführung des Taterfolgs führt, lenkend in den Händen. Ein Unterschied zwischen den Varianten bestehe indes darin, dass bei der Organisationsherrschaft der Hintermann keine Kontrolle über das Verhalten des konkret ausführenden Individuums, sondern lediglich über die Erfolgsherbeiführung als solche habe. Sollte sich etwa eine konkret angewiesene Person weigern, den Befehl auszuführen, stehe ein anderer bereit, um an ihrer statt zu handeln. Auf die Bereitschaft des konkret Angewiesenen komme es demnach nicht an, dieser sei vielmehr austauschbar. *Roxin* bezeichnet die angewiesene Person metaphorisch auch als „Rädchen im

---

340 *Roxin*, GA 1963, 193 (200 ff.).
341 Die Reihenfolge der Kriterien dürfte unerheblich sein, vgl. etwa die (von dessen erstmaliger Ausarbeitung abweichende) Reihenfolge in *Roxin*, GA 2012, 395 (396); hier wird die Reihenfolge entsprechend der Darstellung im Aufsatz von 1963 – beginnend mit der Fungibilität – gewählt. Dies erscheint insofern vorzugswürdig, als Ausgangspunkt der Betrachtung im Rahmen der Fungibilität der unmittelbare Täter ist.
342 Vgl. *Roxin*, GA 1963, 193 (200 f.).
343 Ebd., (200).

Getriebe des Machtapparates", das den „Weg zum ‚Erfolg' nicht verstellen" könne.[344] Diese fehlende Möglichkeit der Erfolgsverhinderung aufgrund Austauschbarkeit nennt *Roxin* „Fungibilität".[345]

Für *Hefendehl* ist das Kriterium der Fungibilität ebenfalls ein entscheidender Faktor für die Begründung der Tatherrschaft des Hintermannes. Er stellt dabei jedoch schwerpunktmäßig auf die Perspektive des fungiblen Täters ab. Bei diesem kämen Neutralisationsmechanismen zur Wirkung: Aufgrund des Wissens um die eigene Austauschbarkeit – und somit auch um die Unerheblichkeit der Entscheidung für oder gegen die Tat – könne die eigene Verantwortung leichter verdrängt bzw. geleugnet werden.[346] Neutralisationsmechanismen stellen im Übrigen nach Ansicht von *Jäger* eine wesentliche Bedingung für die Entstehung von Makrokriminalität dar.[347]

Murmann sieht das Kriterium der Fungibilität kritisch, da schlechterdings kaum jemals von einem unendlichen Repertoire an alternativ zur Verfügung stehenden Tatmitteln ausgegangen werden könne, allein schon aus zeitlichen und örtlichen Limitierungen.[348] Nach *Rotsch* ist das Kriterium der Fungibilität zwar grundsätzlich als geeignet für die Begründung von Tatherrschaft anzusehen, gleichzeitig übt er jedoch Kritik daran, dass durch dieses Kriterium der Blick für Einzelfallbetrachtungen vernachlässigt werde. So bemängelt er, dass die Fungibilität als ein generelles Merkmal der betreffenden Organisation an sich dargestellt werde – quasi losgelöst vom Einzelfall. Richtigerweise müsse jedoch stets der konkrete Einzelfall betrachtet werden.[349] Außerdem sei zu beachten, dass in den meisten Fällen keine Fungibilität im Sinne einer Erfolgsgewissheit gegeben sei. Vorzufinden sei vielmehr nur eine „gesteigerte Erfolgswahrscheinlichkeit".[350]

---

344 *Roxin*, FS Grünwald (1999), 549 (550).
345 *Roxin*, GA 1963, 193 (200).
346 *Hefendehl*, GA 2004, 575 (583); *Schroeder*, JR 1995, 177 (178), spricht auch vom „Fehlen jeglicher Hemmungskräfte beim Ausführenden".
347 *Jäger*, Makrokriminalität, S. 27.
348 *Murmann*, GA 269 (273).
349 *Rotsch*, NStZ 1998, 491 (493). Als sehr anschauliches Beispiel für fehlende Fungibilität wird häufig der ‚Spezialist' genannt, der über besondere, für die Zwecke der Tat unabdingbare Kenntnisse verfüge – und somit zumindest nicht beliebig ersetzbar sei, vgl. *Lampe*, ZStW 119 (2007), 471 (506); *Schroeder*, JR 1995, 177 (178). Verallgemeinernd formuliert *Rotsch*, NStZ 2005, 13 (14 f.), dass die Organisationsherrschaft auf „singuläre Ereignisse" nicht zugeschnitten sei.
350 *Rotsch*, Individuelle Haftung, S. 141.

Ein weiterer Kritikpunkt betrifft die mit der Heranziehung des Fungibilitätskriteriums einhergehende Beachtlichkeit hypothetischer Kausalverläufe. Fungibilität setzt explizit voraus, dass der Taterfolg auch auf anderem Wege – nämlich durch einen alternativ bereitstehenden (willfährigen) Ausführenden – herbeigeführt worden wäre. Dem Kriterium der Fungibilität ist also die *Beachtlichkeit* hypothetischer Kausalverläufe immanent. *Roxin* weist zwar selbst auf den dogmatischen Grundsatz hin, dass hypothetische bzw. „überholende Kausalität" unbeachtlich sei. Diesen Grundsatz führt *Roxin* indes lediglich deshalb an, um zu begründen, warum der unmittelbar ausführende Täter nicht straflos sein könne.[351] In Bezug auf den Befehlsgeber wird die Fungibilität – und mithin der hypothetische Kausalverlauf – jedoch herangezogen, um dessen Strafbarkeit zu begründen. Für *Renzikowski* stellt dies einen Verstoß gegen besagten Grundsatz dar. Er sieht darin gleichsam eine Sprengung des „Fundament[s] der Tatherrschaftslehre".[352] *Roxin* wiederum wendet dagegen ein, dass „das Funktionieren des Apparates eine Realität und keine Hypothese" sei.[353]

(b) Befehlsgewalt der anweisenden Person

Das zweite Kriterium nimmt den Hintermann in den Blick, also denjenigen, der die Anweisungen zur Begehung der Straftat erteilt. Dieser müsse – entsprechend der allgemeinen Dogmatik zur mittelbaren Täterschaft – die Deliktsbegehung lenken können. Konkret vorausgesetzt wird mithin eine Befugnis zur Erteilung von Anweisungen, die so beschaffen sei, dass deren Umsetzung nicht von weiteren Entscheidungen, insbesondere nicht von einer Zustimmung des Adressaten, abhängt.[354] Dabei mache es für die Bestimmung der Beteiligungsform auch keinen Unterschied, auf welcher Stufe der Befehlskette die Anweisung erfolgt.[355] Vielmehr seien sämtliche Befehlsgeber mittelbare Täter, und nur der unmittelbar Ausführende soll Täter im Sinne des § 25 Abs. 1 Alt. 1 StGB sein. Unterschiede zwischen den einzelnen Befehlsgebern könnten sich lediglich hinsichtlich des Strafmaßes ergeben: Je höher die hierarchische Stufe, auf welcher der Befehl erfolgt, desto höher sei grundsätzlich auch das Strafmaß. Durch das Kriterium der

---

351 *Roxin*, GA 1963, 193 (202).
352 *Renzikowski*, Restriktiver Täterbegriff, S. 89.
353 *Roxin*, Strafrecht AT, 25/117.
354 *Roxin*, GA 1963, 193 (203).
355 Ebd., (204).

Befehlsgewalt werde zudem die Abgrenzbarkeit zur Mittäterschaft gewährleistet. Denn soweit auf Befehl gehandelt werde, könne nicht gleichzeitig von einem gemeinsamen Tatentschluss ausgegangen werden.[356]

Das Kriterium der Ausübung der Befehlsgewalt ist nur in vergleichsweise geringem Umfang Gegenstand von Kritik. Dies ist auch insofern nachvollziehbar, als sich der relevante Kommunikationsakt in entsprechenden Fällen kaum anders als in Befehlsform vollziehen dürfte. Kritik wird jedoch daran geäußert, dass im Rahmen einer Befehlskette „eine beliebige Anzahl von Tatmittlern zwischengeschaltet sein" können soll und dadurch die Einwirkung des mittelbaren Täters von der eigentlichen Tatausführung, also der Handlung des unmittelbaren Täters, „entkoppelt" werde.[357]

(c) Rechtsgelöstheit des kollektiven Zusammenschlusses

Die Befehle der Schreibtischtäter hatten die Anweisung zum Inhalt, Tötungshandlungen vorzunehmen. Diese Tötungshandlungen seien auch nicht normativ gerechtfertigt gewesen. Aber selbst wenn es eine rechtfertigende einfachgesetzliche Norm gegeben hätte, so hätte dies nicht vom Verstoß gegen übergeordnetes Recht bzw. Naturrecht befreit.[358] Demgemäß seien die betreffenden Befehle in jedem Fall rechtswidrig gewesen.

Grundsätzlich sei es so, dass rechtswidrige Anweisungen nicht befolgt werden müssen. Beamte und Soldaten etwa hätten ein Remonstrationsrecht und seien gehalten, dieses gegebenenfalls auszuüben.[359] Ein solches Recht war für die Befehlsempfänger im NS-Staat nicht vorgesehen. Es gab kein Gesetz, das die Weigerung der Befehlsausführung hätte rechtfertigen kön-

---

356 Vgl. ebd., (200); vgl. auch *Jakobs*, Strafrecht AT, 21/41 ff., der Mittäterschaft für einschlägig hält, indem er auf den gemeinsamen Tatentschluss verzichtet und stattdessen einen einseitigen „Einpassungsentschluss" genügen lässt, siehe dazu D.I.3c)aa) (2).

357 *Rotsch*, NStZ 2005, 13 (16).

358 Eine solche Deutung nimmt *Roxin* nicht explizit vor, allerdings lassen seine Ausführungen auf eine entsprechende Handhabung schließen, vgl. insofern *Ambos*, GA 1998, 226 (245).

359 *Roxin*, FS Grünwald (1999), 549 (555), weist zur Veranschaulichung der rechtlichen Position des Befehlsempfängers darauf hin, dass nach gegenwärtigem Recht der Befehlsgeber als Anstifter zu bestrafen sei, wenn der Befehlsempfänger den Befehl dennoch, also trotz und in Kenntnis eines entsprechenden Widerspruchsrechts, ausführt.

nen.[360] Für *Roxin* wird bei einer solchen Sachlage „der Apparat als ganzer außerhalb der Rechtsordnung tätig".[361] In einer späteren Veröffentlichung verwendet er auch den Ausdruck „Rechtsgelöstheit".[362] Die Rechtsgelöstheit sei dabei weniger wörtlich im Sinne einer Außerkraftsetzung der Normgebundenheit zu verstehen. Gemeint ist vielmehr, dass keine Möglichkeit vorgesehen sei, die Ausführung rechtswidriger Anweisungen zu verweigern.[363] Dementsprechend könnten auch nicht nur totalitäre Staaten, die quasi definitionsgemäß von Recht und Gesetz losgelöst seien, das Kriterium der Rechtsgelöstheit erfüllen, sondern auch nichtstaatliche Organisationen. Als Beispiel für eine derartige nichtstaatliche Organisation nennt *Roxin* „die Maffia [sic]".[364] In diesem Zusammenhang weist er jedoch einschränkend darauf hin, dass nicht jede kriminelle Gruppierung als rechtsgelöst anzusehen sei. Erforderlich sei unter anderem, dass die jeweilige (kriminelle) Gemeinschaft nicht von den individuellen Beziehungen der Mitglieder untereinander geprägt sei und dass sie unabhängig vom Wechsel der einzelnen Mitglieder Bestand habe.[365] Man könnte also auch sagen, dass es sich um eine *Organisation* im soziologischen Sinne handeln müsse.[366]

Kritik wird vor allem dahingehend geäußert, dass es so etwas wie Rechtsgelöstheit einer ganzen Organisation nicht geben könne. Vielmehr löse sich die jeweilige Organisation ausschließlich *insoweit* vom Recht, als einzelne Straftaten begangen würden. So betrachtet gäbe es keinen Unter-

---

360 Dies hätte auch im Widerspruch zum sog. Führerprinzip gestanden; vgl. zur Erläuterung *Krüger*, Führer und Führung, S. 23, nach dem Gehorsam und Einordnung in die Gemeinschaft „nicht die Verwirklichung allgemeiner Prinzipien [enthalten], sondern die Erfüllung sehr individueller und konkreter Pflichten [bedeuten], die sich aus der Unterwerfung unter den einmaligen und einzigartigen Führer und dem Stehen in der von ihm geführten Gemeinschaft ergeben".

361 *Roxin*, GA 1963, 193 (202).

362 *Roxin*, Täterschaft und Tatherrschaft (1994), S. 249 ff.

363 *Roxin*, GA 1963, 193 (204); in diesem Sinne auch *Hefendehl*, GA 2004, 575 (582).

364 *Roxin*, GA 1963, 193 (205). Bei Wirtschaftsunternehmen könne dagegen nicht von Rechtsgelöstheit ausgegangen werden, da es den Angestellten stets möglich und zumutbar sei, die Befolgung rechtswidriger Anweisungen zu verweigern, vgl. *Roxin*, 50 Jahre Bundesgerichtshof, S. 192 f.

365 *Roxin*, GA 1963, 193 (205).

366 Nach *Argyle*, Soziale Interaktion, S. 287 kommt in Organisationen insbesondere zwischen solchen Mitgliedern, die durch zwei oder mehr Hierarchieebenen voneinander getrennt sind, nur selten unmittelbarer Kontakt zustande. Die Austauschbarkeit der einzelnen Mitglieder wird etwa von *Godenzi*, Strafbare Beteiligung am kriminellen Kollektiv, S. 67, als eines der Wesensmerkmale von Organisationen bezeichnet.

schied zu üblichen Formen der (fortgesetzten) Straftatbegehung.[367] *Ambos* spricht dem Kriterium der Rechtsgelöstheit nicht per se seine Validität ab, sieht für sie allerdings auch keine Daseinsberechtigung neben dem Kriterium der Fungibilität. Die Organisationsherrschaft hänge nämlich „allein von der Struktur (...) und der Anzahl auswechselbarer Tatmittler ab".[368] Rechtsgelöstheit sei auch deshalb als Kriterium abzulehnen, weil die Tatbeherrschung durch die Hintermänner „ungleich größer" sei, wenn die Organisation die Rechtsordnung selbst – und nicht nur von ihr gelöst – sei.[369] Bei einem Staatsapparat, der sich außerhalb der Rechtsordnung befinde, sei zudem für den Befehlsempfänger kaum ersichtlich, woraus sich die Rechtswidrigkeit ergeben solle. Der Verstoß gegen „lex naturalis oder lex aeterna" sei zu abstrakt, als dass sich der Befehlsempfänger auf dessen Grundlage veranlasst fühlen könnte, die Befolgung des jeweiligen Befehls zu verweigern.[370]

(d) Stellungnahme

Zunächst besteht die Besonderheit des Ansatzes von *Roxin* darin, dass ein Strafbarkeitsdefizit des Vordermanns nicht für eine mittelbare Täterschaft vorausgesetzt wird. Dies widerspricht zwar der bisherigen Dogmatik der mittelbaren Täterschaft. Denn nach dieser muss stets ein Strafbarkeitsdefizit (des Vordermanns) vorhanden sein. Diese Dogmatik erscheint jedoch mit Blick auf den Wortlaut des § 25 Abs. 1 StGB nicht zwingend. Das ‚oder' in § 25 Abs. 1 StGB legt lediglich die Alternativen fest, nach denen sich eine Person „als Täter" strafbar machen kann. Ein Alternativitäts- oder Exklusivitätsverhältnis, nach dem sich nur eine der beiden Personen strafbar machen kann, lässt sich daraus kaum entnehmen.[371] Mithin erscheint die von *Roxin* vorgeschlagene Interpretation – aus dem Blickwinkel einer grammatischen Auslegung – vertretbar.

Die einzelnen, von *Roxin* genannten Kriterien können insbesondere deswegen überzeugen, weil sie umfassend die personellen Komponenten des Tatgeschehens abdecken. Bei der Rechtsgelöstheit wird die Organisation

---

367 Vgl. *Lampe*, ZStW 119 (2007), 471 (507), der in diesem Zusammenhang das Beispiel der „ständigen Steuerhinterziehung und der Bestechlichkeit" anführt.
368 *Ambos*, GA 1998, 226 (242).
369 Ebd.
370 Vgl. ebd., (245).
371 *Schlösser*, Soziale Tatherrschaft, S. 25, spricht sogar davon, dass der Wortlaut dies „ausdrücklich" zulasse.

als ganze in den Blick genommen. Die Fungibilität betrifft den Tatmittler. Und die Befehlsgewalt hebt auf das Verhältnis zwischen Hintermann und Tatmittler ab. Dadurch wird gewährleistet, dass nur solche Konstellationen unter die mittelbare Täterschaft subsumiert werden, bei denen die Beherrschung des Taterfolgs durch den Hintermann auch in hinreichendem Maße nachzuweisen und gleichsam systemimmanent ist.

Der Einwand, dass die Kriterien nicht hinreichend voneinander abgrenzbar seien und sich gegenseitig bedingen oder zumindest beeinflussen würden,[372] verfängt nicht. Vielmehr weisen sie jeweils eine hinreichende Eigenständigkeit auf. Soweit nämlich eines der Kriterien nicht vorliegt, kann nicht mehr von mittelbarer Täterschaft gesprochen werden. Falls die Rechtsgelöstheit fehlt, muss der Hintermann damit rechnen, dass die jeweiligen Befehlsempfänger (auf dem dafür vorgesehenen Wege) Widerstand leisten. Es müsste also, weil der Hintermann von der Willfährigkeit des Befehlsempfängers abhängig wäre, Anstiftung angenommen werden. Ebenso wäre der Hintermann von der Bereitschaft des Angewiesenen abhängig, sofern dieser nicht austauschbar (fungibel) ist. Auch in diesem Fall läge Anstiftung vor. Und soweit der Hintermann nicht mit einer Befehlsgewalt ausgestattet ist, müsste er den Vordermann erst von seinem Ansinnen überzeugen, was wiederum zur Annahme von Anstiftung oder – je nach Fallkonstellation – Mittäterschaft führen würde. Im Ergebnis erscheinen die drei Kriterien und somit auch die Theorie insgesamt schlüssig.

(2) Meinungsstand zur Organisationsherrschaft im Allgemeinen

Im Folgenden soll auf Kritikpunkte eingegangen werden, die sich nicht auf die von *Roxin* eingeführten Kriterien, sondern auf die Rechtsfigur als solche beziehen. Anschließend erfolgt eine kurze Stellungnahme.

Kritisch wird etwa betrachtet, dass die Rechtsfigur im Wesentlichen ein empfundenes Strafbedürfnis zur Geltung bringen soll, dem mit einer Teilnahmestrafbarkeit nicht Genüge getan werde.[373] Anknüpfungspunkte für das Vorhandensein eines entsprechenden Bedürfnisses finden sich in den

---

372 Vgl. *Morozinis*, Dogmatik der Organisationsdelikte, S. 314.
373 Vgl. auch *Abanto*, FS Roxin (2011), 819 (833), der von der „kriminalpolitische[n] Notwendigkeit" spricht, „politisch motiviert[e] Großkriminell[e] als ‚Täter' zu bestrafen. *Eidam*, Der Organisationsgedanke im Strafrecht, S. 171, erkennt in diesem Zusammenhang ein „intuitives Wertungsproblem".

Ausführungen des BGH im Mauerschützen-Urteil[374] wie auch bei *Roxin*.[375] *Rotsch* sieht in der Orientierung an einem Strafbedürfnis einen Verstoß gegen die limitierende Funktion des Tatschuldprinzips.[376]*Joecks/Scheinfeld* halten dies für den „Grundfehler" der Rechtsfigur. Die Präferenz der (mittelbaren) Täterschaft sei auch „nachgerade unjuristisch", da die – alternativ zur Verfügung stehende – Anstiftung angesichts ihrer tätergleichen Strafdrohung auch wertungsmäßig mit täterschaftlicher Begehung gleichgestellt sei.[377]

Sodann wird auch geltend gemacht, dass andere Beteiligungsformen besser für die Erfassung entsprechender Taten geeignet seien. Nach *Rotsch* sei etwa die Anstiftung gerade auf eine vertikale, von Befehlen geprägte Struktur zugeschnitten.[378] So gäbe es bei Heranziehung der Anstiftung mit Blick auf die Rechtsfigur der sog. Kettenanstiftung auch keine Probleme, sämtliche Befehlsgeber in einer Befehlskette (als Anstifter) zu bestrafen.[379] Nach *Renzikowski* handelt es sich bei einem Befehl sogar um den „klassische[n] Fall des ‚Bestimmens zur Tat'".[380] *Puppe* spricht sich ebenfalls für eine Bestrafung wegen Anstiftung aus und begründet dies hauptsächlich mit den Auswirkungen, die aus einer Aufgabe des Verantwortungsprinzips bei Anwendung mittelbarer Täterschaft resultieren könnten. Sie spricht insofern von einem „Dammbruch".[381] Gegen eine vorzugsweise Heranziehung der Anstiftung werden jedoch ebenfalls Argumente vorgebracht. So passe insbesondere die Gewissheit der Erfolgsherbeiführung, die bei der Organisationsherrschaft gegeben sei, nicht zur Anstiftung.[382] Prägendes Merkmal der Anstiftung sei vielmehr gerade die Ungewissheit und die sich daraus ergebende Versuchsähnlichkeit. Auch wird geltend gemacht, dass die jewei-

---

374 So werde die Bestrafung als Anstifter „[nicht] dem objektiven Tatbeitrag (...) gerecht", BGHSt 40, 218, 237 = NJW 1994, 2703 (2706).

375 *Roxin*, ZIS 2006, 293 (295), spricht davon, dass die Anstiftungslösung die Herrschaftsverhältnisse „auf den Kopf" stellen würde. Vgl. auch die Entscheidung BGH NJW 1985, 502 (503), in dem der BGH die Ansicht wiedergibt, dass der Täterschaft gegenüber der Anstiftung „bei der Bestimmung des Unrechtsgehalts" eine „eigene Bedeutung" zukomme.

376 *Rotsch*, ZStW 112 (2000), 518 (561).

377 MüKoStGB/*Joecks/Scheinfeld* § 25 Rn. 159.

378 *Rotsch*, ZStW 112 (2000), 518 (562); auch *Roxin*, Strafrecht AT, 25/126, hält die Anstiftung zumindest für geeigneter als die Mittäterschaft.

379 *Rotsch*, ZStW 112 (2000), 518 (561 f.).

380 *Renzikowski*, Restriktiver Täterbegriff, S. 90.

381 *Puppe*, GA 2013, 514 (530).

382 *Hefendehl*, GA 2004, 575 (577); *Roxin*, Strafrecht AT, 25/127.

ligen Befehlshandlungen zu generell seien. Ein hinreichender Bezug zu konkreten Einzeltaten sei mithin nicht gegeben.[383]

Vereinzelt wird auch Mittäterschaft als vorzugswürdige Beteiligungsform angesehen.[384] Vorgeschlagen wird insofern die Konstruktion einer „vertikalen (gestuften) Mittäterschaft".[385] Dabei wird auch auf die Dogmatik zur Mittäterschaft des Bandenchefs Bezug genommen, bei der ebenfalls keine Gleichordnung zwischen dem Bandenchef und den ausführenden Tätern bestehe. Bei einer ungleichen, vertikalen Struktur sei demnach solange noch Mittäterschaft möglich, wie ein Strafbarkeitsdefizit bei den ausführenden Tätern nicht vorliege.[386] *Radde* vertritt in diesem Zusammenhang die Auffassung, dass arbeitsteiliges Vorgehen „auch ‚über die Hierarchiestufen' der Organisation hinweg" möglich sei.[387] Um die Schwierigkeiten bei der Begründung des Tatentschlusses zu umgehen, schlägt *Jakobs* vor, anstelle des Tatentschlusses auf einen „Einpassungsbeschluss" abzustellen,[388] wodurch das Erfordernis direkten Kontakts zwischen Hintermann und ausführendem Täter entbehrlich werde. Ausreichend sei vielmehr, dass der Ausführende seinen Beitrag mit dem Tun des Hintermannes verbinde, sich also gleichsam in die bereits beschlossene Planung einpasse. Die Heranziehung der Mittäterschaft ist jedoch ebenfalls Kritik ausgesetzt. So passe Mittäterschaft nicht zu vertikalen Organisationsstrukturen.[389] Befehl und gemeinsamer Tatentschluss seien als konträr zueinander stehende Begriffe anzusehen.[390] Auch der BGH sprach sich im Rahmen des Mauerschützen-Urteils explizit gegen die Annahme einer Mittäterschaft aus. Ausschlaggebend sei der „räumliche, zeitliche und hierarchische Abstand" zwischen Organisationsspitze und ausführender Ebene, der so groß sei,

---

383 *Radde*, JURA 2018, 1210 (1219). Ein weiterer Nachteil der Anstiftung sei darin zu sehen, dass nach § 30 Abs. 1 StGB der Versuch nur bei Verbrechen, nicht jedoch bei Vergehen strafbar ist. *Radde*, JURA 2018, 1210 (1218), hält dies jedoch für hinnehmbar.

384 *Jakobs*, NStZ 1995, 26 (27); *Jescheck/Weigend*, Strafrecht AT, § 62 Kap. 2 Rn. 8.

385 *Lampe*, ZStW 119 (2007), 471 (507).

386 Laut *Schlösser*, Soziale Tatherrschaft, S. 341, ist insofern nur ein „relatives Maß an Gleichheit" zwischen Mittätern erforderlich.

387 *Radde*, JURA 2018, 1210 (1218).

388 *Jakobs*, Strafrecht AT, 21/43.

389 Vielmehr sei Mittäterschaft typischerweise von Gleichordnung und horizontalen Strukturen geprägt, *Roxin*, FS Grünwald (1999), 549 (554).

390 *Krämer*, Individuelle und kollektive Zurechnung im Strafrecht, S. 168; MüKoStGB/Joecks/Scheinfeld § 25 Rn. 231.

dass nicht mehr von arbeitsteiligem Vorgehen gesprochen werden könne.[391] Hinsichtlich des vorgeschlagenen Kriteriums eines Einpassungsbeschlusses wird eingewandt, der Verzicht auf den gemeinsamen Tatentschluss führe zu einer „unvertretbaren Ausdehnung (…) der Mittäterschaft".[392]

Nach hier vertretener Ansicht ist die Mittäterschaft nicht als geeignete Beteiligungsform für die Bestrafung von Hintermännern organisatorischer Machtapparate anzusehen. Mit Blick auf ihre grundsätzlich horizontale Struktur erscheint Mittäterschaft bereits von der Konzeption her unpassend. Darüber hinaus wäre auch eine dogmatische Begründung nur unter Heranziehung von Sonderkonstruktionen möglich, etwa in Form eines Einpassungsbeschlusses anstelle des sonst üblichen gemeinsamen Tatentschlusses. Sowohl für die Anstiftung als auch für die mittelbare Täterschaft lassen sich überzeugende Argumente ins Feld führen. Beide Beteiligungsformen zeichnen sich durch eine vertikale Struktur aus. Zudem scheint nach einer grammatischen Auslegung die Subsumtion unter beide Beteiligungsformen möglich zu sein. So ließe sich sagen, dass – soweit eine entsprechende Befehlsstruktur vorhanden ist – der Hintermann *durch* den unmittelbar Ausführenden handelt (vgl. § 25 Abs. 1 Alt. 2 StGB). Gleichzeitig wird der Ausführende jedoch auch auf Grundlage eines Befehls zur Tatbegehung *bestimmt*. Überzeugend erscheint im Ergebnis jedoch die Anwendung der mittelbaren Täterschaft, da – unter Zugrundelegung der von *Roxin* genannten Voraussetzungen – der Hintermann so großen Einfluss auf die Tatbegehung hat, dass ihm Tatherrschaft zuzuschreiben ist.

(3) Die Organisationsherrschaft in der Rechtsprechung

Im Folgenden soll dargestellt werden, wie und in welchem Umfang mittelbare Täterschaft kraft Organisationsherrschaft in der Rechtsprechung Anwendung gefunden hat. Teil der Darstellung sind jeweils auch erläuternde Anmerkungen. Anschließend soll in einem zweiten Abschnitt auf Auffälligkeiten eingegangen werden, die sich mit Blick auf die Rechtsprechung ergeben.

---

391 BGH NJW 1994, 2703 (2706).
392 *Langneff,* Die Beteiligtenstrafbarkeit von Hintermännern, S. 118.

(a) BGH 5 StR 98/94 (Mauerschützen-Urteil)

Im Jahr 1994 entschied der BGH über die Strafbarkeit der Mitglieder des Nationalen Verteidigungsrats der DDR wegen der Tötung von sieben Flüchtlingen durch Grenzsoldaten.[393] Der BGH verurteilte die Angeklagten wegen Totschlags in mittelbarer Täterschaft und bestätigte damit (erstmals) die von *Roxin* entwickelte Rechtsfigur.[394] Anders als *Roxin* stellt der BGH jedoch nicht auf die Kriterien der Fungibilität bzw. der Rechtsgelöstheit ab. Vielmehr kommt es für den BGH darauf an, dass „der Beitrag des Hintermannes nahezu automatisch zu der von diesem Hintermann erstrebten Tatbestandsverwirklichung führt". Insofern spricht der BGH auch von „regelhafte[n] Abläufe[n]".[395] Teilweise geht er über die Argumentation von *Roxin* hinaus, etwa wenn er – im Sinne eines argumentum e maiore ad minus – anführt, dass ein Hintermann, der einen Organisationsapparat beherrscht, den Tatmittler noch effektiver steuern könne als jemand, der lediglich Irrtums- oder Nötigungsherrschaft besitze.[396] Daneben greift der BGH einige von *Roxins* Überlegungen auf. So weist er darauf hin, dass in entsprechenden Organisationsapparaten die „Verantwortlichkeit mit größerem Abstand zum Tatort [häufig] nicht ab-, sondern zunimmt".[397]

Zunächst ist festzustellen, dass das Kriterium der regelhaften Abläufe weiter ist als die von *Roxin* vorgeschlagenen Kriterien der Fungibilität und der Rechtsgelöstheit. Ferner ist zu bedenken, dass es sich bei den regelhaften Abläufen um das einzige Merkmal handelt, das die mittelbare Täterschaft in diesem Urteil begründen soll. Im Ergebnis führt dies – im Vergleich zur Theorie von *Roxin* – zu einer Ausdehnung des (potenziellen) Anwendungsbereichs.[398] *Reichenbach* sieht in der Heranziehung des Kriteriums der regelhaften Abläufe sogar eine Parallele zur „überkommenen extrem-subjektiven Theorie". In beiden Fällen seien nämlich „Täterschaft und Teilnahme nahezu beliebig austauschbar".[399]

---

393 BGHSt 40, 218 = NJW 1994, 2703.
394 *Morozinis*, Dogmatik der Organisationsdelikte, S. 65, spricht insofern von einem „Ehrenpreis", der *Roxins* Organisationsherrschaftstheorie durch den BGH verliehen worden sei.
395 BGHSt 40, 218 = NJW 1994, 2703 (2706).
396 Ebd.
397 Ebd.; dieser Gedanke findet sich auch bei *Roxin*, GA 1963, 193 (202).
398 *Reichenbach*, JURA 2016 (2) 139 (142); *Radde*, JURA 2018 (12), 1210 (1217).
399 *Reichenbach*, JURA 2016 (2) 139 (142).

(b) BGH 4 StR 323/97 (Betrügerische Warenbestellungen)

In dem diesem Urteil[400] zugrunde liegenden Sachverhalt ließ der faktische Geschäftsführer einer Holzverarbeitungsfirma die Angestellten Bestellungen tätigen, obwohl er wusste, dass der Betrieb die jeweils entstehenden Verbindlichkeiten nicht würde erfüllen können. Der BGH sah den faktischen Geschäftsführer als mittelbaren Täter eines Betrugs nach § 263 StGB an. Dessen Tatherrschaft sei darin begründet, dass er organisatorische Rahmenbedingungen, also die Regelhaftigkeit bestimmter Abläufe, ausgenutzt habe, um – vermittelt durch das Handeln seiner Angestellten – den beabsichtigten Taterfolg herbeizuführen.[401] Der faktische Geschäftsführer habe in diesem Sinne „überragenden Einfluß" gehabt.[402] Der BGH orientiert sich bei der Begründung der mittelbaren Täterschaft an der Mauerschützen-Entscheidung und zitiert diese mehrere Male. Die Frage der Anwendbarkeit der Organisationsherrschaft auf Wirtschaftsbetriebe adressierte und bejahte der BGH lediglich mit der Feststellung, dass in der Mauerschützen-Entscheidung auf eine Anwendbarkeit auf „unternehmerische Betätigungen" hingewiesen worden sei.[403]

(c) BGH 2 StR 339/96 (Illegale Abfallbeseitigung)

In diesem Fall[404] hatten die Angestellten einer Abfallverwertungsfirma schadstoffbelastete Gegenstände, die ihnen von den Geschäftsführern überlassen worden waren, auf illegalem Wege beseitigt. Der BGH bejahte eine mittelbare Täterschaft der Geschäftsführer hinsichtlich einer umweltgefährdenden Abfallbeseitigung nach § 326 Abs. 1 Nr. 3 StGB. Dabei wurde es als unschädlich angesehen, dass die Tatmittler voll verantwortlich – bzw. bösgläubig – gehandelt haben. Eine Organisation oder organisatorische Abläufe im engeren Sinne kamen dabei als Kriterium nicht zur Anwendung. Der BGH stellte lediglich darauf ab, dass ein hinreichendes Tatinteresse und „von Täterwillen getragene Tatherrschaft" vorgelegen habe. Ausreichend sei insofern gewesen, dass die angeklagten Geschäftsführer „den Weg dahin [gemeint: zur illegalen Abfallbeseitigung durch die Angestellten]

---

400 BGH NJW 1998, 767.
401 BGH NJW 1998, 767 (769).
402 Ebd.
403 Ebd.
404 BGHSt 43, 219 = NStZ 1997, 544.

eröffnet und vorgezeichnet" hätten, da nach Überlassung der Abfälle an die unmittelbaren Täter nicht damit zu rechnen gewesen sei, dass diese die (hohen) Kosten für eine legale Abfallbeseitigung selbst tragen würden.[405]

(d) BGH 5 StR 145/03 (Anlagebetrug)

In dieser Entscheidung[406] ging es um Anlagebetrug nach § 263 Abs. 1 StGB in 544 Fällen. Die Angeklagten, die eine Handelsgesellschaft gegründet hatten, warben über Handelsvertreter Einlagen als stille Beteiligungen ein. Diese konnten jedoch – nach Eröffnung des Insolvenzverfahrens – nicht zurückgezahlt werden, da die Angeklagten (abredewidrig) keine Rücklagen gebildet hatten. Der BGH bejahte auch hier eine mittelbare Täterschaft kraft Organisationsherrschaft[407] und nannte als Voraussetzung für diese Rechtsfigur, dass der Hintermann die Tat lenken müsse. Tatherrschaft sei insoweit anzunehmen, als der Hintermann das deliktische Geschehen mit den durch die Organisationsstrukturen geschaffenen Rahmenbedingungen „maßgeblich beeinflussen" könne.[408] Im betreffenden Fall sah der BGH diese Voraussetzungen als erfüllt an. So habe es etwa Schulungen gegeben, in denen die Handelsvertreter[409] auf die Durchführung der Kundengespräche vorbereitet worden seien.

(e) Auffälligkeiten in der Rechtsprechung zur Organisationsherrschaft

Zunächst fällt auf, dass in Fällen, in denen die mittelbare Täterschaft kraft Organisationsherrschaft angewendet wird, die jeweils begangenen Delikte stets auch sog. uneigentliche Organisationsdelikte sind.[410] Ein solches liegt vor, wenn mit einer Handlung – in der Regel in Form einer Anordnung – die Bedingung dafür geschaffen wird, dass in der Folge (durch andere Beteiligte) eine ganze Serie gleichartiger Taten verwirklicht

---

405 BGHSt 43, 219 = NStZ 1997, 544 (545).
406 BGHSt 48, 331 = NJW 2004, 375.
407 Der Senat sprach sogar davon, dass bei dieser Fallgestaltung „nur eine mittelbare Täterschaft kraft Organisationsherrschaft" in Betracht komme, ebd., (378).
408 BGHSt 48, 331 = NJW 2004, 375.
409 Auch in diesem Fall hielt der BGH die Frage, ob die Handelsvertreter selbst gut- oder bösgläubig waren, für unerheblich, BGHSt 48, 331 = NJW 2004, 375 (378).
410 Erstmals verwendet wurde dieser Begriff in der Entscheidung BGHSt 49, 177 = NJW 2004, 2840 (2841).

wird.[411] Bedeutung hat diese Kategorie insbesondere für die Strafnormen-konkurrenz.[412] Ähnlich wie die sog. fortgesetzte Handlung nach früherer Rechtsprechung[413] führt auch das uneigentliche Organisationsdelikt zur tateinheitlichen Zusammenfassung einer Vielzahl einzelner Taten.[414] Obwohl die beiden Rechtsfiguren – mittelbare Täterschaft kraft Organisationsherrschaft und uneigentliches Organisationsdelikt – sehr häufig kumulativ vorzufinden sind, wird kaum auf das Verhältnis der Rechtsfiguren zueinander eingegangen. So ist je nach Fall unklar, ob durch Anwendung der Organisationsherrschaft entweder eine beteiligungsrechtliche oder eine konkurrenzrechtliche Fragestellung gelöst werden soll. Bei den dargestellten Fällen aus dem Bereich der Wirtschaftskriminalität scheint mit Blick auf die sehr hohe Anzahl an Einzeltaten eher letzteres der Fall zu sein. In jedem Fall trägt es nicht zu einem besseren Verständnis der mittelbaren Täterschaft kraft Organisationsherrschaft bei, wenn diese beiden Problemfelder miteinander vermengt werden.[415]

Sodann fällt auf, dass der BGH die Anwendbarkeit der mittelbaren Täterschaft kraft Organisationsherrschaft auf Sachverhalte der Wirtschaftskriminalität kaum jemals eingehend einer Prüfung unterzogen hat. Der bloße Verweis auf die Mauerschützen-Entscheidung[416] dürfte kaum als adäquate Begründung angesehen werden können, da die Anwendbarkeit auf Wirtschaftsunternehmen dort mehr oder weniger nur festgestellt und nicht be-

---

411 Vgl. BGH BeckRS 2016, 6841 Rn. 12.

412 Vgl. zu weiteren prozessökonomischen Vorteilen *Imme Roxin*, FS Fischer (2018), S. 276 ff.

413 Zwar hat der BGH die Rechtsfigur der fortgesetzten Handlung nicht als solche abgeschafft, vielmehr hat er in der Entscheidung BGHSt 40, 138 = NJW 1994, 2703, die fortgesetzte Handlung lediglich in Bezug auf die Tatbestände der §§ 173, 174, 176, 263 StGB für nicht anwendbar erklärt; allerdings hatte sich die Rechtsfigur im Wesentlichen auch nur auf diese Tatbestände bezogen. *Reichenbach*, JURA 2016 (2), 139 (141), spricht insofern von einer „de-facto" Abschaffung.

414 Vgl. BGH BeckRS 2014, 19395.

415 *Reichenbach*, JURA 2016 (2), 139 (140), stellt in diesem Sinne fest, dass beteiligungs- und konkurrenzrechtliche Fragestellungen miteinander „verquickt" würden; vgl. auch *Trüg*, FS Fischer (2018), S. 288 ff., der bezüglich des uneigentlichen Organisationsdelikts eine Entwicklung bemängelt, in der diese Rechtsfigur einerseits zur Strafbegründung und andererseits im Rahmen der Konkurrenz herangezogen werde. *Trüg* spricht insofern von einem „amorphe[n] Eigenleben".

416 So heißt es in BGH NStZ 1998, 568 (569), lediglich: „Dies [gemeint ist die Organisationsherrschaft] hat der BGH auch für unternehmerische Betätigungen bejaht (BGHSt 40, 218, 236 = NJW 1994, 2703)".

gründet wurde.[417] Dieser Begründungsmangel ist insofern bemerkenswert, als das Kriterium der regelhaften Abläufe in der Mauerschützen-Entscheidung gerade deshalb aufgestellt wurde, um die Anwendung der Rechtsfigur auf wirtschaftsstrafrechtliche Sachverhalte zu ermöglichen. So schildert es zumindest der ehemalige Richter am Bundesgerichtshof *Nack*, der selbst an der Entscheidung mitgewirkt hat. Das von *Roxin* vorgeschlagene Kriterium der Fungibilität sei in jenem Urteil vor allem deshalb nicht übernommen worden, weil dieses Kriterium in Fällen betrügerischer Warenbestellungen[418] in der Regel nicht erfüllt sei. Diese Straftaten würden nämlich typischerweise von „kleinen und mittleren Unternehmen" begangen.[419] Nach den Schilderungen von *Nack* ist die Anwendbarkeit der Organisationsherrschaft auf Wirtschaftskriminalität nicht nur ein Nebeneffekt, resultierend aus der Anwendung der herausgearbeiteten Kriterien. Vielmehr war die Reihenfolge umgekehrt: Das Kriterium der regelhaften Abläufe sei nur deshalb herangezogen worden, um künftig Fälle der Wirtschaftskriminalität von der Rechtsfigur erfasst zu wissen – ungeachtet dessen, dass viele Stimmen aus dem Schrifttum der Anwendbarkeit auf Wirtschaftskriminalität kritisch gegenüberstanden.[420]

bb) Anwendbarkeit der Organisationsherrschaft auf Sachverhalte organisierter Kriminalität

Im Folgenden soll es – nach Darstellung eines Beispielfalles – um die Frage gehen, ob die mittelbare Täterschaft kraft Organisationsherrschaft auch Anwendung auf Sachverhalte organisierter Kriminalität finden kann.

---

417 BGHSt 40, 218, 236 = NJW 1994, 2703 (2705): „Derartige Rahmenbedingungen mit regelhaften Abläufen kommen insbesondere bei staatlichen, unternehmerischen oder geschäftsähnlichen Organisationsstrukturen und bei Befehlshierarchien in Betracht".

418 Der Fall BGH NStZ 1998, 568 (Betrügerische Warenbestellungen), scheint also eine der Konstellationen gewesen zu sein, die der BGH bei Begründung der Rechtsfigur vor Augen hatte.

419 *Nack*, GA 2006, 342 (344).

420 Vgl. *Renzikowski*, Restriktiver Täterbegriff, S. 90; *Rotsch*, NStZ 1998, 491 (494); *Roxin*, Strafrecht AT, 25/138.

(1) Fall 5: Systematischer Freierbetrug[421]

Der Angeklagte war Gesellschafter mehrerer hochpreisiger Bordellbetriebe und auch Eigentümer der betreffenden Immobilien. Geschäftsführer im formellen Sinne war er nicht. Da er jedoch an den meisten Entscheidungen des operativen Geschäfts beteiligt war und sich dabei auch mit Detailfragen befasste, wie etwa mit der Aktualität der in den Bordellen ausgelegten Prospekte oder mit der Reparatur von Wasserschäden, fungierte er als „faktischer Geschäftsführer".[422] Mit der Zeit erwirtschafteten die Bordellbetriebe des Angeklagten immer weniger Gewinn, was insbesondere an einer rückläufigen Zahl an Freiern lag. Diese Entwicklung betraf im Übrigen nicht nur die Betriebe des Angeklagten, sondern allgemein die Branche der Luxusbordelle. Freier besuchten nämlich vermehrt sog. Flatrate-Bordelle und Saunaclubs.[423] Der Angeklagte selbst konnte trotz dieser Entwicklung immer noch genug Geld verdienen, da er prozentual an den Umsätzen sämtlicher Prostituierter beteiligt wurde. Anders sah dies jedoch bei den Prostituierten selbst aus. Diese konnten teilweise keine Gewinne mehr erwirtschaften, weswegen sie zunehmend die Bordellbetriebe des Angeklagten verließen. Dieser Entwicklung versuchte der Angeklagte entgegenzuwirken. Er schlug den Prostituierten und den übrigen Angestellten vor, die Freier möglichst hochpreisige Zusatzleistungen buchen zu lassen. Wie die Freier im Einzelnen zur Buchung der Zusatzleistungen animiert werden sollten, gab der Angeklagte nicht vor. Er machte jedoch deutlich, dass er die nötige Diskretion aller involvierten Personen sicherstellen würde. Auf dieser Grundlage gingen die Angestellten und Prostituierten in mehreren Fällen nach dem folgenden Muster vor: Freier, die alleine in das Bordell kamen, wurden – wie üblich – von den Prostituierten dazu angeregt, ihnen ein Getränk zu spendieren. Dem Getränk für den Freier wurde derweil eine bewusstseinshemmende Substanz beigemischt, die dazu führte, dass der Konsumierende sich fühlte, als sei er – entsprechend der Formulierung eines Opfers – „fremdgesteuert". Auf dem Verrichtungszimmer angekommen, wurde der Freier in kurzen Zeitabständen dazu animiert, Zusatzleis-

---

421 LG Düsseldorf BeckRS 2017, 159562; über diesen Fall wurde – was nicht untypisch für Fälle der organisierten Kriminalität ist – auch in der Lokalpresse berichtet, vgl. https://rp-online.de/nrw/staedte/duesseldorf/bordells-an-der-rethelstrasse-gut-a cht-jahre-haft-fuer-ex-bordellbesitzer-im-rotlicht-prozess_aid-19440157 (letztes Abrufdatum: 4.3.2023).

422 LG Düsseldorf BeckRS 2017, 159562 Rn. 576 f.

423 Ebd., Rn. 131.

tungen zu buchen, die von ihm direkt per Kreditkarte zu begleichen waren. Erbracht wurden die Zusatzleistungen jedoch entweder überhaupt nicht oder nur insoweit, als es erforderlich war, den bewusstseinsbeeinträchtigten Freier davon zu überzeugen, sie seien erbracht worden. Im Laufe einer Nacht konnten auf diese Weise Beträge von bis zu 12.000 Euro vom Konto eines Freiers abgebucht werden. Der Angeklagte selbst war während dieser Handlungen nicht anwesend. In der Regel wurde er erst im Nachhinein über die Vorgänge informiert. Insgesamt konnten auf diese Weise 28 Freier zur Zahlung entsprechender Geldbeträge veranlasst werden.

(2) Die Rechtsprechung zur Organisationsherrschaft in Fällen organisierter Kriminalität

In der Mauerschützen-Entscheidung führt der BGH aus, dass die mittelbare Täterschaft kraft Beherrschung eines organisatorischen Machtapparats „nicht nur beim Mißbrauch staatlicher Machtbefugnisse, sondern auch in Fällen mafiaähnlich organisierten Verbrechens" in Betracht komme.[424] Diese Feststellung erfolgt jedoch obiter dictum und diente eher der Erläuterung der in Rede stehenden – durch das Urteil neu geschaffenen – Rechtsfigur. Eine explizite Begründung für die Anwendbarkeit auf organisierte Kriminalität erfolgte indes nicht. *Ambos* sah die Feststellung des BGH als „Diskussionsaufforderung" an.[425] Soweit ersichtlich, gibt es lediglich zwei Entscheidungen aus dem Bereich der organisierten Kriminalität, in denen mittelbare Täterschaft kraft Organisationsherrschaft bejaht worden ist. Auf diese Fälle soll im Folgenden näher eingegangen werden.

(a) BGH 5 StR 634/07 (Drogenkurier-Fall) [426]

In diesem Fall ging es in tatsächlicher Hinsicht darum, dass mehrere Personen, die derselben Gruppierung angehörten, rund ein Dutzend Drogentransport- bzw. Beschaffungsfahrten nach Belgien und in die Niederlande durchgeführt haben sollen. Hinsichtlich der meisten dieser Fahrten wurden die Gruppierungsmitglieder wegen mittäterschaftlichen bandenmäßi-

---

424 BGHSt 40, 218 = NJW 1994, 2703 (2706).
425 *Ambos*, GA 1998, 226 (239).
426 BGH BeckRS 2008, 10232 Rn. 5.

gen unerlaubten Handeltreibens mit Betäubungsmitteln in nicht geringer Menge nach § 30a Abs. 1 BtMG verurteilt. Bei drei Transportfahrten war ein Mitglied, das hierarchisch höhergestellt war,[427] nicht aktiv involviert. Es hatte auch keine Kenntnis von diesen drei Fahrten. Allerdings wurde bei einer der drei Fahrten auf die Bezugsquelle zurückgegriffen, die das abwesende Mitglied zuvor erschlossen hatte. Die Nutzung dieser Bezugsquelle war für den BGH ausreichend, um von einer Organisationsherrschaft auszugehen.[428] Eine weitere Begründung erfolgte nicht, vielmehr wurde insofern lediglich auf den oben dargestellten Anlagebetrugsfall verwiesen. Angesichts des Verweises und des Abstellens auf automatische Prozesse besteht jedoch Grund zur Vermutung, dass der BGH auch hier maßgeblich auf das Kriterium der ‚regelhaften Abläufe‘ abgestellt hat. Anhaltspunkte dafür, dass weitere Kriterien herangezogen worden seien, wie etwa die von *Roxin* aufgestellten Kriterien der Befehlsgewalt, Fungibilität und Rechtsgelöstheit, sind nicht ersichtlich.

(b) LG Düsseldorf 10 KLs 5/13 (Systematischer Freierbetrug)

Ergiebiger für die Frage, ob mittelbare Täterschaft kraft Organisationsherrschaft auf Sachverhalte organisierter Kriminalität anwendbar ist, dürfte das Urteil des LG Düsseldorf sein, welches dem Beispielsfall 5 („Systematischer Freierbetrug") zugrunde liegt.[429]

Das Gericht verurteilte den Angeklagten wegen räuberischer Erpressung, gefährlicher Körperverletzung und Betrugs, jeweils in mittelbarer Täterschaft.[430] Zur Begründung der mittelbaren Täterschaft wurde im Wesentlichen auf den tatsächlichen Einfluss des Angeklagten abgestellt. Das Gericht beschrieb ihn als „praktisch uneingeschränkte[n] Alleinherrscher über die

---

427 Das Gericht deutet die hierarchische Höherpositionierung an einer Stelle an, vgl. ebd., Rn. 7.
428 Ebd., Rn. 5.
429 Darstellung des Sachverhalts unter D.I.3.c)bb)(2)(b).
430 LG Düsseldorf BeckRS 2017, 159562 Rn. 1367, Bezugspunkt waren dabei nur solche Fälle von drogenbeeinflussten Bestellungen, bei denen die Freier die Drogen unfreiwillig zu sich genommen hatten, ihnen die Drogen also insbesondere untergemischt worden waren. Hinsichtlich der Fälle, in denen die Drogen freiwillig bzw. wissentlich konsumiert wurden, stellte das Gericht klar, dass die Ausnutzung dieses Zustands keinen Straftatbestand erfülle, Rn. 1372 ff.

Betriebe".[431] Seine Kompetenzen seien „engmaschig" gewesen,[432] was sich darin geäußert habe, dass er auch an vielen Detailentscheidungen maßgeblich beteiligt gewesen sei. Das Gericht benannte auch seinen „organisatorische[n] Tatbeitrag", der darin bestanden habe, ein Klima geschaffen und aufrechterhalten zu haben, in dem Verschwiegenheit nach außen auch im Falle der Entdeckung einzelner Taten gewährleistet werden könne. Das bekannte Merkmal der ‚regelhaften Abläufe' habe nach Ansicht des Gerichts auch vorgelegen. Klarstellend wies es darauf hin, dass die Verwirklichung einer Vielzahl wiederkehrender Taten nicht erforderlich sei. Ausreichend sei vielmehr bereits eine einzelne Tat, soweit diese im Rahmen des betreffenden organisatorischen Systems begangen wurde.[433]

Das für die Annahme von Täterschaft erforderliche Tatinteresse begründete das Gericht zum einen mit der Aussicht auf finanziellen Gewinn des Angeklagten selbst. Zum anderen habe die systematische Ermöglichung bzw. Tolerierung der Betrugstaten vor allem auch einen motivierenden Effekt auf die Belegschaft hervorrufen sollen. Insbesondere aufgrund zunehmender Konkurrenz in Form von Flatrate-Bordellen und Sauna-Clubs sei es dem Angeklagten nämlich immer schwerer gefallen, geeignetes Personal zu finden bzw. langfristig an sich zu binden.[434] Dieser Abwanderung von Seiten der Prostituierten habe der Angeklagte dadurch entgegenzuwirken versucht, dass diese sich durch Mitwirkung an den Betrugstaten eine zusätzliche Einnahmequelle verschaffen konnten. Ein nicht unwesentlicher Aspekt sei dabei gewesen, dass die Prostituierten für die Tatbegehung keinen festen Lohn erhielten, sondern anteilig am Erlös partizipierten.

Das Gericht schloss die Ausführungen zur mittelbaren Täterschaft mit einer Abgrenzung zur Mittäterschaft ab. Diese Abgrenzung sei demnach über das Kriterium des hinreichenden Abstands vom Hintermann zur Tatausführung vorzunehmen, wobei hierarchische, zeitliche und örtliche Komponenten zu berücksichtigen seien.[435] Im vorliegenden Fall sei diese Voraussetzung erfüllt, da der Angeklagte auf der einen Seite hierarchisch allen Beteiligten übergeordnet gewesen sei und auf der anderen Seite an keiner Tat unmittelbar selbst mitgewirkt habe.

---

431 LG Düsseldorf BeckRS 2017, 159562 Rn. 1384.
432 LG Düsseldorf BeckRS 2017, 159562 Rn. 1384.
433 Ebd., Rn. 1389.
434 Ebd., Rn. 1386.
435 Ebd.; ursprünglich wurde dieses Kriterium formuliert in BGH NStZ 2008, 89 (90).

(c) Zwischenergebnis

Zwar gibt es nur wenige Urteile in der Rechtsprechung, die sich zu der Frage der Anwendbarkeit der mittelbaren Täterschaft kraft Organisationsherrschaft auf Sachverhalte organisierter Kriminalität verhalten. Die wenigen Urteile, die vorhanden sind, lassen jedoch – trotz der erwähnten Zurückhaltung – darauf schließen, dass nach der Rechtsprechung grundsätzlich von einer Anwendbarkeit auszugehen ist.

(3) Äußerungen im Schrifttum zur Organisationsherrschaft in Fällen organisierter Kriminalität

Im Schrifttum lassen sich einige Äußerungen zur Anwendbarkeit der mittelbaren Täterschaft kraft Organisationsherrschaft auf Fälle organisierter Kriminalität finden. Beachtlich ist dabei, dass die theoretische Diskussion weniger entlang der durch den BGH aufgestellten Kriterien verläuft. Vielmehr konzentriert sich die Diskussion darauf, ob die drei von *Roxin* aufgestellten Kriterien, nämlich Rechtsgelöstheit, Fungibilität und Befehlsgewalt in Sachverhalten organisierter Kriminalität vorliegen (können). Deshalb soll auch hier die Darstellung anhand dieser Kriterien erfolgen.

(a) Rechtsgelöstheit in Fällen organisierter Kriminalität

Durch das Kriterium der Rechtsgelöstheit wird nach *Roxin* der Anwendungsbereich der Organisationsherrschaft auf solche Organisationen begrenzt, innerhalb derer dem allgemein geltenden Recht keine verhaltenssteuernde, hemmende Funktion zukommt. Zu diesen Organisationen zählt *Roxin* auch solche der organisierten Kriminalität.[436] In einem späteren Aufsatz verdeutlicht *Roxin* die Rolle der organisierten Kriminalität für diese Rechtsfigur, wenn er darlegt, dass auch ein verbrecherisch handelnder Staat zur organisierten Kriminalität zu zählen sei – es sich sogar um den „Prototyp organisierter Kriminalität" handele.[437] Auch *Langneff* geht davon aus, dass bei „Mafia- oder mafiaähnlichen Verbindungen" die Rechtsgelöstheit der Organisation zumindest nicht per se ausgeschlossen sei. Der Umstand,

---

436 *Roxin*, GA 1963, 193 (205).
437 *Roxin*, FS Grünwald (1999), 549 (549).

dass mafiaähnliche Verbindungen zwangsläufig innerhalb eines Staatswesens existierten und somit dessen Recht unterworfen seien, hindere die Annahme einer Rechtsgelöstheit nicht. Soweit nämlich innerhalb entsprechender Organisationen eigene Normen und Verhaltensregeln gälten, handele es sich „um eine Art ‚Staat im Staate‘".[438] Im formellen Sinn sei dieses Innenrecht zwar belanglos bzw. als rechtliches Nullum anzusehen. Allerdings komme es auf die Wirkung an, die dieses Innenrecht für die Mitglieder selbst habe. Bei mafiaähnlichen Organisationen sei davon auszugehen, dass das Innenrecht der Organisation als bindend empfunden werde, mit der Konsequenz, dass eher dem staatlichen als dem internen Recht zuwidergehandelt werde.[439]

(b) Fungibilität in Fällen organisierter Kriminalität

Die Fungibilität beschreibt nach *Roxin* den Umstand, dass der tatbestandliche Erfolg aufgrund Auswechselbarkeit der ausführenden Täter zuverlässig herbeigeführt werden kann. Bei staatlichen Machtapparaten ist eine Fungibilität einfacher zu erkennen bzw. zu bejahen, da insofern die Anzahl potenzieller Tatmittler besonders hoch ist und somit im Weigerungsfalle kein Mangel an alternativ zur Verfügung stehenden Tätern besteht. Bei Gruppierungen organisierter Kriminalität kann die Anzahl der zur Verfügung stehenden Täter jedoch stark variieren. Von einer ähnlich hohen Anzahl wie bei Staatsapparaten dürfte in aller Regel nicht auszugehen sein.[440] Allerdings ist zu beachten, dass das Kriterium der Fungibilität sich nicht ausschließlich danach richtet, wie groß die Anzahl der alternativ zur Verfügung stehenden Täter ist. Entscheidend ist vielmehr die Gewissheit des Hintermannes, dass der tatbestandliche Erfolg durch irgendeinen ausführenden Täter herbeigeführt wird, dass er also „nicht auf einen bestimmten, individuell Ausführenden angewiesen ist".[441] Dieses Kriterium dürfte auch

---

438 *Langneff*, Die Beteiligtenstrafbarkeit von Hintermännern, S. 105 f.; auch bezüglich sog. Clanstrukturen wird teilweise von der „Existenz eines eigenen Rechtssystems" ausgegangen, *Liebl*, Wirtschafts- und organisierte Kriminalität, S. 27.

439 *Langneff*, Die Beteiligtenstrafbarkeit von Hintermännern, S. 105 f.

440 Dementsprechend stellt auch *Roxin*, GA 2012, 395 (408), klar, dass der Nachweis der Fungibilität in Sachverhalten organisierter Kriminalität schwerer fallen dürfte als bei Staatskriminalität.

441 Ebd., (400). Vgl. aber auch *Ambos*, GA 1998, 226 (242), nach dessen Ansicht es sehr wohl auf die Anzahl der zur Verfügung stehenden alternativen Täter ankomme.

bei Gruppierungen der organisierten Kriminalität zumindest nicht grundsätzlich ausgeschlossen sein. So geht *Morozinis* davon aus, dass Fungibilität bei „Mafiaorganisationen" anzunehmen sei, da auch dort die Rolle des Einzelnen gegenüber den Zielen des Kollektivs derart verblasse, dass er ersetzbar sei.[442] *Langneff* weist in diesem Zusammenhang einschränkend darauf hin, dass *nicht* von Fungibilität auszugehen sei, wenn die geplante Tat – wohl nicht untypisch für Sachverhalte organisierter Kriminalität – zu einem bestimmten Zeitpunkt zu erfolgen hat.[443] Für die Möglichkeit von Fungibilität innerhalb von Gruppierungen organisierter Kriminalität können auch Ergebnisse der bisherigen empirischen Forschung angeführt werden. So gelangten *Sieber/Bögel* zu dem Befund, dass ausführende Täter häufig nur für eine bestimmte Tat engagiert würden.[444] Offenbar besteht somit in entsprechenden Fällen für die Gruppierungen kein Mangel an ausführungsbereiten Tätern.

(c) Ausübung von Befehlsgewalt in Fällen organisierter Kriminalität

Das Vorliegen von Befehlsgewalt setzt voraus, dass die jeweilige Gruppierung durch eine strenge hierarchische Organisationsstruktur geprägt ist. In der empirischen Forschung wird zwar davon ausgegangen, dass Strukturen dieser Art vergleichsweise selten und stattdessen mehrheitlich netzwerkartige Strukturen vorzufinden seien[445] – womit möglicherweise erklärt werden könnte, warum die mittelbare Täterschaft kraft Organisationsherrschaft in Sachverhalten organisierter Kriminalität in der Rechtsprechung bisher kaum eine Rolle gespielt hat. Da es jedoch sowohl aus Interviewstudien[446] als auch mit Blick auf die Lagebilder des BKA[447] Nachweise für hierarchisch organisierte Großgruppen gibt, erscheint die nahezu nicht

---

442 *Morozinis*, Dogmatik der Organisationsdelikte, S. 314.
443 *Langneff*, Die Beteiligtenstrafbarkeit von Hintermännern, S. 107, veranschaulicht dies anhand eines (fiktiven) Beispielsfalles, in dem ein Kronzeuge getötet wird, bevor er seine (belastende) Aussage im Prozess machen kann.
444 Vgl. *Sieber/Bögel*, Logistik der Organisierten Kriminalität, S. 78, sprechen in diesem Zusammenhang von „Gelegenheitsmitgliedern".
445 *Kerner*, Professionelles und organisiertes Verbrechen, S. 296; *Rebscher/Vahlenkamp*, Organisierte Kriminalität, S. 31.
446 Vgl. *Rebscher/Vahlenkamp*, Organisierte Kriminalität, S. 41.
447 Laut Bundeslagebild OK 2021, S. 16, bestanden die Gruppierungen in 26 Prozent der Verfahren aus 11 bis 50 Tatverdächtigen. In 2,2 Prozent waren es sogar mehr als 50 Tatverdächtige.

vorhandene Relevanz in der Rechtsprechung doch etwas überraschend. Hinsichtlich dieser Großgruppen dürfte jedenfalls davon auszugehen sein, dass in ihnen die Straftatbegehung – im Sinne der dargestellten Dogmatik – auf Befehl hin erfolgt.[448] Zu einem anderen Ergebnis kommt *Ambos*, der selbst bei kolumbianischen „Drogenkartellen" keine hinreichende hierarchisch gegliederte Organisationsstruktur erkennen kann.[449]

(4) Stellungnahme

Wie gezeigt, können in Fällen organisierter Kriminalität auch die von *Roxin* formulierten, vergleichsweise strengen Voraussetzungen der mittelbaren Täterschaft kraft Organisationsherrschaft erfüllt sein. Grundsätzlich ist mithin von einer Anwendbarkeit auch in diesem Kriminalitätsbereich auszugehen. Allerdings lassen sich zwei Gesichtspunkte anführen, die – auch künftig – gegen eine Praxisrelevanz der Rechtsfigur für Fälle organisierter Kriminalität sprechen. Zum einen entsteht mit Blick auf die Genese der Rechtsfigur der Eindruck, dass sie im Wesentlichen nur für Sachverhalte der Staats- sowie Unternehmenskriminalität entwickelt wurde. Hinsichtlich Staatskriminalität beruhte die Entwicklung bzw. Anwendung der Rechtsfigur auf der Annahme, eine Bestrafung als Teilnehmer drücke die Schwere des begangenen Unrechts nicht hinreichend aus. In Fällen der Unternehmenskriminalität bestand dagegen ein Interesse daran, einzelne Taten auf der Konkurrenzebene tateinheitlich zusammenfassen zu können. Bei organisierter Kriminalität treffen beide Erwägungen in der Regel nicht zu. Weder erscheinen die Hintermänner bzw. Organisatoren in dem Maße strafwürdig, dass eine Bestrafung als Teilnehmer per se als unzureichend empfunden würde, noch zeichnen sich die Tatkomplexe durch eine besonders hohe Anzahl an Einzeltaten aus.

Zum anderen ist zu bedenken, dass die mittelbare Täterschaft kraft Organisationsherrschaft vor allem in solchen Fällen zur Anwendung kommt, in

---

448 Vgl. dazu *Langneff*, Die Beteiligtenstrafbarkeit von Hintermännern, S. 57, nach der die relative Stellung des Mafiabosses identisch mit der eines totalitären Herrschers sei.

449 *Ambos*, GA 1998, 226 (241). Ein ähnliches Verständnis bezüglich der Tätergruppierungen in Südamerika legt auch *Brombacher*, Organisierte Kriminalität in Lateinamerika, S. 43, nahe: So sei „entgegen vieler Klischees organisiertes Verbrechen eher lokal und familiär angelegt, eher flach und netzwerkhaft als pyramidal und hierarchisch organisiert".

denen die Organisatoren besonders weit vom Tatgeschehen entfernt sind. Mit zunehmender Entfernung wird es indes immer schwieriger, die betreffenden Personen und deren Mitwirkungsbeiträge zu ermitteln. Grundsätzlich trifft diese Erwägung auch auf Staats- und Unternehmenskriminalität zu, allerdings sind in diesen Bereichen Informationen über Zuständigkeiten und Hierarchien, die für beteiligungsrechtliche Zurechnungsfragen nutzbar gemacht werden können, anhand formeller Satzungen und Verträge sowie dokumentierter Geschäftsabläufe auch für Außenstehende zugänglich.[450] Bei Gruppierungen organisierter Kriminalität ist eine entsprechende Verfasstheit nicht gegeben – weshalb der Nachweis über die Mitwirkung von Personen, die in gewissem Abstand vom unmittelbaren Tatgeschehen aktiv werden, besonders schwer fällt.[451]

Im Ergebnis ist mithin weder ersichtlich, dass die mittelbare Täterschaft kraft Organisationsherrschaft bislang für Sachverhalte organisierter Kriminalität von Relevanz gewesen wäre, noch ist davon auszugehen, dass dies künftig der Fall sein wird.

d) Ergebnis zur mittelbaren Täterschaft

Bei der mittelbaren Täterschaft kraft Organisationsherrschaft handelt es sich um eine besonders begründungsbedürftige Rechtsfigur. *Roxin* hat deshalb einen Kriterienkatalog entwickelt, auf dessen Grundlage nur extreme Fälle für eine Anwendung in Betracht kommen. Insbesondere das Kriterium der Rechtsgelöstheit stellt eine sehr hohe Hürde dar. Es liegt nur dann vor, wenn in einem Kollektivverband das allgemeine Recht keine verhaltenssteuernde, hemmende Funktion mehr erfüllt. Der BGH hat jedoch in der Entscheidung, in der er die Rechtsfigur begründete, nicht die von *Roxin* entwickelten Kriterien angewendet, sondern sich auf das Kriterium der „regelhaften Abläufe" beschränkt. Allem Anschein nach sollten dadurch auch Fälle aus dem Bereich der Wirtschaftskriminalität erfasst werden können, wo Rechtsgelöstheit in dem genannten Sinne regelmäßig nicht anzunehmen sein dürfte.

---

450 Vgl. etwa LG Bonn BeckRS 2020, 13619 Rn. 1109, 1125, wo für die Begründung von Mittäterschaft bzw. Beihilfe unter anderem auf Zuständigkeiten und Entscheidungsbefugnisse abgestellt wird.

451 Mithin dürfte es auch kein Zufall sein, dass der genannte Fall aus dem Bereich organisierter Kriminalität („Systematischer Freierbetrug") einen wirtschaftlich organisierten Unternehmensbetrieb betrifft.

In Sachverhalten organisierter Kriminalität kam die Organisationsherrschaft bislang nur höchst selten zur Anwendung. Dies beruht jedoch nicht auf dogmatischen Gründen. So dürfte nicht nur die vom BGH formulierte Voraussetzung der regelhaften Abläufe in Fällen organisierter Kriminalität erfüllt sein können, sondern auch die von *Roxin* formulierten strengeren Anforderungen. Vielmehr lassen sich insofern rechtspolitische und ermittlungstechnische Gründe anführen. Zum einen besteht kein öffentlich artikuliertes Bedürfnis, Hintermänner und Führungspersonen von Gruppierungen der organisierten Kriminalität unbedingt als Täter zu bestrafen.[452] Zum anderen lässt sich gerade in Fällen organisierter Kriminalität die Mitwirkung solcher Akteure, die weit vom eigentlichen Tatgeschehen entfernt agieren, mangels Verfasstheit der jeweiligen Organisationsstruktur nur schwer nachweisen. Aus diesen Gründen ist auch nicht damit zu rechnen, dass die Rechtsfigur in Zukunft für den Bereich der organisierten Kriminalität relevant werden könnte.

4. Anstiftung

Die Anstiftung ist in § 26 StGB geregelt. Nach dieser Norm wird als Anstifter bestraft, wer einen anderen zu dessen vorsätzlich begangener rechtswidriger Tat bestimmt hat. Ähnlich wie bei der mittelbaren Täterschaft geht die Initiative zur Tat nicht von allen Beteiligten gemeinsam aus, die Tat ist also nicht als Gemeinschaftswerk im engeren Sinne zu verstehen. Ebenso verfügt der Anstifter in der Regel über einen Wissens- und Willensvorsprung. Im Unterschied zur mittelbaren Täterschaft trifft der Angestiftete die Entscheidung zur Tatbegehung jedoch aufgrund eigenen, freien Entschlusses. Die Einwirkung des Anstifters ist insofern lediglich als initiale Beeinflussung zu verstehen, eine darüber hinausgehende Befehls- oder Steuerungsmacht hat er nicht.

Im Rahmen der Datenbankanalyse fiel auf, dass Anstiftung relativ selten vorkam, nämlich nur vier Mal.[453] Diese geringe Anzahl ist durchaus bemerkenswert, denn die Begehung von Straftaten auf der Grundlage

---

452 Zumindest sind entsprechende Stimmen nicht im öffentlichen und fachlichen Diskurs zu vernehmen.

453 Zu einem ähnlichen Ergebnis kam auch *Kinzig*, Organisierte Kriminalität, S. 639. So sei in den untersuchten Verfahren lediglich in 0,4 Prozent der Einzelstraftaten eine Anstiftungshandlung vermerkt gewesen.

von Anweisungen und Instruktionen soll zumindest nicht untypisch für organisierte Kriminalität sein und entspricht vielmehr ihrem klassischen Verständnis.[454] Im Folgenden soll untersucht werden, ob sich die geringe Zahl an Verurteilungen mit dogmatischen und rechtspraktischen Erwägungen erklären lässt. Dafür wird zunächst der Strafgrund der Anstiftung und dessen Kompatibilität mit Sachverhalten organisierter Kriminalität untersucht. In einem zweiten Schritt wird auf das Verhältnis der Anstiftung zu anderen Beteiligungsformen eingegangen. Zuletzt soll der eher rechtspraktische Aspekt einer möglicherweise unzureichenden Konkretisierung der Tatumstände zum Zeitpunkt der Einwirkung auf den Haupttäter in den Blick genommen werden.

a) Beispielsfälle

aa) Fall 6a: Bestellung von Marihuana in einem Internetshop[455]

Der Angeklagte bestellte im Internet Marihuana bei einer chinesischen Firma, die einen Internet-shop für Betäubungsmittel betrieb und selbige auf Bestellung per Post aus China an die Adresse des jeweiligen Kunden lieferte. Entsprechend der Bestellung des Angeklagten wurden die Drogen nach Deutschland verschickt.

bb) Fall 6b: Veranlassung zu zusätzlicher Drogenlieferung[456]

Der Angeklagte war Mitglied einer Gruppierung, die in größerem Stil Handel mit Betäubungsmitteln trieb. Für den Transport der Drogen wurde dabei stets auf eigens dafür engagierte Kuriere zurückgegriffen. Als ein größerer Transport im Umfang von 10 kg Marihuana bevorstand, kam der Angeklagte mit dem betreffenden Kurier überein, dass dieser für ihn zusätzlich 1 kg Marihuana transportieren solle. Diese zusätzliche Leistung sollte auf eigene Rechnung des Angeklagten erfolgen. Entsprechend der Vereinbarung fügte der Kurier die für den Angeklagten bestimmten Betäubungsmittel der bisherigen Ladung bei und führte den Transport nach Deutschland durch.

---

454 So sprechen etwa *Rebscher/Vahlenkamp*, Organisierte Kriminalität, S. 37, von dem „Planer", der den „Helfern" Aufträge erteilt.
455 BGH NStZ-RR 2018, 80.
456 BGH NStZ-RR 2016, 316.

cc) Fall 6c: Drogenlieferung nach feststehenden Kriterien[457]

Der Angeklagte stand in regelmäßigem Kontakt zu einer Bande in Tsche-
chien, die ihn mit Marihuana belieferte. Neben dem Angeklagten hatte die
Bande keine weiteren Kunden. Die Liefermodalitäten, das heißt Menge,
Art und Preis der gelieferten Drogen, waren auch stets dieselben, sodass
eine konkrete Vereinbarung für künftige Lieferungen nicht nötig war. Die
Vornahme einer Lieferung hing nur davon ab, dass R eine Bestellung tä-
tigte. Die Bande handelte also gleichsam auf Abruf. Entsprechend dieser
(Rahmen-)Vereinbarung meldete sich der Angeklagte bei einem Mitglied
der Bande und veranlasste die Lieferung.

b) Theorien zum Strafgrund der Anstiftung

Um das Wesen der Anstiftung – und damit auch deren vorgesehenen Anwendungsbereich – zu erfassen, erscheint es sinnvoll, zunächst den Grund
für die tätergleiche Bestrafung des Anstifters näher zu untersuchen. Dass
der Anstifter überhaupt bestraft wird, ist kaum in besonderem Maße rechtfertigungsbedürftig, denn schließlich handelt es sich bei der Anstiftung
um eine nicht unwesentliche Beteiligung an der Begehung einer – wenn
auch fremden – Straftat. Rechtfertigungsbedürftig erscheint hingegen die in
§ 26 StGB normierte *tätergleiche* Bestrafung des Anstifters.[458] Denn letzten
Endes handelt es sich bei der in Bezug genommenen Haupttat um die
Tat eines anderen, die dieser auf Grundlage einer eigenen Entscheidung
ausführt, ohne dabei der Bestimmungsmacht des Anstifters zu unterliegen.
Auf welchen Erwägungen die tätergleiche Strafdrohung beruht, wird in der
Wissenschaft seit längerem kontrovers diskutiert. Im Folgenden sollen die
zu dieser Frage vertretenen Theorien und Ansichten dargestellt werden.
Dabei soll jeweils auch aufgezeigt werden, inwiefern sich auf Grundlage der
Theorien Anwendungsunterschiede im Zusammenhang mit der strafrechtlichen Erfassung organisierter Kriminalität ergeben. Anzumerken ist, dass
nicht auf sämtliche vorhandene Theorien eingegangen wird. Vielmehr soll

---

457 BGH BeckRS 2017, 104189.
458 Vgl. *Paeffgen*, FS Hanack (1999), 591 (595), der die tätergleiche Bestrafung nach
„allgemeiner Unrechtsdogmatik" für „schwerlich nachvollziehbar" hält.

es vor allem um solche Theorien gehen, an denen sich die Besonderheiten bei Sachverhalten organisierter Kriminalität festmachen lassen.[459]

aa) Schuldteilnahmetheorie

Nach der Schuldteilnahmetheorie besteht der Grund für die tätergleiche Bestrafung des Anstifters nicht nur in der Erbringung des initialen Kausalbeitrags, sondern zusätzlich darin, dass der Anstifter den Haupttäter korrumpiere, indem er ihn zur Straftatbegehung verführe.[460] Nach *Mayer* soll die Verführung als solche – sofern man dem Strafrecht eine sittenwahrende Funktion beimessen wolle – sogar schwerer wiegen als die eigentliche Rechtsgutsverletzung.[461]

Korrumpiert werden kann jedoch nur ein schuldhaft handelnder Haupttäter. Bei einem schuldlos handelnden kann schlechterdings nicht von einer Korrumpierung oder „Verderbnis des Charakters"[462] gesprochen werden. Gemäß dem Gesetzeswortlaut des § 26 StGB und dem Grundsatz der limitierten Akzessorietät nach § 29 StGB ist es indes für die Strafbarkeit des Anstifters unerheblich, ob der Angestiftete schuldhaft oder schuldlos gehandelt hat. Deswegen wird die Schuldteilnahmelehre heute auch nicht mehr vertreten,[463] zur Erhellung des Anstiftungstatbestands in rechtsgeschichtlicher Hinsicht kann sie jedoch durchaus einen Beitrag leisten.[464]

Hinsichtlich der Auswirkungen auf Sachverhalte organisierter Kriminalität ist zu beachten, dass die Theorie voraussetzt, dass der Haupttäter korrumpierbar ist – eine Eigenschaft, die grundsätzlich nur bei einem zuvor unbescholtenen Täter vorzufinden sein dürfte.[465] Zweifelhaft wird dieser Begründungsansatz dementsprechend, wenn die angestiftete Person bereits mehrfach straffällig geworden ist oder womöglich sogar als „Gewohnheits-

---

459 Keine Besonderheiten im Zusammenhang mit organisierter Kriminalität ergeben sich etwa nach der in SK-StGB/*Hoyer* Vor. §§ 26 ff. Rn. 21, vorgeschlagenen Theorie, die darauf abstellt, dass der Anstifter im Unterschied zu Gehilfen – sowohl für das Erfolgs- als auch für das Handlungsunrecht verantwortlich sei.

460 *Mayer*, Strafrecht AT, S. 319, formuliert überspitzt, dass derjenige, der zum Mord anstiftet, zwar nicht den Mord, aber „doch den Mörder gemacht" habe.

461 Ebd.

462 Vgl. *Less*, ZStW 69 (1957), 43 (47).

463 Klarstellend BGHSt 4, 358 = NJW 1953, 1878 (1878).

464 *Nikolidakis*, Grundfragen der Anstiftung, S. 19, verweist darauf, dass die Ursprünge dieser Theorie im kanonischen Recht liegen.

465 *Nikolidakis*, Grundfragen der Anstiftung, S. 19.

verbrecher" bezeichnet werden kann.[466] Nun dürfte es ein wenig voreilig sein, Straftäter aus dem Bereich der organisierten Kriminalität allesamt in die – ohnehin antiquierte[467] – Kategorie des Gewohnheitsverbrechers einordnen zu wollen. Mit Blick auf die meisten der zum Begriff der organisierten Kriminalität erfolgten Definitionsversuche ergibt sich jedoch, dass die Täter zumindest eine Entscheidung für die Begehung künftiger erheblicher Taten getroffen haben müssen.[468] Daher erscheint das Korruptionsmoment bei Tätern aus dem Bereich der organisierten Kriminalität in der Regel in geringerem Maße vorzuliegen. Unter Zugrundelegung der Schuldteilnahmetheorie handelt es sich bei der Anstiftung mithin um eine Beteiligungsform, die nicht primär für Sachverhalte organisierter Kriminalität konzipiert ist.

bb) Unrechtsteilnahmetheorie

Die Unrechtsteilnahmetheorie ist insofern als Fortführung der Schuldteilnahmetheorie zu verstehen, als der Strafgrund ebenfalls an die Auswirkungen der Anstiftung auf die Person des Haupttäters anknüpft.[469] Wo jedoch zuvor in Form der Korrumpierung des Charakters auf schuldrelevante Aspekte abgestellt wurde, vermeidet die Unrechtsteilnahmetheorie dergleichen und betrachtet die Anstiftung als Angriff auf die soziale Integrität des Haupttäters.[470] Bei der sozialen Integrität handele es sich dementsprechend um eines der Rechtsgüter, dessen Schutz die (tätergleiche) Strafandrohung des § 26 StGB bezwecken soll. Bezweifelt wird jedoch teilweise, ob es sich

---

466 Vgl. *Esser*, GA 1958, 321 (323), der die Korrumpierung eines Gewohnheitsverbrechers für „nicht mehr möglich" hält.

467 Der Begriff wurde durch die Nationalsozialisten im Zuge des Gesetzes gegen gefährliche Gewohnheitsverbrecher und über Maßregeln der Sicherung und Besserung (RGBl. 1933 I S. 995) in das RStGB eingeführt. Im Jahr 1969 wurde er schließlich durch das 1. StRG aus dem StGB entfernt, vgl. NK-StGB/*Dessecker* § 66 Rn. 1 f.

468 Besonders deutlich wird dies etwa bei der Definition von *Steinke*, Kriminalistik 1982, 78 (98), nach der es den Tätern darum gehen müsse, Gewinne zu erzielen, mit denen sie „überwiegend ihren Lebensunterhalt bestreiten".

469 *Nikolidakis*, Grundfragen der Anstiftung, S. 26 f.

470 *Less*, ZStW 69 (1957), 43 (47); *Trechsel*, Der Strafgrund der Teilnahme, S. 55, weist darauf hin, dass die Beeinträchtigung der sozialen Integrität auch den schuldlos Handelnden treffe, indem auch dieser etwa den strafrechtlichen Untersuchungsmaßnahmen ausgesetzt sei.

bei der sozialen Integrität überhaupt um ein – durch das Strafrecht – zu schützendes Rechtsgut handele.[471]

Organisierte Kriminalität unterscheidet sich von anderen nicht organisierten Kriminalitätsformen dadurch, dass die Straftatbegehung zu einem gewissen Grad (auch) als konformes Verhalten verstanden werden kann.[472] Innerhalb der Gruppierung würde es eher einer abweichenden Verhaltensnorm entsprechen, wenn eines der Mitglieder von der Straftatbegehung absähe. Darin zeigt sich, dass die Zugehörigkeit zu einer Gruppierung der organisierten Kriminalität bereits eine gewisse soziale Desintegration voraussetzt bzw. mit ihr einhergeht. Eine in diesem Umfeld erfolgte Anstiftung führt also nicht in vergleichbarem Maße dazu, dass der Angestiftete in delinquente Verhaltensweisen verstrickt wird und seine bisherige soziale Integrität verliert. Insofern könnte man höchstens von einer Vertiefung oder Verfestigung der Desintegration sprechen – die jedoch vermutlich nicht in gleichem Maße wie das erstmalige Verleiten geeignet erscheint, die tätergleiche Bestrafung des Anstifters zu rechtfertigen. Im Ergebnis ist davon auszugehen, dass die Lehre von der Unrechtsteilnahmetheorie in erster Linie auf Sachverhalte abzielt, in denen der Angestiftete seine soziale Integrität noch nicht verloren hat. Deswegen sind Sachverhalte organisierter Kriminalität unter Zugrundelegung dieser Lehre zumindest nicht als typische Anstiftungsfälle anzusehen.

cc) Theorie des doppelten Gefährdungseffekts[473]

Heghmanns stimmt den beiden zuvor genannten Theorien insofern zu, als die tätergleiche Bestrafung des Anstifters nicht *nur* mit dem kausalen Beitrag zur Entstehung des täterseitigen Tatentschlusses erklärt werden könne.[474] Hinsichtlich des zusätzlichen Grundes sei jedoch laut *Heghmanns* nicht auf eine (wie auch immer geartete) Beeinträchtigung des Haupttäters abzustellen, sondern auf Gefährdungseffekte, die von der Anstiftung für

---

471 *Nikolidakis*, Grundfragen der Anstiftung, S. 29.

472 Vgl. *Jäger*, Individuelle Zurechnung kollektiven Verhaltens, S. 7, der diesen Gedanken insgesamt auf die von Gruppen und Massen verübte Kriminalität bezieht.

473 Es sei darauf hingewiesen, dass *Heghmanns* die (von ihm begründete) Theorie nicht mit einer speziellen schlagwortartigen Bezeichnung versieht. Nach hier vertretener Ansicht dürfte die in der Überschrift genannte Bezeichnung jedoch den Sinngehalt der Theorie widerspiegeln.

474 *Heghmanns*, GA 2000, 473 (482).

die Rechtsgüter Dritter ausgingen. Zum einen bestehe die Gefahr einer Normdestabilisierung.[475] Bereits die Einwirkung des Anstifters auf den Haupttäter führe dazu, dass die jeweilige Strafnorm für den Haupttäter an Wert verliere. Durch die Aufforderung zur Straftat komme nämlich eine Akzeptanz gegenüber kriminellem Verhalten zum Ausdruck. *Heghmanns* selbst weist darauf hin, dass dieser Ansatz Ähnlichkeiten zu dem Aspekt der sozialen Desintegration aufweise. Er hält jedoch die soziale Desintegration des Haupttäters in erster Linie für einen Zwischenschritt, da die soziale Desintegration als solche noch nicht mit einer (abstrakten) Rechtsgutgefährdung einhergehe. Diese trete vielmehr erst dann ein, wenn als Folge der sozialen Desintegration die Normtreue an sich – das heißt nicht nur bezogen auf eine bestimmte Norm[476] – gesenkt werde.[477] Zum anderen bestehe bei der Anstiftung – anders als bei anderen Beteiligungsformen – ein besonderes Exzessrisiko. *Heghmanns* bezeichnet dieses Risiko auch als das „Spezifikum der Anstiftung".[478] Der Anstifter könne nur in vergleichsweise geringem Maße auf unvorhergesehene Umstände während der Tatausführung reagieren. Dementsprechend müsse er zumindest mit der Möglichkeit rechnen, dass es zu weiteren Rechtsgutsverletzungen komme, auf deren Verhinderung er nicht mehr hinwirken könne.[479] Bei den anderen Beteiligungsformen bestehe dagegen keine ebenso große Exzessgefahr.[480] So könne ein Mittäter in der Regel auf eine drohende Entdeckung der Tat durch Dritte reagieren und den Geschehensablauf dergestalt mitbestimmen, dass weitere Rechtsgutsverletzungen vermieden würden. Auch bei der mittelbaren Täterschaft sei von einer geringeren Exzessgefahr auszugehen, da der Hintermann in der Regel eine ausgeprägtere Steuerungs- und Kontrollmacht über den Tatmittler habe. Dem Gehilfen sei es zwar – ähnlich einem Anstifter – ebenfalls nur bedingt möglich, korrigierend auf den Geschehensablauf einzuwirken, allerdings habe dieser es mit einem zur Tatbegehung bereits entschlossenen Haupttäter zu tun, weswegen ein möglicher Exzess dem Gehilfen nicht in gleichem Maße vorzuwerfen sei.

---

475 *Heghmanns*, GA 2000, 473 (484).
476 So jedoch die Ansicht von *Stein*, Die Strafrechtliche Beteiligungsformenlehre, S. 242.
477 *Heghmanns*, GA 2000, 473 (485).
478 Ebd.
479 *Heghmanns*, GA 2000, 473 (488), nennt zur Veranschaulichung das Beispiel eines Rauschgiftdealers, der während seiner Lieferung festgenommen wird. Bei der Festnahme sei stets mit Gefahren für Leib und Leben der festnehmenden Polizeibeamten zu rechnen.
480 Ebd., (485 f.).

In Sachverhalten organisierter Kriminalität könnte sich gegen den Aspekt der Normdestabilisierung– ähnlich wie hinsichtlich der sozialen Desintegration – anführen lassen, dass der Verlust des Geltungsanspruchs von Strafnormen bereits vor der Einwirkung durch den Anstifter eingetreten ist. *Heghmanns* weist in diesem Zusammenhang jedoch daraufhin, dass im Falle eines bereits eingetretenen Geltungsverlusts der spezifische Unwert der Anstiftung in einer durch sie offenbar werdenden „Ohnmacht der Strafandrohung" zu sehen sei.[481] Im Hinblick auf die Exzessgefahr sind keine Besonderheiten bei Sachverhalten der organisierten Kriminalität ersichtlich. Höchstens könnte zu berücksichtigen sein, dass eine sorgfältige Planung für diesen Kriminalitätsbereich als typisch gilt,[482] weshalb es vermutlich seltener zu Exzessen kommen dürfte. Im Ergebnis ist jedoch davon auszugehen, dass grundsätzlich beide Gefährdungseffekte im Zusammenhang mit organisierter Kriminalität relevant werden können.

dd) Verursachungstheorie

Die Vertreter der Verursachungstheorie beschränken sich für die Erklärung des Strafgrunds der Anstiftung auf den Aspekt der Kausalität, also auf die Hervorrufung des Tatentschlusses beim Haupttäter. Anderweitige Aspekte – wie etwa ein dem *Angestifteten* durch die Anstiftung widerfahrenes Unrecht oder abstrakte Gefahren, die über die Haupttat hinausweisen – bleiben gänzlich unberücksichtigt. Ausgangspunkt dieser Theorie ist die Überlegung, dass die Beteiligungsformen des Allgemeinen Teils letztlich dem – durch die Delikte des Besonderen Teils ausgeformten – Rechtsgüterschutz dienen.[483] Innerhalb der Verursachungstheorie besteht Uneinigkeit hinsichtlich der Eigenständigkeit des durch den Kausalbeitrag verwirklichten Unrechts. Nach der reinen Verursachungstheorie handelt es sich beim Tatbeitrag des Teilnehmers[484] um eigenständiges Unrecht, das von dem

---

481 *Heghmanns*, GA 2000, 473 (485).
482 Vgl. die Erläuterung von *Dessecker*, NStZ 2009, 184 (188), zu den generellen Indikatoren zur Erkennung OK-relevanter Sachverhalte.
483 *Nikolidakis*, Grundfragen der Anstiftung, S. 36.
484 Die Theorie bezieht sich generell auf die Teilnahme, also neben der Anstiftung auch auf die Beihilfe.

Unrecht der Haupttat unabhängig sei.[485] Bereits die Einwirkung auf den Haupttäter sei demnach als Angriff auf das – durch die Haupttat beeinträchtigte – Rechtsgut zu betrachten. Als herrschend ist indes die akzessorietätsorientierte Förderungs- oder Verursachungstheorie anzusehen.[486] Nach dieser Theorie wird die Teilnahmehandlung nicht als eigenständig betrachtet, vielmehr steht das mitwirkende Element der Teilnahmehandlung im Vordergrund. Der Vorteil dieser Ansicht besteht darin, dass mit ihr auch die Strafbarkeit der Teilnahme an einem echten Sonderdelikt, wie von § 29 Abs. 1 StGB vorausgesetzt, begründet werden kann.[487] Zu beachten ist jedoch, dass die Verursachungstheorie – in beiden Varianten – vorwiegend zu erklären versucht, warum die Anstiftung überhaupt unter Strafe gestellt ist, und nicht, warum sie als Rechtsfolge die tätergleiche Bestrafung vorsieht. Dies ergibt sich bereits daraus, dass die Verursachungstheorie sich allgemein auf die Teilnahme – also auch auf Beihilfe – bezieht.[488] Trotzdem wird diese Theorie bisweilen auch angeführt, um explizit die tätergleiche Bestrafung des Anstifters zu begründen.[489] *Heghmanns* gibt in allgemeiner Hinsicht zu bedenken, dass sämtliche Versuche, die tätergleiche Strafe anhand des Kausalbeitrags des Anstifters zu begründen, „ohne Überzeugungskraft" blieben.[490] Auch *Puppe* hält die Verursachungstheorie – nicht nur in diesem Zusammenhang – für ungeeignet.[491] Zu bedenken sei nämlich, dass ein angestifteter Täter vom Grundsatz her mit dem gleichen Strafmaß

---

485 Vgl. *Schmidthäuser*, Strafrecht AT, S. 532, wo es heißt, dass „der Teilnehmer seine Straftat ‚für sich' [hat]"; vgl. auch *Lüderssen*, Zum Strafgrund der Teilnahme, 119 f., der insofern von einem „unbegründeten Akzessorietätsdenken" spricht.

486 Schönke/Schröder/*Heine/Weißer* Vor. §§ 25 Rn. 16.

487 Ebd.

488 Kritisiert wird diese einheitliche theoretische Behandlung etwa von *Heghmanns*, GA 2000, 473 (476), der zu bedenken gibt, dass die einzige Gemeinsamkeit zwischen Anstiftung und Beihilfe in der fehlenden Täterschaft bestehe.

489 Vgl. BT-Drs. V/4095, S. 13, wo es heißt, dass die fehlende Mitwirkung im Ausführungsstadium dadurch aufgewogen werde, dass der Anstifter „den entscheidenden Anstoß zur Tat gegeben" habe. Vgl. auch *Schulz*, Bestrafung des Ratgebers, S. 145, der auf das besondere Gewicht der (für die Anstiftung charakteristischen) „Initialzündung" abstellt.

490 *Heghmanns*, GA 2000, 473 (482).

491 Die Ablehnung bezieht sich dabei auch auf die – mehrheitlich vertretene – Ansicht, nach der das Verursachungselement den Strafgrund zumindest teilweise erklären könne. Laut *Puppe*, NStZ 2006, 424 (425), ist nämlich die Annahme einer Verursachung nicht mit dem Freiheitspostulat in Einklang zu bringen, immerhin habe der Adressat eines Anstiftungsversuchs stets auch die Möglichkeit, von der Tatbegehung abzusehen. Zudem könne von Verursachung insbesondere nicht in solchen Fällen die Rede sein, in denen der Anstifter lediglich den letzten von mehreren Gründen

bedacht werde wie ein *nicht* angestifteter Täter. Bei einem Täter führe somit die (eigenständige) Initialzündung zur Tat nicht zu einer härteren bzw. deren Fehlen zu einer milderen Strafe.[492] Dieses Argument führt auch *Jakobs* an,[493] der seine Ablehnung der Verursachungstheorie darüber hinaus mit einem Verweis auf die Bestrafung des Gehilfen begründet. Dieser könne nämlich – als „notwendige[r] Gehilfe" – ebenfalls „entscheidend" für die Tatbegehung sein, ohne dass deshalb die Möglichkeit eröffnet sei, von der (obligatorischen) Strafmilderung zugunsten einer tätergleichen Bestrafung abzusehen.[494]

Bei organisierter Kriminalität dürften insofern Besonderheiten bestehen, als in diesem Kriminalitätsfeld interne Abläufe aufgrund von Abschottungsmaßnahmen[495] häufig nur schwer einsehbar und nachvollziehbar sind. Aussagen über das Zustandekommen eines Tatentschlusses sind somit häufig nicht möglich.[496] Anders dürfte dies allenfalls dort sein, wo zur Tatbegehung auf Außenstehende zurückgegriffen wird.[497] Insgesamt besteht Anlass zur Vermutung, dass eine Anstiftungstheorie, die – wie die Verursachungstheorie – kausale Aspekte in den Vordergrund stellt, nicht auf Sachverhalte organisierter Kriminalität zugeschnitten ist.

---

geliefert hat, die erst in Kumulation den Tatentschluss haben hervorbringen lassen, *Puppe*, GA 1984, 101 (110).

492 *Puppe*, NStZ 2006, 424 (425).

493 *Jakobs*, Strafrecht AT, 22/31.

494 Ebd.; *Jakobs* ist im Übrigen auch der Ansicht, dass die tätergleiche Bestrafung des Anstifters „verfehlt" sei – gleich welche Strafgrundtheorie zugrunde gelegt werde. Er plädiert dementsprechend für die Einführung einer (fakultativen) Strafmilderung, ebd.

495 So zeichnen sich Gruppierungen organisierter Kriminalität durch Abschottung nach außen und konspiratives Verhalten aus, *Maletz*, Kriminalistik 2010, 128 (131). *Sieber/Bögel*, Logistik der Organisierten Kriminalität, S. 115, führen den Mangel an detaillierten Erkenntnissen über den „Informationsfluß innerhalb der Straftätergruppen" auch darauf zurück, dass „die Aussagebereitschaft überführter Täter sehr gering" sei.

496 Nach *Puppe* GA 1984, 101 (107 f.), ist im Übrigen davon auszugehen, dass es so etwas wie psychische Kausalität gar nicht geben könne.

497 So etwa in Fall 6b (Veranlassung zu zusätzlicher Drogenlieferung) hinsichtlich der Kuriertätigkeiten.

ee) Lehre vom Unrechtspakt

Insbesondere von *Puppe* wird die sog. Lehre vom Unrechtspakt vertreten. Nach dieser Lehre ist das Wesen der Anstiftung darin zu sehen, dass zwischen Anstifter und Angestiftetem eine Vereinbarung bzw. ein „Pakt" zur Begehung der Tat geschlossen werde.[498] Nach *Puppe* ist die Anstiftung nicht als kausale Hervorrufung des Tatentschlusses zu verstehen, da dies nicht mit dem „Freiheitspostulat" zu vereinbaren sei.[499] *Puppe* weist in diesem Zusammenhang auf die Mittäterschaft hin, bei der es für die Zurechnung fremder Tatbeiträge (ebenfalls) nicht auf eine kausale Bewirkung ankomme. Die ‚Bestimmung' im Rahmen der Anstiftung sei eher im Sinne von „Anregung" zu verstehen, auf deren Grundlage der Haupttäter eigenständig den Tatentschluss entwickle.[500] Zur Veranschaulichung dieser Überlegungen zieht *Puppe* eine (weitere) Parallele zur Mittäterschaft. So liege auch der mittäterschaftlichen Tatbegehung der Abschluss eines Unrechtspaktes zugrunde. Die Bindungswirkung, die von diesem Pakt ausgehe, ergebe sich daraus, dass jeder Mittäter in Aussicht stelle, eigene Tatbeiträge zu erbringen. Die Notwendigkeit aller Einzelbeiträge zur Erreichung des tatbestandlichen Erfolgs begründe eine gegenseitige Abhängigkeit.[501] *Puppe* geht nun davon aus, dass auch der Anstiftung ein vergleichbarer Unrechtspakt zugrunde liege. Für die Bindungswirkung des Paktes könne indes nicht auf die Zusage gegenseitiger Tatbeiträge abgestellt werden, denn die Tatbegehung erfolge allein durch den Haupttäter – bzw. ohne weiteres Zutun des Anstifters. Stattdessen ergebe sich die Bindungswirkung des die Anstiftung konstituierenden Unrechtspakts aus den eingesetzten Anstiftungsmitteln. Zur Konkretisierung möglicher Umstände, aus denen sich eine entsprechende Abhängigkeit ergeben könne, verweist *Puppe* auf die Anstiftungsmittel, die in § 48 StGB a.F. aufgezählt wurden, wo von Geschenken, Versprechen, Drohung, Missbrauch des Ansehens und Gewalt die Rede gewesen sei.[502] Zwar werde durch ein solches Verständnis die Anstiftung an die Mittäterschaft wie auch an die mittelbare Täterschaft angenähert. Dies

---

498   *Puppe*, GA 1984, 101 (112).
499   Ebd., (109).
500   *Puppe*, GA 2013, 514 (517).
501   *Puppe*, GA 1984, 101 (112).
502   RGBl. 1919 Nr. 152, S. 1383-1418.

hält *Puppe* jedoch nicht für nachteilig. Vielmehr erweise sich gerade darin das Erfordernis einer tätergleichen Bestrafung des Anstifters.[503]

Hinsichtlich der Lehre vom Unrechtspakt ist zu beachten, dass sie eher verhaltene Zustimmung erfahren hat.[504] Weit überwiegend ist die Lehre auf Kritik gestoßen. *Roxin* etwa erteilt ihr mit Verweis auf den Wortlaut des § 26 StGB eine vergleichsweise deutliche Absage („verdient ... keinen Beifall").[505] Seiner Ansicht nach ist es ausgeschlossen, das ‚Bestimmen‘ im Sinne von ‚Verpflichten‘ zu verstehen. *Heghmanns* begründet seine ablehnende Haltung damit, dass eine Abhängigkeit bzw. Unterordnung des Angestifteten nicht zum Wesen der Anstiftung passe.[506] Schließlich sei der Angestiftete als Haupttäter (alleiniger) Inhaber der Tatherrschaft – und könne dem Grundsatz nach frei über den weiteren Ablauf des Geschehens befinden. Zudem gerate die Anstiftung unter Zugrundelegung dieser Lehre zu einer „Quasi-Mittäterschaft".[507]

Der Lehre vom Unrechtspakt liegt die Überlegung zugrunde, dass es sich bei der Anstiftung um eine Art Kooperationsverhältnis handelt. Diese Vorstellung lässt sich mit organisierter Kriminalität relativ leicht in Verbindung bringen, denn schließlich ist gemeinschaftliches, arbeitsteiliges und planvolles Vorgehen ein Wesensmerkmal organisierter Kriminalität. Des Weiteren geht die Lehre vom Unrechtspakt davon aus, dass die Anstiftung ein Abhängigkeitsverhältnis voraussetzt. Auch dieses Element findet sich in Sachverhalten der organisierten Kriminalität wieder – zumindest soweit auf das klassische Verständnis von organisierter Kriminalität abgestellt wird, welches von hierarchischen Gruppenstrukturen ausgeht. Dass die

---

503 *Puppe*, GA 1984, 101 (114).

504 Zu nennen ist vor allem *Altenhain*, Die Strafbarkeit des Teilnehmers beim Exzess, S. 123, der das Bestimmen in § 26 StGB – übereinstimmend mit seiner akademischen Lehrerin *Puppe* – als „Abschluss einer Unrechtsvereinbarung" versteht. *Altenhain* sieht einen weiteren Unterstützer dieser Ansicht in *Jakobs*. Der angeführten Fundstelle, *Jakobs*, Strafrecht AT, 22/21 f., lässt sich dies jedoch kaum entnehmen. Demnach hält es *Jakobs* zwecks Abgrenzung zur psychischen Beihilfe für erforderlich, dass der Angestiftete im Wege eines kommunikativen Aktes zur Begehung der Tat motiviert werde. Ob er damit jedoch dem Erfordernis einer (wie auch immer gearteten) Vereinbarung das Wort redet, dürfte zu bezweifeln sein.

505 *Roxin*, Strafrecht AT, 26/89. Auch weist *Roxin* darauf hin, dass die Annahme eines Paktes fehlgehe, da der Anstifter die Ausführung gerade nicht „in der Hand hat", dies sei vielmehr ein Wesensmerkmal der mittelbaren Täterschaft.

506 *Heghmanns*, GA 2000, 473 (483).

507 Ebd.; vgl. auch *Schulz*, JuS 1986, 933 (940), der insofern das „Verbot der Gleichwertigkeit" zwischen Anstiftung und Mittäterschaft verletzt sieht.

Befolgung von Anweisungen durch Gewaltandrohung bzw. -anwendung erwirkt werden muss, wird dabei eher als Ausnahmefall angesehen. In der Regel reiche bereits die „Reputation" der Führungsperson aus, um sich der Folgeleistung sicher sein zu können.[508] Zusätzlicher Handlungsdruck für untergeordnete Gruppenmitglieder ergebe sich im Übrigen daraus, dass im kriminellen Milieu die Aufträge knapp seien und kein (rechtliches) Mittel gegen die Rücknahme von Aufträgen zur Verfügung stehe.[509] Insgesamt sind mithin Parallelen zwischen der Lehre vom Unrechtspakt und Sachverhalten der organisierten Kriminalität zu erkennen – was im Übrigen auch mit den Überlegungen von *Puppe* als der Begründerin der Lehre übereinstimmen dürfte.[510]

ff) Zwischenergebnis

Der Überblick über die Theorien zum Strafgrund der Anstiftung hat gezeigt, dass sich je nach zugrunde gelegter Theorie unterschiedliche Implikationen für die Anwendung der Anstiftung auf Sachverhalte der organisierten Kriminalität ergeben. Gerade die von der herrschenden Meinung vertretene Verursachungstheorie dürfte mit Blick auf die Strukturen der organisierten Kriminalität tendenziell dazu führen, dass in entsprechenden Sachverhalten seltener von Anstiftung auszugehen ist. Dies könnte auch einer der Gründe für die geringe Anzahl entsprechender Verurteilungen in diesem Kriminalitätsbereich sein. Zu einer breiteren Anwendung der Anstiftung dürfte hingegen die Lehre vom Unrechtspakt führen. Berührungspunkte zwischen dieser Lehre und Sachverhalten der organisierten Kriminalität ergeben sich insbesondere vor dem Hintergrund, dass *Puppe* gerade den Hintermann bzw. „Drahtzieher" als Anstifter bestrafen will, ihn sogar als den Prototypen eines Anstifters betrachtet. Zu beachten ist jedoch, dass die Lehre vom Unrechtspakt – mit Blick auf die sehr extensive Auslegung des Merkmals ‚Bestimmen' – kaum konsensfähig ist und dementsprechend nicht mit der Übernahme durch die Rechtsprechung zu rechnen ist.

---

508 *Rebscher/Vahlenkamp*, Organisierte Kriminalität, S. 45 f.
509 *Redmann*, Anstiftung unter Berücksichtigung linguistischer Aspekte, S. 123, spricht vom „Element der Verknappung im kriminellen Umfeld".
510 So bezeichnet *Puppe*, GA 1984, 101 (111), den „Drahtzieher im Hintergrund" als „Prototyp des Anstifters".

c) Das Verhältnis der Anstiftung zu anderen Beteiligungsformen

Um die vergleichsweise geringe Bedeutung der Anstiftung bei Sachverhalten organisierter Kriminalität besser einordnen zu können, erscheint es angezeigt, nicht nur die Anstiftung selbst, sondern auch deren Verhältnis zu anderen Beteiligungsformen in den Blick zu nehmen.

aa) Das Verhältnis der Anstiftung zu Mittäterschaft und mittelbarer Täterschaft

Wie in den vorangegangenen Kapiteln aufgezeigt, sind sowohl bei der Mittäterschaft[511] als auch bei der mittelbaren Täterschaft[512] Tendenzen zur Ausdehnung des jeweiligen Anwendungsbereichs zu erkennen. Diese Ausdehnung wird nicht zuletzt auch im Hinblick darauf kritisch betrachtet, dass dadurch der Anwendungsbereich der Anstiftung zurückgedrängt werde. Besonders deutlich ist in diesem Zusammenhang die Kritik von *Puppe*, die wahrnimmt, dass „die Grenzen der verschiedenen Formen der Tatbeteiligung verwischt" worden seien.[513] Sie wirft sowohl der Rechtsprechung als auch der herrschenden Lehre vor, den „Begriff der Anstiftung [...] klein gearbeitet zu haben".[514] So stellt sie fest, dass ein bestimmender Einfluss auf die Entstehung des Tatentschlusses regelmäßig bereits als Indiz für Mittäterschaft wahrgenommen werde.[515] Für die Anstiftung blieben hingegen

---

511 So spricht *Johannsen*, Die Entwicklung der Teilnahmelehre, S. 113, etwa hinsichtlich der Bandenchef-Dogmatik von einer „extensive[n] Interpretation der Mittäterschaft".

512 Dies wird deutlich am Beispiel der mittelbaren Täterschaft kraft Organisationsherrschaft. Wo früher die Grenze zwischen Anstiftung und mittelbarer Täterschaft relativ unproblematisch am Nötigungsnotstand festgemacht wurde, vgl. *Redmann*, Anstiftung unter Berücksichtigung linguistischer Aspekte, S. 144, ist nun auf die allgemeinen Kriterien des Täterwillens und der Tatherrschaft abzustellen.

513 Vgl. *Puppe*, NStZ 2006, 424 (426). Die Kritik von *Roxin*, 50 Jahre Bundesgerichtshof, S. 197, knüpft an die Bandenchef-Dogmatik an. So sei nicht ersichtlich, wie unter Zugrundelegung der Kriterien der Rechtsprechung eine Abgrenzung zwischen Mittäterschaft und Anstiftung dogmatisch zufriedenstellend vorzunehmen sei.

514 *Puppe*, NStZ 2006, 424 (426). Vgl. dazu etwa BGH NJW 1985, 502 (503), wonach der „Tatbeteiligung in der Form der Täterschaft [...] gegenüber der Anstiftung – unabhängig von der Strafdrohung – bei der Bestimmung des Unrechtsgehalts eigene Bedeutung" zukomme.

515 *Puppe*, NStZ 2006, 424 (426), mit Rechtsprechungsnachweisen. Dass – wie *Puppe*, NStZ 2006, 424 (426), behauptet – der Bandenchef bisweilen als Prototyp des

nur Sachverhalte übrig, in denen jemand – ohne bestimmenden Einfluss zu haben – in zeitlicher Hinsicht als Erster die Idee zur Tatbegehung geäußert habe.[516] Auch *Köhler* hält die genannten Ausweitungen des Täterbegriffs für zweifelhaft und „nicht nötig".[517] Sie seien insbesondere nicht mit der Erwägung zu rechtfertigen, das Unwertgewicht der Anstiftung könne das begangene Unrecht nicht adäquat abbilden. Ein gegebenenfalls bestehender Missstand sei vielmehr dadurch zu beheben, dass das Unwertgewicht der Anstiftung wiederhergestellt werde. Um dies zu erreichen, hält es *Köhler* in praktischer Hinsicht für erforderlich, dass „man den gesetzlichen Ausdruck ,Wer einen anderen zur Tat bestimmt' endlich ernst [nehmen]" solle.[518]

bb) Das Verhältnis zwischen Anstiftung und (psychischer) Beihilfe

Innerhalb der Teilnahme ist die Anstiftung von der Beihilfe, im Speziellen von der psychischen Beihilfe, abzugrenzen. Wo der Anstifter den Tatentschluss erst hervorruft, erschöpft sich die psychische Beihilfe in dessen Bestätigung bzw. Bestärkung.[519] Da der Übergang zwischen Hervorrufung und Bestärkung fließend ist, fällt die Abgrenzung beider Beteiligungsformen mitunter nicht leicht. Zur Veranschaulichung der begrifflichen Grenzziehung dient für gewöhnlich die Lehre vom sog. omnimodo facturus.[520] Der grundsätzlichen Idee nach handelt es sich bei einem Täter dann um einen – nicht mehr anstiftungsfähigen – omnimodo facturus, wenn er bereits vor der Einwirkung des Teilnehmers den Entschluss zur Tatbegehung gefasst hatte.[521] Allerdings ist es im Weiteren unklar, nach welchen Kriterien

---

Mittäters angesehen werde, dürfte indes zu weit gehen oder zumindest als Überspitzung gemeint sein. Entgegen ihrer Ansicht lässt sich den Ausführungen von *Jakobs*, Strafrecht AT, 21/52, ein derartiges Verständnis der Mittäterschaft gerade nicht entnehmen, behandelt er die Mittäterschaft des Bandenchefs doch innerhalb des Abschnitts „Problematische Fallgruppen".

516 *Puppe*, NStZ 2006, 424 (426), spricht insofern vom „ersten Reden".

517 *Köhler*, Strafrecht AT, S. 525 f.

518 Ebd.

519 BGH NStZ 2002, 139 Rn. 2.

520 *Redmann*, Anstiftung unter Berücksichtigung linguistischer Aspekte, S. 139.

521 Zur rechtshistorischen Bedeutung der Rechtsfigur vgl. *Steen*, Die Rechtsfigur des omnimodo facturus, S. 13 ff. Vereinzelt gibt es auch Stimmen, die die Rechtsfigur des omnimodo facturus an sich für verfehlt halten. So ist nach *Puppe*, Strafrecht AT, 41/12, ein Täter kein „Automat", der ab einem gewissen Moment unbeirrbar auf die Tatbegehung zusteuere. Sie ist dementsprechend der Ansicht, dass es so etwas wie einen omnimodo facturus nicht geben könne, *dies.*, GA 2013, 514 (520 f.).

zu beurteilen ist, ob beim Täter ein entsprechend gefestigter Entschluss bereits vorgelegen hat. Zu dieser Frage werden verschiedene Ansichten vertreten.[522]

Die erste – und wohl herrschende[523] – Ansicht stellt auf die Intensität der Tatmotivation ab. Insbesondere nach *Roxin* soll eine Anstiftung dann nicht mehr möglich sein, wenn die „zur Tat hindrängenden Motive beim Täter ein deutliches Übergewicht über die etwa noch bestehenden Bedenken erlangt haben".[524] Dabei sei ein „vorwaltende[r]" Wille zur Tatbestandserfüllung als ausreichend anzusehen.[525] Nach *Baunack*, die sich dieser Ansicht anschließt, ist es im Übrigen unschädlich, wenn der (potenzielle) Täter die letztendliche Tatbegehung noch vom Eintritt einer äußeren Bedingung abhängig macht.[526] Auf den letztgenannten Aspekt bezieht sich auch die zweite Ansicht – allerdings in umgekehrter Richtung: So soll vielmehr erst dann von einem omnimodo facturus gesprochen werden können, wenn der Täter die Tatbegehung nicht mehr vom Eintritt einer (äußeren) Bedingung abhängig macht. Es müsse sich um eine „endgültig[e]" und „unwiderruflich[e]" Entscheidung handeln.[527] Nach einer dritten Ansicht ist dann von einem omnimodo facturus auszugehen, wenn sich der Wille zur Tatbegehung nach außen hin manifestiert hat, etwa dergestalt, dass der Täter bereits mit Vorbereitungshandlungen begonnen hat und auf die Tatbegehung hinarbeitet.[528] Eine vierte Ansicht verlangt, dass der Haupttäter seine Entschlossenheit zur Tatbegehung durch Eintritt ins Versuchsstadium unter Beweis gestellt hat.[529]

---

522 Die Unterteilung ist angelehnt an die Darstellung bei *Steen*, Die Rechtsfigur des omnimodo facturus, S. 127 ff.

523 Mit weiteren Nachweisen *Steen*, Die Rechtsfigur des omnimodo facturus, S. 127.

524 *Roxin*, Strafrecht AT, 26/67; nahezu wortgleich: LK-StGB/*Schünemann/Greco* § 26 Rn. 18.

525 *Roxin*, GS Schröder (1978), 145 (159). Er beziffert den Grad an erforderlicher Entschlossenheit mit 90 Prozent (S. 161). Kritisch dazu LK-StGB/*Murmann* § 22 Rn. 56, der die Meinung vertritt, dass derjenige, der dem Haupttäter den letzten „Willensruck" gibt, ihm also von einer 90-prozentigen zu einer 100-prozentigen Entschlossenheit verhilft, als Anstifter bestraft werden müsse.

526 *Baunack*, Grenzfragen der strafrechtlichen Beihilfe, S. 123, 146 f.

527 LK-StGB/*Murmann* § 22 Rn. 56.

528 *Arzt*, JZ 1969, 54 (56).

529 LK-StGB/*Murmann* § 22 Rn. 33, der diese Ansicht zumindest dann für folgerichtig hält, sofern man unter Rückgriff auf *Bockelmann*, JZ 1954, 468 (473), für einen rechtlich relevanten Tatentschluss verlangt, dass der Täter „die Feuerprobe der kritischen Situation bestanden hat".

Bei Sachverhalten organisierter Kriminalität geht es regelmäßig um Straftäter, die durch eine gewisse Tatgeneigtheit charakterisiert sind. Eine allgemeine Bereitschaft oder Neigung zur Begehung von Straftaten macht einen Täter indes – unschwer erkennbar – noch nicht zu einem omnimodo facturus.[530] Schwieriger zu beurteilen sind demgegenüber Konstellationen, in denen ein Straftäter seine kriminellen Dienste einem potenziellen Auftraggeber anbietet.[531] *Steen* weist darauf hin, dass ein Berufsverbrecher, der sich auf diese Weise andient, nach der ersten Ansicht, die auf die Intensität des Tatwillens abstellt, als omnimodo facturus anzusehen sei.[532] Von einem hinreichend intensiven Willen sei nämlich auszugehen, und der Umstand, dass die Tatbegehung noch von einer Bedingung – der Annahme des Erbietens – abhängt, hindere nicht, den (Haupt-)Täter als omnimodo facturus zu betrachten. Auch unter Zugrundelegung der dritten Ansicht sei eine Anstiftung ausgeschlossen, da der Berufsverbrecher durch das Angebot seinen Willen zur Tat bereits hinreichend zum Ausdruck gebracht habe.[533] Nach der zweiten und vierten Ansicht ist der Täter dagegen nicht als omnimodo facturus anzusehen, da er zum einen die Tatbegehung von einer Bedingung abhängig macht und zum anderen noch nicht ins Versuchsstadium (der Haupttat) eingetreten ist.

Eine weitere relevante Fallgruppe im Zusammenhang mit organisierter Kriminalität ist die Bestellung illegaler Waren. Im Fall 6a („Bestellung von Marihuana in einem Internetshop") etwa könnte erwogen werden, den chinesischen Online-Händler als omnimodo facturus bezüglich der Einfuhr von Betäubungsmitteln gemäß § 29 Abs. 1 Nr. 1 BtMG anzusehen. Denn immerhin besteht sein Geschäftszweck darin, Betäubungsmittel ins Ausland zu versenden. Von einem bereits feststehenden Willen zur Straftatbegehung kann mithin ausgegangen werden. Nach Ansicht des BGH fehlt es allerdings an einer „konkret-individualisierten Tat".[534] Insbesondere Art, Menge und Identität des Käufers stünden vor Abgabe der Bestellung noch nicht fest. Zudem sei zu beachten, dass die Warendarbietung in einem Online-Shop lediglich als invitatio ad offerendum zu bewerten sei.[535] Für die strafrechtliche Bewertung ergebe sich daraus, dass der Händler erst

---

530 Vgl. *Arzt*, JZ 1969, 54 (55); LK-StGB/*Schünemann/Greco* § 26 Rn. 17.
531 Vgl. *Steen*, Die Rechtsfigur des omnimodo facturus, S. 128, der den (fiktiven) Fall eines Berufskillers nennt.
532 Ebd.
533 *Steen*, Die Rechtsfigur des omnimodo facturus, S. 133.
534 BGH NStZ-RR 2018, 80.
535 Ebd.

nach der Bestellung des Kunden eine eigene Entscheidung zur Begehung der Tat treffe – und mithin anstiftungsfähig sei. Im Fall 6b („Veranlassung zu zusätzlicher Drogenlieferung") stellt sich die Sachlage ähnlich dar. Der Kurier hätte den Transport zwar auch ohne den Zusatzauftrag des Angeklagten durchgeführt. In dieser Hinsicht konnte der Kurier mithin nicht mehr angestiftet werden. Dies gilt allerdings nicht für die zusätzlich zu transportierenden Betäubungsmittel. Zu dieser Teilhandlung konnte der Kurier noch angestiftet werden und war insoweit nicht als omnimodo facturus anzusehen.[536] Anders wurde im Fall 6c („Drogenlieferung nach feststehenden Kriterien") entschieden. Dort standen bereits vor Tätigung der Bestellung sämtliche Vertragsbestandteile fest. Die Bande hatte nur noch auf den Abruf gewartet. Die Bandenmitglieder waren insofern – als omnimodi facturi – zur Tat entschlossen. Eine Anstiftung war mithin nicht mehr möglich.[537]

cc) Zwischenergebnis

In der Beteiligungsdogmatik zeichnet sich die Entwicklung ab, dass sich die Anwendungsbereiche der Mittäterschaft und mittelbaren Täterschaft ausdehnen und in Bereiche vordringen, die ursprünglich der Anstiftung zugedacht waren. Besonders sichtbar wird dies anhand der Sonderformen der Mittäterschaft des Bandenchefs und der mittelbaren Täterschaft kraft Organisationsherrschaft, die unter anderem auch für Sachverhalte organisierter Kriminalität Relevanz besitzen. Insofern könnte die geringe Anzahl an Anstiftungsfällen in Rahmen der Datenbankanalyse durch die genannten dogmatischen Entwicklungen zumindest teilweise erklärt werden.[538] Hinsichtlich des Verhältnisses von Anstiftung zu Beihilfe gibt es keine Anhaltspunkte dafür, von einer vergleichbaren Zurückdrängung der Anstiftung auszugehen. Allenfalls kann vermutet werden, dass Straftäter der organisierten Kriminalität tendenziell eher als omnimodi facturi anzusehen sind. Dies gilt insbesondere, soweit für den Begriff des omnimodo facturus

---

536 BGH NStZ-RR 2016, 316.
537 BGH BeckRS 2017, 104189 Rn. 28.
538 Für eine genauere Analyse wäre es insbesondere erforderlich, Daten zu Verurteilungen wegen Anstiftung bei nicht organisierter Straftatbegehung zu untersuchen, um insofern einen Vergleich vornehmen zu können. Allerdings sind in den bundesweiten Statistiken, wie insbesondere in der Strafverfolgungsstatistik, keine Angaben zur Beteiligungsform zu finden – weswegen eine nähere Untersuchung im Rahmen dieser Arbeit nicht zu leisten ist.

lediglich auf ein Überwiegen der bereits bestehenden Tatmotivation abgestellt wird.

d) Unzureichende Konkretisierung der zu begehenden Straftaten

Anstiftung setzt voraus, dass die spätere Haupttat zum Zeitpunkt der Einwirkung auf den Haupttäter bereits hinreichend klar umrissen, also konkretisiert ist.[539] Bei singulärer Straftatbegehung ist diese Voraussetzung in der Regel erfüllt, denn soweit sich die Beauftragung auf nur eine Tat richtet, dürfte der Auftraggeber meist auch eine entsprechend genaue Beschreibung der ins Auge gefassten Tat vornehmen. So bestünde bei nur vagem Anweisungsinhalt das Risiko, dass der Haupttäter eine andere als die gewünschte Tat begehen könnte. In Sachverhalten organisierter Kriminalität bezieht sich jedoch die Anweisung bisweilen nicht nur auf eine isolierte Tat, sondern auf eine Serie mehrerer gleichartiger Straftaten. Dies macht es ungleich schwerer, eine hinreichende Konkretisierung einzelner Tatumstände im Rahmen der Anweisung vorzusehen. Die Entscheidung über einzelne Aspekte der Taten wird dementsprechend erst im weiteren Verlauf durch die ausführenden Täter selbst getroffen.[540] In derartigen Fällen nimmt der Anweisende eine Beschreibung der Taten lediglich der Gattung nach vor – was nach der Rechtsprechung des BGH nicht ausreicht, um Anstiftung annehmen zu können.[541] In Sachverhalten organisierter Kriminalität geht es häufig um serienmäßige Straftatbegehung. In diesem Gesichtspunkt dürfte mithin ein weiterer Grund für die geringe Relevanz der Anstiftung in diesem Kriminalitätsfeld zu sehen sein.

e) Ergebnis zur Anstiftung

Die zu Beginn dieses Kapitels aufgeworfene Frage, ob für die geringe Relevanz der Anstiftung im Bereich organisierter Kriminalität dogmatische Gründe in Betracht kommen, kann tendenziell bejaht werden. So sind die

---

539 Statt vieler Schönke/Schröder/*Heine/Weißer* § 26 Rn. 18.
540 So hielten etwa im Fall 3 (Aufbruch eines Geldautomaten) die Täter Ausschau nach Bankfilialen, die ihnen von der Lokalität her als günstig für die Begehung von Einbruchdiebstählen vorkamen. Gleiches gilt auch für die Täter im Fall 2e (Verbringung eines gestohlenen Kfz ins Ausland), die ebenfalls selbst mit der Auswahl geeigneter Tatobjekte betraut waren.
541 BGHSt 34, 63, 65 = NJW 1986, 2770.

meisten der vertretenen Theorien zum Strafgrund der Anstiftung eher auf Sachverhalte zugeschnitten, in denen der Haupttäter vor der Einwirkung durch einen Anstifter keine besondere Neigung zur Begehung von Straftaten gezeigt hatte – was im Bereich der organisierten Kriminalität erfahrungsgemäß eher selten der Fall ist. Unter Zugrundelegung der herrschenden Verursachungstheorie stellt sich im Zusammenhang mit organisierter Kriminalität das Problem, dass angesichts des typischerweise gemeinschaftlichen und – nicht zuletzt – konspirativen Vorgehens die (internen) Prozesse der Willensbildung von außen häufig nur schwer einsehbar sind. Ein weiterer Grund für die vergleichsweise geringe Anzahl an Verurteilungen wegen Anstiftung ist darin zu sehen, dass sich die Anwendungsbereiche der Mittäterschaft und der mittelbaren Täterschaft ausgedehnt haben und in Bereiche vorgedrungen sind, die ursprünglich der Anstiftung vorbehalten waren. Diese Entwicklung ist zwar kein Spezifikum der organisierten Kriminalität, wirkt sich jedoch in diesem Kriminalitätsfeld angesichts vertikaler Organisationsstrukturen in besonderem Maße aus. Schließlich dürfte sich in Sachverhalten organisierter Kriminalität auch der Umstand auswirken, dass die instruierenden Personen bisweilen eine hinreichende Konkretisierung der zu begehenden Straftaten nicht vornehmen (können), die Entscheidung über Einzelheiten der Tatbegehung vielmehr den ausführenden Tätern selbst anheimgestellt ist.

An der Anstiftung zeigt sich abermals, dass das Beteiligungssystem des Strafgesetzbuches zur rechtlichen Behandlung von Sachverhalten organisierter Kriminalität offenbar nur in unzureichendem Maße geeignet ist. Nicht unbedenklich ist die aufgezeigte Entwicklung insofern, als sie angesichts der Zurückdrängung der Anstiftung in die Richtung eines de-facto einheitstäterschaftlichen Beteiligungssystems weist. Um dieser Entwicklung entgegenzuwirken, sollte der Unrechtsgehalt der Anstiftung mit Blick auf die tätergleiche Strafdrohung (wieder) ernst genommen werden. Die Erwägung, dass eine Verurteilung wegen Anstiftung das begangene Unrecht nicht hinreichend zum Ausdruck bringe, sollte jedenfalls nur in absoluten Ausnahmefällen herangezogen werden.

5. Beihilfe

Als letzte Beteiligungsform des Allgemeinen Teils soll die Beihilfe in den Blick genommen werden. Geregelt ist die Beihilfe in § 27 StGB. Gemäß dessen Absatz 1 wird in tatbestandlicher Hinsicht das vorsätzliche Hilfeleisten zu einer fremden, vorsätzlichen und rechtswidrigen Straftat vorausgesetzt. In welcher Form Hilfe geleistet wird, ist unerheblich, solange das Erreichen des Taterfolgs gefördert wird.[542] Hinsichtlich der Rechtsfolge sieht § 27 Abs. 2 StGB für den Gehilfen eine obligatorische Strafmilderung nach § 49 Abs. 1 StGB vor, woraus sich bereits erkennen lässt, dass der Unrechtsgehalt der Beihilfe im Vergleich zu den übrigen Beteiligungsformen – die allesamt keine Strafmilderungen vorsehen – grundsätzlich als geringer einzuschätzen ist.

Die Ergebnisse der Datenbankanalyse legen bereits nahe, dass Beihilfe – anders als Anstiftung – für Sachverhalte organisierter Kriminalität eine vergleichsweise hohe Praxisrelevanz hat.[543] Dies lässt sich zumindest teilweise damit begründen, dass in entsprechenden Sachverhalten ein Teil der mitwirkenden Personen in vornehmlich unterstützender Funktion tätig wird, für die grundsätzlich Beihilfe anzunehmen ist. Bei der Beihilfe handelt es sich mithin um eine Art Auffangtatbestand für untergeordnete Tatbeiträge. Gegen eine besondere Relevanz der Beihilfe für organisierte Kriminalität könnte zwar eingewandt werden, dass zwischen Gehilfen und Haupttätern keine „enge kollektive Verbundenheit" gegeben sei, die Gehilfen mithin nicht Bestandteil des „gemeinschaftliche[n] Verantwortungssubjekt[s]" seien.[544] Dies sei vielmehr nur bei mittäterschaftlicher Tatbegehung der Fall.[545] Auf diese Frage soll jedoch nicht weiter eingegangen werden. Zum einen ist dafür der Begriff der Mitgliedschaft in einer Gruppierung der organisierten Kriminalität zu wenig scharf umrissen. Zum anderen dürften im Zusammenhang mit organisierter Kriminalität gerade auch diejenigen Akteure von Interesse sein, die selbst nicht Teil einer Gruppierung im engeren Sinne sind, sondern mit diesen zusammenarbeiten (Stichwort: netzwerkartige Strukturen).

---

542 Unterteilt werden können die möglichen Beiträge in die Kategorien Beihilfe durch Tat, Beihilfe durch Rat und psychische Beihilfe, vgl. MüKoStGB/*Joecks/Scheinfeld* § 27 Rn. 5.

543 Im Rahmen der Datenbankanalyse gab es insgesamt 38 Fälle von Beihilfe (Anstiftung: 3).

544 *Krämer*, Individuelle und kollektive Zurechnung, S. 101 f., spricht insofern von einem qualitativen – und nicht quantitativen – Unterschied zwischen Beihilfe und Mittäterschaft.

545 Dass diese Erwägungen nicht allzu fernliegend sind, ergibt sich aus den Ausführungen von *Godenzi*, Strafbare Beteiligung am kriminellen Kollektiv, S. 152 f., wonach etwa für die Mitgliedschaft in einer Bande tendenziell täterschaftliche Tatbeiträge erforderlich seien.

Hinsichtlich der Art der relevanten Gehilfenbeiträge kann unter anderem nach der Tatnähe des Gehilfen differenziert werden. Zum einen gibt es Gehilfen, die während des Tatgeschehens vor Ort sind und die Haupttäter bei bzw. während der Tatausführung unterstützen.[546] Diese Form der Beihilfe soll im Folgenden nicht im Fokus stehen, da es sich um Tatbeiträge handelt, die in der Regel von der mittäterschaftlichen Beteiligung abzugrenzen sind – und insofern auf die Ausführungen zur Mittäterschaft verwiesen werden kann. Zum anderen gibt es Gehilfen, die nicht an der eigentlichen Tatausführung beteiligt sind. Um diese Form der Beihilfe – bzw. um zwei besondere Fallgruppen – soll es im Folgenden gehen. Die erste Fallgruppe betrifft eine vergleichsweise neue Form der Beihilfe, nämlich die psychische Beihilfe durch organisationsbezogene Handlungen. Bei der zweiten Fallgruppe handelt es sich um die Beihilfe durch sog. neutrale Handlungen. Untersucht werden soll jeweils, inwiefern sich die Fallgruppen für eine Anwendung in Sachverhalten organisierter Kriminalität anbieten.

a) Psychische Beihilfe durch organisationsbezogene Handlungen

Bei den bisher behandelten Konstellationen ging es häufig um Personen, die sich im Hintergrund halten und von dort aus auf das Tatgeschehen einwirken. Der Chef einer Bande, der Machthaber eines organisatorischen Machtapparates und auch der Anstifter sind jeweils bei der Tatausführung nicht anwesend, erscheinen jedoch aufgrund ihrer hervorgehobenen Stellung als besonders strafwürdig. Nun soll der Blick auf diejenigen Personen gelenkt werden, die ebenfalls im Hintergrund wirken, ohne dabei jedoch eine besonders prägende Funktion für die Straftatbegehung zu haben. Es geht mithin um Personen, die quasi als kleineres Zahnrad in der Maschinerie für deren reibungsloses Funktionieren sorgen. Dass diese Personen nicht als (Mit-)Täter einzuordnen sind, dürfte nicht weiter klärungsbedürftig sein. Vielmehr stellt sich die Frage, ob sich diese Personen durch ihre Mitwirkungsbeiträge überhaupt (als Gehilfen) strafbar machen.

Vorab sollte klargestellt werden, dass im Zusammenhang mit organisierter Kriminalität bisher keine Entscheidung ergangen ist, in der es zur Anwendung dieser Form der Beihilfe gekommen ist. Die einzige Entscheidung, die überhaupt bisher ergangen ist, bezieht sich auf einen Sachverhalt der NS-Zeit, also auf eine historische Ausnahmesituation. Dennoch gibt es

---

546 Dies betrifft in der Regel die ‚Beihilfe durch Tat‘, also etwa durch Absicherungsmaßnahmen oder Kuriertätigkeiten.

Anzeichen dafür, dass diese Rechtsprechung auch auf andere Fälle organisierter Straftatbegehung erweitert werden könnte. Darauf soll im Folgenden – nach einer Zusammenfassung des betreffenden Urteils – näher eingegangen werden.

aa) BGH 3 StR 49/16 (Gröning-Urteil)[547]

Der Angeklagte, der sich im Jahr 1940 freiwillig der SS angeschlossen hatte, war von 1942 bis 1944 im Konzentrationslager Auschwitz stationiert. Zum einen nahm er den Dienst an der sog. Rampe wahr, der im Wesentlichen darin bestand, das Gepäck der ankommenden Häftlinge zu bewachen, um diesen gegenüber den Anschein zu erwecken, dass sie ihr Gepäck nach Freilassung wiedererlangen würden – was insbesondere dazu diente, die Arglosigkeit der Deportierten gegenüber dem größtenteils unmittelbar bevorstehenden Tod aufrechtzuerhalten. Gleichzeitig sollte durch die lückenlose Bewachung der Eindruck vermittelt werden, dass jeglicher Widerstand zwecklos sei. Zum anderen war der Angeklagte in der „Häftlingsgeldverwaltung" eingesetzt. Dieser Dienst sah vor, das Geld der Deportierten nach Währungen zu sortieren und es anschließend auf ein zentrales Konto zu überweisen. Nachdem er bereits bei der „Aktion Reinhard"[548] in diesen Funktionen mitgewirkt hatte – und dadurch die Abläufe in Auschwitz gut kannte – wurde er auch bei der „Ungarn-Aktion" entsprechend eingesetzt, in deren Rahmen mindestens 300.000 Menschen getötet wurden. Den Dienst an der Rampe verrichtete der Angeklagte dabei (insgesamt) an drei Tagen. Die übrige Zeit war er in der Häftlingsgeldverwaltung tätig.

Sowohl das LG Lüneburg[549] in der ersten Instanz als auch der BGH in der Revisionsinstanz verurteilten den Angeklagten wegen Beihilfe zum Mord in 300.000 Fällen. Dass die Verrichtung des Dienstes an der Rampe eine taugliche Beihilfehandlung darstellt, wurde nicht weiter für problematisch gehalten, denn die Aufrechterhaltung der Arglosigkeit habe maßgeb-

---

547 BGHSt 61, 252 = NJW 2017, 498.
548 Unter „Aktion Reinhard" ist der Mord an den Juden in dem von Deutschland besetzten Teil Polens zu verstehen, *Pohl*, Die „Aktion Reinhard" im Licht der Historiographie, S. 15 f.; die Bezeichnung geht zurück auf den SS-Obergruppenführer Reinhard Heydrich, der einer der Hauptorganisatoren des Holocausts war, vgl. *Morsch/Perz*, Neue Studien zu nationalsozialistischen Massentötungen, S. röm. 17.
549 LG Lüneburg, U. v. 15.7.2015 – 27 Ks 9/14, juris.

lich zur Erreichung des Taterfolgs in der konkreten Form beigetragen.[550] Für diskussionswürdiger erachtete der BGH indes die Bewertung der Tätigkeit in der Häftlingsgeldverwaltung. Letztlich kam er aber auch diesbezüglich zum Ergebnis, dass es sich um (psychische) Beihilfe gehandelt habe. Zur Begründung stellte der BGH darauf ab, dass es aus Sicht der Verantwortlichen für die erfolgreiche Durchführung der Massentötungen absolut erforderlich gewesen sei, sämtliche Positionen im Organisationsapparat mit zuverlässigen und gehorsamen Personen zu besetzen. Die allgemeine Dienstausübung des Angeklagten habe den Verantwortlichen als psychische Unterstützung in Form einer ständigen Vergewisserung oder Bestätigung gedient.[551] Erst das kollektive Zusammenwirken sämtlicher Beteiligter, einschließlich solcher mit scheinbar harmlosen Tätigkeiten, habe mithin die Voraussetzungen für das Funktionieren des Tötungsapparates geschaffen.[552] Sodann stellte der BGH klar, dass mit dieser Entscheidung nicht von der bisherigen Rechtsprechung abgewichen werde. Abgehoben wurde insofern auf eine Entscheidung aus dem Jahr 1969,[553] die einen ähnlichen Sachverhalt betraf. Angeklagt, in erster Instanz jedoch freigesprochen, war ein Zahnarzt, der zum Lagerpersonal gehörte und – nach Ansicht der Anklage bzw. Revision – durch die zahnärztliche Betreuung des SS-Personals einen indirekten Beitrag zur Massentötung der Juden geleistet haben soll. Der 2. Strafsenat folgte dieser Ansicht jedoch nicht,[554] vielmehr bestätigte er das freisprechende Urteil der ersten Instanz. Gemäß dem 2. Strafsenat habe nämlich die „bloße Zugehörigkeit (...) zum Lagerpersonal" und die „Kenntnis vom Vernichtungszweck" nicht ausgereicht, um eine Zurechnung der im Konzentrationslager begangenen Tötungen zu begründen.[555] Im Gröning-Urteil ging der 3. Strafsenat davon aus, dass zwischen den festgestellten Sachverhalten der beiden Entscheidungen wesentliche Unterschiede

---

550 BGH NJW 2017, 498 (499) Rn. 21.
551 Interessant ist, dass der BGH in diesem Zusammenhang auf das Urteil zu den DDR-Mauerschützen verweist und mithin davon auszugehen scheint, dass die Verantwortlichen des NS-Systems mittelbare Täter gewesen seien, ohne dass jedoch eine entsprechende Verurteilung je erfolgt war, ebd., Rn. 22.
552 BGH NJW 2017, 498 (499) Rn. 25.
553 BGH NJW 1969, 2056.
554 Vgl. BGH NJW 1969, 2056 (2056), wo sich der 2. Strafsenat ausdrücklich auch von der Ansicht des damaligen Generalstaatsanwalts von Hessen und Widerstandskämpfers Fritz Bauer distanziert, der sämtliche Mitglieder in einem Vernichtungslager als Gehilfen angesehen hat, prägnant: „schon die Anwesenheit ist psychische Beihilfe", *Bauer*, JZ 1967, 625 (628).
555 BGH NJW 1969, 2056 (2057).

bestünden. So hätten dem Angeklagten im Verfahren von 2016 hinreichend konkrete Unterstützungshandlungen nachgewiesen werden können. Auch sei das in Bezug genommene Haupttatgeschehen in Form der ‚Ungarn-Aktion' schärfer umrissen.[556]

Im Schrifttum wird das Urteil ambivalent betrachtet. *Grünewald* hält die Entscheidung lediglich im Ergebnis für zutreffend. Sie sieht in dem Urteil insofern eine konsequente Fortführung der im Mauerschützen-Urteil begründeten Rechtsprechung, als die strafrechtliche Verantwortung für organisatorisches Zusammenwirken nunmehr auch auf die unteren Befehlsebenen erstreckt werde. Die Einordnung der Tätigkeit in der Häftlingsgeldverwaltung als Beihilfe sei indes nicht unproblematisch, da ein „innerer Zusammenhang" zwischen Gehilfenbeitrag und Taterfolg nicht auf der Hand liege. [557] Außerdem stimme die Entscheidung nicht mit dem Urteil von 1969 überein. Auch *Weißer* hält die Entscheidung im Ergebnis für richtig, bezweifelt jedoch, dass es sich bei der Beteiligung des Angeklagten um eine Form der *psychischen* Beihilfe gehandelt habe. Ein solches Verständnis entspreche nicht der „realen Deliktsverwirklichung", denn das Lagerpersonal habe „evident physisch[e] Hilfeleistungen" erbracht.[558] Anstelle der Einordnung als psychische Beihilfe schlägt *Weißer* deshalb vor, das Verhalten unter die neu zu bildende Kategorie der „organisationsbezogenen Beihilfe" zu fassen.[559] Anderer Ansicht ist dagegen *Rommel*. Er hat gegen die Würdigung durch das Gericht wenig einzuwenden und sieht in der Entscheidung auch keine Abweichung von der bisherigen Rechtsprechung.[560] Er weist lediglich in beweistechnischer Hinsicht auf die Schwierigkeit hin, den Vorsatz eines einfachen Lagermitarbeiters nachzuweisen. Dies setze nämlich voraus, dass ihm die Zusammenhänge seines Handelns klar gewesen sein müssen – was

---

556 BGH NJW 2017, 498 (499) Rn. 28.

557 *Grünewald*, NJW 2017, 500, Anm. zu BGH, B. v. 20.9.2016 – 3 StR 49/16; eine ähnliche Ansicht vertritt auch *Safferling*, JZ 2017, 258 (261), Anm. zu BGH, B. v. 20.9.2016 – 3 StR 49/16, der auf Unschärfen hinweist, die durch die semantische Verknüpfung von Werkzeugeigenschaft und Tatförderung entstünden („Werkzeuge ‚fördern' die Tat nicht, Werkzeuge werden zur Tatbegehung instrumentalisiert.").

558 *Weißer*, GA 2019, 244 (252).

559 Ebd., (256).

560 *Rommel*, NStZ 2017, 161, Anm. zu BGH, B. v. 20.9.2016 – 3 StR 49/16; ebenfalls zustimmend äußert sich *Roxin*, JR 2017, 88 (91), Anm. zu BGH, B. v. 10.9.2015 – 3 StR 49/15, der die Entscheidung jedoch vor allem – unter Berufung auf den sog. expressiven Strafzweck – im Hinblick auf das Genugtuungsinteresse der Opfer für gerechtfertigt hält.

insbesondere dann zweifelhaft sei, wenn die eigentlichen Tötungshandlungen erst zu einem späteren Zeitpunkt stattfanden.

Nach hier vertretener Ansicht ist das Urteil im Ergebnis richtig. Zwar könnte gegen die durch den BGH vorgenommene extensive Interpretation des Beihilfetatbestands eingewandt werden, dass dadurch die Grenze zwischen Begehungs- und Organisationsdelikten zu verschwimmen drohe.[561] Insbesondere betrifft dies den Tatbestand der Mitgliedschaft in einer kriminellen Vereinigung, § 129 Abs. 1 S. 1 Alt. 2 StGB. Danach ist bereits strafbar, wer Mitglied in einer kriminellen Vereinigung ist. Eine aktive Mitwirkung an (anderweitigen) Straftaten ist dafür nicht erforderlich. Es reicht vielmehr aus, wenn Aufgaben wahrgenommen werden, die den Zielen der betreffenden Vereinigung in einem allgemeinen Sinne dienen.[562] Somit stimmen die Tatbestandsvoraussetzungen des § 129 Abs. 1 S. 1 Alt. 2 StGB mit den Kriterien, die der BGH in dem Gröning-Urteil für die organisationsbezogene Beihilfe formuliert, weitgehend überein – mit der zusätzlichen Voraussetzung für die Beihilfe, dass (durch die Gruppierung) eine Straftat begangen worden sein muss.[563] Soweit also die organisationsbezogene Beihilfe im Einzelfall bejaht wird, dürfte in der Regel auch der Tatbestand des § 129 Abs. 1 S. 1 Alt. 2 StGB erfüllt sein. Letztlich erscheint jedoch zweifelhaft, lediglich auf Grundlage dieser Abgrenzungsschwierigkeiten bzw. Überschneidungen die Rechtsfigur per se abzulehnen. Vielmehr sind derartige Überschneidungen gerade im Zusammenhang mit § 129 StGB nicht untypisch.[564]

Abzulehnen ist die Ansicht von *Weißer*, nach der es sich bei den Unterstützungshandlungen um „evident physische Hilfeleistungen" handele.[565] Richtigerweise dürfte die Annahme einer Form von psychischer Beihilfe

---

561 Vgl. *Drenkhahn/Momsen/Diederichs*, NJW 2020, 2582 (2583), die dieses Argument generell gegen den Trend hin zu einer Psychologisierung der Beteiligung anführen.

562 MüKoStGB/*Schäfer/Anstötz* § 129 Rn. 88.

563 Vgl. *Drenkhahn/Momsen/Diederichs*, NJW 2020, 2582 (2585), nach deren Ansicht „der Bezug zur konkreten Tat (...) den Bereich markiert, in dem ein Mitglied einer Organisation zugleich Gehilfe bei einer aus der Organisation heraus begangenen Tat sein kann".

564 So lautete etwa auch im sog. Cyberbunker-Fall die Anklage auf Bildung einer kriminellen Vereinigung in Tateinheit mit Beihilfe zu rund 250.000 Straftaten. Im Unterschied zur organisationsbezogenen Beihilfe ging es im Cyberbunker-Fall jedoch nicht um psychische, sondern um physische Unterstützungsbeiträge in Form der Bereitstellung von Plattformen und Speicherkapazitäten, becklink 2021749.

565 *Weißer*, GA 2019, 244 (252).

näher liegen.[566] Für diese Einordnung spricht entscheidend der Umstand, dass der Schwerpunkt der Unterstützungsleistung auf der Stärkung des Tatentschlusses liegt. So sah der BGH den Tatbeitrag Grönings darin, dass er die Führungspersonen des Konzentrationslagers durch die Verrichtung seines Dienstes in ihrem Vertrauen auf das Gelingen und die Richtigkeit der Tötungsaktionen bestärkt habe. Dass diese Wirkung von einer physischen Handlung ausgeht, ist in diesem Zusammenhang irrelevant, denn entscheidendes Merkmal der psychischen Beihilfe ist die (psychische) Wirkung und nicht die Form der Handlung, die diese Wirkung auslöst. Zu bedenken ist sicherlich, dass eine trennscharfe Grenzziehung zwischen physischer und psychischer Beihilfe mitunter nur schwer vorzunehmen ist. So dürfte sich ein Täter stets durch geleistete Unterstützung gleich welcher Form in seinem Tatentschluss bestätigt sehen. Wenn jedoch der physische Beitrag in keiner Form – außer der psychischen – den Eintritt des tatbestandlichen Erfolgs fördert, dann handelt es sich um psychische Beihilfe. Etwas anderes dürfte nur dann gelten, wenn man psychische Beihilfe als Kategorie per se ablehnt.[567] Zutreffend und griffig erscheint hingegen der Begriff der ‚organisationsbezogenen Beihilfe‘, den *Weißer* für die neue Rechtsfigur verwendet. Sinnvollerweise sollte jedoch eine Ergänzung des Begriffs in der Weise erfolgen, dass darin auch die psychische Natur der Beihilfe zum Ausdruck kommt. Geeignet wäre insofern der Begriff der psychischen Beihilfe durch organisationsbezogene Handlungen.

bb) Implikationen des Gröning-Urteils für andere Kriminalitätsbereiche

Da es sich beim Gröning-Urteil um die erste und – soweit ersichtlich – einzige Entscheidung handelt, in der die psychische Beihilfe durch orga-

---

566 Mithin handelt es sich um die sechste Fallgruppe der psychischen Beihilfe (neben Rathilfe, Einreden, vorgeleisteter Strafvereitelung, Ausreden von Bedenken und Anwesenheit), vgl. *Charalambakis*, FS Roxin (2001), 625 (634 ff.).

567 Vgl. *Weigend*, FS Nishihara (1999), 197 (209), der die psychische Beihilfe in der Variante der Bestärkung des Tatentschlusses ablehnt. Auf diese Ansicht macht auch *Weißer*, GA 2019, 244 (252), aufmerksam, ohne sich ihr jedoch anzuschließen.

nisationsbezogene Handlungen bejaht worden ist,[568] soll nun der Frage nachgegangen werden, ob diese Art der Beihilfe auch für andere Kriminalitätsbereiche, insbesondere den Bereich der organisierten Kriminalität, relevant werden kann.

Zunächst ist zu bedenken, dass es sich bei den Verbrechen der NS-Zeit um eine historische Ausnahmesituation handelt – deren rechtliche Behandlung zumindest nicht ohne Weiteres auf andere Bereiche übertragbar ist. Auch ist zu bedenken, dass die Bestrafung sog. Mitläufer des NS-Staats in der bundesdeutschen Geschichte bis heute ein rechtspolitisch schwieriges Thema ist.[569] Gerichtsurteile zu dieser Thematik werden – zumindest im öffentlichen Diskurs – nicht nur an rechtlichen, sondern auch an politischen und moralischen Gesichtspunkten gemessen.[570] Für Fälle organisierter Kriminalität gilt dies nicht in gleichem Ausmaß. Dass Urteile zu besonderen historischen Geschehnissen dennoch Ausgangspunkt für eine verallgemeinerungsfähige rechtsdogmatische Entwicklung sein können, zeigt sich insbesondere am bereits besprochenen Mauerschützen-Urteil des BGH. In dieser Entscheidung wurde die Rechtsfigur der mittelbaren Täterschaft kraft Organisationsherrschaft zwar primär entwickelt, um die Verantwortlichen des DDR-Regimes für die Erschießungen von Flüchtlingen als Täter bestrafen zu können. In der Folge wurde diese Rechtsfigur indes

---

568 Gewisse Ähnlichkeiten weist höchstens die Entscheidung BGH, U. v. 23.1.1985 – 3 StR 515/84, juris, auf: Die Angeklagte arbeitete im Betrieb ihres Sohnes und war von diesem darüber in Kenntnis gesetzt worden, dass er regelmäßig Schwarzgeldzahlungen annimmt. Trotzdem arbeitete die Angeklagte jeden Tag mit ihrem Sohn zusammen, ohne darauf hinzuwirken, dass dieser die steuerhinterziehenden Aktivitäten aufgabe. Der BGH stellte fest, dass die enge Zusammenarbeit als solche schon als psychische Beihilfehandlung angesehen werden könne. Ein wesentlicher Unterschied zum Gröning-Fall besteht jedoch wohl darin, dass es an einer Organisationsbezogenheit der Unterstützungshandlungen fehlte und stattdessen die persönliche Beziehung im Vordergrund stand.

569 Vgl. *Safferling*, JZ 2017, 258 (259), Anm. zu BGH, B. v. 20.9.2016 – 3 StR 49/16, der hinsichtlich der bis dato erfolgten Vergangenheitsbewältigung auch vom „exkulpierende[n] Gesamtnarrativ" spricht, nach dem „das deutsche Volk ein Volk von Befehlsempfängern war, aber kein Volk von Tätern".

570 So führen politische Straftaten häufig zu gesamtgesellschaftlichen Debatten, zu sehen etwa bei den Morden des NSU, beim Attentat in Hanau und bei der Ermordung des Kasseler Regierungspräsidenten Walter Lübcke, die jeweils öffentlich geführte Rassismus-Debatten nach sich zogen. Bei Fällen organisierter Kriminalität ist dies nicht zu erkennen, auch bei besonders spektakulären Fällen wie etwa dem Juwelendiebstahl im Grünen Gewölbe in Dresden. Viel-mehr beschränkt sich die Berichterstattung weitgehend auf den Fortgang des gerichtlichen Verfahrens sowie auf die Erläuterung des Tathergangs und seiner Planung.

auch auf andere Kriminalitätsbereiche angewendet – vor allem auf Sachverhalte des Wirtschaftsstrafrechts, aber auch auf solche der organisierten Kriminalität.[571] Mithin erscheint es nicht von vornherein ausgeschlossen, dass es bei der psychischen Beihilfe durch organisationsbezogene Handlungen eine ähnliche Entwicklung geben könnte.[572]

Zur Frage nach der möglichen Anwendbarkeit auf Fälle organisierter Kriminalität gibt es im Schrifttum – soweit ersichtlich – keine konkreten Äußerungen. Teilweise wird jedoch allgemein die Anwendbarkeit auf Sachverhalte außerhalb von NS-Verbrechen thematisiert. So scheint *Safferling* davon auszugehen, dass neben staatlichen auch quasi-staatliche Organisationen als Anwendungsfälle in Betracht kämen.[573] Als Beispiel nennt er den sog. Islamischen Staat. Eine ähnliche Ansicht vertritt *Weißer*, die eine weitergehende Anwendung nur in „wirklich rechtsgelösten Machtapparaten mit hohem Organisationsgrad" für denkbar hält.[574] Als Argument für eine Anwendung auf Sachverhalte der organisierten Kriminalität ließe sich anführen, dass die Erwägungen des Gröning-Urteils durchaus auch auf Sachverhalte dieses Kriminalitätsfeldes zutreffen können. So gibt es auch in nichtstaatlichen (kriminellen) Organisationen bisweilen Mitglieder, die zwar weder zum Führungspersonal gehören noch an der Straftatbegehung selbst mitwirken, die aber gleichwohl einen Beitrag zur Funktionsfähigkeit der Organisation leisten. Ähnlich wie im Gröning-Fall könnte ein solcher abstrakter Beitrag als psychische Beihilfe zu einer konkreten Straftat verstanden werden. Zu denken ist dabei an größere Zusammenschlüsse, wie etwa Rockergruppen.[575] Auf kleinere Zusammenschlüsse dürfte diese Überlegung indes nicht zutreffen, da bei kleineren, bandenähnlichen Zusammenschlüssen in der Regel jedes Mitglied auch an der eigentlichen Straftatbegehung mitwirkt. In prognostischer Hinsicht dürfte sich ein Argument gegen die Anwendung auf organisierte Kriminalität durch einen

---

571 Siehe D.I.3.c)aa)(3).

572 So wirft *Weißer*, GA 2019, 244 (246), die Frage auf, ob die mittelbare Täterschaft kraft Organisationsherrschaft „durch eine spiegelbildliche Beihilfe innerhalb eines organisatorischen Machtapparats" ergänzt werden müsste.

573 *Safferling*, JZ 2017, 258 (261 f.).

574 *Weißer*, GA 2019, 244 (256). Ab wann von einem hohen Organisationsgrad in diesem Sinne auszugehen ist, wird dabei nicht weiter konkretisiert. In Anlehnung an *Argyle*, Soziale Interaktion, S. 287, dürfte jedoch ein Kriterium darin bestehen, dass sich die Beteiligten gegenseitig nicht alle kennen – was wiederum eine gewisse Größe des jeweiligen Zusammenschlusses voraussetzt.

575 Vgl. *Bley*, Rockerkriminalität, S. 56, die davon spricht, dass sich die Kameradschaft „innerhalb des Clubs durch kleinere oder größere Hilfsdienste untereinander" zeige.

Vergleich des Gröning-Urteils mit dem Mauerschützen-Urteil ergeben. In letzterem wies der BGH ausdrücklich darauf hin, dass die Rechtsfigur der mittelbaren Täterschaft kraft Organisationsherrschaft auch auf andere Kriminalitätsfelder – einschließlich organisierter Kriminalität – Anwendung finden könne.[576] Ein vergleichbarer Hinweis findet sich im Gröning-Urteil nicht.

cc) Zwischenergebnis

Der BGH hat zwar im Rahmen des Gröning-Urteils mit der psychischen Beihilfe durch organisationsbezogene Handlungen eine neue Rechtsfigur geschaffen, die mit einer extensiven Auslegung des Beihilfetatbestands einhergeht. Grundsätzlich scheint eine Anwendung dieser Rechtsfigur im Zusammenhang mit organisierter Kriminalität auch nicht ausgeschlossen. Allerdings dürfte es bei Zusammenschlüssen der organisierten Kriminalität in der Regel an der erforderlichen Größe bzw. an einem ausreichend hohen Organisationsgrad fehlen. Für eine breitere Anwendung der Rechtsfigur dürfte zudem ein entsprechender rechtspolitischer Wille nicht vorhanden sein. Im Ergebnis ist somit nicht davon auszugehen, dass diese Rechtsfigur für den Bereich der organisierten Kriminalität eine besondere Relevanz haben wird.

b) Beihilfe durch neutrale Handlungen

Organisierte Kriminalität wird nicht selten auch mit Begriffen wie Unterwelt[577] oder Schattenwelt[578] umschrieben. Derartige Umschreibungen

---

576 Nach den Ausführungen des an der Entscheidung beteiligten Richters am Bundesgerichtshof *Nack*, GA 2006, 342 (344), habe die Formulierung der einzelnen Kriterien gerade darauf abgezielt, eine Anwendung auf andere Kriminalitätsbereiche zu ermöglichen.

577 So habe etwa die Operation ‚Trojan Shield‘, bei der über die vom FBI entwickelte Verschlüsselungsapp Anom auf Gesprächsinhalte zugegriffen werden konnte, laut Europol „Schockwellen in die kriminelle Unterwelt“ gesandt, https://www.tagesspiegel.de/politik/trojanische-telefone-so-gelang-der-weltweite-schlag-gegen-drogenkriminalitaet/27267612.html (letztes Abrufdatum: 4.3.2023).

578 Vgl. etwa den Namen einer ZDF-Dokumentationsreihe, „Schattenwelten: Das globale Gangster-Netzwerk“, https://www.zdf.de/dokumentation/zdfinfo-doku/schattenwelten-das-globale-gangster-netzwerk-100.html.

könnten den Eindruck vermitteln, dass organisierte Kriminalität eine Art Parallelgesellschaft konstituiere, die keine Berührungspunkte mit dem Rest der Gesellschaft habe. Nahegelegt wird dies auch durch die polizeilichen OK-Indikatoren, in denen „Abschottung" als eines der Merkmale zur Identifizierung organisierter Kriminalität genannt wird.[579] Jedoch sollte nicht außer Acht gelassen werden, dass Gruppierungen der organisierten Kriminalität für die Durchführung ihrer kriminellen Aktivitäten auch auf Leistungen externer Akteure zurückgreifen bzw. auf diese angewiesen sind. Auch wenn diese Akteure nicht Teil der organisierten Kriminalität im engeren Sinne sind, erfüllen sie als Bindeglied zwischen legalem Wirtschaftsleben und organisierter Kriminalität eine nicht unbedeutende Funktion – weshalb deren Strafbarkeit näher untersucht werden soll. In dogmatischer Hinsicht ergeben sich dadurch Probleme, die unter dem Begriff der Beihilfe durch neutrale Handlungen zusammengefasst werden. Nach einer kurzen begrifflichen Erläuterung soll im Folgenden anhand von Beispielsfällen der Frage nachgegangen werden, welche Relevanz dieser Beihilfevariante in Sachverhalten organisierter Kriminalität zukommt.

aa) Begriffliche Einordnung der Beihilfe durch neutrale Handlungen

Mit neutralen Handlungen sind solche Handlungen gemeint, die „äußerlich sozialadäquat" sind, gleichzeitig aber den Eintritt einer strafrechtlich relevanten Rechtsgutsbeeinträchtigung fördern.[580] Der Sache nach geht es also um nur scheinbar neutrale Handlungen.[581] Üblicherweise erfolgen diese Handlungen in einem beruflichen Kontext – insbesondere, wenn man die Rechtsprechung als Maßstab nimmt, wo die Beihilfe durch neutrale Verhaltensweisen fast ausschließlich im Zusammenhang mit berufsbedingten Handlungen thematisiert wird. Die Ausblendung privater Handlungen ist wohl zum einen darauf zurückzuführen, dass Handlungen in privatem Kontext nicht in gleichem Maße als ‚neutral' einzuordnen sind. So ist die Erbringung eines Dienstes im privaten Kontext vergleichsweise selten als

---

579 Siehe Nr. 5 der generellen Indikatoren zur Erkennung OK-relevanter Sachverhalte in Anlage 1 der Richtlinie über die Zusammenarbeit von Staatsanwaltschaft und Polizei bei der Verfolgung der Organisierten Kriminalität (Konspiratives Täterverhalten).
580 MüKoStGB/*Joecks/Scheinfeld* § 27 Rn. 54.
581 *Schneider*, NStZ 2004, 312 (316), weist in diesem Sinne auch darauf hin, dass der Begriff der ‚neutralen' Handlung in sich widersprüchlich sei.

gänzlich wertfrei anzusehen, vielmehr erfüllt sie zum Beispiel die Funktion einer Höflichkeit oder eines freundschaftlichen Gefallens. Berufsbedingte Handlungen zeichnen sich dagegen dadurch aus, dass sie in erster Linie Ergebnis eines wirtschaftlichen Aushandlungsprozesses sind und frei von persönlichen Wertungen erfolgen. Zum anderen ist zu berücksichtigen, dass man in privaten Kontexten auch eher mit Personen zu tun hat, die einem vertraut sind und deren Handlungsmotive einem bekannt sind. Diese Erwägungen führen gleichzeitig dazu, dass es einem privat Handelnden, der eine Straftat durch sozialadäquate Handlungen fördert, nicht – oder nur in geringerem Umfang – möglich ist, sich auf die Neutralität seines Verhaltens zu berufen.[582] In Lehrbüchern findet man zur Veranschaulichung der Beihilfe durch neutrale Handlungen häufig Fallbeispiele der Art vor, dass etwa ein Straftäter ein Werkzeug erwirbt und dieses im Anschluss dazu verwendet, einen Einbruchsdiebstahl zu begehen.[583] Der veröffentlichten Rechtsprechung nach zu urteilen sind Fälle dieser Art jedoch eher selten. Häufiger geht es dagegen um beratende Tätigkeiten und um Finanzdienstleistungen, wie etwa die eines Bankmitarbeiters[584] oder eines Rechtsanwalts.[585]

bb) Beispielsfälle

Im Folgenden werden drei Beispielsfälle aus dem Umfeld organisierter Kriminalität dargestellt. Diese unterscheiden sich insofern von den typischen Fällen der Beihilfe durch neutrale Handlungen, als es gerade nicht um wirtschaftsberatende Tätigkeiten, sondern vielmehr um gegenständliche Handlungen geht – und mithin eine gewisse Ähnlichkeit zu den Lehrbuchfällen besteht.

---

582 Um eine Privilegierung berufsbedingter Handlungen zu verhindern, schlägt *Rackow*, Neutrale Handlungen, S. 48 f., deshalb auch vor, nicht von neutralen Handlungen zu sprechen, sondern von „unverdächtigen" Handlungen.
583 Vgl. *Rengier*, Strafrecht AT, S. 434; *Kindhäuser*, Strafrecht AT, S. 382.
584 BVerfG NJW 1994, 2079; LG Bochum NJW 2000, 1430; BGH NJW 2000, 3010.
585 RGSt 37, 321; *Dallinger*, MDR 1957, 266 (267); BGH NJW 1992, 3047.

(1) Fall 7a: Lieferung von Wein an Bordelle[586]

Der Angeklagte betrieb einen Weinhandel und belieferte verschiedene Lokale. Bei einem der Lokale handelte es sich um ein Bordell.[587] Der Angeklagte wusste von der Art des Betriebs, so hatte er zuvor unter anderem auch bei der Vermittlung eines Kredits an den Bordellbetreiber geholfen.

(2) Fall 7b: Bereitstellung von Lagerflächen für Schmuggelware[588]

Der Angeklagte war Geschäftsführer einer Firma, die Lagerflächen für Container vermietete. Eine Schmugglerbande setzte sich – ohne ausdrückliche Offenbarung ihrer Absichten – mit dem Angeklagten in Kontakt und vereinbarte mit ihm, einen Container für sie auf sein Gelände zu verbringen und dort zu lagern. Dass in dem Container unverzollte Zigaretten enthalten waren, wusste er nicht. Der Angeklagte ließ sich insbesondere deswegen auf das Geschäft ein, weil als Entgelt ungefähr das Doppelte des marktüblichen Preises vereinbart wurde.

(3) Fall 7c: Verwendung entliehener Fahrzeuge für den Transport von Drogen[589]

Die Angeklagte überließ einem Bekannten verschiedene auf sie zugelassene Kraftfahrzeuge. In der Folgezeit fuhr der Bekannte mit diesen mehrere Male in die Niederlande, um Betäubungsmittel nach Deutschland einzuführen. Dass der Bekannte die Autos für diesen Zweck gebrauchen wollte, war der Angeklagten nicht bewusst.

---

586 RGSt 39, 44, 48.
587 Es handelt sich um einen Fall aus dem Jahr 1906. Zu dieser Zeit war das Betreiben eines Bordells nicht per se strafbar, was daran erkennbar ist, dass der Betrieb unter dem Vorbehalt der Gewährung einer entsprechenden Konzession stand. Gleichzeitig erfüllte jedoch das Zusammenbringen von Personen zur Ausübung der „Unzucht" gemäß § 180 RStGB den Tatbestand der Kuppelei, weswegen es letztlich kaum möglich war, ein Bordell zu betreiben, ohne sich strafbar zu machen, vgl. *v. Liszt*, Lehrbuch des Deutschen Strafrechts, S. 388.
588 BGH, B. v. 15.3.2005 – 5 StR 592/04, juris.
589 OLG Düsseldorf StV 2003, 626.

cc) Dogmatische Erwägungen

Der Begriff der ,neutralen *Handlung*' könnte eventuell nahelegen, dass es sich bei dieser Rechtsfigur um ein Problem des objektiven Tatbestands handelt, schließlich wird durch die Handlung ein objektiv wahrnehmbarer Geschehensablauf beschrieben. Bei näherer Betrachtung wird jedoch deutlich, dass die Probleme der neutralen Beihilfe vor allem im subjektiven Tatbestand angesiedelt sind.[590] Der Umstand der Tatförderung ist in objektiver Hinsicht nämlich in der Regel – wie auch in den Beispielsfällen – ohne Weiteres zu bejahen. Die ,Neutralität' der Handlung spiegelt sich vielmehr darin wider, dass die Handlung als solche keine Rückschlüsse auf die ihr zugrunde liegende Intention zulässt – was sich nicht zuletzt der Täter zunutze machen kann, indem er sich auf fehlendes Wissen und Wollen beruft.[591] Für die Beurteilung der Strafbarkeit des Verhaltens muss mithin an Umstände außerhalb der unmittelbar tatfördernden Handlung angeknüpft werden. Welche Anknüpfungspunkte und Maßstäbe im Einzelnen maßgeblich sein sollen, wird unterschiedlich gesehen.

(1) Ansichten im Schrifttum

Im Schrifttum wird zur Strafbarkeit bzw. Straflosigkeit sog. neutraler Handlungen eine Vielzahl verschiedener Ansichten vertreten.[592] Im Folgenden soll jedoch nur auf solche eingegangen werden, die für die dogmatische Erläuterung im Zusammenhang mit organisierter Kriminalität relevant erscheinen.

---

590 In diesem Sinne auch *Rengier*, Strafrecht AT, S. 435. Teilweise wird jedoch auch die Ansicht vertreten, dass es sich bei der Beihilfe durch neutrale Handlungen um ein Problem der objektiven Zurechenbarkeit bzw. des erlaubten Risikos handele, vgl. *Wolff-Reske*, Berufsbedingtes Verhalten als Problem mittelbarer Erfolgsverursachung, S. 123 ff.; *Murmann*, JuS 1999, 548 (552).

591 Vgl. *Schneider*, NStZ 2004, 312 (316), der nicht von neutralen Handlungen, sondern von Handlungen spricht, deren „subjektiv gemeinter Sinn" schwerer zugänglich sei und „sich insbesondere nicht bereits aus dem beobachteten Geschehen selbst" ergebe. Vgl. auch *Jakobs*, GA 1996, 253 (261), der darauf hinweist, dass in einer arbeitsteiligen Gesellschaft grundsätzlich nur der objektive Sinn der „sozial gültige Sinn des Kontakts" sei, der „subjektiv verfolgte Sinn" gehe den anderen dagegen nichts an.

592 Vgl. insofern die Systematisierung bei *Rackow*, Neutrale Handlungen, S. 129 ff., der die vorhandenen Ansätze in acht Kategorien unterteilt.

Teilweise wird im Schrifttum auf das Kriterium der professionellen Adäquanz abgestellt. Dieses Kriterium stellt eine Präzisierung der sozialen Adäquanz dar[593] und bezieht sich auf anerkannte Berufsregeln, die für das jeweils infrage stehende Verhalten gelten. Soweit diese Berufsregeln verletzt seien, sei die Handlung nicht mehr als neutrale, sondern als vorsätzliche strafbare Gehilfenhandlung anzusehen.[594] Zur Frage, welche Qualität die Berufsregeln haben müssen, kann auf eine Entscheidung des Bundesverfassungsgerichts verwiesen werden, in der sich das Gericht zur rechtlichen Bedeutung anwaltlicher Standesrichtlinien äußerte.[595] Die Entscheidung legt nahe, dass nur solche Berufsregeln als Maßstab herangezogen werden können, bei denen es sich um Rechtsnormen zumindest im materiellen Sinne handelt. Grundsätzlich dürfte diese Theorie auch im Zusammenhang mit organisierter Kriminalität Anwendung finden. Viele der Gesetze, die im Schrifttum beispielhaft als Berufsregeln genannt werden, sind nämlich solche, die auch in Sachverhalten organisierter Kriminalität eine Rolle spielen, etwa das BtMG, das WaffG.[596] Dass es zu Anwendungsfällen in der Praxis gekommen ist, ist bislang jedoch nicht ersichtlich. Auch im Rahmen der Beispielsfälle sind keine entsprechenden normativen Anknüpfungen zur Bewertung der jeweiligen Handlungen erkennbar. Alternativ könnte auf informelle Berufsregeln abgestellt werden.[597] Solche lassen sich durchaus auch in den Beispielsfällen erkennen. Hinsichtlich des Sachverhalts,

---

593 *Hartmann*, ZStW 116 (2004), 585 (588). Vgl. auch *Hassemer*, wistra 1995, 41 (46), der die soziale Adäquanz insofern als „ungeschliffene[n] Rohdiamanten" bezeichnet.

594 Vgl. *Hassemer*, wistra 1995, 81 (82).

595 BVerfGE 76, 171, 184 ff., in dieser Entscheidung ging es nicht um die strafrechtliche Bewertung von neutralem Verhalten, allerdings äußerte sich das BVerfG zu den anwaltlichen Standesrichtlinien und stellte fest, dass diese „weder als normative Regelung der anwaltlichen Berufspflichten noch als rechtserhebliches Hilfsmittel zur Konkretisierung der Generalklausel [des § 43 BRAO] in Betracht" kämen. Es sei nämlich bewusst darauf verzichtet worden, in der BRAO eine Satzungskompetenz zu regeln.

596 Zu den grundsätzlich in Betracht kommenden Gesetzen zählen nach *Wolff-Reske*, Berufsbedingtes Verhalten, S. 143 ff., etwa die Berufsordnung für Rechtsanwälte (BORA), die Bundesrechtsanwaltsordnung (BRAO), das Gesetz zur Bekämpfung der Schwarzarbeit (SchwarzArbG), das Ladenschlussgesetz (LadSchlG), das Waffengesetz (WaffG), das Betäubungsmittelgesetz (BtMG) oder die Gefahrstoffverordnung (GefStoffV). Vgl. auch *Wohlers*, NStZ 2000, 169 (173).

597 *Wolff-Reske*, Berufsbedingtes Verhalten, S. 154, spricht sich zwar nicht gegen die Beachtlichkeit solcher ungeschriebenen Berufsregeln aus, hält diesen Maßstab jedoch für nicht praxisrelevant, da „der Gesetzgeber verpflichtet ist, typischerweise gefahrträchtige Verhaltensweisen normativen Regelungen zu unterwerfen".

der dem Fall 7b („Bereitstellung von Lagerflächen für Schmuggelware") zugrunde liegt, könnte argumentiert werden, dass es nicht den (informellen) Regeln für Logistik-Unternehmer entsprochen habe, ein Angebot anzunehmen, das doppelt so hoch wie ein marktübliches Angebot ist.[598] In vergleichbarer Weise könnte auch die Lieferung von Wein an ein Bordell (zumindest nach den Gepflogenheiten von vor 100 Jahren) nicht den für einen Weinhändler üblichen Verhaltensnormen entsprochen haben. Letztlich ist hinsichtlich der informellen Regeln jedoch mangels Normierung fraglich, ob ihnen im Vergleich zum (allgemeinen) Kriterium der Sozialadäquanz überhaupt eine präzisierende Funktion zukommt. Zu berücksichtigen ist jedoch, dass sich die Rechtsprechung gegenüber Theorien, die an Berufsregeln anknüpfen, ablehnend positioniert hat, da auch berufstypische Verhaltensweisen nicht stets als strafrechtlich unbedenklich anzusehen seien.[599]

Eine andere Ansicht stellt für die Frage der Strafbarkeit darauf ab, ob die (neutrale) Handlung einen eindeutig deliktischen Sinnbezug hat. Soweit ein solcher deliktischer Sinnbezug vorliege, könne die Handlung grundsätzlich nicht mehr straflos sein.[600] Sodann stellt sich die Frage, wann von einem eindeutigen deliktischen Sinnbezug auszugehen ist.[601] Diesbezüglich werden verschiedene Ansichten vertreten. Nach *Frisch* beurteilt sich die Frage des Sinnbezugs maßgeblich aus der Sicht des Tatfördernden. Es müsse sich um Verhaltensweisen handeln,

„die geradezu einen funktionalen Bezug auf die Ermöglichung oder Erleichterung fremden deliktischen Verhaltens besitzen, von hierher ihre Sinnhaftigkeit erfahren, sich ihrem Sinngehalt nach in der Erleichterung

---

598 Das Gericht äußert sich nicht unmittelbar zur Frage, ob es eine solche informelle Regel gibt, ist jedoch gleichwohl der Ansicht, dass der hohe Preis den Unternehmer zu Nachforschungen (und letztlich zum Absehen vom Vertragsschluss) hätte veranlassen müssen, BGH, B. v. 15.3.2005 – 5 StR 592/04, juris. Ob generell von der Bereitschaft zur Zahlung eines überhöhten Preises auf die Verwendung für einen illegalen Zweck geschlossen werden kann, erscheint nicht zwingend. Vor allem kommt es insofern auf die jeweilige Branche an. So dürfte gerade etwa die Anmietung von Lagerflächen ein anfälliges Geschäftsfeld sein.

599 BGH NJW 2000, 3010 (3011).

600 Zurück geht diese Lehre auf *Frisch*, Tatbestandsmäßiges Verhalten und Zurechnung des Erfolgs, S. 280.

601 *Rackow*, Neutrale Handlungen, S. 142, bezeichnet diese Unklarheit als die „entscheidende Schwäche" dieser Lehre.

oder Ermöglichung fremden deliktischen Verhaltens vielfach überhaupt erschöpfen."[602]

Nach *Roxin* kommt es dagegen auf die Perspektive des Täters an. So sei ein eindeutiger deliktischer Sinnbezug dann anzunehmen, wenn der fördernde Beitrag „für den Täter nur unter der Voraussetzung der geplanten Straftat von Wert ist".[603] Nach beiden Ansichten wird mithin für den deliktischen Sinnbezug vorausgesetzt, dass sich die Funktion der tatfördernden Handlung in ihrer Bedeutung für die spätere Tat erschöpft. Einen offeneren Ansatz vertritt *Ransiek*, der keinen ausschließlichen, sondern nur einen „spezifische[n]" Bezug zur deliktischen Tatbegehung fordert – der dann gegeben sein soll, wenn die Leistungserbringung an das deliktische Vorhaben angepasst wird.[604] Bei Anwendung dieser Lehre auf Sachverhalte der organisierten Kriminalität stellen sich – angesichts ihrer eher offenen Formulierung – keine praktischen Hindernisse. Im Fall 7a („Weinlieferung an Bordelle") würden die ersten beiden Varianten zum jeweils selben Ergebnis führen. So dürfte nämlich der Zweck der Weinlieferung weder aus Sicht des Lieferanten noch aus Sicht des Bordellbetreibers einzig in der Ermöglichung einer Straftat gesehen werden. Der Weinlieferant verfolgt vermutlich primär ein eigenes finanzielles Interesse. Ebenso dürfte auch aus der Perspektive des Bordellbesitzers der Weinausschank an sich – ungeachtet einer weitergehenden Zwecksetzung – bereits einen gewerblichen Zweck erfüllen. Bejaht werden könnte hingegen – unter Anwendung der dritten Variante – ein spezifischer Bezug zur Haupttat. Denn vermutlich dient der Weinlieferungsvertrag *im Wesentlichen* dazu, die Anbahnung des geschlechtlichen Kontakts im Bordell – und somit auch die (damals unter Strafe stehende) – Kuppelei zu fördern.[605] Dass im Zusammenhang mit

---

602 *Frisch*, Tatbestandsmäßiges Verhalten und Zurechnung des Erfolgs, S. 280.

603 *Roxin*, FS Miyazawa (1995), 501 (513).

604 *Ransiek*, wistra 1997, 41 (45). Als Beispiel nennt der Autor Beförderungsfahrten zugunsten eines Einbrechers oder eines Drogenhändlers bei Kenntnis von deren Absichten.

605 Im Sinne der letzteren Ansicht entschied auch das Reichsgericht in der Entscheidung, die dem Beispielsfall 7a („Weinlieferungen an Bordelle") zugrunde lag, wenn es zunächst feststellt, dass „die Lieferungstätigkeit des Angeklagten (...) im engsten Zusammenhang mit der kupplerischen Tätigkeit der Bordellinhaber [stand]", und es sodann für unerheblich erachtete, dass der Lieferant auch eigene (gewerbliche) Zwecke verfolgt habe. So sei insbesondere deshalb von strafbarer Beihilfe (zur Kuppelei) auszugehen, weil sich die Tätigkeit des Angeklagten gerade nicht auf die Ausübung seines Gewerbes beschränkt habe, sondern der Angeklagte „gleichzeitig den Willen hatte, den Bordellwirten, sei es den Betrieb der Bordelle überhaupt, sei

einem Vertrag über Bierlieferungen an ein Bordell auch eine andere Bewertung möglich ist, zeigt sich indes anhand einer späteren (zivilrechtlichen) Entscheidung des BGH, in der es um einen Bierlieferungsvertrag an ein Bordell ging. Dort stellte der BGH in Bezug auf den Tatbestand des § 184a StGB a.F.[606] fest, dass „Getränkelieferungen (…) nicht – wie etwa der Ausschank – der unmittelbaren Anbahnung des Geschlechtsverkehrs der Prostituierten [dienen]".[607] Im Fall 7c („Verwendung entliehener Fahrzeuge für den Transport von Drogen"), in dem es nicht um eine berufsbedingte Handlung ging,[608] fehlte der tatfördernden Überlassung ein deliktischer Sinnbezug bereits insoweit, als die Angeklagte keinerlei Kenntnis von der deliktischen Verwendung ihrer Fahrzeuge hatte.[609]

(2) Handhabung der Beihilfe durch neutrale Handlungen in der Rechtsprechung

Der BGH stellt im Wesentlichen auf die Kenntnis des Tatfördernden ab. Demnach ist von einer strafbaren Beihilfe des Tatfördernden auszugehen, soweit das Handeln des Haupttäters ausschließlich auf die Begehung einer Straftat abzielt und der Tatfördernde dies weiß.[610] In dieser Formel kann jedoch kaum mehr gesehen werden als die Feststellung, dass die Problematik der neutralen Handlungen im subjektiven Tatbestand zu verorten sei. Eine Antwort auf die Frage, an welche Umstände zur Bestimmung des Vorsatzes anzuknüpfen ist, ergibt sich daraus jedenfalls nicht.

---

es den Weinausschank in diesen zu ermöglichen und hierdurch deren kupplerisches Treiben zu unterstützen", RGSt 1939, 44 (48 f.).

606 § 184a StGB a.F. betraf die Ausübung der verbotenen Prostitution (4. StrRG, BGBl. 1973 I, S. 1730), heute mit demselben Wortlaut in § 184f StGB geregelt.

607 BGH NJW-RR 1987, 999 (1000).

608 Nach der Darstellung von *Rackow*, Neutrale Handlungen, S. 322, handelt es sich bei dieser Entscheidung um die erste, in der es um nicht berufsbedingte Handlungen geht. Er spricht deshalb auch von „ungesichertem Terrain".

609 Laut Revisionsentscheidung fehlt es im Urteil der ersten Instanz an Informationen, die den Schluss auf eine entsprechende Kenntnis der Angeklagten zugelassen hätten, OLG Düsseldorf StV 2003, 626.

610 BGHR StGB § 27 Abs. 1 – Hilfeleisten 3, 20.

(3) Ergebnis zu den vertretenen Ansichten

Insgesamt lässt sich feststellen, dass es eine Vielzahl von Ansichten zur rechtlichen Behandlung der Beihilfe durch sog. neutrale Handlungen gibt. Auch wenn das Thema in der Literatur und durchaus auch in der Rechtsprechung präsent ist, fällt es schwer, eine herrschende Ansicht auszumachen.[611] Zu einem gewissen Anteil dürfte dies daran liegen, dass die verschiedenen Ansichten jeweils auf ähnliche *wertende* Betrachtungen hinauslaufen.

dd) Mögliche besondere Erwägungen in Fällen organisierter Kriminalität

Wie auch in den Beispielsfällen erkennbar, besteht bei Sachverhalten organisierter Kriminalität die Besonderheit, dass der „neutral" Handelnde mit Personen interagiert, die regelmäßig oder professionell Straftaten begehen. Aus dieser Zugehörigkeit zur organisierten Kriminalität ergibt sich sodann ein weiterer Anknüpfungspunkt für die Frage des deliktischen Sinnbezugs (bzw. der sozialen Adäquanz). Wenn nämlich der „neutral" Handelnde von dieser Zugehörigkeit bzw. den entsprechenden kriminellen Aktivitäten weiß, dann besteht zumindest die Obliegenheit, weitere Nachforschungen anzustellen, um sich einer fehlenden Deliktsrelevanz zu vergewissern. Wer einem Drogenkurier sein Auto überlässt, obwohl er im Allgemeinen über dessen kriminelle Betätigung im Bilde ist, müsste sich mithin vergewissern, dass eine solche Verwendung in der konkreten Situation nicht geplant ist. Um zu vermeiden, dass bestimmte Personen unter eine Art Generalverdacht gestellt werden, könnte eine entsprechende Kenntnis zumindest in die wertende Betrachtung einzubeziehen sein. Praxisrelevant dürften etwa Finanzgeschäfte mit Mafiagruppierungen sein, die formal ordnungsgemäß ablaufen, aber letztlich der Steuerhinterziehung oder Geldwäsche dienen. Soweit der Bank ein entsprechender Hintergrund des Kunden bekannt ist und trotz dieser Kenntnis Einzahlungen und Überweisungen ohne eingehende Prüfung veranlasst werden, dürfte die Grenze zur strafbaren Bei-

---

611 Vgl. die Ansicht von *Wohlers*, NStZ 2000, 169 (169), wonach zu dieser Frage „eine konsensfähige Lösung nicht in Sicht" sei – eine Einschätzung, die nach wie vor zutreffend sein dürfte.

hilfe überschritten sein.[612] Entsprechendes dürfte auch für einen Händler von Zigarettenherstellungsmaschinen gelten, der eine seiner Maschinen an einen Produzenten verkauft, von dem er weiß, dass er in der Vergangenheit bereits illegal Zigaretten hergestellt hat.[613]

Das Wissen um das persönliche und berufliche Umfeld des Haupttäters kann als zu berücksichtigender Faktor zwar auch in anderen Kriminalitätsbereichen relevant werden. Allerdings betreffen andere Kriminalitätsbereiche nicht in gleichem Maße Haupttäter, die regelmäßig und professionell Straftaten begehen. Dies wird etwa an Fällen von Steuerhinterziehungen sichtbar, die nicht selten von Personen begangen, welche einer geregelten beruflichen Tätigkeit nachgehen und ihren Lebensunterhalt nicht mit der Begehung von Straftaten verdienen, also nicht der organisierten Kriminalität zuzurechnen sind.[614] Bei solchen Personen wäre mithin das Wissen um den persönlichen Hintergrund nicht geeignet, eine Nachforschungspflicht zu begründen. Es müsste insofern auf anderweitige Umstände abgestellt werden.

ee) Zwischenergebnis

Die Strafbarkeit wegen Beihilfe aufgrund (scheinbar) neutraler Verhaltensweisen wird im Schrifttum sehr kontrovers diskutiert. In der Rechtsprechung scheint eher die Tendenz zu bestehen, für die Lösung dieses Problems nicht auf eine (abstrakte) Theorie, sondern auf eine wertende Betrachtung im Einzelfall abzustellen. Zwar betreffen die meisten in der Rechtsprechung behandelten Fälle Sachverhalte aus dem Bereich der Wirtschaftskriminalität. Mit Blick auf die dargestellten Beispielsfälle wird jedoch erkennbar, dass diese Rechtsfigur auch für den Bereich der organisierten Kriminalität von Bedeutung ist bzw. sein kann. Relevante Fallgruppen betreffen insofern logistische Dienstleistungen (Fall 7b), die Verschaffung

---

612 In der (veröffentlichten) Rechtsprechung finden sich solche Mafiafälle zwar nicht, dafür jedoch als (fiktive) Fallbeispiele in Zeitschriftenartikeln, vgl. *Gallandi*, wistra 1989, 125 (127).

613 BGH NStZ 2018, 328. Dieser Fall ist auch von den Praxispartnern des Forschungsprojekts OK 3.0 für die Zwecke der Aktenanalyse vorgeschlagen worden. Auf ihn soll daher im Rahmen der empirischen Untersuchung näher eingegangen werden.

614 Vgl. *Franzen*, NK 2008, 94 (95), der auf zahlreiche empirische Befunde verweist, nach denen vor allem junge, gebildete, selbstständige Männer zur Steuerhinterziehung neigen.

von Hilfsmitteln zur Tatbegehung (Fall 7c)[615] und die Versorgung illegaler Betriebe mit Konsumgütern (Fall 7a). Als besonderer Aspekt, der bei Sachverhalten organisierter Kriminalität in die wertende Betrachtung einzubeziehen ist, kommt nach hier vertretener Ansicht die Zugehörigkeit des Täters zu einer Gruppierung der organisierten Kriminalität in Betracht. Soweit der Tatfördernde von diesem Umstand Kenntnis hat, kann darin ein Anhaltspunkt für den deliktischen Sinnbezug (bzw. die fehlende Sozialadäquanz) der Handlung gesehen werden.

c) Ergebnis zur Beihilfe

In diesem Abschnitt wurden Tatkonstellationen thematisiert, die an der unteren Grenze strafbaren Verhaltens zu verorten sind. Abgrenzungsfragen bestehen somit nicht in der Beziehung der Beihilfe zu anderweitigen Beteiligungsformen, sondern zu straflosem Verhalten. Näher eingegangen wurde auf die Fallgruppen der psychischen Beihilfe durch organisationsbezogene Handlungen sowie der Beihilfe durch neutrale Verhaltensweisen. Die erstgenannte Fallgruppe ist erst vor kurzem vom BGH entwickelt worden. Für den Beihilfecharakter einer Handlung soll es demnach ausreichen, wenn diese – ohne an sich kriminelle Relevanz zu haben – innerhalb eines organisatorischen Zusammenschlusses erbracht wird und den Führungspersonen als Bestärkung in der Verfolgung ihrer kriminellen Ziele dient. Es bleibt abzuwarten, ob diese Variante der Beihilfe künftig auch auf Fälle organisierter Kriminalität Anwendung findet. Gänzlich ausgeschlossen ist dies jedenfalls nicht. Die zweite Fallgruppe, Beihilfe durch neutrale Handlungen, beschäftigt Wissenschaft und Rechtsprechung schon seit längerer Zeit, ohne dass sich jedoch eine einheitliche Linie bei der dogmatischen Behandlung ergeben hätte. Gemeinsam ist beiden Fallgruppen, dass bereits die Nähe zu kriminellen Gruppierungen dazu führen kann, dass eine an und für sich unbedenkliche Handlung strafrechtliche Relevanz erhält. Austausch- und Kooperationsverhältnisse mit entsprechenden Gruppierungen gehen also stets mit einem gewissen Strafbarkeitsrisiko einher.

---

615 Besonders relevant erscheint in dieser Hinsicht auch der Fall BGH NStZ 2018, 328, in dem es um den Verkauf einer Zigarettenherstellungsmaschine geht.

6. Verbrechensverabredung

Bei der Verbrechensverabredung handelt es sich um eine Vorstufe der Beteiligung. Sie knüpft die Bestrafung nicht an die Beeinträchtigung eines Rechtsguts. Vielmehr setzt sie – in zeitlicher Hinsicht – früher an. Der Tatbestand des § 30 Abs. 2 Alt. 3 StGB führt mithin zu einer Vorverlagerung der Strafbarkeit und ähnelt insofern dem Tatbestand des § 129 StGB und – je nach vertretener Ansicht – auch den Bandendelikten.[616] Vor diesem Hintergrund wäre also auch eine Darstellung im Zusammenhang mit diesen Delikten (unter D.II.) denkbar. Aufgrund des allgemeinen Charakters der Verbrechensverabredung erscheint jedoch die Verortung in diesem Kapitel passender. Nach einem Beispielsfall soll zunächst auf die Relevanz der Rechtsfigur im Allgemeinen eingegangen werden. Im Anschluss daran soll – ausgehend von Theorien zum Strafgrund der Verbrechensverabredung – deren Relevanz für Sachverhalte organisierter Kriminalität untersucht werden.

a) Fall 8: Geplanter Überfall auf einen Schleuser[617]

Einer der fünf Angeklagten (A) lernte in einem Café in Köln den Pakistaner O kennen, der ihm gegenüber angab, auf der Durchreise zu sein. Er sei in Belgien gewesen, 12 Personen habe er dorthin geschleust. Für jede geschleuste Person habe er 10.000 Euro erhalten. A ging dementsprechend davon aus, dass O 120.000 Euro mit sich führte, und fragte ihn im Verlaufe des Gespräches, in welchem Hotel er einquartiert sei. O nannte ihm daraufhin den Namen des Hotels. A unterrichtete die anderen vier Angeklagten, zu denen er ein sehr vertrautes Verhältnis hatte, über seine Bekanntschaft mit O. Er schlug ihnen vor, in das Hotelzimmer ein- und den Safe aufzubrechen, in dem er die 120.000 Euro vermutete, und sodann das Geld zu entwenden. Er wies sie darauf hin, dass nicht allzu viel Zeit verbleibe, die Tat zu begehen, da O bereits in wenigen Tagen wieder abreisen werde. Sie stimmten dem Vorschlag des A zu und kamen überein, den Überfall am folgenden Tag zu begehen. Der Plan sah – neben der Beschaffung diverser Einbruchswerkzeuge – vor, dass A sich mit dem O in der Kölner

---

616 Vgl. *Krings*, Die strafrechtlichen Bandennormen, S. 70, nach der auch der Strafgrund für die bandenmäßige Begehung in einer besonderen Gefahr im Vorbereitungsstadium zu sehen sei.

617 LG Köln BeckRS 2017, 159137.

Innenstadt verabreden solle, um so die Abwesenheit des O sicherzustellen. Gleichzeitig sollten zwei Freundinnen des A leicht bekleidet in das Hotel gehen, in dem O untergebracht war, und an der Rezeption mit dem Verweis auf bestellte Prostitutionsdienstleistungen nach der Zimmernummer des O fragen. Der Plan wurde auch umgesetzt, allerdings lehnte es die Empfangsperson an der Rezeption unter Berufung auf Datenschutzvorgaben ab, die Zimmernummer herauszugeben. Angesichts dieses Umstandes gaben die Angeklagten den Plan auf und sahen von einem erneuten Anlauf mit Blick auf die erwartete baldige Abreise des O ab.[618]

b) Allgemeine Relevanz der Verbrechensverabredung

In tatbestandlicher Hinsicht setzt die Verbrechensverabredung nach § 30 Abs. 2 Alt. 3 StGB die gegenseitige Zusage mittäterschaftlicher Tatbeiträge voraus,[619] was dazu führt, dass die Verbrechensverabredung in der Regel Durchgangsstadium einer jeden mittäterschaftlichen Tatbegehung ist.[620] Auch wenn dementsprechend der Tatbestand des § 30 Abs. 2 Alt. 3 StGB häufig verwirklicht ist, spielt er in der Praxis eine nur untergeordnete Rolle.[621] Die geringe praktische Bedeutung des Tatbestands dürfte zum einen darauf zurückzuführen sein, dass der Tatbestand in konkurrenzrechtlicher Hinsicht sowohl hinter dem vollendeten als auch hinter dem versuchten Delikt (im Wege materieller Subsidiarität) zurücktritt.[622] Zum anderen könnten auch ermittlungstaktische Gründe eine Rolle spielen. Zu beachten ist nämlich, dass der Nachweis einer Verbrechensverabredung ungleich schwerer zu führen ist als der Nachweis einer vollendeten (oder auch

---

618 Durch das betreffende Urteil wurden die Angeklagten (unter anderem) wegen Verabredung zu einem schweren Bandendiebstahl schuldig gesprochen.

619 Laut BGH muss sich die Verabredung auf die Erbringung mittäterschaftlicher Tatbeiträge beziehen. Gehilfenhand-lungen reichen dagegen nicht aus. Vgl. BGH NStZ 1982, 244, wo in teleologischer Hinsicht angeführt wird, dass § 30 Abs. 2 StGB „eine Vorstufe zur Mittäterschaft oder gemeinsamen Anstiftung" sei.

620 Anders dürfte dies zum Beispiel bei der sog. sukzessiven Mittäterschaft sein, bei der eine hinreichend konkrete Zusage der Tatbeiträge im Voraus gerade nicht stattgefunden hat.

621 So kam die Verbrechensverabredung im Rahmen der Datenbankanalyse nur zwei Mal vor.

622 Auch zu erwägen wäre, ob es sich nicht eher um ein Konsumtionsverhältnis handelt. Die Frage hängt im Wesentlichen davon ab, welches Rechtsgut § 30 Abs. 2 Alt. 3 StGB schützen soll – den öffentlichen Frieden (dann Konsumtion) oder das Rechtsgut des jeweiligen verabredeten Delikts des Besonderen Teils.

versuchten) Tat. Denn die Verabredung als solche stellt im Wesentlichen nur einen inneren Tatbestand dar. Dies gilt insbesondere für die von § 30 Abs. 2 Alt. 3 StGB vorausgesetzte hinreichende Ernsthaftigkeit[623] des Vorhabens. Deswegen besteht die Vermutung, dass Ermittlungsbehörden eher abgeneigt sein dürften, lediglich auf der Grundlage einer Verbrechensverabredung den Zugriff auf die jeweils verdächtigen Personen vorzunehmen. In ermittlungstaktischer Hinsicht erscheint es vielmehr ratsam, den Eintritt einer Tat ins Versuchsstadium abzuwarten, sodass die spätere Anklage auf eine festere Grundlage gestellt werden kann.[624] Ein weiterer Aspekt, auf den *Schoreit* hinweist, besteht darin, dass die Verabredung von Straftaten in der Praxis häufig nur in polizeirechtlicher Hinsicht Berücksichtigung finde. Die strafrechtliche Dimension der Verabredung einer Straftat, also der Tatbestand des § 30 Abs. 2 Alt. 3 StGB, werde dagegen nicht selten schlicht übersehen.[625]

c) Relevanz der Verbrechensverabredung für Sachverhalte organisierter Kriminalität

Um Eignung und Relevanz der Verbrechensverabredung für Sachverhalte organisierter Kriminalität zu untersuchen, soll im Folgenden auf den Strafgrund der Verbrechensverabredung näher eingegangen werden. Ähnlich wie schon bei der Anstiftung liegt dieser Herangehensweise die Prämisse zugrunde, dass sich Strafgrunderwägungen auch auf die Anwendung der jeweiligen Norm auswirken. Dabei sollen nicht sämtliche vertretenen Theorien dargestellt werden, sondern nur solche, die eine besondere Relevanz für den Bereich der organisierten Kriminalität aufweisen bzw. nahelegen.[626]

Nach einer Ansicht ist der Strafgrund der Verbrechensverabredung darin zu sehen, dass sie – im Vergleich zum Tatentschluss eines Einzeltäters – zu

---

623 Schönke/Schröder/*Heine/Weißer* § 30 Rn. 29.

624 So war die Ermittlungsbehörde im Fall 8 („Geplanter Überfall auf einen Schleuser") über die Planung der Tat informiert. Der Zugriff sollte jedoch erst stattfinden, sobald die Tatbegehung unmittelbar bevorgestanden hätte, LG Köln BeckRS 2017, 159137 [Gründe II.2.a)aa)(1)].

625 *Schoreit*, MDR 1992, 1013 (1015).

626 Nicht eingegangen wird dementsprechend etwa auf die Theorie von *Jakobs*, ZStW 97 (1985), 751 (775), der den Strafgrund in der Verletzung von „flankierende[n] Normen" sieht.

einer erhöhten Willensbindung führt.[627] Wo ein Einzeltäter aufgrund zwischenzeitlicher Bedenken in der Regel ohne Probleme von der Tatbegehung Abstand nehmen könne, sei dies im Kontext einer gegenseitigen Zusage ungleich schwerer. Dieser Effekt dürfte umso stärker ausgeprägt sein, je mehr Personen Teil der Verabredung sind. Das (nachträgliche) Abrücken von der Zusage bedeute nämlich in der Regel eine Enttäuschung entgegengebrachten Vertrauens und dürfte aus diesem Grund nicht selten negative Folgen nach sich ziehen[628] – nicht zuletzt, weil die betreffende Person über die geplante Tat im Bilde und insofern für die übrigen Beteiligten ein Risikofaktor ist.[629]

Im Zusammenhang mit organisierter Kriminalität kommt dieser Aspekt in besonderem Maße zur Geltung. So kann enttäuschtes Vertrauen oder illoyales Verhalten zu schweren Sanktionen oder zumindest zu sozialer Ausgrenzung führen.[630] An der (möglichen) Folge sozialer Ausgrenzung wird auch deutlich, dass im Zusammenhang mit *nicht* organisierter Kriminalität nicht in gleichem Maße von einer erhöhten Willensbindung auszugehen ist. Ein Gelegenheitstäter verliert mit dem Abrücken von einem kriminellen Vorhaben in der Regel nicht sein soziales Umfeld.

Des Weiteren ist *Letzgus* der Ansicht, dass generell bei der Bestrafung von Vorbereitungshandlungen „die präventive Funktion des Strafrechts gegenüber der repressiven eindeutig im Vordergrund stehen" müsse.[631] Nach

---

627 Vgl. *Letzgus*, Vorstufen der Beteiligung, S. 128 ff., der den Kontrollverlust zwar nicht unmittelbar als Strafgrund für die Verbrechensverabredung anführt, vielmehr bezieht er sich primär nur auf die Anstiftung. Allerdings versteht er die Verabredung als eine „ein- oder wechselseitige Anstiftung", auf welche die Erwägungen zur Anstiftung mit Blick auf die „verschiedenartigen suggestiven Einflüsse" übertragbar seien (S. 130).

628 Vgl. *Roxin*, Strafrecht AT, 28/45, der auf den „ausscheidende[n] Komplottant[en]" generell „erhebliche Repressalien" zukommen sieht.

629 Diesen Aspekt sieht auch *Becker*, Der Strafgrund der Verbrechensverabredung, S. 206, als wesentlich an, allerdings zieht sie daraus umgekehrte Schlüsse. Die Möglichkeit des (ehemaligen) Komplottanten, die Strafverfolgungsbehörden über die Tatpläne in Kenntnis zu setzen, verschaffe ihm eine „gewisse Machtposition" – weshalb von einer erhöhten Willensbindung keine Rede sein könne.

630 Vgl. *Rebscher/Vahlenkamp*, Organisierte Kriminalität, S. 97, in deren Interviews teilweise von „relativ „feste[n] System[en]" innerhalb einzelner Gruppierungen die Rede war. Die negativen Folgen von illoyalem Verhalten werden etwa daran versinnbildlicht, dass § 31 BtMG, in dem die Strafmilderung bei Aufklärungshilfe geregelt ist, in entsprechenden Milieus als „Judasparagraf" bezeichnet wird und bisweilen auch in Rap-Songs im Sinne eines Schimpfwortes („31er") verwendet wird, *Dienstbühl*, Clankriminalität, S. 35 f.

631 *Letzgus*, Vorstufen der Beteiligung, S. 120.

dieser Ansicht soll durch die Strafbarkeit der Verbrechensverabredung vor allem ein Beitrag zur Gefahrenabwehr geleistet werden. Eine ähnliche Ansicht vertritt auch *Jakobs*, der den Zweck der Vorverlagerung der Strafbarkeit unter anderem darin sieht, der Polizei in einem Stadium, in dem es eigentlich noch um die Gefahrenabwehr geht, bereits repressive Mittel zur Verfügung zu stellen. Gemeint sein kann damit etwa der Zugriff auf die Verdächtigen, aber auch der Einsatz von Verdeckten Ermittlern nach § 110a StPO. Nach *Jakobs* würden „die Grenzen des zur Prävention Erlaubten um das zur Repression Erlaubte erweitert".[632] Auch äußert er die Vermutung, dass die so begründete Vorverlagerung vor allem der Bekämpfung von organisierter Kriminalität dienen solle.[633] Zudem sieht er in § 30 StGB einen Anwendungsfall des (auf Prävention ausgerichteten) sog. Feindstrafrechts.[634] Zustimmend, wenn auch in der Sache kritisch, äußert sich in diesem Zusammenhang *Zaczyk*, der § 30 StGB für einen „polizeirechtlichen Fremdkörper im Allgemeinen Teil" hält.[635] *Schoreit* führt indes an, dass Ermittlungsmaßnahmen, soweit sie anlässlich eines Verdachts wegen einer Tat nach § 30 StGB erfolgen, *repressive* Polizeiarbeit darstellten – und es sich insofern nicht um präventive Polizeiarbeit handele.[636] Dieser Einwand ist formaljuristisch sicherlich zutreffend. In rechtspolitischer Hinsicht erscheint es jedoch sehr wohl überzeugend, davon auszugehen, dass mit der Sanktionierung der Verbrechensverabredung im Ergebnis vor allem die präventive Polizeiarbeit gestärkt werden soll – sowohl durch früher

---

632 *Jakobs*, ZStW 97 (1985), 751 (752). In diesem Zusammenhang sei angemerkt, dass – je nach intendiertem Delikt – auch Vorbereitungshandlungen nach § 30 StGB als Katalogtaten (etwa im Sinne von § 110a Abs. 1 StPO) in Betracht kommen, vgl. *Schnarr*, NStZ 1990, 257 (259 ff.).

633 So sei es kein Zufall, dass „einige notorische Bereiche vorverlagerter Strafbarkeit mit einigen notorischen Bereichen verdeckter polizeilicher Tätigkeit identisch" seien, *Jakobs*, ZStW 97 (1985), 751 (752).

634 *Jakobs*, HRRS 2004, 88 (94). Der Begriff des Feindstrafrecht ist nicht scharf umrissen, im Kern hebt der Begriff auf die Funktion des Strafrechts ab, den Straftäter als Feind der gesellschaftlichen Ordnung zu bekämpfen. Freilich ist – auch nach dem Verständnis dieser Lehre – nicht jeder Straftäter als Feind in diesem Sinne anzusehen. Insbesondere bei leichteren Taten soll ein Straftäter nicht seinen bürgerlichen Status verlieren, vgl. insofern auch *Jakobs*, HRRS 2004, 88 (88), der dem Feindstrafrecht das „Bürgerstrafrecht" gegenüberstellt.

635 NK-StGB/*Zaczyk* § 30 Rn. 1.

636 *Schoreit*, MDR 1992, 1013 (1016).

ansetzende Zugriffsmöglichkeiten als auch durch die Anwendbarkeit von Befugnissen der StPO.[637]

d) Ergebnis zur Verbrechensverabredung

Die Verbrechensverabredung hat im Vergleich zu den Beteiligungsformen des Allgemeinen Teils eine nur untergeordnete Bedeutung. Soweit es um Konstellationen geht, in denen die Ermittlungsbehörden trotz Kenntnis der bevorstehenden Tat erst nach Eintritt in das Versuchsstadium eingreifen, ist zu gewärtigen, dass der Nachweis einer versuchten (oder vollendeten)[638] Straftat im gerichtlichen Verfahren wesentlich leichter zu erbringen ist als eine (bloße) Verabredung. Dass der Tatbestand der Verbrechensverabredung jedoch für Sachverhalte organisierter Kriminalität von besonderer Bedeutung ist, lässt sich anhand von Erwägungen zum Strafgrund des § 30 Abs. 2 Alt. 3 StGB erkennen. So ist davon auszugehen, dass die Verabredung einer Straftat innerhalb von Gruppierungen der organisierten Kriminalität in besonderem Maße eine Bindungswirkung entfalten kann – und deswegen bereits in diesem Vorstadium der Straftat ein Strafbedürfnis besteht. Dass der Strafgrund der Verbrechensverabredung zudem in der Erweiterung präventivpolizeilicher Aktionsmöglichkeiten gesehen wird, spricht ebenfalls für dessen Relevanz im Zusammenhang mit organisierter Kriminalität.

7. Ergebnis zur Anwendung der Beteiligungsformen des StGB auf Sachverhalte organisierter Kriminalität

Die Untersuchung der verschiedenen Beteiligungsformen zeigte an verschiedenen Stellen, dass bei der rechtlichen Behandlung von Sachverhal-

---

637 Zwar ähneln sich die Befugnisse der Polizeigesetze und der Strafprozessordnung weitgehend, allerdings sehen die StPO-Normen in der Regel – wenn auch nur geringfügig – niedrigere Voraussetzungen vor. Vgl. etwa § 20 Abs. 1 PolG NRW und § 110a Abs. 1 StPO, die jeweils den Einsatz eines Verdeckten Ermittlers regeln. Restriktiver ist die polizeirechtliche Befugnisnorm etwa im Hinblick auf das Recht zum Betreten einer Wohnung ausgestaltet, vgl. § 20 Abs. 3 PolG NRW.

638 Vor allem bei observierten Betäubungsmitteldelikten dürfte der Zugriff häufig erst nach der Übergabe der Betäubungsmittel, also erst nach Vollendung der Tat erfolgen. Dies beruht auf der Erwägung, dass bei entsprechenden Delikten der Eintritt eines materiellen Schadens auch nach der Vollendung noch (problemlos) verhindert werden kann.

ten organisierter Kriminalität eine Tendenz zur Erweiterung des Anwendungsbereichs der jeweiligen Beteiligungsform besteht. Dies betrifft etwa die Mittäterschaft des Bandenchefs, die psychische Mittäterschaft ideologischer Führungspersonen, die mittelbare Täterschaft von Organisatoren eines Machtapparates und die psychische Beihilfe durch organisationsbezogene Handlungen. Diese Anwendungsbereichserweiterungen lassen erkennen, dass das Beteiligungssystem in seiner hergebrachten Form bei der rechtlichen Bewältigung organisierter Kriminalität zu Ergebnissen führt, die offenbar nicht mit der im Einzelfall empfundenen Strafwürdigkeit übereinstimmen. Der Grund für die offenbar bestehende Diskrepanz zwischen Strafwürdigkeitserwägungen und deren Umsetzbarkeit durch das Beteiligungssystem des StGB ist insbesondere darin zu sehen, dass sich die Wirkungsweisen und Einflussfaktoren innerhalb einer Organisation nicht ohne Weiteres mit den Kategorien der Beteiligungslehre beschreiben lassen. So fällt es bei einem Bandenchef einerseits zwar schwer, im Sinne einer mittäterschaftlichen Begehung von einem gemeinsamen Tatentschluss und einem arbeitsteiligen Vorgehen zu sprechen. Andererseits bildet auch die Anstiftung als alternativ in Betracht kommende Beteiligungsform das verwirklichte Unrecht nicht vollständig ab. Denn über die Hervorrufung des Tatentschlusses hinaus nimmt der Bandenchef in hohem Maße Einfluss auf Täter und Tatgeschehen, sodass im eigentlichen Sinne er als die Hauptfigur erscheint. Ähnliches gilt auch für die mittelbare Täterschaft kraft Organisationsherrschaft, deren Einführung eine (vermeintliche) Erfassbarkeitslücke im Beteiligungssystem des StGB beim rechtlichen Umgang mit kollektiver Kriminalität besonders sichtbar werden lässt.

Die bislang zur psychischen Mittäterschaft und zur psychischen Beihilfe durch organisationsbezogene Handlungen ergangenen Entscheidungen betreffen zwar jeweils keine Sachverhalte der organisierten Kriminalität im engeren Sinne. Die dort angestellten Erwägungen sind jedoch insofern auf den Bereich organisierter Kriminalität übertragbar, als zur Begründung der jeweiligen Rechtsfiguren im Wesentlichen auf organisatorische Funktionen und weniger auf zugrundeliegende ideologische Tatmotive abgestellt wird. Mithin erscheint nicht ausgeschlossen, dass diese neu geschaffenen Rechtsfiguren auch auf Sachverhalte organisierter Kriminalität im engeren Sinne angewendet werden könnten.

Eine Sonderstellung nimmt die Verbrechensverabredung gemäß § 30 Abs. 2 Alt. 3 StGB ein. Diese scheint sich zwar für eine Anwendung auf Fälle organisierter Kriminalität in besonderem Maße anzubieten, kommt aber – wohl aus konkurrenzrechtlichen Gründen – in der Praxis eher selten vor.

Letztlich dürfte diesem Tatbestand im Zusammenhang mit organisierter Kriminalität jedoch insofern eine gewisse (praktische) Bedeutung zukommen, als sein rechtspolitischer Zweck unter anderem in der Erweiterung präventivpolizeilicher Befugnisse zu sehen ist.

II. Spezielle Anknüpfungspunkte im materiellen Recht bei kollektiver Tatbegehung

In den Ausführungen zu den Beteiligungsformen des Allgemeinen Teils wurde vor allem im Zusammenhang mit der Mittäterschaft von kollektivem Handeln gesprochen. So wurde darauf hingewiesen, dass es bei der mittäterschaftlichen Begehung nach teilweise vertretener Ansicht um das Handeln einer „Kollektivperson" gehe.[639] Ob der mittäterschaftliche Zusammenschluss stets als Kollektiv zu bezeichnen ist, ist zu bezweifeln – was insbesondere in solchen Fällen sichtbar wird, in denen der mittäterschaftliche Zusammenschluss aus lediglich zwei Personen besteht. Im StGB finden sich jedoch auch tatbestandliche Regelungen, die sich speziell auf die Begehung von Straftaten durch ein Täterkollektiv beziehen. Anders als die Beteiligungsformen sind diese nicht im Allgemeinen, sondern im Besonderen Teil des StGB normiert. So wird zum einen in § 129 StGB die Bildung, Mitgliedschaft und Unterstützung einer kriminellen Vereinigung unter Strafe gestellt. Zum anderen ist im Besonderen Teil die bandenmäßige Straftatbegehung geregelt. Diese ist indes nicht in einem separaten, dem § 129 StGB vergleichbaren Tatbestand normiert, sondern nur sektoral, nämlich in zahlreichen Deliktstatbeständen, entweder als Qualifikation oder als Regelbeispiel eines besonders schweren Falles.

Im Folgenden soll untersucht werden, welche Rolle diese Kollektivtatbestände bei der rechtlichen Bewältigung der organisierten Kriminalität ausfüllen, insbesondere, ob sich kriminelle Vereinigung, Bande und organisierte Kriminalität begrifflich überschneiden. Zu beachten ist, dass organisierte Kriminalität – anders als kriminelle Vereinigung und Bande – kein normativer Begriff ist. Zur rechtlichen Einordnung der organisierten Kriminalität erscheint es jedoch sinnvoll, über die Abgrenzung zwischen diesen thematisch verwandten Phänomenen Klarheit zu gewinnen. Zunächst soll die Anwendbarkeit von § 129 StGB auf Sachverhalte organisierter Kriminalität

---

639 Siehe unter D.I.2.

thematisiert werden. Sodann wird das Verhältnis zwischen bandenmäßiger Straftatbegehung und organisierter Kriminalität näher beleuchtet. In einem dritten Abschnitt wird die Strafzumessung in den Blick genommen, wobei ebenfalls die Frage nach der Erfassung kollektiver Aspekte der Tatbegehung im Vordergrund steht.[640]

1. Kriminelle Vereinigung nach § 129 StGB

Die kriminelle Vereinigung ist in § 129 StGB geregelt. Nach Abs. 1 dieser Norm wird bestraft, wer eine kriminelle Vereinigung, deren Zweck oder Tätigkeit auf die Begehung nicht unerheblicher Straftaten gerichtet ist, gründet, sich an ihr als Mitglied beteiligt oder sie – ohne Mitglied zu sein – unterstützt. Entscheidendes Merkmal ist das Vorliegen einer solchen Vereinigung. Der Begehung einer (anderweitigen) Straftat oder einer konkreten Rechtsgutsverletzung bedarf es nicht. Anders als in den bisherigen dogmatischen Ausführungen geht es also bei der kriminellen Vereinigung nicht um eine bestimmte Art der Tatbegehung, sondern um das Kollektiv als solches. Von der Norm selbst werden keine Deliktsbereiche oder Kriminalitätsfelder ausgenommen.[641] Deswegen würde für einen unvoreingenommenen Anwender der Norm wohl auch keine Veranlassung bestehen, die Anwendbarkeit auf Sachverhalte der organisierten Kriminalität infrage zu stellen. Jedoch entsprach es – bis zur Änderung der Norm im Jahr 2017[642] – der herrschenden Auffassung in der Rechtsprechung, dass Gruppierungen organisierter Kriminalität regelmäßig nicht unter § 129 StGB a.F. zu fassen waren.[643] Im Folgenden soll sowohl die alte als auch die neue Rechtslage anhand von Beispielsfällen überblicksartig dargestellt werden. Im Fokus steht dabei jeweils die Frage, ob und inwieweit Gruppierungen organisierter Kriminalität unter § 129 StGB zu subsumieren sind bzw. waren.

---

640 Dass kollektive Aspekte auch im Rahmen der Strafzumessung Berücksichtigung finden können, zeigte sich bereits im Rahmen der Datenbankanalyse.

641 In systematischer Hinsicht lässt sich aus dem Tatbestand des § 129a StGB schlussfolgern, dass terroristische Vereinigungen offenbar nicht unter § 129 StGB fallen.

642 54. Gesetz zur Änderung des StGB vom 17.07.2017 – Umsetzung des Rahmenbeschlusses 2008/841/JI des Rates vom 24. Oktober 2008 zur Bekämpfung der organisierten Kriminalität (BGBl. 2017 I, S. 2440).

643 *Tröndle/Fischer* StGB, 51. Aufl. (2003) § 129 Rn. 7.

a) Beispielsfälle

aa) Fall 9a: Zigarettenschmuggel[644]

Die beiden Angeklagten waren Mitglieder einer hierarchisch strukturierten Gruppierung, die darauf ausgerichtet war, durch den Schmuggel und Absatz unversteuerter Zigaretten einen möglichst hohen Gewinn zu erzielen. So organisierten die Angeklagten in einem Fall die Einfuhr von 2.240.000 unversteuerten Zigaretten ins Zollgebiet der Europäischen Gemeinschaft. Während des Transportes entwendete ein Mitwirkender einen Teil der Zigaretten, wofür die Angeklagten im Nachhinein eine Ausgleichszahlung in Höhe von 150.000 Euro verlangten und für den Fall der Nichtzahlung mit Anwendung körperlicher Gewalt drohten. In zwei weiteren Fällen verkauften sie unversteuerte Zigaretten aus Lagern in Koblenz und Mühlheim und hinterzogen dadurch Steuerbeträge in Höhe von 58.000 bzw. 125.000 Euro.

bb) Fall 9b: Gründung eines lokalen Charters einer Rockergruppierung[645]

Bei den Hells Angels handelt es sich um einen weltweit agierenden Zusammenschluss von Rockern. Organisatorisch ist die Gruppierung in Chartern untergliedert, die jeweils in größeren Städten vorzufinden sind. In Köln gab es mehrere rivalisierende Gruppen, die für sich die Inhaberschaft des dortigen Charters in Anspruch nahmen. Eine Entscheidung darüber, wem die Inhaberschaft zuteilwerden sollte, wurde auf einer Zusammenkunft hochrangiger Mitglieder in Griechenland getroffen. Die Wahl fiel dabei auf diejenige Gruppe, der auch der Angeklagte angehörte. Die Mitglieder des sich daraufhin konstituierenden Charters wählten den Angeklagten zum „President" des Charters. Der Angeklagte machte sich diesen neu erworbenen Status zunutze und erlangte die Kontrolle über die Drogengeschäfte in einer Kölner Hochhaussiedlung. Abgesehen von den Drogengeschäften erzielte das Charter auch Einnahmen durch Türsteherdienstleistungen, die von Mitgliedern und Unterstützern des Charters durchgeführt wurden.

---

644 BGH NStZ 2007, 31.
645 LG Köln BeckRS 2017, 159066.

cc) Fall 9c: Sicherstellung von Wertgegenständen durch falsche Polizisten[646]

Der Angeklagte schloss sich mit zwei weiteren Personen in der Türkei zusammen, um betrügerische Telefonanrufe nach Deutschland zu tätigen. Der gemeinsame Plan sah vor, dass der (in der Türkei befindliche) Anrufer sich als Polizeibeamter ausgeben und den Angerufenen – angesichts einer angeblichen akuten Gefährdungslage – dringend empfehlen sollte, Wertgegenstände sicherstellen zu lassen. Angerufen wurden insbesondere ältere Menschen, da bei diesen eine gewisse Leichtgläubigkeit vermutet wurde. Für die vorgebliche Sicherstellung der Wertgegenstände standen mehrere Kontaktpersonen in Deutschland bereit. Diese begaben sich, sobald ein Opfer in die Sicherstellung bzw. Herausgabe einwilligte, an dessen Wohnort und nahmen die Wertgegenstände entgegen. Im Anschluss wurden die Wertgegenstände an Mittelsmänner übergegeben, die den Transport in die Türkei vornahmen.

dd) Fall 9d: Hawala-Banking[647]

Der Angeklagte erfüllte innerhalb einer Gruppierung, die Hawala-Banking-Dienste[648] anbot, verschiedene Aufgaben. So war er zunächst als Buchhalter tätig, sodann war ihm die Aufgabe zugewiesen, Bargeld von Kunden, die eine Überweisung in Auftrag gegeben haben, abzuholen und dem Hawaladar zu überbringen. Auf diese Weise wirkte der Angeklagte insgesamt an illegalen Überweisungen in Höhe von knapp 9 Mio. Euro mit.

---

646 BGH NJW 2021, 2813.

647 BGH NJW 2021, 2979.

648 Hawala-Banking (Hawala = arabisch für Transfer oder Vertrauen) dient dazu, Geld an eine Person zu überweisen, ohne dass dieser Vorgang der Finanzaufsicht bekannt wird. Die Funktionsweise ist vergleichsweise simpel: Um Bargeld an eine Person (meist im Ausland) zu überweisen, wird das Geld einem Händler, dem sog. Hawaladar, übergeben. Dieser weist einen Hawaladar im Zielort an, den entsprechenden Geldbetrag (abzüglich einer Kommission) aus seinem eigenen Vermögen an den Adressaten auszuzahlen. Der ausgezahlte Betrag muss nun von dem anweisenden Hawaladar ersetzt werden, was entweder durch Überbringung von Bargeld oder durch Saldierung geschieht. Zwischen den Hawaladaren werden in der Regel keine Kreditsicherheiten gewährt bzw. verlangt, vielmehr beruht das System ausschließlich auf Vertrauen. Nähere Einzelheiten zu diesem Phänomen, insbesondere zu dessen (hoher) Relevanz im Zusammenhang mit organisierter Kriminalität: *Wendt*, Kriminalistik 2022, 451 ff.

b) Anwendbarkeit des § 129 StGB auf Gruppierungen organisierter Kriminalität

Die Frage der Anwendbarkeit bestimmter Sondervarianten einzelner Beteiligungsformen auf Sachverhalte organisierter Kriminalität wurde im Rahmen dieser Arbeit bereits mehrfach aufgegriffen.[649] Dabei ging es insbesondere um solche Varianten, die von der Rechtsprechung eigens entwickelt wurden, um kriminelles Verhalten politisch bzw. ideologisch motivierter Gruppierungen besser abbilden zu können. Bei der kriminellen Vereinigung stellt sich die Situation anders dar. Die kriminelle Vereinigung ist nämlich im Gesetz als Rechtsfigur bereits vorgesehen. Dass die Anwendbarkeit auf organisierte Kriminalität fraglich ist, ergibt sich nicht ohne Weiteres aus dem Gesetz, sondern im Wesentlichen erst aus der Handhabung durch die Rechtsprechung. Zur Veranschaulichung der Problematik wird im Folgenden zunächst auf die Rechtslage eingegangen, wie sie vor der Reform des Jahres 2017 bestanden hatte. Dadurch soll insbesondere der Änderungsbedarf herausgearbeitet werden, der besagte Reform erforderlich gemacht hatte. Im Anschluss daran erfolgt eine Auseinandersetzung mit der aktuellen Rechtslage.

aa) Rechtslage vor der Reform des Jahres 2017

Vor der Reform ergaben sich lediglich aus § 129 Abs. 1 StGB (a.F.)[650] Anhaltspunkte dafür, was unter einer kriminellen Vereinigung zu verstehen ist. Dem Normtext nach stand die Beteiligung an einer Vereinigung unter Strafe, „deren Zwecke oder deren Tätigkeit darauf gerichtet [ist], Straftaten zu begehen".[651] Dieser Umschreibung ließen sich indes kaum konkrete Kriterien entnehmen, nach denen eine begriffliche Umgrenzung der kriminellen Vereinigung (und insbesondere eine Abgrenzung zum Begriff der Bande) möglich gewesen wäre. Mithin war es der Rechtsprechung anheimgestellt, entsprechende Kriterien zu entwickeln. Eine Definition nahm der BGH in einer Entscheidung aus dem Jahr 1983 vor, in der es um eine illegale Ar-

---

649 Vgl. die Ausführungen zur mittelbaren Täterschaft kraft Organisationsherrschaft unter D.I.3.c), zur psychischen Mittäterschaft unter D.I.2.b)bb) oder zur psychischen Beihilfe durch organisationsbezogene Handlungen unter D.I.5.a).

650 Der erste Absatz ist durch die Reform unverändert geblieben.

651 In der Form des (ersten) Strafrechtsänderungsgesetzes (BGBl. 1951 I, S. 744).

beitnehmerüberlassung im Baugewerbe ging. Demnach sei eine kriminelle Vereinigung ein

„auf Dauer angelegter organisatorischer Zusammenschluss von mindestens drei Personen (...), die bei Unterordnung des Willens des Einzelnen unter den Willen der Gesamtheit gemeinsame Zwecke verfolgen und unter sich derart in Beziehung stehen, dass sie sich untereinander als einheitlicher Verband fühlen."[652]

Diese Definition lässt sich in vier verschiedene Komponenten unterteilen – eine zeitliche, eine personelle, eine voluntative und eine organisatorische.[653] Die Anforderungen in zeitlicher und personeller Hinsicht stimmten zumindest ab dem Jahr 2001[654] mit den entsprechenden Voraussetzungen der Bande überein, weswegen über diese Komponenten eine Abgrenzung zur Bande nicht möglich war. Abzustellen war insofern auf die voluntative („Gesamtwille") und organisatorische („einheitlicher Verband") Komponente. Zu berücksichtigen ist, dass diese beiden Kriterien nach Ansicht des BGH nicht losgelöst voneinander zu betrachten waren, vielmehr bestand zwischen ihnen eine Wechselwirkung bzw. Abhängigkeit. Erforderlich sei nämlich „ein durch die Art der Organisation gewährleisteter Gesamtwille [gewesen], dem sich die einzelnen Mitglieder als für sie maßgeblich unterordnen".[655] Wie genau „durch die Art der Organisation" ein solcher Gesamtwille gewährleistet werden sollte, war nach Ansicht des BGH zweitrangig, solange er unter „Einbindung der einzelnen Mitglieder" entstanden sei. Ausgeschlossen wurden dadurch insbesondere solche Gruppierungen, in denen der Gruppenwille per Entscheidung einer autoritären Führungsperson gebildet wird. Soweit also eine Gruppierung hierarchisch strukturiert war – was bei organisierter Kriminalität dem gängigen Verständnis entsprach – unterfiel sie mangels Vorliegens eines entsprechenden Gesamtwillens nicht dem Begriff der kriminellen Vereinigung im Sinne des § 129 StGB a.F.[656] Allerdings seien auch netzwerkartige Zusammenschlüsse nicht

---

652 BGH NJW 1983, 1334 (1334).
653 Vgl. *Maletz*, Kriminalistik 2010, 128 (130).
654 Die Festlegung auf eine Mindestanzahl von drei Personen für eine Bande erfolgte in der Entscheidung BGHSt 46, 321 = NJW 2001, 2266 (2266). Zur Ähnlichkeit der zeitlichen Komponente vgl. unter D.II.2.d)bb).
655 BGH NJW 1992, 1518 (1519).
656 *Sinn/Iden/Pörtner*, ZIS 2021, 435 (436); LK-StGB/*Krauß* § 129 Rn. 15; vgl. auch BGH NJW 1992, 1518, wo es in Bezug auf eine Gruppierung aus dem Glücksspielmilieu heißt: „Das Vorhandensein eines derartigen Gruppenwillens ist nach den

als kriminelle Vereinigungen anzusehen gewesen, da es ihnen regelmäßig an einer hinreichenden Organisationsstruktur fehle.[657] Die vorrangige Anwendung des § 129 StGB a.F. auf politische bzw. ideologische Gruppierungen sei auch daran zu erkennen gewesen, dass bei diesen das Merkmal des einheitlichen Verbandes in der Regel leichter nachzuweisen sei.[658] So gäben sich entsprechende Gruppierungen häufig einen speziellen (identitätsstiftenden) Gruppennamen, oder es werden Symbole und Wiedererkennungsmerkmale verwendet.[659] Bei Gruppierungen der organisierten Kriminalität seien derartige – auf einen einheitlichen Verband hindeutende – Elemente dagegen kaum anzutreffen.[660]

Abgesehen von definitorischen Aspekten stellte der BGH bei der Abgrenzung zwischen krimineller Vereinigung und Bande auch auf das Rechtsgut ab, das durch § 129 StGB a.F. geschützt werden sollte. Nach Ansicht des BGH sei dies die öffentliche Sicherheit (gewesen),[661] was er im Wesentlichen mit der Eigendynamik begründete, die einer Vereinigung innewohne

---

Feststellungen des LG bei der Organisation, die H leitete, nicht ausreichend belegt. Danach ist davon auszugehen, daß sich die Mitglieder der Gruppe, jeder für sich, allein dem Willen des H unterworfen hatten. Dieser bestimmte individuell und autoritär die für die Gruppe verbindlichen Regeln. Der Wille innerhalb des Personenkreises wurde also nicht unter Einbindung der einzelnen Mitglieder gebildet und hatte sich damit nicht von einer individuellen Einzelmeinung losgelöst".

657 *Dessecker*, NStZ 2009, 184 (187 f.).

658 *Brisach/Maletz-Gaal*, Kriminalistik 2018, 300 (300).

659 Bekannte Beispiele sind etwa die ‚Rote-Armee-Fraktion' oder die ‚Kameradschaft Sturm 34'.

660 Ausnahmen dürften sog. Rockerclubs und Türstehervereinigungen darstellen, die häufig eigene Namen haben, wie etwa die ‚Hells Angels' oder die ‚United Tribuns'. Vgl. auch die Entscheidung LG Köln BeckRS 2017, 159066, die dem Beispielsfall 9b („Gründung eines lokalen Charters einer Rockergruppierung") zugrunde lag. Nach diesem Urteil stelle die Rockergruppierung „Hells Angels" bzw. der jeweilige örtliche Charter eine kriminelle Vereinigung dar. Allerdings erscheint zweifelhaft, ob auch der BGH dies so gesehen hätte. Zwar war wohl von einem einheitlichen Verband auszugehen (vgl. Gruppenname, Symbole, etc.). Allerdings dürfte es an einem kollektiv gebildeten Gesamtwillen gefehlt haben. Denn der Kölner Charter war – wie auch die gesamte Gruppierung – streng hierarchisch strukturiert. Dass es trotz insofern guter Revisionsaussichten nicht zu einer Anfechtung des Urteils kam, dürfte wohl damit zusammenhängen, dass das Urteil auf einer Verständigung beruhte.

661 BGH NJW 1983, 1334 (1335); BGH NJW 1995, 2117 (2118); es gibt jedoch auch abweichende Ansichten, wonach das von § 129 StGB (a.F.) geschützte Rechtsgut nur dasjenige sein könne, welches durch die jeweils geplanten Straftaten beeinträchtigt bzw. gefährdet werde, vgl. OLG München NJW 2007, 2786 (2787); *Puschke*, Vorbereitungstatbestände, S. 353.

und zu einer Gefahr für die Gesamtgesellschaft werden könne. Als Beispiele nannte der BGH Hausbesetzer-Gruppierungen oder Sprengstoffattentäter. Eine ergänzende Begründung, warum das von § 129 StGB a.F. geschützte Rechtsgut in der öffentlichen Sicherheit zu sehen sei, lieferte *Walischewski*, der historische und systematische Erwägungen heranzog.[662] So habe der Gesetzgeber bei Schaffung des § 129 StGB a.F. nur „staatsfeindliche Verbindungen" unter Strafe stellen wollen.[663] Zudem sei – in systematischer Hinsicht – zu bedenken, dass die Regelung im Siebenten Abschnitt des StGB untergebracht sei, in dem Straftaten gegen die öffentliche Ordnung aufgeführt sind. Vor diesem Hintergrund erscheint die Fokussierung auf politisch motivierte Gruppierungen nachvollziehbar, deren Straftaten nicht selten mit einer Gefahr für dieses Rechtsgut einhergehen.[664] Von Straftaten im Zusammenhang mit organisierter Kriminalität sind im Unterschied dazu eher vermögensrelevante Rechtsgüter bedroht, insbesondere (Privat-)Eigentum oder – mit Blick auf Geldwäschestraftaten – der staatliche Steueranspruch.[665]

Im Schrifttum wurde nicht selten darauf hingewiesen, dass die rechtspraktische Bedeutung des § 129 StGB a.F. im Zusammenhang mit organisierter Kriminalität – allenfalls – darin bestehe, auf der Grundlage eines entsprechenden Tatverdachts bestimmte Ermittlungsmaßnahmen durchführen bzw. legitimieren zu können.[666] Darüber hinaus entsprach es – im

---

662 *Walischewski*, StV 2000, 583 (585).

663 Vgl. hierzu auch *Hohmann*, wistra 1992, 85 (85 f.), der insofern mehrere Indizien nennt, etwa die Begründung des Gesetzgebers zum Strafrechtsänderungsgesetz 1950, nach der es beim (zu ändernden) § 129 Abs. 1 StGB a.F. nicht darum gegangen sei, „den politischen Gegner aus dem öffentlichen Leben auszuschalten, sondern nur darum, einen starken Staat aufzubauen und zu erhalten"; für einen noch weiteren rechtshistorischen Blickwinkel vgl. *Eidam*, Der Organisationsgedanke im Strafrecht, 40 ff.

664 Zu denken ist etwa an vandalistische Aktionen oder an Aufmärsche, die insbesondere den Tatbestand des Landfriedensbruchs gemäß § 125 StGB erfüllen.

665 Zwar könnte für eine Betroffenheit der öffentlichen Sicherheit angeführt werden, dass auch insofern gesamtgesellschaftliche Bedrohungswirkungen zu gewärtigen seien. Letztlich handelt es sich dabei jedoch eher um ein langfristiges und abstraktes Gefährdungspotenzial. So können etwa Geldwäscheaktivitäten langfristig dazu führen, dass legale Gewerbebetriebe kaum eine Chance gegen illegal finanzierte Betriebe haben und somit allmählich vom Markt verdrängt werden, vgl. *Jojarth*, Transnational Organized Crime, S. 23.

666 So spricht etwa *Walischewski*, StV 2000, 583 (583), von einer „Instrumentalisierung"; laut *Martin*, Kriminalistik 2018, 269 (270), komme der Norm eine „Türöffnerfunktion" zu; *Fischer* StGB § 129 Rn. 4, spricht von einem „Schattendasein als Anknüpfungstatbestand für strafprozessuale Maßnahmen"; ähnlich bereits *Schäfer*, Krimi-

Unterschied zur Rechtsprechung – wohl der mehrheitlichen Ansicht, dass Gruppierungen organisierter Kriminalität grundsätzlich auch kriminelle Vereinigungen im Sinne des § 129 StGB a.f. sein konnten. Die meisten Autoren schienen insofern von einer Überschneidung, nicht aber von einer Kongruenz zwischen ‚krimineller Vereinigung' und ‚organisierter Kriminalität auszugehen.[667] Eine besonders exponierte Ansicht vertrat *Altenhain*. Zwar bezog er sich nicht unmittelbar auf das Verhältnis zwischen organisierter Kriminalität und krimineller Vereinigung, sondern auf das Verhältnis zwischen Bande und krimineller Vereinigung. Allerdings lassen sich insofern Rückschlüsse auf die Einordnung von Gruppierungen organisierter Kriminalität ziehen. *Altenhain* hielt die Begriffe der Bande und der kriminellen Vereinigung für deckungsgleich,[668] wobei § 129 StGB a.f. als Grundtatbestand der Bandendelikte anzusehen gewesen sei. Die Angleichung der beiden Begriffe hätte nach *Altenhain* über eine Anhebung der Bandenkriterien dergestalt erfolgen sollen, dass für das Vorliegen einer Bande ein organisatorischer Zusammenschluss zu fordern sei.[669] Zur Begründung berief er sich darauf, dass die besondere Gefährlichkeit einer Bande nur dann gegeben sei, wenn die Mitglieder in eine Organisation eingebunden seien, über die der Willensbildungsprozess, die Motivierung zur Tatbegehung sowie eine arbeitsteilige Vorgehensweise gewährleistet werden könne. Nach dieser Ansicht hätten Gruppierungen der organisierten Kriminalität mithin regelmäßig als kriminelle Vereinigungen angesehen werden können bzw. müssen. Ganz ähnlich sieht dies auch *Schaefer*, der von § 129 StGB a.f. als *„dem* Tatbestand" spricht, „mit dem die organisierte Kriminalität materiellrechtlich erfaßt" werde.[670]

---

nalistik 1987, 230 (234), der die Funktion des § 129 StGB als „Hebel für das Erlangen einer Telefonüberwachung" umschreibt.

667 Nach LK-StGB/*v. Bubnoff* 10. Aufl. § 129 Rn. 2, sind nämlich zum einen politische Gruppierungen unter den Begriff zu fassen, zum anderen „sonstige rein kriminelle Vereinigungen". Vgl. auch *Walischewski*, StV 2000, 583 (585 f.), der in diesem Zusammenhang von einer „unerwünschte[n] Erfaßbarkeitslücke" spricht, die jedoch nicht dadurch zu schließen sei, § 129 StGB in der Funktion einer Generalklausel auf sämtliche Sachverhalte organisierter Kriminalität anzuwenden.

668 *Altenhain*, ZStW 113 (2001), 112 (141).

669 Ebd., (142); für die davon abweichende (herrschende) Meinung vgl. *Schild*, GA 1982, 55 (72), nach dessen Ansicht das Merkmal der Organisation gerade keine Voraussetzung für das Vorliegen einer Bande sei.

670 *Schaefer*, Vorbeugung und Bekämpfung aus der Sicht der Staatsanwaltschaft, S. 165 (Hervorhebung im Original).

Im Ergebnis waren Rechtsprechungspraxis und Ansichten in der Literatur zur Erfassung von Gruppierungen der organisierten Kriminalität durch § 129 StGB vor der Reform des Jahres 2017 durchaus weit voneinander entfernt. So konnten nach Maßgabe der Rechtsprechung entsprechende Gruppierungen in der Regel nicht unter § 129 StGB gefasst werden. In der Literatur schien hingegen die Ansicht zu überwiesen, dass eine Subsumtion unter § 129 StGB möglich und teilweise sogar intendiert gewesen sei.

bb) Rechtslage nach der Reform des Jahres 2017

Im Zuge des Reformgesetzes von 2017 wurde in § 129 StGB (unter anderem) ein zweiter Absatz eingefügt, in dem sich eine Definition der ‚Vereinigung' findet.[671] Danach ist eine Vereinigung

„ein auf längere Dauer angelegter, von einer Festlegung von Rollen der Mitglieder, der Kontinuität der Mitgliedschaft und der Ausprägung der Struktur unabhängiger Zusammenschluss von mehr als zwei Personen zur Verfolgung eines übergeordneten gemeinsamen Interesses."

Zunächst fällt auf, dass diese Definition zu einem Großteil nur aus Negativkriterien besteht, also auf Umstände abhebt, die *nicht* erfüllt sein müssen. Zu beachten ist jedoch, dass gerade darin das Hauptanliegen des Gesetzesvorhabens (bzw. des zugrundeliegenden Rahmenbeschlusses) zum Ausdruck kommt – nämlich die Erfassung *auch* solcher Gruppierungen, die durch eine hierarchische Struktur geprägt sind. Dass auch Gruppierungen organisierter Kriminalität dem Begriff der Vereinigung unterfallen können (sollen), ergibt sich zum einen somit aus der Definition selbst, zum anderen aber auch aus den Gesetzesmaterialien, wo es heißt: „Auch Tätergrup-

---

671 Dass nur die ‚Vereinigung' und nicht etwa die ‚kriminelle Vereinigung' definiert wird, ist darauf zurückzuführen, dass die Definition auch für die terroristische Vereinigung in § 129a StGB gilt. *Zöller*, KriPoZ 2017, 26 (32), kritisiert diese einheitliche Regelung mit dem Hinweis darauf, dass § 129 und § 129a StGB auf unterschiedlichen EU-Rahmenbeschlüssen beruhten; zudem würden so „die Unterschiede zwischen Terrorismus und Organisierter Kriminalität mit leichter Hand überspielt". Gleichzeitig räumt er jedoch ein, dass zwei unterschiedliche Vereinigungsbegriffe ebenfalls „kein wünschenswertes Ergebnis" wären.

pierungen aus dem Bereich der Organisierten Kriminalität können unter den Begriff der kriminellen Vereinigung fallen."[672]

(1) Rezeption durch die Literatur

Im Schrifttum wird die eingefügte Definition zum Teil sogar so verstanden, dass jede OK-Gruppierung (zwangsläufig) auch als kriminelle Vereinigung anzusehen sei.[673] In eine ähnliche Richtung geht auch der Vorschlag von *Sinn/Iden/Pörtner*, die polizeilichen OK-Indikatoren heranzuziehen, um die organisatorischen Voraussetzungen der kriminellen Vereinigung zu konkretisieren.[674] Daneben gibt es aber auch Stimmen, die es für ungewiss halten, ob die Gesetzesänderung langfristig tatsächlich zu einer vermehrten Anwendung des § 129 StGB auf Sachverhalte organisierter Kriminalität führen wird. Nach *Martin* komme es insofern vor allem auf die Auslegung des Merkmals des übergeordneten Interesses an.[675] So geht er davon aus, dass die Rechtsprechung auch nach neuer Rechtslage im (oben dargestellten) Zigarettenschmuggel-Fall (siehe Fall 9a) ein übergeordnetes Interesse verneinen würde.[676] *Kinzig*, der ähnliche Zweifel äußert, lässt im Übrigen erkennen, dass er eine (weiterhin) zurückhaltende Anwendung des § 129 StGB auf Gruppierungen organisierter Kriminalität – wie auch insgesamt – begrüßen würde.[677]

---

672 BT-Drs. 18/11275, S. 11. Zudem lässt auch der Titel des Rahmenbeschlusses („zur Bekämpfung der Organisierten Kriminalität") kaum Zweifel daran, dass vor allem Gruppierungen organisierter Kriminalität erfasst sein sollen.

673 *Brisach/Maletz-Gaal*, Kriminalistik 2018, 300 (302); ablehnend *Selzer*, KriPoZ 2018, 224 (229), die lediglich insofern eine Regelhaftigkeit erkennt, als dass – unter Zugrundelegung der Richtliniendefinition – Gruppierungen der organisierten Kriminalität stets auch als Banden anzusehen seien.

674 *Sinn/Iden/Pörtner*, ZIS 2021, 435 (445).

675 *Martin*, Kriminalistik 2018, 269 (270).

676 In der ursprünglichen Entscheidung sah der BGH die Voraussetzungen des § 129 StGB a.F. nicht als gegeben an, da es innerhalb der Gruppierung mit Blick auf die hierarchische Organisationsstruktur keinen (gemeinschaftlich gebildeten) Gesamtwillen gegeben habe, BGH NStZ 2007, 31.

677 *Kinzig*, NJW 2021, 2817 (2817), Anm. zu BGH, U. v. 2.6.2021 – 3 StR 21/21.

(2) Rezeption durch die Rechtsprechung

Die Rechtsprechung hat bisher noch nicht häufig die Gelegenheit gehabt, sich zum reformierten § 129 StGB zu äußern. Zu nennen sind jedoch drei Entscheidungen aus den Jahren 2020 bzw. 2021. Diese sollen im Folgenden kurz erläutert werden.

(a) LG Köln 101 Qs 72/20 (Diebstähle durch Familienverbund)

In diesem Verfahren hatte das LG Köln über eine Haftbeschwerde zu entscheiden. Der ursprüngliche Haftbefehl durch das AG Köln beruhte auf dem (dringenden) Verdacht einer Begehung von Straftaten nach § 129 StGB sowie § 232 StGB.[678] Das LG Köln hielt den Verdacht hinsichtlich beider Straftaten für nicht ausreichend begründet und hob den Haftbefehl auf. Inhaltlich ist die Entscheidung des LG Köln jedoch insofern sehr aufschlussreich, als das Gericht das Definitionsmerkmal des ‚übergeordneten gemeinsamen Interesses‘ – und die Frage, ob Gewinnerzielungsabsicht darunter subsumiert werden kann – durch Heranziehung der vier Auslegungsmethoden gleichsam lehrbuchmäßig angeht.[679] Die einzelnen Argumente sollen im Folgenden überblicksartig wiedergegeben werden.

Hinsichtlich des Wortlautes weist das Gericht darauf hin, dass der Gesetzgeber sich – trotz anderslautender Definition im betreffenden EU-Rahmenbeschlusses[680] – gerade nicht dafür entschieden habe, den Zweck der

---

678 Die Einzelheiten des Sachverhalts lassen sich anhand des betreffenden Beschlusses (LG Köln BeckRS 2020, 41405) nur schemenhaft rekonstruieren. Demnach ging es wohl um eine Einwandererfamilie, aus deren Kreis heraus – unter anderem – systematisch Diebstähle begangen worden sein sollen.

679 LG Köln BeckRS 2020, 41405 Rn. 15 ff.

680 In Artikel 1 Nr. 1 des Rahmenbeschlusses 2008/841/JI heißt es: „Im Sinne dieses Rahmenbeschlusses bezeichnet der Ausdruck ‚kriminelle Vereinigung‘ einen auf längere Dauer angelegten organisierten Zusammenschluss von mehr als zwei Personen, die, *um sich unmittelbar oder mittelbar einen finanziellen oder sonstigen materiellen Vorteil zu verschaffen*, in Verabredung handeln, um Straftaten zu begehen, die mit einer Freiheitsstrafe oder einer freiheitsentziehenden Maßregel der Besserung und Sicherung im Höchstmaß von mindestens vier Jahren oder einer schwereren Strafe bedroht sind" (Hervorhebung nicht im Original). Europarechtswidrig ist die deutsche Umsetzung jedoch insofern nicht, als Erwägungsgrund 4 der Richtlinie den Mitgliedstaaten zugesteht, auch „andere Gruppen von Personen, beispielsweise Gruppen, deren Ziel nicht in der Erlangung finanziellen oder sonstigen Gewinns besteht, als kriminelle Vereinigungen einzustufen".

Verschaffung eines unmittelbaren oder mittelbaren materiellen Vorteils in die Definition aufzunehmen.[681] Zwar könne ‚übergeordnetes gemeinsames Interesse' in einem weiten Sinne verstanden werden und auch die Gewinnerzielungsabsicht erfassen. „Zweifelsfrei" vom Wortlaut des § 129 Abs. 2 StGB gedeckt ist nach Ansicht des Gerichts jedoch nur ein Verständnis, das sich auf eine politische, ideologische, religiöse oder weltanschauliche Motivation als „übergeordnet" beschränkt.[682]

Im Rahmen der historischen Auslegung weist das LG Köln auf mehrere Aspekte hin. Zunächst habe der BGH über viele Jahre trotz anderslautender Vorgabe des Rahmenbeschlusses an seiner ablehnenden Haltung gegenüber der Einbeziehung bloßer materieller Zwecksetzungen festgehalten.[683] Sodann habe auch der (deutsche) Gesetzgeber lange Zeit davon abgesehen, den Rahmenbeschluss in nationales Recht umzusetzen. Und als schließlich die Umsetzung des Rahmenbeschlusses anstand, habe der Gesetzgeber – eingedenk dieser Vorgeschichte – bewusst darauf verzichtet, die Gewinnerzielungsabsicht in der nationalen Regelung zu verankern. Nach Ansicht des LG Köln lasse dies auf den Willen des Gesetzgebers schließen, die Gewinnerzielungsabsicht auch weiterhin nicht als ein übergeordnetes Interesse anzusehen.[684] Dass die Gesetzesmaterialien eine andere Auslegung nahelägen, sei unschädlich, da diese nicht alleine maßgeblich seien. Zudem lasse sich den Materialien entnehmen, dass auch eine Abgrenzbarkeit zwischen krimineller Vereinigung und Bande gewährleistet sein solle[685] – was wiederum gegen die Einbeziehung der Gewinnerzielungsabsicht spreche.[686]

Auch eine systematische Auslegung lege dieses Ergebnis nahe. So führe nämlich die Einbeziehung rein materieller Interessen zu einer „Verwi-

---

681 Vgl. auch *Zöller*, KriPoZ 2017, 26 (32 f.), den die Begründung für die Nichtaufnahme der Gewinnerzielungsabsicht – andernfalls käme es zu unerwünschten Einschränkungen prozessualer Befugnisse, insbesondere hinsichtlich der Wohnraumüberwachung nach § 100c StPO – nicht überzeugt, denn schließlich sei diese Maßnahme in der Praxis kaum von Bedeutung.

682 LG Köln BeckRS 2020, 41405 Rn. 16 f.

683 Ebd., Rn. 23. Das LG Köln führt dazu das Urteil zur „Kameradschaft Sturm 34" (BGH NJW 2010, 1979) an, in welchem der BGH ausführt, dass es in Fällen der Wirtschaftskriminalität „regelmäßig an der Verfolgung eines übergeordneten gemeinschaftlichen Ziels fehlen [wird]; denn bei Wirtschaftsstraftaten steht typischerweise das persönliche Gewinnstreben des einzelnen Täters im Vordergrund", BGH NJW 2010, 1979 (1984).

684 LG Köln BeckRS 2020, 41405 Rn. 25.

685 BT-Drucks. 18/11275, S. 11.

686 LG Köln BeckRS 2020, 41405 Rn. 37 ff.

schung der Grenzen von Bande und krimineller Vereinigung" und damit zu einem „Widerspruch zu wesentlichen Grundgedanken des Systems der Strafbarkeit mehrerer zusammenwirkender Personen".[687] Ein wichtiger Unterschied zwischen diesen beiden Rechtsinstituten sei darin zu sehen, dass die Beteiligung an einer kriminellen Vereinigung die Strafbarkeit begründe, wohingegen die bandenmäßige Begehung lediglich zu einer Verschärfung des Strafmaßes führe.

In teleologischer Hinsicht stellt das LG Köln auf Strafgrunderwägungen ab. Der Grund für die Strafbarkeit des § 129 StGB sei in der – für besonders gefährlich erachteten – Eigendynamik entsprechender Zusammenschlüsse zu sehen. Die Eigendynamik speise sich dabei gerade aus der Verfolgung eines übergeordneten Zwecks, dessen Erreichung durch die Straftatbegehung gefördert werden solle. Die Erlangung eines Vermögensvorteils sei indes gleichbedeutend mit dem Eintritt des tatbestandlichen Erfolgs, reiche mithin nicht über die Tat hinaus. Dass demgemäß die betreffenden Straftaten selbst als Bezugspunkt der Eigendynamik zu betrachten wären, entspreche nicht dem Zweck des § 129 StGB.[688] Daraus lasse sich ableiten, dass sich § 129 StGB von seiner Zweckrichtung her nicht auf Gruppierungen beziehe, die lediglich auf Gewinnerzielung ausgerichtet sind.

(b) BGH 3 StR 21/21 (Sicherstellung von Wertgegenständen durch falsche
    Polizeibeamte)

Dieser Entscheidung lag der Sachverhalt zugrunde, der dem weiter oben dargestellten Fall 9c („Sicherstellung von Wertgegenständen durch falsche Polizeibeamte") entspricht. Ob es sich bei dem Zusammenschluss der Betrugstäter tatsächlich um eine kriminelle Vereinigung im Sinne des § 129 Abs. 2 StGB handelt, hat der BGH in diesem Urteil nicht entschieden. Dafür hätten die Urteilsfeststellungen nach Auffassung des BGH mehr Informationen zur Organisationsstruktur und zum verfolgten Zweck enthalten müssen. Insofern verwies der BGH das Verfahren zur erneuten Entscheidung zurück an die Vorinstanz. Gleichzeitig äußerte sich der BGH in dieser Entscheidung (erstmals) in einem allgemeinen Sinne zur Auslegung des reformierten § 129 Abs. 2 StGB. Gleich zu Beginn stellt der BGH klar, dass sowohl nach alter als auch nach neuer Rechtslage Gruppierungen

---

687 Ebd., Rn. 30.
688 LG Köln BeckRS 2020, 41405 Rn. 31.

organisierter Kriminalität unter den Begriff der kriminellen Vereinigung subsumiert werden können – obgleich die angeführte Fundstelle kaum als Beleg für diese These taugt.[689] Im weiteren Verlauf konzentriert sich der BGH auf die Auslegung des Merkmals des übergeordneten Interesses, bleibt dabei jedoch vergleichsweise vage. Eine trennscharfe Konturierung des Begriffs findet nicht statt. So kommt der BGH zu dem (wenig überraschenden) Ergebnis, dass ein übergeordneter Zweck jedenfalls nicht lediglich in der Begehung von Straftaten gesehen werden könne; andernfalls sei eine Abgrenzbarkeit zur Bande nicht gewährleistet. Letztlich komme es – so der BGH – stets auf eine Betrachtung des einzelnen Falles an.[690] Insbesondere will der BGH dabei auf Umstände abstellen, die auf eine ausgeprägte Organisationsstruktur schließen lassen. Beispielhaft nennt er eine

„einheitliche Willensbildung, eine interne Sanktionierung von Verstößen gegen gemeinschaftliche Regeln, die Anzahl der Mitglieder, ein[en] von den konkreten Personen losgelöste[n] Bestand, (...), die Beanspruchung quasistaatlicher Autorität und die Einflussnahme auf grundlegende gesellschaftliche oder hoheitliche Akteure".[691]

Auffällig ist, dass der BGH die Gewinnerzielungsabsicht nicht als mögliches Kriterium nennt – obwohl diese im Rahmenbeschluss ausdrücklich als möglicher Zweck aufgelistet ist. Den Ausführungen des BGH lässt sich darüber hinaus indirekt entnehmen, dass er die Gewinnerzielungsabsicht gerade nicht als Indiz für das Vorliegen eines übergeordneten gemeinsamen Interesses ansieht. So heißt es an einer Stelle:

„Je ausgeprägter solche Kriterien vorliegen, desto eher lässt sich der Schluss ziehen, dass es den einzelnen Personen – gerade im Bereich allgemeiner, auf Gewinnerzielung ausgerichteter Kriminalität – nicht lediglich um ihre individuellen Vorteile, sondern um weitergehende Ziele geht wie beispielsweise den eigenständigen Fortbestand der Organisation um ihrer selbst willen oder ein spezifisches Machtstreben".[692]

---

689 So verweist der BGH auf BGHSt 54, 216 = NJW 2010, 1979 Rn. 42. Dort heißt es allerdings lediglich, dass ein übergeordnetes Ziel im Sinne des § 129 StGB a.F. auch „im Bereich der Wirtschaftskriminalität denkbar" sei. Zu organisierter Kriminalität im engeren Sinne sind in dem betreffenden Urteil keine Ausführungen zu finden.
690 BGH NJW 2021, 2813 (2816) Rn. 33.
691 Ebd.
692 BGH NJW 2021, 2813 (2816) Rn. 33.

Gewinnerzielung allein reiche mithin nicht aus. Es bedürfe vielmehr anderweitiger (bzw. weitergehender) Bestrebungen, um ein übergeordnetes Interesse annehmen zu können.

Auf das Verhältnis zwischen organisierter Kriminalität und krimineller Vereinigung geht der BGH kurz im Rahmen der teleologischen Auslegung ein. Dort führt er zunächst aus, dass die bloße Straftatbegehung schon deshalb nicht als übergeordneter Zweck in Betracht komme, weil diese nicht Ausgangspunkt „vereinigungsspezifische[r] Dynamik" sein könne.[693] Denn ansonsten wäre ein entsprechendes Eigendynamik-Potenzial auch bei jeder Bande anzunehmen. Zur Bestätigung verweist der BGH auf den EU-Rahmenbeschluss, der auch nicht auf die Bekämpfung allgemeiner Straftaten abziele, sondern vor allem auf die Bekämpfung grenzüberschreitender organisierter Kriminalität. Es hätte nun nahegelegen, daraus die Schlussfolgerung zu ziehen, dass auch § 129 StGB diesem Zweck diene. Stattdessen formuliert der BGH eher ausweichend, dass diese Form der Kriminalität durch § 129 StGB, „soweit sie nicht ohnehin bereits durch sonstige Strafvorschriften abgedeckt ist, hinreichend erfasst" sei.[694]

(c) BGH 3 StR 61/21 (Hawala-Banking)

Eine Entscheidung, in welcher der BGH die Kriterien der kriminellen Vereinigung erfüllt sah, stellt der Beschluss dar, welcher dem Beispielsfall 9d („Hawala-Banking") zugrunde lag. In Übereinstimmung mit der zuvor dargestellten Entscheidung begründete der BGH das übergeordnete gemeinsame Interesse unter anderem mit organisatorischen Aspekten.[695] So sei an dem Hawala-Banking-System eine große Anzahl an Personen beteiligt gewesen. Das System habe zudem unabhängig vom Ausscheiden einzelner Personen Bestand gehabt. Nicht zuletzt habe es in Form der Buchhaltung auch ein internes Kontrollsystem gegeben. Des Weiteren sei von einem übergeordneten Zweck auszugehen, da es der Gruppierung letztlich um „die Schaffung eines Schattenfinanzwesens" gegangen sei.[696] Dieser Zweck

---

693 BGH NJW 2021, 2813 (2816) Rn. 32.
694 Ebd.; welche „sonstige[n] Strafvorschriften" gemeint sind, wird nicht spezifiziert. Zu vermuten ist jedoch, dass der BGH damit insbesondere die Bandendelikte meint.
695 BGH NJW 2021, 2979 (2980) Rn. 11.
696 Ebd.

gehe erkennbar über die (letztlich finanziellen) Motive der Akteure für die Begehung der einzelnen Straftaten hinaus.[697]

(3) Zwischenergebnis zur Rechtslage nach der Reform des Jahres 2017

Noch ist es wohl zu früh, um abschließend sagen zu können, wie die kriminelle Vereinigung im Sinne des § 129 Abs. 2 StGB durch die Rechtsprechung konturiert werden wird und in welchem Umfang Gruppierungen der organisierten Kriminalität in diesem Zusammenhang eine Rolle spielen werden. Zwar scheint es – sowohl im Schrifttum als auch in der Rechtsprechung – einem weitgehenden Konsens zu entsprechen, dass derartige Gruppierungen grundsätzlich unter § 129 StGB subsumiert werden können. Die bisher ergangenen Entscheidungen lassen jedoch vermuten, dass die Anforderungen an das Vorliegen einer kriminellen Vereinigung auch weiterhin sehr hoch sein werden. Insbesondere die Gewinnerzielungsabsicht als solche soll offenbar nicht genügen, um von einem übergeordneten Zweck im Sinne von § 129 Abs. 2 StGB ausgehen zu können. Die Erwägung des Gesetzgebers, den übergeordneten Zweck weit zu verstehen und demnach auch die Gewinnerzielungsabsicht darunter zu subsumieren,[698] scheint mithin von der Rechtsprechung nicht geteilt zu werden. Es steht also zu erwarten, dass § 129 StGB im Zusammenhang mit organisierter Kriminalität auch künftig eine nur untergeordnete Rolle spielen wird – zumindest was die Verurteilungspraxis anbelangt.[699] Bei dieser (womöglich ernüchternden) Prognose sollte jedoch in Rechnung gestellt werden, dass § 129 StGB insgesamt, also auch in anderen Kriminalitätsfeldern, nur sehr selten von den Gerichten herangezogen wird.[700]

---

697 Vgl. auch *Brand*, NJW 2021, 2979 (2982), Anm. zu BGH, B. v. 2.6.2021 – 3 StR 61/21, der Zweifel äußert, ob der Zweck der Gruppierung tatsächlich auch – wie von § 129 Abs. 1 StGB vorausgesetzt – auf die Begehung von Straftaten gerichtet sei oder ob sich die Gruppierung nicht vielmehr erst durch die Begehung von Straftaten gebildet habe.

698 BT-Drs. 18/11275, S. 11.

699 Die „Türöffnerfunktion" des § 129 StGB wird dagegen nach Ansicht von *Martin*, Kriminalistik 2018, 269 (270) durch die Reform noch weiter an Bedeutung gewinnen.

700 Nach der Strafverfolgungsstatistik 2019, S. 28, etwa gab es im betreffenden Jahr insgesamt nur elf Personen, die wegen § 129 StGB verurteilt worden sind.

cc) Stellungnahme

Obwohl der reformierte § 129 StGB in seinem zweiten Absatz eine Legaldefinition enthält, kann die Frage, ob und inwiefern Gruppierungen der organisierten Kriminalität von dem Tatbestand erfasst sein sollen, bisher nicht als geklärt angesehen werden. Dementsprechend obliegt es nunmehr – bzw. weiterhin – Rechtsprechung und Lehre, eine schärfere Konturierung des Begriffs der kriminellen Vereinigung herauszuarbeiten. Die seit der Reform ergangene Rechtsprechung hat zwar bislang nicht zu einer eindeutigen Antwort geführt. Allerdings geben die Urteile bereits Aufschluss darüber, welche Aspekte maßgeblich zu berücksichtigen sein werden.

Das LG Köln etwa hat sich auf die Frage konzentriert, ob die bloße Gewinnerzielungsabsicht ausreicht, um ein übergeordnetes gemeinsames Interesse der jeweiligen Gruppierung im Sinne des § 129 StGB annehmen zu können. Gerade im Bereich organisierter Kriminalität geht es den meisten Gruppierungen zuvorderst um die Erzielung eines materiellen Vorteils.[701] Die (bloße) Gewinnerzielungsabsicht ist jedoch richtigerweise nicht als übergeordnetes Ziel anzusehen. Denn bei finanziellen Interessen handelt es sich – soweit diese ihrerseits nicht anderweitigen übergeordneten Zwecken dienen – in aller Regel um individuelle Interessen.[702] Ein Widerspruch zur Vorgabe des EU-Rahmenbeschlusses, nach der auch Gruppierungen mit (bloßer) Gewinnerzielungsabsicht erfasst sein sollen, ginge mit dieser Auslegung nach hier vertretener Ansicht nicht einher. Vielmehr wird dieser Vorgabe bereits durch die (zahlreichen) Tatbestände Rechnung getragen, in denen eine bandenmäßige Begehungsvariante vorgesehen ist.[703]

Ein Argument, das für die Einordnung der Gewinnerzielungsabsicht als übergeordneter Zweck ins Feld geführt werden könnte, jedoch kaum – auch nicht von Seiten des LG Köln – Erwähnung findet, ergibt sich

---

701 So heißt es etwa auch in den Gesetzesmaterialien zum OrgKG von 1992 (BT-Drs. 12/989, S. 1): „Triebfeder für die Organisierte Kriminalität ist das Gewinnstreben." Vgl. auch *Bottke*, FS Gössel (2002), S. 235 (237), der davon spricht, dass die „Mission' der Organisierten Kriminalität [...] die Erzielung von Geldgewinn" sei. Dass daneben bisweilen auch Machtinteressen eine Rolle spielen können, ist nicht zuletzt mit Blick auf die Richtliniendefinition von 1990 zu vermuten. Allerdings dürften Machtinteressen meist auch dazu dienen, finanzielle Ziele zu erreichen.

702 Auch etwa das Motiv, eine Straftat zu begehen, um den Erlös zur Vorbereitung eines weiteren Vermögensdelikts der Gruppierung zu verwenden, liefe letztlich auf ein individuelles Interesse hinaus, vgl. LG Köln BeckRS 2020, 41405 Rn. 44.

703 Weitere Ausführung zum Verhältnis zwischen bandenmäßiger Begehung und organisierter Kriminalität erfolgen im nächsten Kapitel.

aus § 30b BtMG. Diese Regelung sieht vor, dass § 129 StGB auch dann Anwendung findet, wenn eine Vereinigung, die mit Betäubungsmitteln handelt, auch bzw. schwerpunktmäßig im Ausland aktiv ist. Eingeführt wurde die Regelung durch das OrgKG im Jahr 1992.[704] Der Grund für die Normierung lag darin, dass § 129 StGB nur auf inländische kriminelle Vereinigungen bezogen ist, entsprechende Gruppierungen jedoch häufig grenzüberschreitend tätig werden.[705] Die Regelung des § 30b BtMG setzt also offenbar voraus, dass reine Inlandsgruppierungen, die mit Drogen Handel treiben, bereits unter § 129 StGB fallen können. Da derartige Gruppierungen in erster Linie auf finanziellen Profit aus sind, liegt der Schluss nahe, dass der übergeordnete Zweck im Sinne des § 129 StGB auch in einer (bloßen) Gewinnerzielungsabsicht bestehen können muss. Letztlich ist jedoch zu beachten, dass der Bedeutungsgehalt von § 30b BtMG nicht überstrapaziert werden darf. Denn der Zweck dieser Regelung besteht – ausweislich der Gesetzesbegründung – weniger in der Ermöglichung entsprechender Verurteilungen, sondern vielmehr in der Erleichterung grenzüberschreitender polizeilicher Ermittlungsarbeit.[706]

Eine zweite Teilfrage betrifft die Anforderungen an die Organisationsstruktur. Auf diesen Aspekt hat sich der BGH konzentriert. Die Organisationsstruktur sei dabei nicht als Voraussetzung einer kriminellen Vereinigung anzusehen, sondern nur als eine Art Indikator für das Vorliegen eines übergeordneten gemeinsamen Interesses. Nach hier vertretener Ansicht ist diese Handhabung nicht zielführend. So dürfte es zwar richtig sein, dass, wie der BGH ausführt, von objektiven Umständen auf subjektive Vorstellungen und Absichten geschlossen werden kann. Allerdings befreit ein solches Vorgehen nicht von dem Erfordernis, die subjektiven Vorstellungen und Absichten auch konkret zu benennen. So stellt sich die Frage, wie etwa eine Gruppierung mit ausgeprägter Organisationsstruktur einzuordnen ist, die ausschließlich finanzielle Zwecke verfolgt. Würde in diesem Fall die Gewinnerzielungsabsicht doch einen übergeordneten Zweck darstellen können? Oder würde bereits das (langfristige) Fortbestehen der Gruppierung als solcher angesehen werden? Anhand dieser Überlegungen wird deutlich,

---

704 BGBl. 1992 Teil I, S. 1305.
705 BT-Drs. 12/989, S. 31.
706 Ebd.; vgl. auch Patzak/Volkmer/Fabricius/*Volkmer*/*Patzak*, BtMG § 30b Rn. 5, die richtigerweise darauf hinweisen, dass bereits der Ausgangstatbestand § 129 StGB statistisch gesehen kaum eine Rolle spiele.

dass die Vermengung organisatorischer und voluntativer Aspekte kaum geeignet sein kann, um § 129 StGB handhabbarer zu gestalten.[707]

c) Ergebnis zur kriminellen Vereinigung nach § 129 StGB

Die Anwendung des § 129 StGB sollte auf Ausnahmefälle begrenzt sein bzw. bleiben. Entscheidendes Tatbestands- bzw. Definitionsmerkmal ist das übergeordnete gemeinsame Interesse im Sinne des § 129 Abs. 2 StGB. Dieses muss so beschaffen sein, dass es auf die Beeinträchtigung des Gemeinwesens gerichtet ist. Ob dieses Interesse religiös, ideologisch oder politisch geprägt ist, ist unerheblich. Finanzielle Ziele allein reichen nicht aus, da diese nicht über die Erlangung der Tatbeute hinausgehen, mithin also nicht übergeordnet sind. Die Organisationsstruktur des Zusammenschlusses ist entsprechend der Definition des § 129 Abs. 2 StGB kein entscheidendes Merkmal. Jedoch ist sie insofern heranzuziehen, als sich aus ihr ein Indiz für die Ernsthaftigkeit des verfolgten Interesses ergeben kann. Die Frage, ob Gruppierungen der organisierten Kriminalität von § 129 StGB erfasst sind, lässt sich nicht pauschal beantworten. Vielmehr kommt es darauf an, ob – im Einzelfall – durch die jeweilige Gruppierung ein benennbares übergeordnetes, gemeinwohlgefährdendes Interesse verfolgt wird. Dass dies auch bei Gruppierungen der organisierten Kriminalität der Fall sein kann, zeigt sich insbesondere an den Urteilen zur Errichtung eines Hawala-Banking-Systems (Fall 9d) und zur Gründung eines Rockerclub-Charters (Fall 9b). Denn von den betreffenden Gruppierungen gehen Gefahren für das Gemeinwesen aus, die sich nicht in der Begehung einzelner Straftaten erschöpfen, sondern auf die Errichtung eines unbeaufsichtigten Kreditwesens bzw. die Bewahrung einer Machtposition im lokalen Drogenhandel abzielen. Nur ein solcher restriktiver Ansatz trägt im Übrigen dem Umstand Rechnung, dass es sich bei § 129 StGB um einen absoluten Ausnahmetatbestand handelt bzw. handeln sollte. Im Strafgesetzbuch ist nämlich die Tat Dreh- und Angelpunkt für die Frage der Strafbarkeit. *Godenzi* bringt es auf den Punkt: Der strafrechtliche Vorwurf beziehe sich im Allgemeinen auf „etwas, was der Täter getan hat und nicht etwas, was der Täter ist – zum Beispiel Mitglied in einem kriminellen Kollektiv."[708] Eine Ausnahme von

---

707 Anlass zur Besorgnis einer solchen „Vermengung" sieht auch *Venn*, ZWH 2022, 18 (22), Anm. zu BGH, B. v. 2.6.2021 – 3 StR 61/21.

708 *Godenzi*, Strafbare Beteiligung am kriminellen Kollektiv, S. 459; ihre Äußerung bezieht sich zwar unmittelbar nur auf das schweizerische Strafrecht, allerdings dürfte

diesem Grundsatz kann nur dort als gerechtfertigt angesehen werden, wo es um Bestrebungen geht, die sich gegen das Gemeinwesen richten. Zwar können finanzielle Schäden letzten Endes auch zu einer Unterminierung des Gemeinwesens führen, allerdings handelt es sich dabei eher um eine mittelbare, langfristige Wirkung bzw. Gefahr, für deren Realisierung eine zu große Anzahl an Zwischenschritten erforderlich ist, als dass eine strafrechtliche Zurechnung zur betreffenden Gruppierung plausibel – und nicht nur auf spekulativer Ebene – dargestellt werden könnte.

2. Die bandenmäßige Straftatbegehung

Als zweite Kollektivform des StGB soll im Folgenden die Bande näher untersucht werden. Anders als bei der kriminellen Vereinigung geht es dabei nicht um die Frage, *ob* Bandendelikte auf Sachverhalte der organisierten Kriminalität angewendet werden können. Denn dass Gruppierungen der organisierten Kriminalität grundsätzlich unter den Bandenbegriff subsumiert werden können, dürfte unstreitig sein.[709] Unklar ist demgegenüber, wie im Einzelnen das Verhältnis zwischen Bandenkriminalität und organisierter Kriminalität auf phänomenologischer Ebene zu verstehen ist.[710] Im Folgenden wird zunächst der Frage nachgegangen, ob und inwieweit der Zweck der Bandendelikte in der Bekämpfung der organisierten Kriminalität gesehen werden kann. In einem zweiten Schritt erfolgt eine Auseinandersetzung mit dem Grund für die strafschärfende Wirkung bandenmäßiger Begehung und der Frage, wie innerhalb der verschiedenen Theorien besonderen Aspekten organisierter Kriminalität Rechnung getragen wird. In einem letzten Schritt wird die Abgrenzung zwischen bandenmäßiger Begehung und organisierter Kriminalität auf der Begriffs- bzw. Definitionsebene untersucht.

---

diese grundsätzliche Erwägung auch auf das deutsche (Straf-)Recht übertragbar sein.

709 *Selzer,* KriPoZ 2018, 224 (229).
710 Vgl. *Falk,* Kriminalistik 1997, 15 (16), der eine Abgrenzbarkeit beider Phänomene für erforderlich hält; ebenso *Kube,* Situationsbericht für Deutschland, S. 30.

a) Beispielsfälle

aa) Fall 10a: Überfälle bei vorgetäuschten Rendezvous[711]

Die Angeklagten K und B kamen überein, auf dem Dating-Portal „mysugardaddy.eu" unter Verwendung von Bildern einer (ihnen nicht bekannten) Frau ein Scheinprofil zu erstellen, um so Treffen mit gut situierten Männern zu vereinbaren und diese sodann unter Androhung von Gewalt zur Herausgabe von Bargeld zu veranlassen.[712] Entsprechend diesem Plan verabredeten sie mit einem Mann ein Treffen in Flensburg. In den ausgetauschten Nachrichten wurde vereinbart, dass es gegen Zahlung eines Taschengeldes von 500 Euro zum Geschlechtsverkehr kommen würde. Kurz vor dem Treffen weihten K und B zwecks Verstärkung H in die Planung ein, der sich zur Mitwirkung bereitfand und auch gewillt war, sich künftig an vergleichbaren Taten zu beteiligen. Die erste Tat lief wie geplant ab: Als der Mann am vereinbarten Treffpunkt erschien, konfrontierte ihn H mit einem Messer, woraufhin der Mann das verlangte Bargeld herausgab. In der Folgezeit erstellten die Angeklagten ein weiteres Profil, auf das derselbe Mann reagierte, der auch bereits Opfer der ersten Tat war. Es wurde wieder ein Treffen verabredet. Als die Angeklagten den Mann unter Androhung von Gewalt zur Herausgabe von Bargeld aufforderten, gelang diesem jedoch die Flucht.

bb) Fall 10b: Falsche Polizeibeamte[713]

A ist Mitglied einer Gruppierung, die in großem Stil zielgerichtet ältere Menschen betrügt. Die Vorgehensweise ist dabei stets dieselbe: Die Opfer werden per Telefon angerufen. Dabei spiegelt der Anrufer ihnen vor, er sei Polizeibeamter. Als solcher weist er sie darauf hin, dass ihre Wertgegenstände in Gefahr seien, und legt ihnen nahe, der Gefahr dadurch zu entgehen, dass sie die betreffenden Wertgegenstände an einen Kollegen von ihm herausgeben, der sie anschließend verwahren könne. Die Anrufe wurden alle von einem Callcenter aus getätigt. Die Aufgabe der A bestand darin,

---

711 LG Flensburg BeckRS 2019, 47769.

712 Ausweislich des Textes auf der Website ist die Plattform gedacht für „finanziell unabhängige Männer (Sugardaddy) und selbstbewusste und attraktive Single-Frauen (Sugarbabe)".

713 LG Bielefeld BeckRS 2020, 39137.

Personen anzuwerben, die als ‚Abholer' tätig werden, also die vorgebliche Sicherstellung vornehmen. Des Weiteren nahm A auch die Einweisung der angeworbenen Abholer vor. B war eine der Abholerinnen, die für die Gruppierung tätig waren, und wirkte in einem Fall mit, in dem eine ältere Frau zur Herausgabe zweier Goldbarren veranlasst wurde. B hatte sich in örtlicher Nähe bereitgehalten. Auf Mitteilung eines weiteren Mitglieds der Gruppierung, das im Callcenter für die Koordinierung der Zusammenarbeit zuständig war, begab sie sich zur Wohnung der Frau und nahm die Goldbarren entgegen.

b) Zweck der Bandendelikte

Wenn es darum geht, zu untersuchen, ob der Gesetzgeber mit der Normierung der Bandendelikte gerade auch den Zweck verfolgt hat, organisierte Kriminalität zu bekämpfen, bietet es sich an, die klassischen Auslegungsmethoden anzuwenden. Die grammatische, am Wortlaut orientierte Auslegung führt indes nicht weiter, denn im StGB wie auch in den entsprechenden Nebengesetzen taucht der Begriff der organisierten Kriminalität nicht auf.[714] Vielversprechender erscheint es demgegenüber, den Zweck der strafschärfenden Wirkung bandenmäßiger Tatbegehung anhand historischer und systematischer Erwägungen zu untersuchen.

Organisierte Kriminalität hat als Begriff verhältnismäßig spät Eingang in die rechtspolitische Diskussion in Deutschland gefunden. Gemeinhin wird der Beginn der entsprechenden Debatte in den 1970er Jahren verortet – mit einer anschließenden Hochphase in den 1980er Jahren.[715] Dabei ging es insbesondere um die begriffliche Einordnung des neuen (bzw. neu entdeckten) Phänomens der organisierten Kriminalität sowie um Überlegungen zur Anpassung der polizeilichen Ermittlungsarbeit. Erst in den 1990er Jahren wurden schließlich Gesetze eingeführt, die speziell die Bekämpfung der organisierten Kriminalität fördern sollten. Hervorzuheben ist das „Gesetz zur Bekämpfung des illegalen Rauschgifthandels und anderer Erscheinungsformen der organisierten Kriminalität" (OrgKG).[716] Durch dieses Gesetz sollten die Normen des Haupt- und Nebenstrafrechts an Besonderheiten angepasst werden, die sich in Verfahren gegen Gruppierungen

---

714 Vgl. die Darstellung unter A.I.
715 Vgl. dazu *Kinzig*, Organisierte Kriminalität, S. 51 ff.
716 BGBl. 1992 I, S. 1302.

der organisierten Kriminalität typischerweise stellen.[717] Die Änderungen im Besonderen Teil des StGB (und im BtMG) bestanden – neben der Einführung des Geldwäschetatbestands – hauptsächlich in der Einführung neuer Bandentatbestände.[718] Dem lag die Erwägung zugrunde, dass „schärfere Strafen für Straftaten der Organisierten Kriminalität (...) die Abschreckungswirkung erhöhen und eine angemessene Bestrafung ermöglichen [sollen]".[719] Zumindest hinsichtlich derjenigen Bandendelikte, die durch das OrgKG eingeführt wurden, besteht mithin die Vermutung, dass sie nach der gesetzgeberischen Intention vor allem auf die Bekämpfung der organisierten Kriminalität gerichtet sind.[720] Teilweise wird auch die Ansicht vertreten, aus dem OrgKG folge eine Modifikation des Bandenbegriffs, die auch die übrigen, älteren Bandentatbestände betreffe.[721]

Wenn man in systematischer Hinsicht die Tatbestände betrachtet, in denen eine bandenmäßige Begehungsweise vorgesehen ist, so fällt auf, dass diese typischerweise von einer Tatbegehung zwecks Erlangung eines materiellen Vorteils ausgehen. Offensichtlich ist dies bei Vermögensdelikten, die eine bandenmäßige Begehungsvariante vorsehen. Aber auch bei den meisten anderen Delikten mit bandenmäßiger Begehungsvariante lässt sich eine vermögensrechtliche Dimension insofern ausmachen, als deren Verwirklichung in der Regel einen Zwischenschritt zur Erlangung eines Vermögensvorteils darstellt. Zu denken ist etwa an Urkundenfälschung (§ 267 StGB), unerlaubte Veranstaltung eines Glücksspiels (§ 284 StGB) oder Inverkehrbringen von gefälschten Arzneimitteln (§ 95 AMG). Das Gesetz stellt also die bandenmäßige Begehung in einen Zusammenhang mit Vermögensinteressen. *Krings* führt diesen Zusammenhang auf die – für die Bandenabrede erforderliche – Intention der wiederholten Tatbegehung zurück. Gerade bei Delikten, die zu einem vermögensrelevanten Vorteil führen, sei die wiederholte Tatbegehung „besonders verlockend", denn

---

717 BT-Drs. 12/989, S. 1.
718 Bandenmäßige Begehungsvarianten wurden in §§ 244a, 260 Abs. 1 Nr. 2, 260a, 261 Abs. 4, 284 StGB, § 30a Abs. 1 BtMG eingeführt oder – soweit schon vorhanden – zu einem Verbrechen heraufgestuft.
719 BT-Drs. 12/989, S. 1.
720 Nach Ansicht von Schönke/Schröder/*Bosch* § 244a Rn. 1, handelt es sich etwa bei § 244a StGB etwa um eine Vorschrift, die „erklärtermaßen allein dem Ziel der Bekämpfung der OrgK" diene. Auswirkungen auf die tatbestandlichen Voraussetzungen für das Vorliegen einer Bande ergäben sich dadurch jedoch nicht, ebd., Rn. 4.
721 *Erb*, NStZ 1998, 537 (541); zustimmend *Krings*, Die strafrechtlichen Bandennormen, S. 25.

„jede erfolgreiche Tatdurchführung" habe „einen finanziellen Vorteil zur Folge".[722] Widerspruch zu dieser Ansicht könnte insofern geltend gemacht werden, als auch diejenigen Delikte, die keine bandenmäßige Begehung vorsehen, bisweilen kollektiv und in Serie begangen werden. Zu denken ist etwa an Sachbeschädigungen oder Körperverletzungen, die von rechtsradikalen Gruppierungen begangen werden.[723] Bei derartigen Straftaten besteht jedoch ein wesentlicher Unterschied zu den oben genannten Bandendelikten: Entsprechenden Tätergruppierungen, die etwa jüdische Friedhöfe zerstören, geht es in der Regel nicht um die Tat im eigentlichen Sinne, also um die Herbeiführung eines Sachschadens. Vielmehr geht es den Tätern darum, ihre politischen Ansichten im öffentlichen Raum manifest werden zu lassen.[724] Ohne einen derartigen (übergeordneten) Zweck ist es nur schwer vorstellbar, dass sich Menschen zusammentun, um wiederholt Straftaten zu begehen, die keinerlei materiellen Gewinn abwerfen. Es dürfte sodann auch nicht verwundern, dass diese Art von Delikten – wie insbesondere Körperverletzung und Sachbeschädigung – regelmäßig auch solche sind, die von kriminellen Vereinigungen im Sinne von § 129 StGB begangen bzw. avisiert werden. Man kann also die Systematik des StGB so verstehen, dass das Gesetz die Bandendelikte auf solche Sachverhalte bezieht, in denen die Täter durch die Begehung der Tat einen materiellen Vorteil erlangen wollen. Da Gruppierungen organisierter Kriminalität in aller Regel ein finanzielles Interesse verfolgen,[725] drängt sich die Vermutung auf, dass die Bandendelikte gerade auch der Bekämpfung der organisierten Kriminalität dienen sollen.

Im Ergebnis sprechen sowohl historische als auch systematische Erwägungen dafür, dass der Zweck der Bandentatbestände in wesentlichem Maße darin besteht, die Bekämpfung der organisierten Kriminalität zu fördern.

---

722 *Krings*, Die strafrechtlichen Bandennormen, S. 1.
723 Vgl. BGH NJW 2010, 1979, wo es um die (rechtsradikale) Gruppierung „Kameradschaft Sturm 34" ging, die sich unter anderem zum Ziel gesetzt hatte, „Linke" und „Kiffer" anzugreifen; oder BGH NStZ 1995, 122, bezüglich der Beschädigung eines jüdischen Friedhofs.
724 So sei es für die Täter in BGH NStZ 1995, 122 (122), darauf angekommen, „wieder ein Zeichen zu setzen".
725 Diese Zielsetzung findet auch in vielen Definitionsansätzen für organisierte Kriminalität Niederschlag, vgl. dazu unter D.II.2.d).

c) Erwägungen zum Strafgrund bandenmäßiger Begehung

In diesem Abschnitt soll der Grund, also die Legitimation für die strafschärfende Wirkung der bandenmäßigen Begehung, in den Blick genommen werden. Der Schwerpunkt liegt dabei auf der Frage, inwiefern die jeweils vertretenen Theorien mit den Wesensmerkmalen organisierter Kriminalität vereinbar sind. Soweit ersichtlich werden zum Strafgrund der bandenmäßigen Begehung im Wesentlichen zwei Theorien vertreten.[726] Einerseits geht es dabei um die Theorie der Organisationsgefahr und andererseits um diejenige der Ausführungsgefahr.

aa) Organisationsgefahr

Die Theorie der Organisationsgefahr stützt sich darauf, dass eine Bandenabrede auch auf die Begehung künftiger Straftaten gerichtet ist. Nach Ansicht des BGH sei in einem bandenmäßigen Zusammenschluss insofern ein „ständiger Anreiz zur Fortsetzung" vorhanden.[727] Es bestehe mithin die Gefahr, dass auch in Zukunft ähnliche Taten begangen werden. Der BGH selbst spricht dabei von einer abstrakten Gefahr. Teilweise wird jedoch mit Blick auf die bereits eingetretene Rechtsgutsverletzung die Abstraktheit der Gefahr angezweifelt und vielmehr eine konkrete Gefahr angenommen.[728] Eine Präzisierung der Erwägungen zur Organisationsgefahr nimmt *Toepel* vor. Seiner Ansicht nach ist für die Annahme einer Organisationsgefahr im Einzelfall erforderlich, dass die Beziehung zwischen den Bandenmitgliedern vor allem von Vertrauen geprägt sein müsse.[729] Gerade das gegenseitige Vertrauen zwischen den Bandenmitgliedern, das durch jede Tatbegehung bestätigt werde, begründe nämlich die Gefahr, dass es auch weiter-

---

726 Es gibt zwar auch weitere Theorien zum Strafgrund der bandenmäßigen Begehung, doch sind diese in der Regel lediglich als Spielarten der zwei gängigen Theorien anzusehen, vgl. etwa die Theorie von *Toepel*, ZStW 115 (2003), 60 (73), der auf die Bande als besondere „Rahmenbedingung" abstellt, „in deren Zusammenhang der Täter seine Rechtsgutsverletzung platziert".

727 BGH NJW 2001, 2266 (2270).

728 Vgl. *Engländer*, GA 2000, 578 (582) Fn. 15, der mit Blick auf den erforderlichen Taterfolg davon ausgeht, dass die Begehung eines Bandendelikts stets mit der „Realisierung der Organisationsgefahr" einhergehe.

729 *Toepel*, ZStW 115 (2003), 60 (71).

hin zu Straftaten im Rahmen des Zusammenschlusses komme.[730] Soweit der Zusammenhalt und die gegenseitigen Erwartungen in erster Linie auf Zwang beruhten, könne dagegen nicht in gleichem Maße von einer Organisationsgefahr gesprochen werden.

Dazu, wie die Organisationsgefahr bei Gruppierungen der organisierten Kriminalität einzuordnen ist, äußert sich *Toepel* zwar nicht explizit.[731] Allerdings spricht die Hervorhebung des Vertrauensaspekts eher dagegen, dass eine Organisationsgefahr auch bei Gruppierungen organisierter Kriminalität anzunehmen ist. Denn deren interne Struktur zeichnet sich häufig durch einen gewissen Grad an Formalisierung und Zwang aus – etwa in Form von Sanktionsmechanismen.[732] Auch legen die Ausführungen von *Toepel* nahe, dass die Organisationsgefahr in erster Linie bei vergleichsweise einfachen Zusammenschlüssen bestehen soll. So bezeichnet er die Bande als „'Keimzelle' für straffer organisierte Personenvereinigungen".[733] *Toepel* scheint die Organisationsgefahr mithin im Sinne einer Gefahr *vor* Organisierung zu verstehen.

bb) Ausführungsgefahr

Neben der Organisationsgefahr wird häufig die Ausführungsgefahr als Legitimation für die strafschärfende Wirkung bandenmäßiger Begehung angesehen, wobei teilweise auch eine kumulative Heranziehung beider Gefahrenaspekte für vorzugswürdig gehalten wird.[734] Die Ausführungsgefahr bestehe darin, dass eine hohe Zahl an Tatbeteiligten in der Regel mit einer höheren Effektivität und dementsprechend mit einem höheren Risiko für das geschützte Rechtsgut einhergehe.[735] Abzugrenzen ist der Begriff

---

730 Einen ähnlichen Ansatz vertritt auch *Kindhäuser*, StV 2006, 526 (528), nach dessen Ansicht die einzelne Tatbegehung den Zusammenhalt stärken und gruppendynamische Effekte auslösen könne.

731 Zu bedenken ist, dass die Frage des Strafgrundes der bandenmäßigen Begehung hauptsächlich im Zusammenhang mit dem Mitwirkungserfordernis thematisiert wird, vgl. etwa BGH NJW 2001, 2266 (2270).

732 *Mehrens*, Die Kronzeugenregelung als Instrument zur Bekämpfung organisierter Kriminalität, S. 50.

733 *Toepel*, ZStW 115 (2003), 60 (72 f.).

734 Vgl. *Mitsch*, Strafrecht BT, S. 129; Weber/Kornprobst/*Maier* BtMG § 30 Rn. 22 ff.

735 BGH NJW 2001, 2266 (2270); *Geilen*, Jura 1979, 445 (446), spricht auch davon, dass durch den bandenmäßigen Zusammenschluss die kriminellen Energien „in besonders gefährlicher Weise" gebündelt werden.

der Ausführungsgefahr vom Begriff der Aktionsgefahr. Die Aktionsgefahr bezieht sich lediglich auf die vor Ort mitwirkenden Tatbeteiligten, wohingegen die Ausführungsgefahr weiter ist und auch solche Bandenmitglieder erfasst, die nicht vor Ort mitwirken.[736] Nach Ansicht von *Sowada* werde die vorzugsweise Heranziehung der Ausführungsgefahr durch die Tendenz des Gesetzgebers, Bandendelikte zwecks Bekämpfung der organisierten Kriminalität einzuführen, bestätigt. Denn bei Gruppierungen organisierter Kriminalität sei anzunehmen, dass nicht stets alle Bandenmitglieder einen Mitwirkungsbeitrag vor Ort leisteten.[737]

cc) Stellungnahme und eigener Vorschlag

Hinsichtlich der Organisationsgefahr ist zunächst anzumerken, dass der Begriff bereits missverständlich und somit nicht gelungen ist. Nach dem herrschenden – an der Rechtsprechung orientierten – Verständnis wäre es treffender, von einer Fortsetzungsgefahr zu sprechen. Ein solches Verständnis führt jedoch dazu, dass die Bande sehr nah an die kriminelle Vereinigung im Sinne des § 129 StGB herangerückt wird, bei dem es ebenfalls um die Bestrafung eines Zusammenschlusses gerade wegen der Gefahr künftiger aus ihm heraus begangener Straftaten geht.[738] Da der Gesetzgeber die bandenmäßige Begehung anders als § 129 StGB strukturiert hat, indem er die Bestrafung an eine bereits erfolgte Straftatbegehung knüpft, ist dieses Verständnis der Organisationsgefahr abzulehnen. Zudem spricht gegen dieses Verständnis, dass die jeweiligen Gefahrzusammenhänge kaum nachvollziehbar dargestellt werden können: So wäre die (abstrakte) Gefahr auf die Begehung einer Straftat bezogen, obwohl eine entsprechende Straftat bereits begangen wurde – sich die Gefahr also bereits verwirklicht hat. Naheliegender erscheint es vor diesem Hintergrund, die Organisationsgefahr – wie von *Toepel* angedeutet – als ‚Gefahr vor Organisierung‘ zu verstehen. Problematisch an dieser Ansicht ist jedoch, dass Gruppierungen der organisierten Kriminalität nur bedingt erfasst werden könnten. Zum einen ist nämlich bei diesen Gruppierungen weniger von – organisierungsbegünstigendem – gegenseitigem Vertrauen auszugehen. Zum anderen ist zu berücksichtigen, dass bei Gruppierungen organisierter Kriminalität die organisatorischen Strukturen, deren Herausbildung entgegengewirkt wer-

---

736 *Sowada*, FS Schlüchter (2002), 383 (396 f.).
737 Ebd., (398).
738 *Toepel*, ZStW 115 (2003), 60 (65 f.).

den solle, bereits vorhanden sind. Mithin kann diese Strafgrunderwägung nur insoweit überzeugen, als sie sich auf Banden bezieht, die noch nicht die Schwelle zur organisierten Kriminalität überschritten haben. Im Ergebnis ist also auch dieses Verständnis der Organisationsgefahr nicht frei von Bedenken.

Der Ansatz der Ausführungsgefahr, die strafschärfende Wirkung der bandenmäßigen Begehung mit der erhöhten Gefährlichkeit kollektiven Zusammenwirkens zu begründen, begegnet ebenfalls Zweifeln. So könnte zunächst eingewandt werden, dass die erhöhte Wahrscheinlichkeit an sich kein strafzumessungserheblicher Gesichtspunkt ist, die strafschärfende Wirkung mithin nicht erklären kann. Denn soweit der Schaden eingetreten ist, dürfte es aus Sicht des Opfers keine Rolle spielen, ob er durch eine Bande oder einen Einzeltäter verursacht wurde.[739] Zudem ist zu berücksichtigen, dass die der Ausführungsgefahr zugrundeliegende Erwägung auch auf die (bloße) Mittäterschaft zutrifft. Auch dort gehen die Beteiligten in der Regel arbeitsteilig und koordiniert vor, ohne dass dies jedoch strafschärfend berücksichtigt wird.[740]

Da weder die Organisations- noch die Ausführungsgefahr ausreichend den Strafgrund bandenmäßiger Begehung (insbesondere im Hinblick auf organisierte Kriminalität) erklären können, soll an dieser Stelle ein alternativer Ansatz vorgeschlagen werden. Ausgangspunkt der Überlegung ist, dass es sich bei den Bandenvorschriften um vertypte Strafzumessungserwägungen handelt. Die meisten der bisher vertretenen Theorien verfolgen den Ansatz, die erhöhte Strafwürdigkeit im Wesentlichen mit materiellen Erwägungen zu begründen. So wird vor allem auf eine erhöhte Gefahr abgestellt – entweder in Form einer konkreten Gefahr bei der unmittelbaren Tatausführung oder in Form einer abstrakten Gefahr mit Blick auf künftige Aktivitäten der Bande.

Sinnvoller erscheint es stattdessen, auf Erwägungen abzustellen, die den Strafzumessungsvorgang betreffen, bei dem gemäß § 46 Abs. 2 StGB sämtliche für und gegen den Täter sprechenden Umstände gegeneinander abgewogen werden. Einer der abzuwägenden Gesichtspunkte ist – soweit mehrere Personen beteiligt sind – der jeweilige individuell verwirklichte Tatbei-

---

739 Vgl. *Godenzi*, Strafbare Beteiligung am kriminellen Kollektiv, S. 196.
740 *Altenhain*, ZStW 113 (2001), 112 (125). Kritisch dazu: *Eidam*, Der Organisationsgedanke im Strafrecht, S. 115, der auf die unterschiedliche Ausrichtung beider Rechtsinstitute hinweist: Mittäterschaft regele die Zurechnung fremder Tatbeiträge, Bandenmäßigkeit sei hingegen ein Strafschärfungsgrund.

trag.[741] Arbeitsteiliges Vorgehen führt dabei dazu, dass mit zunehmender Anzahl an Beteiligten der Tatbeitrag eines einzelnen Beteiligten tendenziell immer geringer wird,[742] und sich dies auch in einem immer niedrigeren Strafmaß ausdrücken kann – entweder bereits durch Herabstufung der Beteiligung zur Beihilfe[743] oder durch strafmildernde Berücksichtigung im Rahmen der Strafzumessung. Das heißt, je mehr Personen beteiligt sind, desto eher wird das jeweilige – typischerweise geringer werdende – Gewicht einzelner Tatbeiträge strafmildernd berücksichtigt. Zu beachten ist sicherlich, dass diesbezüglich keine Zwangsläufigkeit anzunehmen ist und arbeitsteiliges Vorgehen in Ausnahmefällen umgekehrt sogar strafschärfend berücksichtigt werden kann.[744] Allerdings kommt es nach hier vertretener Auffassung entscheidend darauf an, dass überhaupt die Möglichkeit besteht, von einem Handeln im Kollektiv in der dargestellten Weise zu profitieren. Indem pauschal für alle Bandenmitglieder der Strafrahmen erhöht wird, soll eine entsprechende Wirkung von vornherein ausgeschlossen bzw. kompensiert werden. Nicht zuletzt kann dieser Ansatz gerade auch bei Sachverhalten der organisierten Kriminalität die strafschärfende Wirkung

---

741 Vgl. etwa BGH NStZ-RR 2009, 311 (312), wo der BGH ausführt, dass „für die Bemessung der Strafe des Gehilfen das im Gewicht seines Tatbeitrags zum Ausdruck kommende Maß seiner Schuld maßgeblich" sei; vgl. auch *Kinzig*, Organisierte Kriminalität, S. 631 f., der eine solche Handhabung im Rahmen seiner Aktenanalyse feststellen konnte; *Dencker*, FS Lüderssen (2002), 525 (529), der es im Zusammenhang mit „hinreichend mächtigen Organisationen" für richtig hält, die Strafmaßdifferenz zwischen einem Täter an der Spitze der Hierarchie und solchen auf unterster Ebene an der Differenz zwischen Täter und Teilnehmer zu orientieren. Ein ähnlicher Gedanke findet sich auch bei MüKoStGB/*Maier* § 46 Rn. 224, nach dem die „Einbindung in ein hierarchisch gegliedertes verbrecherisches Vertriebssystem auf einer höheren Ebene" als Indiz für die (höhere) Intensität des Täterwillens herangezogen werden könne.

742 Im Rahmen dieser Arbeit kam dieser Aspekt bereits bei den Voraussetzungen der Mittäterschaft zur Sprache, siehe unter D.I.2.a)bb). Dort wurde die – insbesondere von *Jakobs* vertretene – Ansicht wiedergegeben, dass für die Annahme von Mittäterschaft die Anforderungen an den jeweiligen Tatbeitrag umso geringer sind, je mehr Personen an der Verwirklichung des Tatbestands beteiligt sind. *Jakobs*, Strafrecht AT, 21/49, bezeichnet dies als die „strafrechtsdogmatische Konsequenz der anonymisierenden Wirkung von Arbeitsteilung". Zur anonymisierenden Wirkung von Täterzusammenschlüssen siehe auch *v. Lampe*, Geschichte und Bedeutung des Begriffs ‚organisierte Kriminalität', S. 42 f.

743 Mit der Folge einer obligatorischen Strafrahmenverschiebung nach §§ 27 Abs. 2, 49 Abs. 1 StGB.

744 Vgl. LK-StGB/*Schneider* § 46 Rn. 125, der die Tatbegehung durch mehrere Beteiligte für einen strafschärfenden, weil gefahrerhöhenden, Umstand hält.

erklären. Denn dort finden sich unter den mitwirkenden Personen häufig auch solche, die nur vergleichsweise geringe Tatbeiträge erbringen.[745]

d) Begriffliche Abgrenzung zwischen bandenmäßiger Begehung und organisierter Kriminalität

Um das Verhältnis zwischen organisierter Kriminalität und Bandenkriminalität besser einordnen zu können, soll in diesem Abschnitt untersucht werden, ob sich auf der Definitionsebene Unterschiede erkennen lassen. Da im Rahmen dieser Arbeit keine Festlegung auf eine bestimmte Definition organisierter Kriminalität erfolgen soll, werden im Folgenden verschiedene prominentere Definitionsversuche nebeneinander gelegt. Neben der Richtliniendefinition[746] werden die Definitionen der AG Kripo,[747] des Ad-hoc-Ausschuss des Arbeitskreis II der Innenministerkonfe-

---

745 Vgl. etwa den Fall 10b („Falsche Polizeibeamte"), bei dem etwa A, die auch Mitglied der Bande war, während des Tatgeschehens selbst lediglich als Fahrerin fungierte.

746 Demnach ist organisierte Kriminalität die von Gewinn- oder Machtstreben bestimmte planmäßige Begehung von Straftaten, die einzeln oder in ihrer Gesamtheit von erheblicher Bedeutung sind, wenn mehr als zwei Beteiligte auf längere oder unbestimmte Dauer arbeitsteilig unter Verwendung gewerblicher oder geschäftsähnlicher Strukturen, unter Anwendung von Gewalt oder anderer zur Einschüchterung geeigneter Mittel, oder unter Einflussnahme auf Politik, Medien, öffentliche Verwaltung, Justiz oder Wirtschaft zusammenwirken (nach Bundeslagebild OK 2021, S. 10).

747 „Der Begriff der organisierten Kriminalität umfasst Straftaten, die von mehr als zweistufig gegliederten Verbindungen oder von mehreren Gruppen in arbeitsteiligem Zusammenwirken begangen werden, um Gewinne zu erzielen oder Einfluss im öffentlichen Leben zu nehmen." (Zitiert nach *Gemmer*, Kriminalistik, 1974, 529 (530); *Boettcher*, Die Polizei 1974, 235 (237); *Zühlsdorf*, Bekämpfung organisierter Verbrechen, S. 46).

748 „Unter organisierter Kriminalität (OK) ist nicht nur eine mafiaähnliche Parallelgesellschaft im Sinne des ,organized crime' zu verstehen, sondern ein arbeitsteiliges, bewusstes und gewolltes, auf Dauer angelegtes Zusammenwirken mehrerer Personen zur Begehung strafbarer Handlungen – häufig unter Ausnutzung moderner Infrastrukturen – mit dem Ziel, möglichst schnell hohe finanzielle Gewinne zu erreichen." (Zitiert nach *Sielaff*, Kriminalistik 1983, 417 (417)).

renz[748] sowie die Vorschläge von *Kollmar,*[749] *Mergen*[750], und *Steinke*[751] aufgeführt.

Nach der Rechtsprechung wird eine Bande verstanden als

„Zusammenschluss von mindestens drei Personen (...), die sich mit dem Willen verbunden haben, künftig für eine gewisse Dauer mehrere selbstständige, im Einzelnen noch ungewisse Straftaten des im Gesetz genannten Deliktstyps zu begehen. Ein ‚gefestigter Bandenwille' oder ein ‚Tätigwerden in einem übergeordneten Bandeninteresse' ist nicht erforderlich."[752]

Dieser Definition lässt sich entnehmen, dass das Vorliegen einer Bande an drei Elemente geknüpft ist. In personeller Hinsicht muss es sich um einen Zusammenschluss von mindestens drei Personen handeln. In zeitlicher Hinsicht wird vorausgesetzt, dass der Zusammenschluss für „eine gewisse Dauer" vorgesehen sein muss. Und in voluntativer Hinsicht wird der Wille vorausgesetzt, mehrere selbstständige Straftaten des jeweiligen Deliktstyps zu begehen. Ein Handlungselement, das Vorgaben hinsichtlich der Tatmodalitäten macht, ist nicht vorhanden, ebensowenig wie ein organisatorisches Element. Auf letzteres wird vielmehr explizit verzichtet.[753] Im Folgenden werden die einzelnen Elemente der verschiedenen Definitionen vergleichend betrachtet (vgl. Tabelle 5).

---

749 *Kollmar*, Kriminalistik 1974, 1 (6), definierte organisierte Kriminalität als den „dauerhafte[n] Zusammenschluss einer Personenmehrheit zu einem mehrstufigen System der Über- und Unterordnung mit dem Zweck der planmäßigen Begehung von Straftaten".

750 „Das organisierte Verbrechertum besteht in einer nach ökonomischen und wirtschaftlichen Gesichtspunkten errichteten Geschäfts- und Betriebsorganisation, deren Zweck es ist, durch Begehung von Verbrechen Geld zu verdienen." Zitiert nach *Eisenberg/Ohder*, JZ 1990, 574 (574).

751 „Organisierte Kriminalität ist die kriminelle Tätigkeit von Personengruppen, die mit weit vorausgreifender Planung und arbeitsteilig dauerhaft schwerwiegende Straftaten begehen, um Gewinne zu erzielen, mit denen sie überwiegend ihren Lebensunterhalt bestreiten." (*Steinke*, Kriminalistik 1982, 78 (98)).

752 BGH NJW 2001, 2266 (2266).

753 Vgl. auch BGH NJW 2001, 2266 (2267): „Von der kriminellen Vereinigung unterscheidet sich die Bande dadurch, dass sie keine Organisationsstruktur aufweisen muss". Zweifelnd äußert sich in dieser Hinsicht *Eidam*, Der Organisationsgedanke im Strafrecht, S. 123, nach dem „die moderne Rechtsprechung trotz anders lautender Bekenntnisse bei der Bande doch eher ein Bild von einem mehr oder weniger organisierten Täterkollektiv vor Augen zu haben [scheint]".

Tabelle 5: Vergleich von Bande und organisierter Kriminalität anhand der Definitionen

Definition	Personell	Zeitlich	Voluntativ	Organisatorisch	Tatmodalitäten
Bandendefinition	>2	gewisse Dauer	Begehung von Straftaten der jeweiligen Deliktsart	-	-
AG Kripo	-	-	Gewinnerzielung oder Einflussnahme im öffentlichen Leben	mehr als zweistufige Gliederung oder Kooperation von mehreren Gruppen	arbeitsteiliges Zusammenwirken
Kollmar	Personenmehrheit	dauerhaft	Begehung von Straftaten	mehrstufiges System der Über- und Unterordnung	Planmäßigkeit
Mergen	-	-	durch Begehung von Verbrechen Geld zu verdienen	eine nach ökonomischen und wirtschaftlichen Gesichtspunkten errichtete Geschäfts- und Betriebsorganisation	-
Steinke	Personengruppe	dauerhaft	Begehung von schwerwiegenden Straftaten, um Gewinne zu erzielen, mit denen die Täter überwiegend ihren Lebensunterhalt bestreiten	-	weit vorausgreifende Planung und arbeitsteiliges Vorgehen
Ad-Hoc-Ausschuss	mehrere Personen	auf Dauer angelegt	Begehung strafbarer Handlungen mit dem Ziel, möglichst schnell hohe finanzielle Gewinne zu erreichen	-	arbeitsteiliges, bewusstes und gewolltes Zusammenwirken
Richtliniendefinition	>2	auf längere oder unbestimmte Dauer	von Gewinn- oder Machtstreben bestimmte Begehung von Straftaten, die einzeln oder in ihrer Gesamtheit von erheblicher Bedeutung sind	-	Planmäßiges, arbeitsteiliges Vorgehen und eine der drei Alternativen

aa) Personelles Element

Hinsichtlich des personellen Elements ist die Richtliniendefinition vergleichsweise präzise, indem sie „mehr als zwei Beteiligte" voraussetzt. Die anderen Definitionen sind weniger eindeutig, so ist etwa von „Personenmehrheiten" die Rede. Ob sich daraus jedoch substanzielle Unterschiede – auch im Vergleich zur Bande – ergeben, dürfte zu bezweifeln sein.

bb) Zeitliches Element

Die meisten Definitionen organisierter Kriminalität enthalten kein zeitliches Element. Eine Ausnahme stellt insofern die Richtliniendefinition dar. So setzt sie voraus, dass die Täter „auf längere oder unbestimmte Dauer" zusammenwirken. Das „auf Dauer angelegte Zusammenwirken", wie es in der Definition des Ad-hoc-Ausschusses vorausgesetzt wird, lässt auf einen ähnlichen Zeitrahmen schließen. Im Vergleich dazu ist die zeitliche Anforderung, die im Rahmen der Bandendefinition genannt wird, geringer, da lediglich von einer „gewisse[n] Dauer" die Rede ist. Ob nun aber eine „längere oder unbestimmte Dauer" von einer „gewissen Dauer" trennscharf und zuverlässig abgegrenzt werden kann, ist zu bezweifeln. Deswegen ist der Unterschied zwischen Bande und organisierter Kriminalität hinsichtlich des zeitlichen Elements – so wie er sich in den Definitionen darstellt – im Ergebnis vernachlässigbar.

cc) Handlungselement

Ein Element, das von der Bandendefinition nicht adressiert wird, aber in den Definitionen für organisierte Kriminalität vielfach vorkommt, ist das Handlungselement. Teilweise wird dabei lediglich die „planmäßige" Begehung von Straftaten oder ein „arbeitsteilige[s] Zusammenwirken" vorausgesetzt – Merkmale, die auch bei jeder bandenmäßigen Begehung erfüllt sein dürften.[754] Höhere Anforderungen finden sich in der Definition von *Steinke*, in der eine „weit vorausgreifend[e] Planung" verlangt wird. Besonders spezifisch sind die von der Richtliniendefinition vorgegebenen Kriterien. So sind – neben dem planmäßigen und arbeitsteiligen Zusammenwirken

---

754 BGH NStZ-RR 2020, 230 (230); BGH BeckRS 2015, 11906.

– drei Tatmodalitäten aufgelistet. Da diese nur alternativ vorliegen müssen, hält sich jedoch die Filterfunktion dieser Tatmodalitäten in Grenzen, zumal auch die einzelnen Kriterien eher als weich zu bewerten sind – was insbesondere für die Verwendung geschäftsähnlicher Strukturen gilt.[755] Insgesamt ist somit nicht davon auszugehen, dass sich auf Grundlage des Handlungselements wesentliche Unterschiede zwischen dem Bandenbegriff und organisierter Kriminalität ergeben.

dd) Voluntatives Element

Hinsichtlich des voluntativen Elements ist festzustellen, dass die Anforderungen der verschiedenen Definitionen zu organisierter Kriminalität zum Teil stark variieren. Nach der Definition von *Kollmar* muss der Wille des Zusammenschlusses etwa nur auf die „planmäßige Begehung von Straftaten" gerichtet sein – was letztlich auch dem voluntativen Element der Bandendefinition entspricht. Andere Definitionen stellen hingegen auf ein „Gewinn- oder Machtstreben" ab. Besonders präzise ist dabei die Definition des Ad-hoc-Ausschusses, nach der das Ziel der Gruppierung darin bestehen muss, „möglichst schnell finanzielle Gewinne zu erzielen". Wie oben dargestellt, ist jedoch anzunehmen, dass es auch den meisten Banden in erster Linie um die Erzielung finanzieller Gewinne gehen dürfte.[756] Die Voraussetzung des Machtstrebens, die sich in der Richtliniendefinition findet, erscheint insofern geeigneter, als dieses kein Wesensmerkmal der Bandenmäßigkeit ist. Allerdings ist nur schwer zu benennen, was genau unter Machtstreben zu verstehen ist. Zudem handelt es sich um ein alternatives, und kein zwingendes Merkmal im Rahmen der Richtliniendefinition. Eine Abgrenzung zur Bandenmäßigkeit lässt sich mithin nur schwer darauf stützen.

Darüber hinaus setzt die Rechtliniendefinition jedoch voraus, dass die Absicht der Gruppierung auf die Begehung von Taten gerichtet sein muss, die einzeln oder in ihrer Gesamtheit „erheblich" sind.[757] Sehr ähnlich ist

---

755 Nach *Dessecker*, NStZ 2009, 184 (189), liege etwa bei Vermögensdelikten „die Schwelle zum Nachweis einer geschäftsähnlichen Organisation gerade dann nicht allzu hoch, wenn sie innerhalb eines Unternehmens begangen" würden.

756 Siehe unter D.II.2.b).

757 Das Kriterium der erheblichen Straftat kommt in zahlreichen Normen vor, z.B. §§ 63, 64, 66, 70 StGB („erhebliche Straftaten"), §§ 81g, 98a, 110a StPO („Straftat von erheblicher Bedeutung"). Darunter zu verstehen ist eine Straftat, die „zumindest

auch das von *Steinke* genannte Erfordernis, dass es sich um „schwerwiegende" Straftaten handeln müsse.[758] Das Gewicht der beabsichtigten (oder begangenen) Straftaten ist ein Aspekt, der nicht in der Bandendefinition enthalten ist. Vielmehr geht das Gesetz mit Blick auf die Normierung minder schwerer Fälle, die gerade bei Bandendelikten häufig vorgesehen sind,[759] davon aus, dass sich Bandendelikte auch auf nicht erhebliche Taten beziehen können. Zu berücksichtigen ist jedoch, dass auch einfache bandenmäßige Zusammenschlüsse erhebliche und schwerwiegende Taten begehen können.[760] Mithin dürfte sich eine Abgrenzung auch auf dieses Kriterium nur schwer stützen lassen.

ee) Organisatorisches Element

Der Begriff der organisierten Kriminalität legt nahe, dass organisatorische Strukturen für diese Kriminalitätsform prägend sind. Umso erstaunlicher ist es, dass nur die frühen Definitionsansätze Anforderungen in dieser Hinsicht stellen. So ist etwa von „mehr als zweistufig gegliederten Verbindungen", von einem „mehrstufigen System der Über- und Unterordnung" oder von einer „nach ökonomischen und wirtschaftlichen Gesichtspunkten errichteten Geschäfts- und Betriebsorganisation" die Rede. Da die Bandendefinition ausdrücklich kein organisatorisches Element enthält, bestünde – unter Zugrundelegung dieser älteren Definitionen – ein vergleichsweise

---

dem mittleren Kriminalitätsbereich zuzuordnen und geeignet ist, den Rechtsfrieden empfindlich zu stören sowie das Gefühl der Rechtssicherheit der Bevölkerung erheblich zu beeinträchtigen" (BVerfG NJW 2001, 878 (880)). Soweit es um eine Tatserie geht, erhöht dies das Gewicht der einzelnen Tat, vgl. BGH BeckRS 2018, 4223. Vgl. jedoch *Kirkpatrick*, wistra 2016, 378 (380), der das Kriterium der erheblichen Straftaten für ungeeignet hält, da „[n]ur ein Teil der von dem Gesetzgeber als erheblich angesehenen Tatbestände [...] überhaupt der organisierten Kriminalität zugerechnet werden" könne.

758 Nach MüKoStPO/*Rückert* § 100f Rn. 26, ist die Schwelle zu den „schwerwiegenden" Straftaten etwas höher anzusetzen als diejenige zu den erheblichen Straftaten.

759 Vgl. §§ 244 Abs. 3, 244a Abs. 2, 250 Abs. 3, 260a Abs. 2, 263 Abs. 5, 267 Abs. 4 StGB, § 30 Abs. 2 BtMG.

760 Vgl. dazu den Fall 10a („Überfälle bei vorgetäuschten Rendezvous"), bei dem die Täter eher einfach und amateurhaft organisiert waren, die von ihnen verwirklichten (schweren) räuberischen Erpressungen jedoch unschwer als erhebliche (und auch schwerwiegende) Taten anzusehen sind, was sich auch anhand der Strafmaße von vier Jahren bis zu sechs Jahren und sechs Monaten bemerkbar macht, LG Flensburg BeckRS 2019, 47769.

klares Kriterium zur Abgrenzung der beiden Phänomene. In den späteren Definitionen – einschließlich der Richtliniendefinition – wird hingegen gänzlich auf eine entsprechende Voraussetzung verzichtet.[761] Nach diesen neueren Definitionen kann also nicht auf das organisatorische Element abgestellt werden, um organisierte Kriminalität von bandenmäßiger Straftatbegehung abzugrenzen.

ff) Zwischenergebnis

Die Gegenüberstellung der verschiedenen Definitionselemente hat gezeigt, dass der Unterschied zwischen den Begriffen Bande und organisierte Kriminalität geringer ist, als die Definitionen auf den ersten Blick nahelegen. Die meisten Kriterien, die von Definitionen organisierter Kriminalität vorgesehen werden, sind entweder in der Bandendefinition explizit enthalten oder zählen zu den Wesensmerkmalen bandenmäßiger Straftatbegehung. In Ansätzen erscheint die Erheblichkeit der beabsichtigten bzw. begangenen Straftaten als geeignetes Abgrenzungskriterium in Betracht zu kommen. So setzt die Bandenmäßigkeit nicht voraus, dass die Taten eine bestimmte Schwere erreichen. Gleichwohl dürften auch bandenmäßige Taten häufig als erheblich einzuschätzen sein, da sie regelmäßig der Gewinnerzielung dienen und auf eine wiederholte Begehung ausgerichtet sind, weshalb sich dieses Kriterium im Ergebnis ebenfalls nur bedingt für eine Abgrenzung eignet.

Eine Abgrenzbarkeit lässt sich indes über das organisatorische Element der älteren Definitionen organisierter Kriminalität erreichen. Diese sehen eine hierarchisch gegliederte Organisationsstruktur vor – welche für eine Bande ausdrücklich nicht vorausgesetzt wird. Unter Anwendung dieses Kriteriums würde die Einordnung der Beispielsfälle wie folgt vorgenommen werden können: In Fall 10b („Falsche Polizisten") operieren die Täter in einem hierarchisch gegliederten System, mit den Organisatoren des Callcenters an der Spitze und den Abholern auf der untersten Stufe. In Fall 10a („Überfälle bei vorgetäuschten Rendezvous") sind dagegen keine Anhaltspunkte für eine hierarchische Organisationsstruktur erkennbar –

---

761 Es sei darauf hingewiesen, dass es auch abweichende Meinungen zu den organisatorischen Anforderungen der Arbeitsdefinition gibt. So geht etwa *Körffer*, Kriminalistik 2021, 373 (375), davon aus, dass die Arbeitsdefinition „an einem alten hierarchischen OK-Modell" orientiert sei.

wie im Übrigen auch nicht für eine Einbettung der Täter in ein kriminelles Netzwerk.[762] Vielmehr zeichnete sich die Kooperationsbeziehung zwischen den Tätern insgesamt durch eine geringe Komplexität aus, weshalb unter Anwendung dieses Kriteriums eine Zuordnung des Falles zur organisierten Kriminalität nicht angezeigt wäre.

e) Ergebnis zur bandenmäßigen Straftatbegehung

Durch die Bandendelikte kann kollektives Handeln in materiellrechtlicher Hinsicht berücksichtigt und zum Ausdruck gebracht werden, was insbesondere für den Bereich der organisierten Kriminalität gilt. So wurden im Zuge des OrgKG neue Bandennormen speziell mit dem Ziel eingefügt, die Bekämpfung der organisierten Kriminalität zu fördern.[763] Darüber hinaus ist zu bedenken, dass Bandendelikte im Wesentlichen nur in solchen Deliktsbereichen vorgesehen sind, die typisch für organisierte Kriminalität sind und durch deren Begehung sich ein materieller Vorteil erzielen lässt. Besonders deutlich wird diese Korrelation zwischen Bandenmäßigkeit und finanzieller Tatmotivation, wenn man sich vergegenwärtigt, dass die Delikte des politischen Strafrechts (§§ 84 ff. StGB) allesamt keine bandenmäßige Begehungsvariante vorsehen.

Hinsichtlich des Strafgrunds bandenmäßiger Begehung ist festzustellen, dass die gängigen Theorien der Organisations- und Ausführungsgefahr nicht hinreichend besondere Aspekte organisierter Kriminalität berücksichtigen. So haben sich in Gruppierungen organisierter Kriminalität die Organisationsstrukturen bereits herausgebildet, deren Entstehung nach der Theorie der Organisationsgefahr durch die Bandendelikte verhindert werden soll. Die Ausführungsgefahr erscheint ebenfalls unzulänglich, da eine höhere Effektivität und Schadenseintrittswahrscheinlichkeit für sich betrachtet keine strafschärfenden Umstände darstellen. Vorzugswürdig erscheint es stattdessen, den Ausgangspunkt für die Strafgrunderwägungen in der anonymisierenden Wirkung von Arbeitsteilung zu sehen, wonach der individuelle Tatbeitrag tendenziell umso geringer ist, je größer das Täterkollektiv ist. Um zu verhindern, dass sich dieser geringe Tatbeitrag in ein geringeres Strafmaß übersetzt, wird pauschal der Strafrahmen für sämtliche Mitglieder des (Banden-)Kollektivs angehoben. Gerade im Zusammenhang

---

762 So gab es auch keine Anhaltspunkte dafür, dass außer den Angeklagten noch weitere (unbekannte) Personen involviert waren.

763 Siehe unter D.II.2.b).

mit organisierter Kriminalität lässt sich so die strafschärfende Wirkung bandenmäßiger Begehung insofern gut veranschaulichen, als in diesem Bereich häufig eine hohe Anzahl an Akteuren an der Tatbegehung mitwirkt.

Bei der begrifflichen Gegenüberstellung von Bande und organisierter Kriminalität fiel die relativ große Ähnlichkeit der beiden Begriffe in definitorischer Hinsicht auf. Unterschiede ergaben sich zunächst in Bezug auf die Schwere der beabsichtigten Straftaten. So muss es sich nach der Richtliniendefinition um erhebliche Taten handeln. Vergleichbare Anforderungen enthält die Bandendefinition nicht, vielmehr spricht gerade die Normierung minder schwerer Fälle dafür, dass bandenmäßige Deliktsbegehung auch auf nicht erhebliche Taten bezogen sein kann. Zu berücksichtigen ist jedoch, dass die Schwelle der Erheblichkeit nicht sonderlich hoch ist und diese auch bei bandenmäßiger Begehung regelmäßig gegeben sein dürfte. Das (somit einzige) Merkmal, durch das sich organisierte Kriminalität – zumindest unter Zugrundelegung älterer Definitionsansätze – von bandenmäßiger Deliktsbegehung abgrenzt, ist eine hierarchische Gruppenstruktur. Eine solche wird für das Vorliegen einer Bande ausdrücklich nicht vorausgesetzt und ist auch nicht typisch für einfache bandenmäßige Zusammenschlüsse.

Insgesamt lassen sich also aus Zweck, Strafgrund und begrifflicher Umgrenzung des Bandenbegriffs enge Verbindungen zwischen bandenmäßiger Straftatbegehung und organisierter Kriminalität erkennen, auch wenn eine vollständige Kongruenz weder vorhanden noch beabsichtigt ist. Ob die kollektiven Aspekte organisierter Kriminalität im Bandenbegriff hinreichend Berücksichtigung finden, hängt vor allem davon ab, welches Verständnis von organisierter Kriminalität herangezogen wird. Die von älteren Definitionen vorausgesetzten organisatorischen Kriterien finden in der Bandendefinition keine Entsprechung, können durch die bandenmäßige Begehung also nicht berücksichtigt bzw. zum Ausdruck gebracht werden.

3. Strafzumessung

Die Strafzumessung kann als „Fortschreibung oder Ausdifferenzierung der Kategorien der Verbrechenslehre in das Komparative und Quantitative" verstanden werden.[764] Wo es auf Tatbestandsebene weitgehend nur um

---

764 *Frisch*, GA 2014, 489 (490).

die Frage des ‚ob' geht, steht im Rahmen der Strafzumessung das ‚wie' der Bestrafung im Vordergrund. Die Fortschreibungsthese gewinnt dabei besonders hinsichtlich solcher Aspekte an Bedeutung, die auf Tatbestandsebene nur in geringem Maße ausdifferenziert sind – was etwa für die strafrechtliche Beteiligung gilt.[765] Im Folgenden soll untersucht werden, ob diese These auch auf kollektive Aspekte der Tatbegehung zutrifft, die auf Tatbestandsebene im Wesentlichen nur durch § 129 StGB und die bandenmäßige Begehung Berücksichtigung finden – und somit womöglich ein Bedürfnis besteht, sie auf der Ebene der Strafzumessung zum Ausdruck kommen zu lassen. Zu diesem Zweck werden solche Strafzumessungserwägungen näher in den Blick genommen, die – entsprechend den Ergebnissen der Datenbankanalyse – bei Fällen organisierter Kriminalität häufig herangezogen werden. Zunächst wird auf Erwägungen eingegangen, die Planung, Vorbereitung und Ausführung betreffen. In einem zweiten Schritt werden solche Gesichtspunkte behandelt, die auf die Rolle des Täters im kriminellen Kollektiv abstellen.

a) Strafzumessungserwägungen betreffend Planung, Vorbereitung und Ausführung der Tat

Wie den meisten Definitionsansätzen zu organisierter Kriminalität zu entnehmen ist, geht die Straftatbegehung in diesem Kriminalitätsbereich regelmäßig mit einer aufwendigen Planung, Vorbereitung und Ausführung einher.[766] Dies ist insofern nachvollziehbar, als das kollektive Vorgehen der Täter koordiniert werden muss. Entsprechende Aspekte der Tatvorbereitung und -begehung finden häufig auch in der Strafzumessung Niederschlag, meist in Form spezieller Strafzumessungserwägungen. Auf diese soll im Folgenden näher eingegangen werden.

aa) Sorgfältige Planung

Soweit die sorgfältige Planung (oder ein vergleichbarer Begriff)[767] im Rahmen der Strafzumessung herangezogen wird, geschieht dies in der Regel zur Begründung einer Straf*schärfung*. Die strafschärfende Wirkung lässt

---

765 Vgl. unter D.I.2.b)bb)(3)(d).
766 Vgl. dazu die Übersicht bei D.II.2.d).
767 Etwa: „mit hohem Aufwand geplant" (LG Heidelberg BeckRS 2018, 30955 Rn. 116).

sich damit erklären, dass eine sorgfältige Planung auf einen besonders ausgeprägten Tatwillen hindeutet. Es handelt sich also nicht nur um einen spontanen, unüberlegten Entschluss, auf dessen Grundlage der Täter die Tat begeht.[768] Die strafschärfende Berücksichtigung einer sorgfältigen Planung ist zwar nicht auf den Bereich organisierter Kriminalität begrenzt. Vielmehr ist es bei jeder Kriminalitätsform und Deliktsart möglich, dass der Straftatbegehung eine sorgfältige Planung vorausgeht.[769] Eine besondere Verbindung zwischen sorgfältiger Planung und organisierter Kriminalität ergibt sich jedoch daraus, dass in den meisten Definitionen für organisierte Kriminalität die „Planmäßigkeit" des deliktischen Vorgehens als Definitionselement enthalten ist. *Steinke* stellt sogar auf eine „weit vorausgreifende Planung" ab. Mithin kann also davon ausgegangen werden, dass eine sorgfältige Planung typisch für organisierte Kriminalität ist und insofern als zu erwägender Strafzumessungsgesichtspunkt regelmäßig in Betracht kommt.

Wenn man sich die Urteile aus dem Bereich der organisierten Kriminalität näher ansieht, in denen eine sorgfältige Planung im Rahmen der Strafzumessung berücksichtigt wird, so fällt auf, dass meist nicht auf den individuellen Planungsbeitrag, sondern in genereller Hinsicht auf eine sorgfältige Planung der Tat an sich abgestellt wird.[770] Dies dürfte unter anderem darauf zurückzuführen sein, dass in Verfahren gegen Gruppierungen organisierter Kriminalität angesichts von Abschottungs- und Verschleierungsmaßnahmen häufig keine genauen Kenntnisse über den Planungsvorgang vorliegen – weswegen vom äußeren Tathergang auf die Planungsintensität geschlossen wird.[771] Dass die sorgfältige Planung der Tat beim individuellen Täter auch dann strafschärfend berücksichtigt wird, wenn nicht er, sondern ein anderer die Planung vorgenommen hat, ist durchaus bemer-

---

768 *Bruns/Güntge*, Strafzumessung, S. 224 Rn. 68; Schönke/Schröder/*Kinzig* § 46 Rn. 16. Der aufgewendete Wille ist auch einer der Umstände, die in § 46 Abs. 2 S. 2 StGB aufgelistet sind.

769 Vgl. etwa den Fall BGH NStZ 2000, 254, bei dem es um eine Vergewaltigung geht.

770 So wurde im Urteil zu einem Schleusungsfall, in dem die zu schleusenden Personen eine detaillierte Einweisung zur Überquerung der Oder erhalten hatten, ausgeführt, dass „die Taten sorgfältig und geplant (...) waren", LG Dortmund BeckRS 2013, 5958 (Strafzumessung). In einem Callcenter-Betrugsfall („falsche Polizisten") wurde strafschärfend berücksichtigt, dass „die Tat sorgfältig durchdacht, mit hohem Aufwand geplant und organisiert [war]", LG Heidelberg BeckRS 2018, 30955 Rn. 116.

771 Von daher läge auch die Annahme nahe, der Begriff der sorgfältigen Planung beziehe sich eher auf eine detaillierte und komplexe Tatausführung – und weniger auf die Planungsphase an sich.

kenswert. Denn bei der Strafzumessung ist grundsätzlich nur die Schuld des individuellen Täters in den Blick zu nehmen.[772] Gerade bei Gruppierungen der organisierten Kriminalität dürfte dieser Zurechnungsgedanke nicht selten zur Anwendung kommen, da die ausführenden Täter häufig nicht auch gleichzeitig für die Planung verantwortlich sind.

Insgesamt stellt die sorgfältige Planung einen Umstand dar, dessen strafzumessungsrechtliche Berücksichtigung in Sachverhalten organisierter Kriminalität sehr naheliegend erscheint und durch den auch kollektive Aspekte zum Ausdruck gebracht werden können. Dies gilt insbesondere vor dem Hintergrund, dass mit dieser Erwägung auch fremde Planungstätigkeiten berücksichtigt werden können.

bb) Hoher Organisationsgrad

Ebenfalls wird im Rahmen der Strafzumessung häufig auf den hohen Organisationsgrad abgestellt. In einigen Fällen wird dieser Aspekt in Kombination mit der sorgfältigen Planung herangezogen.[773] Zwar bezieht sich Organisation in gewisser Weise stets auch auf die Planung (der Straftaten), allerdings liegt der Schwerpunkt dieses Aspekts vor allem darauf, wie aufwendig die einzelnen Vorbereitungsmaßnahmen sind und welche zusätzlichen Anstrengungen, die über den eigentlichen Taterfolg hinausgehen, unternommen werden. So wurde in einem Fall strafschärfend berücksichtigt, dass die Schleusung einer nigerianischen Frau einen hohen Organisationsgrad aufgewiesen habe. Neben der aufwendigen Reise sei der Frau etwa auch eine Legende als Karatesportlerin verschafft worden.[774] In einem anderen Fall wurde der „besonders hoh[e] Grad an Organisation" damit begründet, dass die Täter sich durch „das Betreiben von 24-Stunden-Bestellhotlines" von üblichen Fällen des Handels mit Betäubungsmitteln abgehoben hätten.[775] Trotz begrifflicher Ähnlichkeit bezieht sich der hohe Organisationsgrad nicht auf die organisatorische Struktur der Gruppierung, jedenfalls nicht unmittelbar. Gleichwohl dürfte dieser Aspekt gerade auch für Sachverhalte

---

772 Nach *Hassemer*, Strafungleichheit, S. 298, gilt im Rahmen der Strafzumessung das „Individualisierungsgebot mit besonderem Nachdruck". So kann etwa bei einer Tatbegehung durch mehrere Personen ein Gehilfe unter Umständen schwerer zu bestrafen sein als ein (ebenfalls beteiligter) Mittäter, BGH NJW 1984, 2539 (2541).

773 LG Bonn BeckRS 2018, 44194 Rn. 127; LG Hamburg BeckRS 2018, 55375 Rn. 122.

774 LG Köln BeckRS 2019, 52766 Rn. 206.

775 LG Hannover BeckRS 2020, 42751 Rn. 535.

organisierter Kriminalität typisch sein, da sich die Straftatbegehung in diesem Bereich häufig durch eine hohe Komplexität auszeichnet.

cc) Professionelles Vorgehen

Der Strafzumessungsgesichtspunkt des professionellen Vorgehens kam im Rahmen der Datenbankanalyse relativ häufig vor. Was genau unter professionellem Vorgehen zu verstehen ist, scheint indes gar nicht so leicht zu beantworten zu sein. So wird der Begriff in der Literatur teilweise als „Leerformel" bezeichnet, die „über das Gewicht des Vorgehens des Täters nichts Konkretes auszusagen" vermöge.[776] Grundsätzlich dürfte mit Professionalität gemeint sein, dass die Täter methodisch vorgehen und ihr Handeln an Effizienzgesichtspunkten orientieren. Es handelt sich demnach nicht um Dilettanten, die ohne besondere Sachkenntnis in dem jeweiligen Kriminalitätsfeld aktiv werden.[777] Vielmehr verfügen sie über (erlernte) Fähigkeiten und ein gewisses Maß an Erfahrung und Routine. Dass der Täter die kriminelle Tätigkeit im Sinne einer Profession, also eines Berufes ausübt, dürfte mit der Verwendung des Begriffs dagegen nicht impliziert sein. Das Kriterium scheint sich nämlich weniger auf die Person des Täters, sondern mehr auf dessen Vorgehensweise bei der Tat zu beziehen.

Die erhöhte Strafwürdigkeit eines professionell vorgehenden Täters beruht insbesondere auf der Erwägung, dass ein solcher Täter besonders effizient vorgeht – was mit einer größeren Gefahr für (potenzielle) Opfer einhergeht.[778] Um das professionelle Vorgehen strafschärfend zu berücksichtigen, muss im Übrigen nicht jeder einzelne Beteiligte über besondere Sachkunde oder Fähigkeiten verfügen. Vielmehr reicht es offenbar aus, wenn die Gruppierung als ganze professionell ans Werk geht. In einem Urteil wurde etwa strafschärfend berücksichtigt, dass „die Bande auch durch eine besonders konspirative, gut durchdachte und professionelle Zusammenarbeit hervor[gestochen]" sei.[779] Insofern handelt es sich auch bei der Erwägung des professionellen Vorgehens um einen Aspekt, der im Rahmen der Strafzumessung eine Art Zurechnung fremder Tat- bzw. Planungsbeiträge ermöglicht.

---

776 *Schäfer/Sander/van Gemmeren*, Praxis der Strafzumessung, Rn. 619.
777 Dementsprechend kann sich unprofessionelles Vorgehen auch strafmildernd auswirken, vgl. LG Bielefeld BeckRS 2020, 39137 Rn. 105.
778 Zu Kritik an dieser Erwägung siehe unter D.II.2.c)bb).
779 LG Hannover BeckRS 2020, 42751 Rn. 418.

dd) Konspiratives Vorgehen

Der Gesichtspunkt des konspirativen Vorgehens kam ebenfalls durchaus häufig vor. Zur Anwendung kommt dieser Gesichtspunkt, wenn die Täter im Rahmen der Tatvorbereitung besondere Anstrengungen unternehmen, um ihr kriminelles Vorgehen zu tarnen. Insbesondere geht es dabei um die Kommunikation mittels codierter Sprache, damit eventuell mithörende Ermittlungsbeamte den Gesprächsinhalt nicht unmittelbar verstehen können.[780]

Das konspirative Vorgehen wird stets strafschärfend berücksichtigt. Der Grund für den strafschärfenden Charakter dieses Aspektes ist schwerer zu benennen als bei den zuvor genannten Erwägungen, die jeweils mit einer Effizienzsteigerung und somit auch einer größeren Gefahr für die Opfer einhergehen. Das konspirative Vorgehen zielt dagegen nicht auf eine Effizienzsteigerung ab, denn durch eine verschlüsselte Kommunikation gestaltet sich die Tatvorbereitung um einiges aufwendiger. Der Zweck einer konspirativen Vorgehensweise ist vielmehr auf die Erschwerung der polizeilichen Ermittlungsarbeit gerichtet. Fraglich ist jedoch, ob dies überhaupt ein tauglicher Zweck ist, der eine strafschärfende Wirkung rechtfertigen kann. Gemeinhin wird nämlich angenommen, dass Verschleierungsbemühungen, wie etwa das Verwischen von Spuren, die auf die Identität des Täters schließen lassen können, nicht strafschärfend berücksichtigt werden dürfen.[781] Dies folgt aus dem nemo tenetur-Grundsatz. Würden Verschleierungsbemühungen negative Rechtsfolgen für den Täter zeitigen, so wäre der Täter gleichsam dazu genötigt, seine Tat so zu begehen, dass sie ohne größere Probleme aufgeklärt werden könnte. Mittelbar würde er dazu angehalten, bei der Aufklärung seiner eigenen Straftat Unterstützung zu leisten. Die besondere Strafwürdigkeit einer konspirativen Vorgehensweise kann sich mithin nicht (unmittelbar) aus der Erschwerung der polizeilichen Ermittlungsarbeit ergeben. Eine andere Möglichkeit bestünde darin, die besondere Strafwürdigkeit mit Blick auf das langfristige Potenzial der Gruppierung zu begründen. Soweit nämlich die Aktivitäten einer Gruppierung nicht aufgedeckt werden, kann sie ungehindert weiter Straftaten begehen. Vor diesem Hintergrund würde der Aspekt des konspirativen Vorgehens

---

780 Vgl. etwa LG Dessau-Roßlau BeckRS 2019, 30434 Rn. 23 ff., wo Betäubungsmittel als „Äpfel" oder „Autos" bezeichnet wurden. „Weiße Äpfel" stand dabei für Crystal, „gelbe Äpfel" für Amphetamine.
781 Vgl. Schönke/Schröder/*Kinzig* § 46 Rn. 39 m.w.N.

auch eigenständige Bedeutung erlangen, da die anderen Erwägungen nicht gleichermaßen auf die Ermöglichung künftiger Straftaten bezogen sind. Mit der Heranziehung im Zusammenhang mit organisierter Kriminalität würde dies insofern übereinstimmen, als diese in der Regel auf fortgesetzte Straftatbegehung ausgerichtet ist. Problematisch an dieser Erwägung ist jedoch, dass dadurch (zumindest mittelbar) zukünftige Umstände im Rahmen der Strafzumessung Berücksichtigung fänden – was durch § 46 Abs. 2 StGB nicht vorgesehen ist und grundsätzlich der Tatbezogenheit der Strafzumessung widerspräche.[782] Schließlich könnte der Grund für die Strafschärfung auch darin gesehen werden, dass konspiratives Vorgehen in aller Regel mit einem besonderen Aufwand einhergeht, der seinerseits im Sinne von § 46 Abs. 2 StGB als Manifestation eines gesteigerten Willens zur Tat angesehen werden kann.

ee) Arbeitsteiliges Zusammenwirken

Soweit arbeitsteiliges Zusammenwirken im Rahmen der Strafzumessung berücksichtigt wird, hat es in der Regel eine strafschärfende Wirkung.[783] Dem liegt die Erwägung zugrunde, dass arbeitsteiliges Zusammenwirken regelmäßig mit einer Steigerung der Effizienz und damit auch der Gefährlichkeit einhergeht.[784] In der Datenbankanalyse fand sich indes auch ein Urteil, in dem die arbeitsteilige Vorgehensweise strafmildernd berücksichtigt wurde. Begründet wurde dies damit, dass es dem betreffenden Beteiligten angesichts der Arbeitsteilung nicht möglich gewesen sei, auf die Höhe des eingetretenen Schadens Einfluss zu nehmen.[785] Zu berücksichtigen ist jedoch, dass auf diesen Aspekt insgesamt – also unabhängig von seiner Wirkrichtung – nur sehr selten abgestellt wurde,[786] obwohl sich Arbeits-

---

782 Allenfalls die Entschlossenheit zur Begehung *künftiger* Straftaten kann ein – mittelbar – berücksichtigungsfähiger Umstand sein. So darf etwa nach ständiger Rechtsprechung des BGH mangelnde Unrechtseinsicht nur dann strafschärfend herangezogen werden, wenn das Verhalten des Täters „auf Rechtsfeindschaft, seine Gefährlichkeit und die Gefahr künftiger Rechtsbrüche" schließen lasse, vgl. etwa BGH BeckRS 2019, 38532.

783 LG Bochum BeckRS 2015, 10800; LG Hamburg BeckRS 2015, 11857.

784 MüKoStGB/*Maier* § 46 Rn. 224.

785 LG Bamberg BeckRS 2020, 20945 Rn. 143, 153.

786 Vgl. auch *Kinzig*, Organisierte Kriminalität, S. 647, der die arbeitsteilige Vorgehensweise als Kriterium der Strafzumessung lediglich in zwei Verfahrenskomplexen vorfand.

teilung in vielen Definitionen für organisierte Kriminalität als Merkmal wiederfindet.[787] Die seltene Heranziehung dieses Gesichtspunkts dürfte vor allem mit anderenfalls zu befürchtenden Verstößen gegen das Doppelverwertungsverbot nach § 46 Abs. 3 StGB zu erklären sein. Nach dem Doppelverwertungsverbot darf ein Umstand, der bereits zur Erfüllung eines Tatbestandsmerkmals herangezogen wurde, nicht zusätzlich noch im Rahmen der Strafzumessung berücksichtigt werden. Das arbeitsteilige Zusammenwirken findet sich zwar in keiner Strafnorm als Tatbestandsmerkmal wieder. Allerdings bezieht sich das Doppelverwertungsverbot nicht nur auf solche Umstände, die explizit im Tatbestand genannt werden, sondern auch auf solche, die für den jeweiligen Deliktstatbestand als typisch anzusehen sind.[788] Das arbeitsteilige Zusammenwirken ist in diesem Sinne als typisch für die bandenmäßige Begehung anzusehen und kann somit in entsprechenden – gerade im Zusammenhang mit organisierter Kriminalität häufig vorkommenden – Fällen nicht im Rahmen der Strafzumessung berücksichtigt werden.[789] Urteile, in denen im Rahmen der Strafzumessung ohne Verstoß gegen § 46 Abs. 3 StGB auf arbeitsteiliges Vorgehen abgestellt wird, betreffen im Wesentlichen zwei Fallkonstellationen. Die erste Konstellation bezieht sich auf den Fall, dass die anderen Beteiligten, die als Bandenmitglieder anzusehen waren, nicht ermittelt werden können. In diesem Fall kann auch der Täter regelmäßig nicht wegen Bandenmäßigkeit verurteilt werden – weshalb der Aspekt des arbeitsteiligen Zusammenwirkens für die Strafzumessung noch nicht verbraucht ist.[790] Die zweite Konstellation betrifft den Fall, dass die Arbeitsteilung über das hinausgeht, was typischerweise mit bandenmäßiger Begehung einhergeht. So wurde etwa in einem Fall, indem die fünf Angeklagten mithilfe eines sehr komplexen Firmengeflechts (Kaffee-)Steuern in Höhe von rund 5 Mio. Euro hinterzogen, ein „auffallend arbeitsteilige[s] Zusammenwirken" strafschärfend berücksichtigt.[791] Im Ergebnis handelt es sich beim arbeitsteiligen Zusammenwirken – auch wenn es typisch für organisierte Kriminalität sein mag – aufgrund dogmatischer Beschränkungen nicht um einen Umstand, der im Rahmen der Strafzumessung in nennenswertem Umfang Berücksichtigung findet.

---

787 Insoweit besteht eine Ähnlichkeit zum zuvor genannten Aspekt der sorgfältigen Planung, der sich auch in einigen der genannten Definitionen als charakteristisches Merkmal für organisierte Kriminalität wiederfindet.

788 Schönke/Schröder/*Kinzig* § 46 Rn. 45c.

789 BGH BeckRS 2015, 11906; MüKoStGB/*Maier* § 46 Rn. 242.

790 Vgl. dazu die Entscheidung LG Bochum BeckRS 2015, 10800.

791 LG Hamburg BeckRS 2015, 11857.

ff) Zwischenergebnis

Es lässt sich feststellen, dass sich die untersuchten Strafzumessungserwägungen dazu eignen, verschiedene Manifestationen kollektiven Zusammenwirkens in Fällen organisierter Kriminalität zum Ausdruck zu bringen. Eine sorgfältige Planung wird nicht nur bei demjenigen berücksichtigt, der den Plan ersonnen hat, sondern auch bei den ausführenden Tätern, die den Plan in die Tat umsetzen. Das konspirative Vorgehen zielt auf die Kommunikation zwischen den Tätern und die Koordinierung des gemeinsamen Vorgehens ab. Ein hoher Organisationsgrad berücksichtigt, dass die Ausführung mit einem besonders hohen Aufwand einher gegangen ist, regelmäßig unter Involvierung mehrerer Personen. Und die Professionalität hebt in der Regel auf besondere Spezialkenntnisse und Erfahrungen ab, die in der Gruppierung vorhanden sind und sich in einer effizienten Ausführung manifestieren. Der Gesichtspunkt der Arbeitsteiligkeit spiegelt zwar auch kollektive Aspekte des Vorgehens wider, kommt allerdings im Zusammenhang mit organisierter Kriminalität – insbesondere mit Blick auf das Doppelverwertungsverbot gemäß § 46 Abs. 3 StGB – nur sehr selten zur Anwendung.

b) Strafzumessungserwägungen zum kriminellen Umfeld des Täters

Eine Straftat aus dem Bereich der organisierten Kriminalität wird in aller Regel nicht in sozialer Isolation begangen. Die Täter sind in mehrfacher Hinsicht in soziale Systeme eingebettet. Zum einen sind sie Teil einer Gruppierung. Diese Gruppierung wiederum ist Teil der organisierten Kriminalität. Diese soziale Einbettung des Täters in ein kriminelles Umfeld findet auch im Rahmen der Strafzumessung Niederschlag, etwa indem die Rolle des Täters innerhalb der Gruppierung oder im weiteren Sinne seine Zugehörigkeit zur organisierten Kriminalität berücksichtigt wird. Zudem wird bisweilen auch eine vergleichende Betrachtung der Mitwirkungsbeiträge verschiedener Beteiligter vorgenommen. Auf diese Aspekte soll im Folgenden näher eingegangen werden.

aa) Die Rolle des Einzelnen in der Gruppierung

Ein Umstand, der im Rahmen der Datenbankanalyse besonders häufig vorkam, ist die Position bzw. Rolle des Einzelnen in einer Gruppierung. Dieser Aspekt kann sowohl strafschärfend als auch strafmildernd herangezogen werden, je nachdem, ob es sich um eine hohe oder um eine niedrige Position handelt. Dogmatisch ist dieser Aspekt vor allem insofern interessant, als sich an ihm die Fortschreibungsthese, nach der die Strafzumessung quasi als Fortsetzung bzw. Ausdifferenzierung des Tatbestands zu verstehen ist, besonders gut veranschaulichen lässt. Auf Tatbestandsebene ist die Rolle des Einzelnen im Tätergefüge relevant für die Abgrenzung zwischen Mittäterschaft und Beihilfe,[792] wobei es keinen Unterschied macht, ob ein klarer Fall von Täterschaft vorliegt oder ob die täterschaftliche Beteiligung nur geringfügig oberhalb der Schwelle zur Beihilfe liegt. In beiden Fällen ist von Täterschaft auszugehen. Auf der Strafzumessungsebene ist es dagegen möglich bzw. erforderlich, entsprechende Abstufungen zu berücksichtigen.[793]

Wie bedeutend die Rolle im Einzelfall ist, hängt davon ab, wie wichtig der betreffende Akteur für die Straftatbegehung war. Im Wesentlichen lassen sich drei Unterkategorien erkennen, die im Urteil zur Beschreibung der Rolle herangezogen werden: Die Maßgeblichkeit des jeweiligen Tatbeitrags,[794] der Besitz besonderer Kenntnisse und Fähigkeiten[795] sowie die Machtposition innerhalb der Gruppierung.[796] Teilweise wurden in den Entscheidungen auch alle drei Kriterien gleichzeitig berücksichtigt.[797] In anderen Fällen wurde von einer näheren Erläuterung der Rolle abgese-

---

792 Siehe unter D.I.1.c)aa)(2)(a).

793 So soll etwa im Rahmen der Strafzumessung bei einem Mittäter berücksichtigt und dargestellt werden, wenn sein Tatbeitrag dem eines Gehilfen nahekommt, vgl. BGH StV 1996, 661.

794 Vgl. LG Bielefeld BeckRS 2020, 39137, dort wurde die „gehobene Stellung" der Angeklagten A damit begründet, dass sie für die Anwerbung und Überwachung der Angeklagten B zuständig gewesen sei und im weiteren Verlauf auch bei der Verwertung der Tatbeute mitgewirkt habe.

795 Vgl. LG Potsdam BeckRS 2015, 128040 Rn. 308, dort wurde zulasten des Angeklagten M berücksichtigt, dass er „einer der ‚Köpfe' (des Unternehmens) [war], ohne den der professionell organisierte Internethandel nicht so flächendeckend floriert hätte".

796 Vgl. LG Potsdam BeckRS 2020, 41898, wo hinsichtlich des Angeklagten P strafschärfend berücksichtigt wurde, dass er „unter Verstrickung weiterer Beteiligter (...) eine verfestigte, bandenartige Elemente aufweisende Organisationsstruktur geschaffen hat, die er (...) nach seinen Vorgaben über einen längeren Zeitraum lenkte".

797 LG Heidelberg BeckRS 2018, 30955 Rn. 110.

hen, indem etwa pauschal auf „die untergeordnete Rolle innerhalb der Tätergruppierung" abgestellt wird.[798] Zwischen den drei Kriterien dürfte eine Gewichtung nur schwer vorzunehmen sein. Jedoch dürfte eine hohe Machtposition regelmäßig besonders schwer wiegen. Denn je näher ein Akteur an der Spitze der Hierarchie agiert, desto eher kann er auch auf die Tatbegehung insgesamt und in letzter Verantwortung Einfluss nehmen.[799]

Für den Bereich organisierter Kriminalität erscheint dieser Strafzumessungsgesichtspunkt besonders relevant, da innerhalb der jeweiligen Gruppierungen häufig von einer Rollenverteilung entlang der genannten Kriterien auszugehen ist. Dies gilt insbesondere dann, wenn man für organisierte Kriminalität – entsprechend dem früheren Verständnis – das Vorliegen einer organisatorischen Struktur voraussetzt.

bb) Vergleichende Strafzumessung

Gemäß § 46 Abs. 1 StGB ist Grundlage der Strafzumessung die persönliche Schuld, auch soweit mehrere Personen an der Straftat beteiligt waren.[800] Nach *Hassemer* gilt im Rahmen der Strafzumessung das „Individualisierungsgebot mit besonderem Nachdruck".[801] Dementsprechend erfolgt die Ermittlung des Strafmaßes in der Regel auch nicht im Wege einer vergleichenden Betrachtung verschiedener Beteiligter, zumindest nicht ausdrücklich.[802] Gerade Sachverhalte organisierter Kriminalität scheinen jedoch angesichts einer häufig hohen Anzahl an Beteiligten, die in verschiedenen Rollen zusammenwirken, für eine Anwendung der vergleichenden Strafzumessung in besonderem Maße in Betracht zu kommen.

---

798 LG Essen BeckRS 2016, 11922 V.2.(2). Vgl. auch LG Bielefeld BeckRS 2020, 39137 Rn. 105, wo zulasten der Angeklagten gewertet wurde, dass sie „bereits eine gehobene Stellung innehatte".

799 Ähnlich die Ansicht von *Schäfer/Sander/van Gemmeren*, Praxis der Strafzumessung, Rn. 874, wonach eine Orientierung an der Bedeutung des jeweiligen Tatbeitrags nicht dazu führen dürfe, den „nicht unmittelbar eingreifenden ‚Bandenchef' bzw. ‚Schreibtischtäter' im Hintergrund generell milder zu beurteilen.

800 MüKoStGB/*Maier* § 46 Rn. 242.

801 *Hassemer*, Strafungleichheit, S. 298; kritisch: *Kaspar*, NJW-Beil 2018, 37 (37), der die „einseitige Betonung der Einzelfallgerechtigkeit gegenüber Rechtssicherheit und Bestimmtheit" für „zumindest bedenklich" hält.

802 Dass implizit Vergleiche vorgenommen werden, dürfte vermutlich die Regel sein, vgl. BGH NJW 2011, 2597 (2597) Rn. 6, wo angemerkt wird, dass sich entsprechende Unterschiede zwischen den Beteiligten zumeist „aus der Sache selbst ergeben".

Soweit ersichtlich werden in der dogmatischen Debatte drei Varianten vergleichender Strafzumessung diskutiert. Die Varianten unterscheiden sich danach, wer bzw. welches Urteil in die vergleichende Betrachtung einbezogen wird. Besonders eng wird der Kreis in der ersten Variante gezogen, bei der nur solche Beteiligte (als Vergleichsmaßstab) in Betracht kommen, die in ein und demselben Verfahren abgeurteilt werden. Etwas weiter ist der Kreis in der zweiten Variante, bei der auch Beteiligte aus abgetrennten Verfahren einbezogen werden. Besonders weit ist der Vergleichsrahmen in der dritten Variante, bei der sämtliche Urteile miteinbezogen werden, soweit der jeweilige Lebenssachverhalt vergleichbar ist.[803] Hinsichtlich der letzteren beiden Varianten bestehen große Zweifel an der Rechtmäßigkeit,[804] weshalb sie – soweit ersichtlich – bislang nicht zur Anwendung gekommen sind. Aber auch die rechtliche Zulässigkeit der ersten Variante ist noch nicht geklärt. Teilweise wird die vergleichende Betrachtung auf Art. 3 GG gestützt.[805] Der BGH scheint jedoch nicht von einem Anwendungsfall des Gleichheitssatzes auszugehen. Vielmehr sieht der BGH lediglich in einem evident ungerechten Verhältnis der Strafhöhen einen Strafzumessungsfehler.[806] In der Literatur wird teilweise die Ansicht vertreten, dass ein ungerechtes Strafhöhenverhältnis als solches keinen Fehler oder Mangel

---

803 Bisher ist diese Variante der vergleichenden Strafzumessung vor allem Gegenstand akademischer Diskussionen, eine Adaptierung in der Rechtsprechung ist bislang noch nicht erfolgt. Diese würde nach *Maurer*, Komparative Strafzumessung, S. 179, zuvor auch eine „systemimmanente[] Rechtfertigung" voraussetzen.

804 Bedenken zur zweiten Variante äußert *Hörnle*, HRRS 2011, 511 (512), unter anderem im Hinblick darauf, dass ein Vergleich von Beteiligten abgetrennter Verfahren zu einer Überprüfung von Entscheidungen durch gleichgeordnete Gerichte führen würde, was jedoch dem deutschen Verfahrensrecht widerspräche, das stets nur eine Kontrolle durch höherrangige Gerichte vorsehe. Zudem wäre zu berücksichtigen, dass stets nur in der später ergangenen Entscheidung ein Vergleich angestellt werden könne – was insbesondere mit Blick auf Zufälligkeiten bei der zeitlichen Reihenfolge nicht unkritisch zu sehen sei, ebd., (511). Hinsichtlich der dritten Variante würde es etwa in praktischer Hinsicht ein Problem darstellen, den Kreis der jeweils einzubeziehenden Urteile zu begrenzen, vgl. *Terhorst*, JR 1988, 272 (274). Eine andere Auffassung vertritt jedoch *Maurer*, Komparative Strafzumessung, S. 120, der eine Ausrichtung der Strafzumessung an vergleichenden Erwägungen als „einzige Alternative zur Willkür" ansieht.

805 Vgl. etwa Schönke/Schröder/*Kinzig* § 46 Rn. 68, der aus den Entscheidungen, in denen auf ein gerechtes Verhältnis der Strafen zueinander abgestellt wird, den Schluss zieht, dass Art. 3 GG „im Einzelfall bei der Ermessensentscheidung iRd Strafzumessung zu beachten" sei.

806 So darf etwa nach BGH StV 1981, 122 (123), die Strafhöhenrelation „nicht völlig außer Betracht bleiben". Ähnlich auch BGH NStZ-RR 2000, 278 (279), wonach die

darstelle, sondern lediglich auf anderweitige Fehler im Rahmen der Strafzumessung schließen lasse.[807]

In der Datenbankanalyse finden sich immerhin sechs Fälle vergleichender Strafzumessung – allesamt in Form der ersten Variante. In einem Fall wird etwa zur Begründung unterschiedlich hoher Strafmaße darauf abgestellt, dass „der Angeklagte P – anders als der Angeklagte A – nur in einzelne Teilakte des Handeltreibens involviert" gewesen sei.[808] In einem anderen Fall sah sich das entscheidende Gericht dazu veranlasst, hinsichtlich eines der Angeklagten klarzustellen, dass „die Kammer stets die Binnengerechtigkeit im Verhältnis zum Angeklagten X im Blick gehabt" habe.[809] Zu berücksichtigen gewesen sei, dass „der Angeklagte C im Verhältnis zum Angeklagten X im Tatzeitraum nicht strafrechtlich vorbelastet war, noch nie zuvor – und schon gar nicht achtzehn Jahre lang – in Haft gewesen ist und im gesamten Tatgeschehen eine deutlich untergeordnete Stellung innehatte, dabei aber dennoch ein höheres Entdeckungsrisiko eingegangen" sei.[810] Im Übrigen kann ein Vergleich auch zur Begründung gleicher Strafmaße dienen. So heißt es in einer Entscheidung des LG Köln: „Letztlich sind die Angeklagten Y und F gleichwertig zu bestrafen. Sie haben als ‚Blutsbrüder' gemeinsam die beiden Firmen betrieben, sich in ihren Fähigkeiten ergänzt und gegenseitig bestärkt und alle relevanten Entscheidungen gemeinsam getroffen. Insgesamt haben sie auch in gleichem Maße von den Taten profitiert, da sie alle Einnahmen unter sich aufteilten".[811]

Im Ergebnis scheint die Rechtslage zur vergleichenden Strafzumessung noch relativ unklar zu sein. Dass der BGH Fälle (evident) ungerechter Strafhöhenrelationen als Strafzumessungsfehler ansieht, vermag auf der einen Seite zumindest in Ansätzen die zurückhaltende Anwendungspraxis zu erklären, lässt auf der anderen Seite jedoch auch erkennen, dass vergleichende Betrachtungen nicht per se unzulässig sind. Gerade der Bereich der organisierten Kriminalität dürfte sich angesichts häufig anzutreffender

---

Strafen nicht „in einem schlechthin unvertretbaren Verhältnis zueinander [stehen]" dürfen.

807 *Terhorst*, JR 1988, 272 (273 f.). In diesem Zusammenhang wird auch darauf hingewiesen, dass im Wege einer vergleichenden Betrachtung nie festgestellt werden könne, welches der Strafmaße fehlerhaft sei, *Maurer*, Komparative Strafzumessung, S. 161; *Hörnle*, GA 2019, 282 (283 f.).

808 LG Bückeburg BeckRS 2020, 41960 Rn. 80.

809 LG Hamburg BeckRS 2021, 37701.

810 Ebd., Rn. 180.

811 LG Köln BeckRS 2010, 17280.

komplexer Aufgaben- und Rollenverteilung für eine breitere Anwendung anbieten.

cc) Zugehörigkeit zur organisierten Kriminalität

Vergleichsweise selten kam im Rahmen der Strafzumessung die Erwägung zum Tragen, der Angeklagte bzw. dessen Tathandlungen stünden im Zusammenhang mit organisierter Kriminalität. In den Urteilen, in denen dieser Aspekt vorkommt, wurde etwa auf den „Charakter der Taten als eines der Kerngeschäfte der organisierten Kriminalität"[812] abgestellt, oder darauf, dass das täterseitig verwendete „logistische System, zu dem mehrere Firmen bzw. Scheinfirmen gehörten, (...) dem Bereich der organisierten, gewerbsmäßigen Kriminalität zugeordnet werden [muss]".[813] Teilweise wurde auch bereits die „Nähe zu Strukturen der organisierten Kriminalität"[814] oder auch der Kontakt zu Personen, die ihrerseits der organisierten Kriminalität zuzurechnen seien, berücksichtigt.[815] Stets erfolgte die Berücksichtigung dabei in strafschärfender Hinsicht. Vereinzelt gab es auch Urteile, in denen von einer Strafschärfung deshalb abgesehen wurde, weil der betreffende Sachverhalt *nicht* der organisierten Kriminalität zuzurechnen sei,[816] wodurch (ebenfalls) zum Ausdruck kommt, dass eine Tatbegehung im Zusammenhang mit organisierter Kriminalität für besonders strafwürdig erachtet wird. Eine Begründung dafür, worauf diese Wertung beruhte, erfolgte in den Urteilen jedoch nicht. Vermutlich wurde davon ausgegangen, dass die besondere Strafwürdigkeit mit Blick auf die Gefahren für das Gemeinwesen keiner weiteren Erläuterung bedürfe.

Interessant ist die Verwendung dieses Strafzumessungskriteriums vor allem im Hinblick darauf, dass es sich um einen der wenigen Fälle handelt, in denen organisierte Kriminalität unmittelbare Berücksichtigung in materiellrechtlicher Hinsicht findet. Dass dieses Strafzumessungskriterium dennoch nur selten herangezogen wird, dürfte mehrere Gründe haben.

---

812 LG Bochum BeckRS 2015, 10800.
813 LG Münster BeckRS 2008, 141560.
814 BGH NStZ-RR 2011, 5.
815 LG Dessau-Roßlau BeckRS 2019, 30434 Rn. 178.
816 Vgl. BGH BeckRS 1994, 4946 Rn. 3, wo es um eine Schutzgelderpressung ging, die „nicht der organisierten Kriminalität zuzurechnen", sondern vielmehr „von zwei recht einfältigen Tätern unternommen worden" sei.

Zunächst kann auf die allgemeine Begriffsproblematik verwiesen werden. Es kann kaum erwartet werden, dass Gerichte sich zur Verwendung eines Begriffs veranlasst sehen, den der Gesetzgeber selbst „nicht mit einer Definition konturieren wollte".[817]

Zweitens kann auf die möglicherweise bestehende Befürchtung der Gerichte verwiesen werden, dass Äußerungen zu organisierter Kriminalität Anlass zu Zweifeln an der Unbefangenheit des Gerichts geben können.[818] Ausgangspunkt ist insofern ein Verfahren vor dem Landgericht Köln, in dessen Verlauf der sitzungsleitende Richter darauf hingewiesen hatte, dass die Täter mit Blick auf ihre „Gangster- und Mafiamethoden" mit einer besonders hohen Sanktion zu rechnen hätten. Diese Äußerung hatte zur Folge, dass der Richter für befangen erklärt wurde.[819] Nach Ansicht von *Riechmann* sei in der Folgezeit zu beobachten gewesen, dass sich Gerichte mit Äußerungen zu organisierter Kriminalität stark zurückgehalten hätten.[820] Zwar ist zu bedenken, dass die Berücksichtigung der Zugehörigkeit zur organisierten Kriminalität im Rahmen der Strafzumessung nicht gleichzusetzen ist mit einem Hinweis, der auf „Gangster- und Mafiamethoden" abhebt. Dass die Befangenheitsentscheidung eine entsprechende Folgewirkung gehabt haben könnte, erscheint jedoch zumindest nicht abwegig.

Ein dritter Grund dürfte schließlich darin zu sehen sein, dass das Abstellen auf die Zugehörigkeit zur organisierten Kriminalität zu Verstößen gegen das Doppelverwertungsverbot nach § 46 Abs. 3 StGB führen kann. Organisierte Kriminalität findet sich im StGB zwar nicht als Tatbestandsmerkmal eines Straftatbestands. Trotzdem kann es vorkommen, dass zur Begründung des Vorliegens eines Tatbestandselements – insbesondere der Bandenmäßigkeit – die Zugehörigkeit zur organisierten Kriminalität angeführt wird. In diesem Fall verstößt die (nochmalige) Berücksichtigung im Rahmen der Strafzumessung gegen das Doppelverwertungsverbot.[821] Des

---

817 BVerfG NJW 2002, 1779 (1782).
818 *Riechmann*, Organisierte Kriminalität und Terrorismus, S. 113.
819 LG Köln StV 1983, 143 (143).
820 Zu bedenken ist, dass es sich hierbei wohl eher um einen allgemeinen Trend gehandelt hat, der sich – unter anderem – auch auf die Strafzumessungspraxis ausgewirkt haben könnte. Strafzumessungserwägungen im Urteilstext können nämlich mit Blick auf die zeitliche Abfolge nicht zum Anlass eines Befangenheitsantrags innerhalb des jeweiligen Verfahrens genommen werden.
821 BGH BeckRS 2021, 27435; BGH NStZ 2001, 85. Durch diese Beschlüsse wurden die jeweiligen vorinstanzlichen Urteile aufgehoben, da jeweils im Rahmen der Strafzumessung auf die Zugehörigkeit zur organisierten Kriminalität abgestellt wurde,

Weiteren ist zu berücksichtigen, dass sich das Doppelverwertungsverbot auch auf das Regeltatbild und die gesetzgeberische Intention bezieht.[822] Soweit in bestimmten Deliktsbereichen die Mehrzahl der Straftaten traditionell durch Gruppierungen der organisierten Kriminalität begangen werden, dürfte sich auch das jeweilige Regeltatbild darauf beziehen. Als Beispiele für Delikte, die typischerweise organisiert begangen werden, nennt *Luczak* Rauschgiftkriminalität, Kfz-Diebstahl und Einbruchskriminalität.[823] Laut *Pollähne* wäre es etwa im Betäubungsmittelstrafrecht „paradox, zirkulär, anachronistisch und/oder pleonastisch", organisatorische Aspekte strafschärfend zu berücksichtigen, denn schließlich bedürfe der Handel mit Waren „immer der – zumeist arbeitsteiligen – Organisation".[824] Von der Fallgruppe der gesetzgeberischen Intention dürften hingegen vor allem die Bandendelikte betroffen sein.[825] Dies dürfte insbesondere für diejenigen Bandendelikte gelten, die im Zuge des OrgKG eingeführt worden sind, bestand deren Regelungszweck doch vorwiegend darin, die Bekämpfung der organisierten Kriminalität zu fördern.

Eine weitere mögliche Erklärung könnte schließlich darin bestehen, dass nach Ansicht der Gerichte womöglich nur sehr wenige Sachverhalte der organisierten Kriminalität zuzurechnen sind.

Insgesamt ist der Aspekt der Zugehörigkeit zur organisierten Kriminalität ein Strafzumessungsgrund, mit dem die besondere Strafwürdigkeit von Tatbegehungen im Zusammenhang mit organisierter Kriminalität unmittelbar zum Ausdruck gebracht werden kann. Gleichwohl kommt dieser Gesichtspunkt in Urteilen nur selten vor – was unter anderem mit der fehlenden begrifflichen Konturierung von ‚organisierter Kriminalität' zu tun haben dürfte.

---

obwohl dieser Aspekt bereits bei der Begründung der Bandenmäßigkeit angeführt wurde.

822 Vgl. Schönke/Schröder/*Kinzig* § 46 Rn. 45 c), 46.

823 Vgl. *Luczak*, Organisierte Kriminalität im internationalen Kontext, S. 178, die diese Feststellung jedoch nicht im Zusammenhang mit strafzumessungsrechtlichen Aspekten und möglichen Verstößen gegen § 46 Abs. 3 StGB trifft.

824 *Pollähne*, StV 2017, 337 (340).

825 Vgl. auch NK-StGB/*Streng* § 46 Rn. 126, der darauf hinweist, dass es bei einer Verurteilung wegen § 244 Abs. 1 Nr. 2 StGB nicht mit § 46 Abs. 3 StGB vereinbar wäre, „die feste Organisationsstruktur der Tätergruppe" strafschärfend zu berücksichtigen.

c) Ergebnis zur Strafzumessung

Die Strafzumessung bietet gerade in Fällen organisierter Kriminalität die Möglichkeit, Aspekte kollektiven Zusammenwirkens zu berücksichtigen, die auf der Ebene des Tatbestands nicht zur Sprache kommen. Ein hoher Organisationsgrad, konspirative Kommunikationsgewohnheiten und eine besondere Sorgfalt bei der Planung fallen unter diese Kategorie. Besonders deutlich lässt sich diese (Auffang-)Funktion der Strafzumessung am Beispiel solcher Erwägungen veranschaulichen, die sich auf das kollektive Zusammenwirken an sich beziehen, wie etwa die Berücksichtigung der individuell wahrgenommenen Rolle und die Zugehörigkeit zur organisierten Kriminalität. Die entsprechenden Gesichtspunkte können zwar auch auf der Ebene des Tatbestands von Bedeutung sein, angesichts des binären Kategoriensystems von Täterschaft und Teilnahme bedarf es jedoch nur in Grenzfällen einer ausdifferenzierten Darstellung.

Zu beachten ist jedoch, dass gerade im Rahmen der Strafzumessung mit Blick auf eine mögliche Aufhebung in der Revision besondere Vorsicht und Zurückhaltung von den Gerichten geübt wird.[826] So lässt sich bei Fehlern in der Strafzumessung in der Regel nicht ausschließen, dass das Urteil auf diesem Fehler beruht.[827] Dies könnte womöglich ein Grund dafür sein, dass Erwägungen wie das arbeitsteilige Zusammenwirken und die Zugehörigkeit zur organisierten Kriminalität nur sehr selten zur Anwendung kommen.

Vergleichende Betrachtungen verschiedener Beteiligter zwecks Gewährleistung einer gerechten Strafhöhenrelation erscheinen in Sachverhalten organisierter Kriminalität ebenfalls geeignet, um Abstufungen und Nuancen der Strafwürdigkeit zum Ausdruck zu bringen. Allerdings ist die Rechtspre-

---

826 Die Fehleranfälligkeit der Strafzumessung lässt sich insbesondere an der hohen Anzahl an Revisionen erkennen, die (zumindest auch) auf Fehler in der Strafzumessung gestützt werden. Gemäß einer empirischen Untersuchung von *Nack*, NStZ 1997, 153 (153), waren bereits Anfang der 1990er Jahre ein Drittel der Urteilsaufhebungen durch den BGH auf Fehler in der Strafzumessung zurückzuführen. *Barton*, Die Revisionsrechtsprechung des BGH in Strafsachen, S. 115, stellte im Rahmen seiner empirischen Analyse fest, dass in 45 Prozent der von ihm untersuchten Angeklagtenrevisionen (zumindest auch) Strafzumessungsfehler angeführt worden seien – häufiger als jeder andere Revisionsgrund. Bei aufwendig begründeten („elaborierten") Verteidigerrevisionen habe dieser Wert sogar 77 Prozent betragen. Hinsichtlich der aktuellen Lage fehlt es an empirischen Daten, allerdings sieht *Schork*, NJW 2017, 3282 (3282), die dargestellte Tendenz – mit Blick auf veröffentlichte Entscheidungen – weiterhin bestätigt.

827 MüKoStPO/*Knauer/Kudlich* StPO § 337 Rn. 136.

chung bei vergleichender Strafzumessung mangels Klärung ihrer Zulässigkeit bislang sehr zurückhaltend, weshalb sie nur selten zur Anwendung kommt.

4. Ergebnis zu den Anknüpfungspunkten im materiellen Recht für die Kollektivität der Tatbegehung

Da die Beteiligungsformen des Allgemeinen Teils primär auf den Bereich der Mikrokriminalität zugeschnitten sind, stellte sich die Frage, welche anderweitigen Instrumente das StGB vorsieht, um kollektive Aspekte der Tatbegehung im Bereich organisierter Kriminalität zu berücksichtigen. Untersucht wurden der Tatbestand des § 129 StGB, die an verschiedenen Stellen normierten Bandendelikte sowie – quasi als Auffangbecken sonstiger Strafwürdigkeitserwägungen – die Strafzumessung.

Hinsichtlich der kriminellen Vereinigung bestand lange Zeit die Ansicht, sie erfasse vorwiegend nur Gruppierungen mit politischen oder ideellen Zielen. Dies beruhte auf der vom BGH erarbeiteten Definition, wonach der Willensbildungsprozess innerhalb des einheitlichen Verbandes einen Gesamtwillen widerspiegeln musste, dem sich jedes Mitglied unterordnete. Soweit der Gruppenwille durch Entscheid einer Führungsperson hervorgebracht wurde, lag demnach keine Vereinigung im Sinne des § 129 StGB a.F. vor. Gruppierungen organisierter Kriminalität waren jedoch – zumindest nach Wahrnehmung der Rechtsprechung – häufig hierarchisch organisiert, sodass von einem gemeinschaftlich gebildeten Gesamtwillen keine Rede sein konnte. Soweit es sich um gleichgeordnete, netzwerkartig organisierte Gruppierungen handelte, fehlte es am zweiten Kriterium, dem Vorliegen eines einheitlichen Verbands. Die Rechtslage änderte sich im Jahre 2017 mit der Reform des § 129 StGB. Durch die in Absatz zwei eingefügte Definition stellte der Gesetzgeber nunmehr klar, dass es auf Aspekte der Organisationsstruktur nicht ankomme. Hintergrund dieser Reform war eine EU-Richtlinie, wonach die Mitgliedschaft in Gruppierungen der organisierten Kriminalität für sich betrachtet schon eine Straftat darstellen müsse. Ob dieses Ziel durch die Änderung des § 129 StGB erreicht wurde, darf bezweifelt werden. Insbesondere die in der Definition enthaltene Voraussetzung der Verfolgung eines übergeordneten Interesses scheint gerade bei Gruppierungen organisierter Kriminalität regelmäßig nicht erfüllt zu sein. So wird die Ansicht vertreten, dass allein die Verfolgung finanzieller Interessen keinen übergeordneten Zweck darstelle. Der BGH hat sich zu dieser Frage noch nicht abschließend positioniert. Die weitere Entwicklung ist also durchaus offen. Nach derzeitigem Stand scheint § 129 StGB jedoch nicht als Instrument anzusehen zu sein, das sich für die rechtliche Behandlung von Fällen organisierter Kriminalität eignet.

Diese Funktion kommt eher den Bandendelikten zu. So wurden in jüngerer Zeit bandenmäßige Begehungsvarianten mit dem ausgewiesenen Ziel eingeführt, die Bekämpfung der organisierten Kriminalität zu fördern. Auch die Systematik der Bandendelikte lässt auf diesen Zweck schließen. Bandendelikte finden sich in sämtlichen potenziellen Betätigungsfeldern der organisierten Kriminalität, also bei allen Delikten, deren Begehung regelmäßig zur Erlangung eines materiellen Vorteils erfolgt. Die Nähe zwischen Bandenmäßigkeit und organisierter Kriminalität wird auch mit Blick auf die jeweiligen Begriffsdefinitionen sichtbar. Die Voraussetzungen für organisierte Kriminalität gehen über diejenigen für Bandenmäßigkeit lediglich insofern hinaus, als für organisierte Kriminalität zum einen die Begehung erheblicher Straftaten beabsichtigt sein muss, und zum anderen – soweit man ältere Definitionen zugrunde legt – eine hierarchische Organisationsstruktur vorausgesetzt wird. Im Ergebnis lassen sich die kollektiven Aspekte der Tatbegehung in Fällen organisierter Kriminalität über die Bandenmäßigkeit zu einem wesentlichen Teil berücksichtigen.

Die Untersuchung der Strafzumessung mag in diesem Zusammenhang insofern ungewöhnlich anmuten, als sie Fragen der Rechtsfolge und nicht der Tatbestandlichkeit adressiert. Zu berücksichtigen ist jedoch, dass organisierte Kriminalität im StGB nicht in einem Straftatbestand geregelt ist. Insofern lag die Vermutung nahe, dass sich innerhalb eines Urteils Strafwürdigkeitserwägungen, die im Zusammenhang mit organisierter Kriminalität stehen, vornehmlich im Bereich der Strafzumessung wiederfinden. Im Rahmen der erfolgten Untersuchung konnte eine Reihe von Strafzumessungserwägungen identifiziert werden, die einen Sachzusammenhang mit organisierter Kriminalität aufweisen. Unterteilen lassen sich die Erwägungen in solche, die sich auf die Tat beziehen,[828] und solche, die den einzelnen Täter in den Blick nehmen.[829] Durch die genannten Gesichtspunkte können insbesondere auch kollektive Aspekte berücksichtigt und zum Ausdruck gebracht werden.

---

828 Sorgfältige Planung, hoher Organisationsgrad, Professionalität, konspiratives Vorgehen.

829 Rolle in der Gruppierung, Vergleich mit anderen Beteiligten, Zugehörigkeit zur organisierten Kriminalität.

Im Ergebnis lässt sich feststellen, dass vor allem die Bandenmäßigkeit sowie bestimmte Strafzumessungserwägungen geeignet sind, in materiell-rechtlicher Hinsicht kollektive Aspekte der Tatbegehung in Fällen organisierter Kriminalität zu berücksichtigen.

III. Ergebnis zum dogmatischen Teil

Das Beteiligungssystem des StGB bezieht sich im Wesentlichen auf den Bereich der Mikrokriminalität, in dem Zurechnungsstrukturen meist klar erkennbar und nachvollziehbar sind. In Fällen organisierter Kriminalität finden sich jedoch in personeller Hinsicht häufig komplexe Strukturen, bei denen die Anwendung der Beteiligungsformen folglich Schwierigkeiten bereitet.

Die beteiligungsrechtliche Einordnung unmittelbar ausführender Täter bereitet kaum Probleme, die sich nicht auch in Fällen nicht organisierter Kriminalität stellen. Im Wesentlichen läuft es insofern auf eine Abgrenzung zwischen Täterschaft und Teilnahme unter Heranziehung der üblichen Gesichtspunkte hinaus. Eine Besonderheit besteht jedoch darin, dass als zusätzlicher Faktor die Stellung des Akteurs innerhalb der Gruppierung zu berücksichtigen ist. Eine hohe Stellung kann auch dann zur Annahme von Mittäterschaft führen, wenn die eigentliche Tathandlung eher untergeordnet war. Zudem finden sich gerade in Tatbeständen, die typisch für organisierte Kriminalität sind, häufig weit formulierte Tathandlungen. Dies führt dazu, dass auch Handlungen als tatbestandsmäßig angesehen werden, die eigentlich eher Hilfscharakter haben. Hier zeigen sich deutliche Tendenzen hin zu einem System der Einheitstäterschaft. Beteiligte werden also meist als Täter angesehen, Differenzierungen hinsichtlich des Mitwirkungsgrads finden erst auf der Ebene der Strafzumessung statt. Dies ist insofern problematisch, als das StGB ein dualistisches Beteiligungssystem mit Täterschaft und Teilnahme vorsieht. Die Entscheidung über den Schweregrad der Beteiligung wird also an sich hauptsächlich vom Gesetzgeber getroffen und nur innerhalb dieser Begrenzung durch das strafzumessende Gericht. Es dürfte der Appell an den Gesetzgeber angebracht sein, Tathandlungen möglichst konkret zu formulieren, um die aufgezeigte Entwicklung nicht weiter zu verschärfen.

Ein zentrales Problem beim rechtlichen Umgang mit organisierter Kriminalität betrifft die Bestrafung von Personen, die am eigentlichen Tatgeschehen nicht unmittelbar mitwirken. Ein beliebtes Lehrbuchbeispiel ist etwa der Bandenchef, der bei Planung und Vorbereitung eine hervorgehobene Stellung einnimmt, im Rahmen der eigentlichen Tatausführung jedoch keinen aktiven Beitrag leistet. Da der Bandenchef als in besonderem Maße strafwürdig erscheint, wird es für unzureichend erachtet, ihn nur als Anstifter zu bestrafen. Unter Inkaufnahme dogmatischer Ungenauigkeiten, vor allem hinsichtlich der Begründung der Tatherrschaft, wird er somit nach herrschender Ansicht als Mittäter bestraft. Einen Schritt weiter geht die Behandlung moralischer Führungspersonen. So wurde die Angeklagte Zschäpe im NSU-Prozess als Mittäterin angesehen, obwohl sie über die fehlende Mitwirkung im Ausführungsstadium hinaus auch im Vorbereitungsstadium keine herausgehobene Stellung hatte. Begründet wurde die Mittäterschaft stattdessen unter Verweis auf die ideologische Identifikation der Angeklagten mit den Taten. Zu bedenken ist, dass es bislang – soweit ersichtlich – keine Urteile aus dem Bereich der organisierten Kriminalität im engeren Sinne gibt, in denen die Mittäterschaft derart extensiv und subjektivierend ausgelegt wurde. Zudem erscheint auch fraglich, ob die meist nur finanziellen Interessen entsprechender Gruppierungen eine ausreichende Identifikationsgrundlage darstellen können. Hier bleibt die künftige Entwicklung abzuwarten.

Einen weiteren dogmatischen Sonderfall, der das Beteiligungssystem des StGB für die Erfassung kollektiver Aspekte der Tatbegehung öffnen sollte, stellt die mittelbare Täterschaft kraft Organisationsherrschaft dar. Wie bei den zuvor erwähnten Formen mittäterschaftlicher Beteiligung lag der Entwicklung dieser Rechtsfigur die Erwägung zugrunde, eine Bestrafung als Teilnehmer drücke die Schwere des verwirklichten Unrechts nicht hinreichend aus. Die Bestrafung als Täter erschien sogar so wichtig, dass der Bruch mit althergebrachten dogmatischen Grundsätzen wie dem Verantwortungsprinzip in Kauf genommen wurde. Auch wenn der BGH wie auch der theoretische Begründer der Rechtsfigur, *Roxin*, darauf hinwiesen, dass deren Anwendbarkeit in Fällen organisierter Kriminalität in Betracht komme, sind entsprechende Anwendungsbeispiele kaum zu finden. Begründen lässt sich dies insbesondere damit, dass Hintermänner, die – wie es für die Organisationsherrschaft verlangt wird – sehr weit vom Tatgeschehen entfernt sind, in Fällen organisierter Kriminalität nur schwer ermittelbar sind, was nicht zuletzt auch auf die fehlende Verfasstheit entsprechender Gruppierungen zurückzuführen sein dürfte.

Die Ergebnisse der Datenbankanalyse gaben Anlass, der Frage nachzugehen, warum die Anstiftung in Fällen organisierter Kriminalität eine nur geringe Rolle spielt. Gerade in vertikal strukturierten Täterzusammenschlüssen, wie sie zumindest teilweise in Sachverhalten organisierter Kriminalität vorzufinden sind, wäre eine höhere Anwendungsrate zu erwarten gewesen. Im Rahmen der Untersuchung konnten vier mögliche Gründe für die geringe Relevanz identifiziert werden. So ist als herrschende Theorie für den Strafgrund der Anstiftung die Verursachungstheorie anzusehen, wonach die Verursachung des fremden Tatentschlusses so schwer wiegen soll, dass eine tätergleiche Bestrafung gerechtfertigt sei. Problematisch im Zusammenhang mit organisierter Kriminalität ist diese Theorie insofern, als sich häufig nicht nachweisen lässt, wie der Tatentschluss im Einzelnen zustande gekommen ist. Insbesondere die Abschottung und die konspirative Art der Kommunikation entsprechender Gruppierungen erschweren es, interne Kausalitäten zu ermitteln. Hinsichtlich des zweiten Grunds kann zum Teil auf die zuvor erfolgten Darstellungen zur Mittäterschaft und mittelbaren Täterschaft verwiesen werden, wonach eine Bestrafung als Anstifter bzw. Teilnehmer aus Wertungsgründen bisweilen für nicht ausreichend erachtet wird. Es findet mithin eine Verdrängung der Anstiftung zugunsten täterschaftlicher Begehungsformen statt. Drittens sind Täter im Umfeld organisierter Kriminalität zu einem gewissen Grad als tatgeneigt einzuschätzen. Dies führt zwar nicht automatisch zu einer Unmöglichkeit der Anstiftung im Sinne der Dogmatik vom omnimodo facturus. In der Tendenz dürften Täter in diesem Kriminalitätsfeld jedoch häufiger als omnimodi facturi anzusehen sein als in Fällen nicht organisierter Kriminalität. Viertens werden Anweisungen zur Tatbegehung im Bereich organisierter Kriminalität häufig nicht nur auf eine spezielle Tat bezogen, sondern auf eine Serie mehrerer Taten. Da die einzelnen Taten zum Zeitpunkt der Anweisung nur der Art nach bestimmt werden, fehlt es an einer hinreichenden Konkretisierung – die für eine Anstiftung aber erforderlich ist. Kritisch zu betrachten ist insbesondere der zweitgenannte Aspekt. Eine Unzulänglichkeit der Anstiftung für eine adäquate Würdigung begangenen Unrechts sollte grundsätzlich kein Grund dafür sein, von einer Bestrafung wegen Anstiftung abzusehen. Denn schließlich deutet die tätergleiche Bestrafung des Anstifters auch auf eine gleiche Schwere der Schuld hin.

Während bei der dogmatischen Auseinandersetzung mit täterschaftlichen Begehungsformen die rechtliche Behandlung von Führungspersonen, die vom eigentlichen Tatgeschehen weit entfernt sind, im Vordergrund stand, ging es im Zusammenhang mit der Beihilfe um Personen, die nur am Rande mit dem kriminellen Geschehen in Berührung kommen. Konkret betrachtet wurden zwei Beihilfevarianten, die gerade in organisierten Zusammenhängen zur Anwendung kommen können. Bei der Beihilfe durch neutrale Verhaltensweisen scheinen gerade Fälle organisierter Kriminalität einen praxisrelevanten Anwendungsbereich darzustellen. Die Hilfeleistenden selbst sind in der Regel nicht Teil der organisierten Kriminalität, sie stehen lediglich mit entsprechenden Gruppierungen in Kontakt und verschaffen ihnen Güter oder erbringen Dienstleistungen. Für die Frage der Strafbarkeit ist auf das erkannte oder erkennbare Risiko einer strafbaren späteren Verwendung abzustellen. In Fällen organisierter Kriminalität dürfte ein Faktor bei der Beurteilung dieses Risikos darin bestehen, ob der Verkäufer oder Dienstleister von den kriminellen Machenschaften der Gruppierung generell Kenntnis hat. Mittelbar ergibt sich daraus, dass der geschäftliche Austausch mit Gruppierungen organisierter Kriminalität mit einem erhöhten Strafbarkeitsrisiko einhergeht.

Die psychische Beihilfe durch organisationsbezogene Handlungen ist eine sehr neue Variante der Beihilfe. Sie wurde entwickelt, um Hilfskräfte in Konzentrationslagern bestrafen zu können, die keinen kausalen Beitrag zur Erreichung des Taterfolgs erbracht haben. Die Strafbarkeit wird damit begründet, dass sie durch ihre Tätigkeiten die Führungspersonen in ihren kriminellen Zielen bestätigt und bestärkt haben. Auch an dieser Rechtsfigur lässt sich erkennen, dass das Beteiligungssystem des StGB in seiner hergebrachten Form beim Umgang mit kollektiver Kriminalität offenbar Unzulänglichkeiten aufweist, die durch eine sehr extensive Auslegung kompensiert werden sollen. Ob diese Form der Beihilfe auf Fälle organisierter Kriminalität anwendbar ist, erscheint zumindest nicht ausgeschlossen. In Betracht kommen jedoch nur große Gruppierungen, denn schließlich muss die betreffende Person sowohl zum Tatgeschehen als auch zum Führungspersonal in einer gewissen Distanz stehen.

Im Ergebnis konnte gezeigt werden, dass die Tatbegehung in organisatorischen Zusammenhängen das Beteiligungssystem des StGB vor Probleme stellt. Je weiter eine Person von der Tatbegehung entfernt ist, desto schwieriger gestaltet sich die Würdigung in beteiligungsrechtlicher Hinsicht. Um die dabei zu Tage tretenden – oder empfundenen – Unzulänglichkeiten auszugleichen, wurde eine Reihe von Sonderformen strafrechtlicher Beteiligung hervorgebracht. Ursprünglich entwickelt wurden diese Sonderformen in der Regel von der Rechtsprechung bei Aburteilung von Fällen aus dem politischen Strafrecht. So ging es um Unrecht, das während der DDR-Diktatur[830], der NS-Diktatur[831] und durch die Terrorgruppierung NSU[832] begangen wurde. Allerdings handelt es sich jeweils nicht um Sonderrecht zur Behandlung zeitgeschichtlicher Extremfälle, sondern vom Grundsatz her um verallgemeinerungsfähige Rechtsfortbildungen, die auch auf den Bereich der organisierten Kriminalität Anwendung finden können bzw. bereits gefunden haben. Dass die Behandlung von Fällen organisierter Kriminalität bisweilen mit einer Überforderung des Beteiligungssystems einhergeht, zeigt sich auch an der Herausbildung eines Systems der Einheitstäterschaft. Hier ist vor allem der Gesetzgeber aufgerufen, dieser Entwicklung durch Formulierung konkreter Tathandlungen Einhalt zu gebieten.

Da durch die Beteiligungsformen kollektive Aspekte der Tatbegehung nur unzureichend berücksichtigt werden, wurde in einem zweiten Teil untersucht, ob und inwieweit für die Behandlung von Fällen organisierter Kriminalität anderweitige Instrumente im materiellen Strafrecht vorhanden sind, die diese Lücke zumindest teilweise schließen. Näher in den Blick genommen wurden dafür die kriminelle Vereinigung, die bandenmäßige Begehung und die Strafzumessung.

Die kriminelle Vereinigung kommt generell nur sehr selten zur Anwendung. Soweit ersichtlich spielt der Tatbestand des § 129 StGB vorwiegend eine Rolle für den Bereich politisch motivierter Kriminalität. Der Änderung des § 129 StGB im Jahre 2017 lag zwar die Zwecksetzung zugrunde, vermehrt Gruppierungen der organisierten Kriminalität unter diese Norm zu fassen. Eine Zunahme entsprechender Anwendungsfälle ist bislang jedoch nicht zu verzeichnen. Die bislang zur neuen Rechtslage ergangenen Entscheidungen sprechen eher dafür, dass sich dies auch künftig nicht ändern wird. Die meisten Gruppierungen organisierter Kriminalität verfolgen keinen, wie von § 129 Abs. 2 StGB vorausgesetzt, übergeordneten, sondern lediglich einen finanziellen Zweck. Finanzielle Interessen gehen jedoch nicht über die Erlangung des jeweiligen Tatertrags hinaus, sind also in diesem Sinne nicht übergeordnet. Nicht zu vernachlässigen ist auch das Argument, dass sich bei einer extensiven Anwendung des § 129 StGB Abgrenzungsprobleme im Verhältnis zu den Bandendelikten ergäben.

Das vorzugswürdige Instrument zur Berücksichtigung kollektiver Aspekte in Fällen organisierter Kriminalität ist die bandenmäßige Begehung, die in einer Vielzahl von Straftatbeständen vorgesehen ist. Die besondere

---

830 BGH NJW 1994, 2703 (Mauerschützen-Urteil).
831 BGH NJW 2017, 498 (Gröning-Urteil).
832 OLG München BeckRS 2018, 51467 (Zschäpe-Urteil).

Zweckverbindung zu organisierter Kriminalität lässt sich bereits daran erkennen, dass durch das OrgKG mehrere bandenmäßige Begehungsvarianten speziell mit dem Ziel eingeführt wurden, die Bekämpfung der organisierten Kriminalität zu fördern. Neben dem Willen des historischen Gesetzgebers lässt sich auch die Systematik dafür anführen, dass die Normierung von Bandendelikten diesem Ziel dienen sollen. So finden sich in sämtlichen Deliktstatbeständen, die für organisierte Kriminalität typisch sind und mit denen sich ein materieller Vorteil erzielen lässt, bandenmäßige Begehungsvarianten. Eine Gegenüberstellung der Definitionen organisierter Kriminalität und bandenmäßiger Begehung ergab zudem, dass zwischen den jeweiligen Definitionen große Ähnlichkeiten bestehen. Der wichtigste Unterschied scheint zu sein, dass Gruppierungen organisierter Kriminalität – zumindest nach älteren Definitionsansätzen – hierarchisch organisiert sein müssen. Trotz dieses Unterschieds ist die Bandenmäßigkeit jedoch grundsätzlich als geeignetes Instrument anzusehen, um kollektive Aspekte der Tatbegehung in Fällen organisierter Kriminalität zu berücksichtigen bzw. zum Ausdruck zu bringen.

Ergänzend zur Bandenmäßigkeit lässt sich auch die Strafzumessung anführen. Im Rahmen der Strafzumessung können Umstände berücksichtigt werden, die auf Tatbestandsebene unerwähnt bleiben. Mangels tatbestandlicher Erfassung von organisierter Kriminalität liegt es nahe, dass die jeweiligen Charakteristika im Rahmen der Strafzumessung argumentativ aufgegriffen werden. So lässt sich feststellen, dass es eine Reihe von Strafzumessungserwägungen gibt, die im Zusammenhang mit organisierter Kriminalität häufig zur Sprache kommen. Diese betreffen vor allem die kollektiven Aspekte der Tatbegehung, wie etwa die Kommunikation innerhalb der Gruppierung, den hohen organisatorischen Aufwand oder auch die Rolle des einzelnen in der Gruppierung. Da die Strafzumessung ein besonders fehleranfälliger Urteilsbestandteil ist, sind die Ausführungen nicht selten eher vage und zurückhaltend formuliert. So ist auch zu erklären, dass etwa die Zugehörigkeit zur organisierten Kriminalität nur sehr selten als Gesichtspunkt im Rahmen der Strafzumessung herangezogen wird.

Zusammenfassend bleibt festzuhalten, dass die Anwendung der Beteiligungsformen des StGB in Fällen organisierter Kriminalität zu Problemen führt. Offen formulierte Tatbestände sorgen dafür, dass auch bei unmittelbar Beteiligten die beteiligungsrechtliche Einordnung verkompliziert wird. Bei Personen, die am Tatgeschehen selbst nicht mitwirken, lässt sich die Tendenz beobachten, dass die Rechtsprechung zum Zwecke ihrer (täterschaftlichen) Bestrafung teilweise neue, dogmatisch zweifelhafte Varianten entwickelt. Zur Berücksichtigung kollektiver Aspekte in Fällen organisierter Kriminalität bieten sich im materiellen Strafrecht vor allem die Bandenmäßigkeit sowie die Strafzumessung an. Bei der Bandenmäßigkeit ist zu gewärtigen, dass sie auch Sachverhalte unterhalb der organisierten Kriminalität erfasst. Bei der Strafzumessung ist deren hohe Fehleranfälligkeit sowie der Umstand zu berücksichtigen, dass eine Verlagerung beteiligungsrechtlicher Aspekte auf die Ebene der Strafzumessung im Ergebnis nur bedingt erstrebenswert ist, da ansonsten einer Entwicklung hin zu einem System der Einheitstäterschaft Vorschub geleistet wird.

E. Empirischer Teil: Analyse von Verfahrensakten von Fällen organisierter Kriminalität

Der empirische Teil der Arbeit zielt darauf ab, die Erkenntnisse des dogmatischen Teils einer Überprüfung zu unterziehen. Was im Rahmen der dogmatischen Untersuchung nicht geleistet werden konnte, war die Gewähr dafür, dass es sich bei den angeführten Fallbeispielen auch tatsächlich um Fälle organisierter Kriminalität handelte. Diese Unzulänglichkeit soll nunmehr behoben werden, indem auf Verfahren abgestellt wird, die ausgewiesenermaßen dem Bereich organisierter Kriminalität zuzurechnen sind. Im Folgenden soll zunächst (kurz) auf die Eignung der Verfahrensakten für die Erforschung organisierter Kriminalität wie auch auf den Prozess der Aktenanforderung eingegangen werden. Sodann werden basierend auf den Erkenntnissen des dogmatischen Teils Hypothesen formuliert. In einem vierten Schritt folgt eine Darstellung der einzelnen Fälle, wobei auch Aspekte der rechtlichen Würdigung zur Sprache kommen. Zum Schluss wird auf die formulierten Hypothesen eingegangen und untersucht, inwiefern sie sich in der rechtlichen Behandlung der Fälle widerspiegeln.

I. Eignung der Verfahrensakten für die Erforschung organisierter Kriminalität

Die Festlegung, ob ein Sachverhalt der organisierten Kriminalität zuzuordnen ist, lässt sich mitunter nur schwer treffen.[833] Deshalb wurde in den bisherigen Ausführungen eine solche Festlegung auch vermieden. Dass es jedoch teilweise unbefriedigend ist, sich mit organisierter Kriminalität auseinanderzusetzen, ohne deren semantische und phänomenologische Grenzen selbstständig bestimmen zu können, liegt auf der Hand. Eine Möglichkeit zur Lösung oder – negativ gewendet – Umgehung der Begriffs-

---

833 Insbesondere unter Zugrundelegung der Richtliniendefinition von 1990 falle eine Abgrenzung zu verwandten Phänomenen schwer, vgl. *Frister*, FS Bemmann (1997), 542 (546), nach dessen Ansicht „nahezu die gesamte Bandenkriminalität von diesem Begriff umfaßt" sei. Ähnlich: *Bögel*, Strukturen und Systemanalyse der OK in Deutschland, S. 48.

problematik besteht darin, Fälle zu untersuchen, die von dritter Seite, insbesondere von Praxisexperten, der organisierten Kriminalität zugeordnet worden sind.[834] Zum einen können auf diese Weise subjektive Einflüsse des Forschenden bei der Auswahl der Sachverhalte vermieden werden. Zum anderen hat die Auswahl mit Blick auf die praktische Erfahrung entsprechender Experten besonderes Gewicht. Dieser Ansatz soll auch im Rahmen der vorliegenden Arbeit zur Anwendung kommen. Gegenstand der Untersuchung sind 13 Verfahrenskomplexe, die im Rahmen des Verbundforschungsprojekts „OK 3.0"[835] von kooperierenden Praxispartnern zur Analyse empfohlen wurden. Der Empfehlung lag jeweils die Einschätzung zugrunde, dass es sich um besonders hochkarätige, repräsentative Beispiele für organisierte Kriminalität (bzw. deren rechtliche Bewältigung) handele.

Ein weiterer Vorteil dieser Herangehensweise besteht darin, dass das Untersuchungsmaterial der einzelnen Fälle vergleichsweise umfangreich ist. So sind im jeweiligen Aktenmaterial neben dem Urteil insbesondere der polizeiliche Ermittlungsbericht sowie die Anklageschrift enthalten. In diesen Aktenbestandteilen finden sich regelmäßig Informationen, die für das Verständnis eines Sachverhalts förderlich sind, mangels hinreichender Nachweisbarkeit jedoch nicht immer ins Urteil Eingang finden. Im Zusammenhang mit organisierter Kriminalität betrifft dies etwa Vermutungen zum Wirken bestimmter Akteure im Hintergrund oder Schilderungen persönlicher Beziehungen, die keine unmittelbare Bewandtnis für das Tatgeschehen haben. Derartige Informationen können jedoch für das Verständnis eines Verfahrens wichtig sein. Dies gilt insbesondere vor dem Hintergrund, dass es sich bei organisierter Kriminalität insgesamt um „schwer ermittelbare Kriminalität" handelt.[836]

---

834 So hat etwa *Kinzig*, Organisierte Kriminalität, S. 383, diejenigen Fälle untersucht, die das LKA Baden-Württemberg in den Jahren 1994-1997 zwecks Erstellung der jährlichen OK-Lagebilder in einem sog. OK-Raster zusammengestellt hat.

835 Der vollständige Projektname lautet: „Organisierte Kriminalität 3.0 – Systematische und umfassende Analyse sowie Bekämpfungsperspektiven der Organisierten Kriminalität in Deutschland". Nähere Informationen zu finden unter: https://www.org-kri m.uni-osnabrueck.de/ueber_das_projekt.html (letztes Abrufdatum: 4.3.2023).

836 Vgl. *Kinzig*, Organisierte Kriminalität, S. 779.

II. Der Prozess der Aktenanforderung

Das Forschungsverbundprojekt „OK 3.0" besteht aus insgesamt acht Modulen.[837] Durch die thematische Vielfalt soll ein möglichst vollständiges Bild von Erscheinungsformen, Bedrohungspotenzial und Ansätzen zur Bewältigung von organisierter Kriminalität in Deutschland gezeichnet werden. Modul 2 („Empirische Bestandsaufnahme des OK-Phänomens") wird durch das Institut für Kriminologie der Universität Tübingen, dem auch der Verfasser angehört, unter Leitung von Prof. Dr. Kinzig bearbeitet. Die Bestandsaufnahme untergliedert sich wiederum in drei Teile: Auswertung von Hellfelddaten, Durchführung und Interpretation leitfadengestützter Interviews und Analyse von Verfahrensakten. Unterstützung erhielt das Projekt von mehreren Praxispartnern.[838] Die Unterstützung zeigte sich auf verschiedene Weise. So wurden etwa im Laufe des Projekts mehrere Workshops abgehalten, die dem Austausch zwischen Wissenschaft und Praxis dienen sollten. Darüber hinaus wirkten die Praxispartner im Rahmen des Aktenanforderungsprozesses mit, indem sie jeweils mehrere Verfahren aus dem eigenen Wirkungskreis vorschlugen, die nach ihrem Dafürhalten besonders „hochkarätig", also repräsentativ sind. Einschränkendes Kriterium war lediglich, dass möglichst keine Verfahren aus dem Bereich der Betäubungsmittelkriminalität vorgeschlagen werden sollten. Dem lag zum einen die Annahme zugrunde, dass dieses Deliktsfeld bereits relativ gut erforscht ist. Zum anderen ist zu bedenken, dass die Betäubungsmittelkriminalität eine sehr prominente Rolle im Zusammenhang mit organisierter Kriminalität einnimmt. Es wäre mithin zu erwarten gewesen, dass – ohne eine entsprechende Vorgabe – die meisten der vorgeschlagenen Fälle auf diesen Bereich entfallen wären.[839] Insgesamt wurden von den Praxispart-

---

837 Die Module im Einzelnen: Rechtliche Voruntersuchung zum Begriff OK; Empirische Bestandsaufnahme des OK-Phänomens; Wirtschaftsstrafrecht und OK; Prozessanalyse; Technisierung; Bedrohungsanalyse; Anpassungsbedarf und Handlungsempfehlungen.

838 Generalstaatsanwaltschaft Frankfurt am Main, Generalstaatsanwaltschaft Koblenz, Staatsanwaltschaft Darmstadt, Staatsanwaltschaft Düsseldorf, Landeskriminalamt Baden-Württemberg, Landeskriminalamt Brandenburg, Zollkriminalamt und das Bayerische Staatsministerium der Justiz.

839 Im Rahmen der folgenden Analyse sind dennoch zwei Fälle aus dem Bereich der Betäubungsmittelkriminalität enthalten. Insbesondere soll so gewährleistet werden, dass dieser (für organisierte Kriminalität wichtige) Bereich nicht vollständig außen vor bleibt. Vorgeschlagen wurden diese Fälle, da sie aus Sicht der jeweiligen Praxis-

nern 33 Verfahren vorgeschlagen.[840] Die Vorschläge umfassten jeweils auch eine Kurzbeschreibung der Verfahrensinhalte, was insbesondere eine Kategorisierung nach Kriminalitätsfeldern ermöglichte. Da eine ausgewogene Verteilung der Kriminalitätsfelder gewährleistet werden sollte und manche Kriminalitätsfelder besonders häufig vorkamen,[841] wurden an dieser Stelle bereits Verfahren aussortiert und nicht weiter berücksichtigt. Hinsichtlich der verbliebenen 27 Verfahren wurde bei den betreffenden Staatsanwaltschaften jeweils ein Akteneinsichtsgesuch gemäß § 476 StPO gestellt. In den meisten Fällen wurde das Gesuch positiv beschieden. In zwei Fällen wurde der Antrag mit Verweis auf das Steuergeheimnis abgelehnt. In einem Fall bestand zwar grundsätzlich die Bereitschaft zur Gewährung der Akteneinsicht, allerdings fand die Akte bereits anderweitig, zugunsten eines anderen Forschungsprojekts Verwendung und stand somit nicht zur Verfügung. In einem weiteren Verfahren wurde die Akteneinsicht aus kriminalpolitischen Gründen verwehrt.[842]

Von besonderem Interesse für die Untersuchung waren folgende Aktenbestandteile: Polizeilicher Abschlussbericht, Anklageschrift und Urteil. In diesen werden jeweils wichtige Erkenntnisse aus der Ermittlungsarbeit sowie rechtliche Erwägungen gebündelt dargestellt. Mehrheitlich waren im jeweiligen Aktenmaterial die drei genannten Bestandteile enthalten. Teilweise fehlte der polizeiliche Abschlussbericht – was jedoch nicht als Grund angesehen wurde, von der Untersuchung abzusehen, da Anklageschrift und Urteil in der Regel noch genügend aussagekräftige Informationen enthalten. Soweit jedoch Anklageschrift oder Urteil fehlten, wurde in aller Regel keine weitergehende Untersuchung durchgeführt. Dies betraf fünf Verfahren. Übrig blieben letztlich 18 Verfahren. Um die vorliegende Untersuchung etwas zu straffen, wurden fünf dieser Verfahren nicht berücksichtigt. Die

---

partner zur Veranschaulichung von Besonderheiten in Verfahren der organisierten Kriminalität in besonderem Maße geeignet seien.

840 Ein grundsätzliches Anliegen war es, Fälle aus dem gesamten Bundesgebiet zu erhalten, um so eine möglichst hohe Repräsentativität zu gewährleisten. Zwar konnte letztlich nicht aus jedem Bundesland ein Fall generiert werden, dafür fehlte es in den entsprechenden Ländern (Mecklenburg-Vorpommern, Saarland, Sachsen, Sachsen-Anhalt und Schleswig-Holstein) an Praxispartnern. Gleichwohl konnte eine relativ gleichmäßige geografische Verteilung erreicht werden, weshalb von einer hinreichenden Repräsentativität ausgegangen werden kann.

841 Dies betraf insbesondere den Kfz-Diebstahl.

842 In dem betreffenden Verfahren ging es um Straftaten aus dem Bereich der italienischen organisierten Kriminalität. Die Gewährung von Akteneinsicht sei mit Blick auf andauernde Ermittlungen zu versagen gewesen.

betreffenden Verfahren erschienen insofern verzichtbar, als das jeweilige Kriminalitätsfeld bereits durch die übrigen Fälle hinreichend abgedeckt war.

III. Formulierung von Hypothesen

Im Folgenden werden zwölf Hypothesen formuliert, anhand derer die empirische Untersuchung strukturiert werden soll. Grundlage der Hypothesen sind jeweils die Ergebnisse des dogmatischen Teils. Bezugspunkt sind stets die zu untersuchenden Verfahrensakten. Formuliert wird also jeweils das erwartete Ergebnis der Analyse, gefolgt von einer kurzen Erläuterung der zugrundeliegenden Erwägungen.

1. Erste Hypothese: Urteile richten sich nur gegen ausführende Personen

→ Verurteilt werden nur die ausführenden Akteure, nicht aber die jeweiligen Führungspersonen.

Bei Straftaten aus dem Bereich der organisierten Kriminalität gibt es neben den ausführenden Beteiligten häufig auch solche Akteure, die nur im Hintergrund, das heißt nur in der Planungs- und Vorbereitungsphase mitwirken. In der Regel können jedoch nur die ausführenden Akteure ermittelt und verurteilt werden. Die eigentlich verantwortlichen Täter im Hintergrund werden hingegen nicht belangt.

2. Zweite Hypothese: Extensiver Täterbegriff

→ In den Verfahren finden sich Beispiele extensiver Auslegung täterschaftlicher Beteiligung.

Zum einen sind in mehreren Tatbeständen, die gerade auch für organisierte Kriminalität relevant sind, verselbstständigte Unterstützungshandlungen vorzufinden (§§ 29 ff. BtMG; § 261 StGB; §§ 96 ff. AufenthG). Das heißt, Handlungen, die grundsätzlich als Beihilfe anzusehen wären, sind als täterschaftliche Begehungsweisen normiert. Zum anderen kann gerade bei Sachverhalten organisierter Kriminalität im Nachhinein häufig nicht aufgeklärt werden, welche individuellen Tatbeiträge im Einzelnen geleistet worden sind. In Ermangelung detaillierter Informationen wird insofern auf arbeitsteiliges, also mittäterschaftliches Vorgehen geschlossen.[843]

3. Dritte Hypothese: Keine Anwendungsfälle der mittelbaren Täterschaft

→ Keiner der beteiligten Akteure wird wegen mittelbarer Täterschaft kraft Organisationsherrschaft verurteilt.

Die mittelbare Täterschaft kraft Organisationsherrschaft ist für die rechtliche Bewältigung von Staatskriminalität entwickelt worden, um einem dort empfundenen Strafbedürfnis gerecht werden zu können. In der Folge wurde diese Sonderform mittelbarer Täterschaft auch auf Unternehmenskriminalität angewendet, was hauptsächlich auf konkurrenzrechtlichen Erwägungen beruht haben dürfte. Bei Sachverhalten organisierter Kriminalität liegt es jeweils anders: Weder gibt es ein öffentlich artikuliertes Bedürfnis, die Führungspersonen als *Täter* zu bestrafen, noch zeichnen sich die Sachverhalte durch eine derart hohe Anzahl an Einzeltaten aus, dass eine konkurrenzrechtliche Zusammenfassung notwendig erschiene.

4. Vierte Hypothese: Keine Anwendungsfälle psychologisierender Beteiligungsformen

→ Neuartige, psychologisierende Varianten strafrechtlicher Beteiligung kommen in den Verfahren nicht zur Anwendung.

In den letzten Jahren sind in der Rechtsprechung neue Beteiligungsvarianten entwickelt worden, die mit einer Psychologisierung der strafrechtlichen Beteiligung einhergehen. Zu nennen sind die Mittäterschaft durch psychische Tatbeiträge sowie die psychische Beihilfe durch organisationsbezogene Handlungen. Der Zweck dieser Beteiligungsvarianten besteht darin, auch diejenigen für kollektiv begangenes Unrecht zu bestrafen, die im Hintergrund agieren und somit scheinbar nur in geringem Maße schuldig sind, in Wirklichkeit jedoch einen unverzichtbaren Beitrag zur Straftatbegehung geleistet haben. Bislang finden die genannten Beteiligungsvarianten

---

843 Siehe die Ausführungen zur Einheitstäterschaft unter D.I.1.d).

jedoch nur im Zusammenhang mit politisch motivierter Kriminalität Anwendung[844] – und nicht bei Sachverhalten organisierter Kriminalität. Dies beruht vermutlich auf zwei Gründen: Zum einen sind finanzielle Interessen nicht in gleichem Maße wie ideologische Ziele geeignet, eine Identifizierung mit einer Straftat auf rein psychischer Ebene entstehen zu lassen. Zum anderen dürfte die öffentliche Erwartungshaltung bei Gerichtsverfahren gegen Gruppierungen der organisierten Kriminalität eine andere sein als etwa bei Verfahren gegen politisch motivierte Tätergruppen.[845]

5. Fünfte Hypothese: Keine Anwendungsfälle der Anstiftung

→ Keiner der beteiligten Akteure wird als Anstifter verurteilt.

Täterschaftliche Begehungsformen kommen insgesamt extensiv zur Anwendung (vgl. dazu auch die erste These). Bei der rechtlichen Behandlung organisierter Täterkollektive führt dies dazu, dass die Anstiftung als Beteiligungsform immer mehr an Relevanz verliert – obwohl sich die Sachverhalte im Bereich der organisierten Kriminalität nicht selten als Anstiftungskonstellationen darstellen. Neben der Ausdehnung des Anwendungsbereichs täterschaftlicher Tatbegehung dürfte ein Grund für die geringe Relevanz darin zu sehen sein, dass der Nachweis der (kausalen) Hervorrufung des Tatentschlusses mangels Kenntnis interner Abläufe nur schwer zu erbringen ist. Auch dürfte eine Rolle spielen, dass im Rahmen der jeweiligen Anweisungen die Taten häufig nur der Gattung nach beschrieben werden, eine hinreichende Konkretisierung also nicht stattfindet.

6. Sechste Hypothese: Hohe Relevanz der sog. neutralen Beihilfe

→ Beihilfe durch berufsbedingte, neutrale Handlungen kommt in Fällen zur Anwendung, in denen Kooperationen zwischen legalem und kriminellem Gewerbe stattfinden.

Gruppierungen organisierter Kriminalität interagieren häufig mit „legalen" Unternehmen, etwa um Waren zu bestellen oder Dienstleistungen in An-

---

844 Eine Form der psychischen Mittäterschaft findet sich, auch wenn so nicht vom Gericht bezeichnet, im Urteil gegen Beate Zschäpe, vgl. unter D.I.5.a).

845 Siehe unter D.I.5.a)bb).

spruch zu nehmen. Soweit diese Waren oder Dienstleistungen für Zwecke der Straftatbegehung verwendet werden, wird das Problem der Beihilfe durch neutrale, berufsbedingte Handlungen relevant. Von besonderer Bedeutung dürfte in entsprechenden Fällen die Frage sein, ob der Verkäufer oder Dienstleister grundsätzlich über die „kriminellen Machenschaften" der Gruppierung im Bilde war.

7. Siebte Hypothese: Keine Anwendungsfälle der Verbrechensverabredung

→ Die Verbrechensverabredung gemäß § 30 Abs. 2 Alt. 3 StGB kommt in den Verfahren nicht zur Anwendung.

Eine besondere Relevanz der Verbrechensverabredung für organisierte Kriminalität ergibt sich dadurch, dass die Strafverfolgungsbehörden in diesem Kriminalitätsbereich – mit Blick auf eine Überwachung der Telekommunikation – häufig Kenntnis von bevorstehenden (verabredeten) Taten haben. Dass dennoch nicht bzw. nur selten wegen Verbrechensverabredung angeklagt wird, dürfte daran liegen, dass die Strafverfolgungsbehörden bewusst mit dem Zugriff warten, bis die Tat ins Versuchsstadium gelangt ist.

8. Achte Hypothese: Keine Anwendung des § 129 StGB

→ § 129 StGB spielt bei der rechtlichen Behandlung der Fälle keine Rolle.

Mit der Einfügung der Legaldefinition der Vereinigung in § 129 Abs. 2 StGB sollte der Anwendungsbereich der Norm erweitert werden, um auch Gruppierungen organisierter Kriminalität zu erfassen. Allerdings lässt die bisherige Rechtsprechung – wie auch die Umsetzung der europarechtlichen Vorgaben durch den Gesetzgeber – eher darauf schließen, dass auch weiterhin Sachverhalte organisierter Kriminalität nicht unter diese Norm gefasst werden. So wird gerade die Verfolgung (lediglich) finanzieller Interessen für nicht ausreichend erachtet, um von einem übergeordneten Interesse im Sinne des § 129 Abs. 2 StGB ausgehen zu können. Anders liegt es nur, soweit durch die Taten auch Gemeinwohlinteressen betroffen sind – was jedoch bei Sachverhalten organisierter Kriminalität nur sehr selten der Fall ist.[846]

---

846 Vgl. etwa die unter D.II.1.a) geschilderten Fälle.

9. Neunte Hypothese: Anwendung von Bandennormen in allen Verfahren

→ In allen Verfahren werden die Beteiligten wegen bandenmäßiger Begehung verurteilt.

Die Untersuchung der Definitionen legte nahe, dass es sich bei organisierter Kriminalität um einen Teil der Bandenkriminalität handelt. Jede Form organisierter Kriminalität müsste sich insofern auch auf bandenmäßig begangene Kriminalität beziehen. Auch in historischer und systematischer Hinsicht ließen sich deutliche Anhaltspunkte dafür erkennen, dass ein – wenn nicht sogar der wesentliche – Zweck der Bandendelikte darin zu sehen ist, die Bekämpfung organisierter Kriminalität zu fördern.

10. Zehnte Hypothese: Vorherrschen von hierarchisch organisierten Gruppierungen

→ Sämtliche Verfahren beziehen sich auf erhebliche Straftaten sowie auf Gruppierungen, die durch eine hierarchische Organisationsstruktur gekennzeichnet sind.

Ältere Definitionen organisierter Kriminalität setzten meist voraus, dass der jeweilige Zusammenschluss hierarchisch gegliedert sein muss. Neuere Definitionen enthalten diese Voraussetzung nicht mehr, da sich nach und nach die Ansicht durchsetzte, dass organisierte Kriminalität hauptsächlich in Form von Netzstrukturkriminalität existiere. Da den Aktenvorschlägen jeweils die Vorgabe zugrunde lag, es solle sich um „hochkarätige" Verfahren handeln, besteht Anlass zur Vermutung, dass es sich zumindest überwiegend um hierarchisch organisierte Gruppierungen handelt. Verfahren mit netzwerkartigen Strukturen wurden dagegen vermutlich nicht vorgeschlagen, da diese – zumindest vom äußeren Anschein her – eher unauffällig, also nicht „hochkarätig" daherkommen.[847] Zudem besteht mit Blick auf definitorische Voraussetzungen die Vermutung, dass sich die Verfahren jeweils auf erhebliche Straftaten beziehen.

---

847 Vgl. insofern auch die These von *Bögel*, Strukturen und Systemanalyse der Organisierten Kriminalität, S. 95, wonach vor allem Ermittlungslücken dazu führen, dass in einem Fall eher netzwerkartige und weniger monolithische Strukturen angenommen werden.

11. Elfte Hypothese: Strafzumessung als rechtliche Abbildungsfläche für Besonderheiten organisierter Kriminalität

→ Die Zugehörigkeit der Sachverhalte zur organisierten Kriminalität lässt sich vor allem im Rahmen der Strafzumessung erkennen.

Auf der Tatbestandsebene gibt es für die Gerichte in der Regel keine Möglichkeit bzw. keine Veranlassung, zum Ausdruck zu bringen, dass ein Sachverhalt der organisierten Kriminalität zuzuordnen ist. Diese Möglichkeit besteht dagegen auf der Ebene der Strafzumessung. Besonders deutlich ist der Bezug zur organisierten Kriminalität, wenn (in strafschärfender Hinsicht) auf die Zugehörigkeit zur organisierten Kriminalität abgestellt wird. Indizien für eine entsprechende Zuordnung sind insbesondere zu erkennen, wenn das Gericht zwecks Strafschärfung auf einen hohen Organisationsgrad, Professionalität oder ein konspiratives Vorgehen abstellt.

12. Zwölfte Hypothese: Anwendung vergleichender Strafzumessung

→ In den Verfahren finden sich Anwendungsfälle vergleichender Strafzumessung.

Vergleichende Strafzumessung kommt allgemein nur sehr selten zur Anwendung. Nicht zuletzt sind bislang die rechtlichen Grundlagen noch nicht geklärt. Der Grundgedanke ist, dass die Strafmaße verschiedener Beteiligter einer Straftat aufeinander abzustimmen sind, um ein gerechtes Ergebnis zu gewährleisten. Da gerade in Sachverhalten organisierter Kriminalität in aller Regel mehrere Personen in verschiedenen Rollen an einer Tat mitwirken, liegt es in diesem Kriminalitätsbereich nahe, vergleichende Betrachtungen vorzunehmen.

IV. Darstellung der einzelnen Fälle

Im Folgenden werden die einzelnen Fälle überblicksartig dargestellt. Dies soll insbesondere dazu dienen, die Überprüfung der Thesen, die im nächsten Kapitel (IV.) stattfinden soll, verständlicher zu machen. Gleichzeitig soll bereits die Darstellung der Verfahren selbst einen gewissen Erkenntniswert haben, schließlich handelt es sich um Verfahren, die von erfahrenen Praktikern als besonders typisch für das Phänomen der organisierten Kriminalität eingestuft worden sind. Nach der Schilderung des Sachverhalts wird zur Veranschaulichung der Fälle und Visualisierung der personellen Konstellationen jeweils die Organisationsstruktur in einem Schaubild dargestellt. In einem dritten Schritt werden (die für relevant erachteten) Aspekte der rechtlichen Würdigung wiedergegeben. Von einer ausführlichen Analyse wird an dieser Stelle jedoch abgesehen. Diese soll vielmehr erst im Rahmen der Thesenüberprüfung im anschließenden Unterkapitel erfolgen. Die Reihenfolge der darzustellenden Fälle richtet sich nach den verschiedenen Kriminalitätsfeldern. Begonnen wird mit sachbezogenen Kriminalitätsfeldern, namentlich Diebstahl (1.), Warenschmuggel (2.) und Drogenhandel (3.). Sodann geht es um Kriminalitätsfelder mit stärkerem Personenbezug, worunter Betrug (4.), Prostitution (5.) und Schleusung (6.) gefasst werden.

1. Diebstahl

Bei Diebstahlstaten handelt es sich um ein klassisches Betätigungsfeld der organisierten Kriminalität. Laut dem Bundeslagebild Organisierte Kriminalität aus dem Jahr 2021 entfielen von insgesamt 696 Ermittlungsverfahren 63 auf den Bereich der „Eigentumskriminalität".[848] Unter diese Kategorie ist im Wesentlichen nur Diebstahl im Sinne der §§ 242 ff. StGB zu fassen. Raub wird im Rahmen der Lagebilder unter der Kategorie „Gewaltdelikte" geführt und ist in quantitativer Hinsicht weitaus weniger relevant.[849] Die im Folgenden darzustellenden (drei) Sachverhalte betreffen in diesem Sinne auch allesamt Fälle von Diebstahl. Unterscheiden lassen sie sich insbesondere nach dem jeweiligen Diebesgut, woran sich auch die Benennung der einzelnen Fälle orientiert.

---

848 Bundeslagebild OK 2021, S. 6.
849 Im Jahr 2021 wurden nur vier Ermittlungsverfahren wegen Verdachts einer Raubtat erfasst, Bundeslagebild OK 2021, S. 42. Die geringe Relevanz dürfte insbesondere darauf zurückzuführen sein, dass Raubdelikte von der Struktur her untypisch für organisierte Kriminalität sind. Denn Raubtaten gehen in der Regel mit einem hohen Eskalationspotenzial einher, sind also nicht in gleichem Maße plan- und kalkulierbar wie Diebstahlstaten.

a) Endoskope-Fall

Die beiden Angeklagten gehörten einer kolumbianischen Gruppierung an, die sich auf die Entwendung hochwertiger medizinischer Geräte[850] aus Krankenhäusern in Europa spezialisiert hatte. Der Angeklagte M hielt sich seit 2015 im Schengenraum auf[851] und leitete die Aktivitäten der Gruppierung in Europa. In dieser Funktion stand er auch mit dem Kopf der Gruppierung in Kolumbien in regelmäßigem Austausch und erhielt Anweisungen hinsichtlich der jeweils in Angriff zu nehmenden Taten (siehe Schaubild 1). Die Identität des Hintermannes, oder ob es sich womöglich um mehrere Personen handelte, konnte nicht ermittelt werden.[852] Insgesamt stand der Angeklagte im Verdacht, allein in Deutschland für die Entwendung von Endoskopen in 29 Fällen verantwortlich zu sein und einen Gesamtschaden von über 7 Mio. Euro verursacht zu haben.[853]

Bei den einzelnen Taten ging M stets zusammen mit einem Komplizen vor, zuletzt handelte es sich dabei um den Mitangeklagten L. Die Taten, die Gegenstand der Anklage sind, liefen stets nach demselben Muster ab: Für die Zeit der geplanten Taten mieteten die Angeklagten eine Wohnung in Paris an. Dadurch war sichergestellt, dass die Distanz zu den ins Auge gefassten Tatorten (im nördlichen Baden-Württemberg und Rheinland-Pfalz) einerseits groß genug war, um nicht aufgrund örtlicher Nähe bereits ins Visier der Ermittler zu geraten. Andererseits sollte die Distanz auch nicht so groß sein, dass eine Hin- und Rückfahrt nicht innerhalb eines Tages zu

---

850 Insbesondere geht es dabei um Endoskope. Diese sind verhältnismäßig leicht zu transportieren, passen etwa in jeden Rucksack. Gleichzeitig haben Endoskope einen hohen Wert. Neugeräte kosten nach Angabe der Ermittler (auf dem legalen Markt) etwa 300.000 Euro.

851 Ungefähr seit diesem Zeitraum nahmen auch die europaweit registrierten Diebstähle von Endoskopiegeräten aus Krankenhäusern zu.

852 Laut Auskunft des Staatsanwalts, der das Ermittlungsverfahren geleitet hatte, war es einer Staatsanwaltschaft aus dem norddeutschen Raum, die auch zu dieser Gruppierung ermittelte, gelungen, die Hintermänner zu ermitteln. Da jedoch die betreffende Staatsanwaltschaft – aus nicht weiter bekannten Gründen – nicht zur Informationsweitergabe bereit war, gelangte die Identität der Hintermänner nicht zur Kenntnis der Staatsanwaltschaft im hiesigen Verfahren.

853 So die Darstellung im polizeilichen Abschlussbericht, Gegenstand der Anklage waren 14 Taten mit einem Gesamtschaden von 3 Mio. Euro. Aus den zwei (vollendeten) Taten, auf die sich das Urteil bezog, erwuchs ein Schaden in Höhe von 390.000 Euro. Zu erklären ist dieser Schwund vor allem damit, dass lediglich bezüglich dieser zwei vollendeten (sowie zwei weiteren versuchten) Taten die Beweislage als hinreichend sicher anzusehen war.

bewerkstelligen wäre.[854] Sodann mietete L – ebenfalls für längere Zeit – einen Pkw bei einem deutschen Vermieter in Saarbrücken an. Mit diesem Pkw fuhren die Angeklagten mehrmals von Paris nach Deutschland, um diverse Krankenhäuser auf ihre Eignung für die Begehung der Diebstähle zu untersuchen. Dabei betrat M die Krankenhäuser, um sich mit den Räumlichkeiten und insbesondere den Sicherungsvorkehrungen vertraut zu machen. L wartete währenddessen vor dem Krankenhaus im Auto. Nach abgeschlossener Erkundung begaben sich die Angeklagten wieder auf den Rückweg nach Paris. Die Tatbegehung nahmen die Angeklagten an einem Wochenende oder an einem Feiertag vor, da sie an diesen Tagen mit einem höheren Besucheraufkommen rechneten und dementsprechend davon ausgingen, dass ihre Anwesenheit weniger Aufmerksamkeit auf sich ziehen würde. Während L draußen wartete, ging M ins Krankenhaus hinein. Dabei führte er einen Sportrucksack samt Brecheisen mit sich. Er begab sich in die Endoskopie-Abteilung, brach dort den Schrank auf, in dem sich die Endoskope befanden und steckte mehrere, meist zwei bis drei Geräte in den Rucksack. Sodann verließ er auf schnellstem Wege das Krankenhaus. Draußen angekommen, machten sich die Angeklagten auf den Rückweg nach Paris.

In unregelmäßigen Abständen nach den einzelnen Taten begab sich M nach Amsterdam und schickte die Endoskope, in einem Paket verpackt, nach Kolumbien. An dieser Stelle verläuft sich die Spur der Endoskope. Es wird jedoch vermutet, dass sie an Krankenhäuser in ganz Lateinamerika weiterverkauft wurden. Insgesamt konnten den beiden Angeklagten mit hinreichender Gewissheit zwei vollendete sowie zwei versuchte Taten nachgewiesen werden.[855]

---

854 Die zurückzulegenden Distanzen waren offenbar so groß, dass die Angeklagten sich zu schnellem Fahren veranlasst sahen. So wurden sie mehrmals von Radarkontrollen erfasst – was sich im Rahmen der Ermittlungen insofern als nützlich erwies, als mithilfe der Bußgeldbescheide bisweilen ein relativ detailliertes Bewegungsprofil erstellt werden konnte.

855 Bei diesen vier Taten konnten die Angeklagten unmittelbar bei Durchführung der Taten observiert werden. Bei den übrigen Taten war lediglich aufgrund der örtlichen und zeitlichen Übereinstimmung der rekonstruierten Bewegungsprofile mit den Diebstahlsmeldungen der einzelnen Krankenhäuser auf die Täterschaft der Angeklagten geschlossen worden.

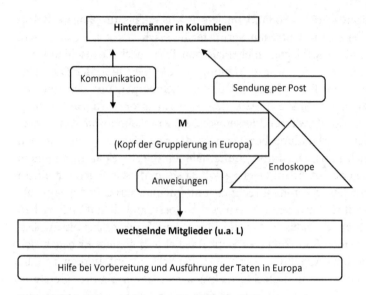

Schaubild 1: Täterstruktur im Endoskope-Fall

In der ersten Instanz wurden die Angeklagten wegen schweren Bandendiebstahls zu Freiheitsstrafen von sechs (M) und fünf (L) Jahren verurteilt.
Die Bandenmäßigkeit sah das Gericht als gegeben an, da – unter Hinzuziehung des Kopfes der Gruppierung in Kolumbien – stets von einem
gemeinsamen Zusammenwirken von mindestens drei Personen auszugehen
sei. Dass die Identität des Anführers nicht herausgefunden werden konnte,
stehe der Annahme einer Bande nicht entgegen. Auf andere Mitwirkende,
die im Verdacht standen, bei früheren Endoskopie-Diebstählen mit M
zusammengewirkt zu haben, wird zur Begründung der Bandenmäßigkeit
nicht abgestellt.

Auf die mittäterschaftliche Begehung geht das Gericht nur insofern ein,
als das Gericht in ihr eine Voraussetzung für die Bandenmäßigkeit sieht.[856]
Angesichts des Umfangs der Tatbeteiligung hätten beide Angeklagte Tatherrschaft gehabt. Das besondere (eigene) Interesse an den Taten ergebe
sich aus der jeweils in Aussicht gestellten Belohnung. In der Strafzumessung
wird – insofern wenig stimmig – mildernd berücksichtigt, dass es sich
bei der Belohnung nicht um eine anteilsmäßige Beteiligung, sondern um

---

856 Diese Ansicht steht zwar im Widerspruch zur Rechtsprechung des 4. Senats, vgl.
BGH NJW 2000, 2034 (2035), dürfte jedoch zumindest im Schrifttum vorherrschend sein, vgl. etwa MüKoStGB/*Schmitz* § 244 Rn. 45.

einen fixen Betrag gehandelt habe, der dazu noch als vergleichsweise niedrig anzusehen sei. Ebenfalls strafmildernd fällt ins Gewicht, dass die Angeklagten teilweise fremdbestimmt gehandelt hätten. So seien ihnen etwa die Zeiträume ihres Aufenthalts in Europa und die auszukundschaftenden Krankenhäuser vom Kopf der Gruppierung in Kolumbien vorgegeben worden. Strafschärfend wirkt sich hingegen „der besondere organisatorische Aufwand" aus, der für die Begehung der Taten erforderlich gewesen sei.

Die von den Angeklagten eingelegte Revision blieb weitgehend ohne Erfolg. Lediglich in Bezug auf M enthielt das erstinstanzliche Urteil einen Fehler bei der Anwendung materiellen Rechts, da die Einziehungsentscheidung bei der Bestimmung des Strafmaßes nicht berücksichtigt wurde. Im zweiten Rechtszug reduzierte das Landgericht das Strafmaß dementsprechend um drei Monate.

b) Sprinter-Fall

Die sechs Angeklagten (C, D, K, M, N, S) waren Mitglieder einer osteuropäischen Autoschieber-Gruppierung, die sich auf Diebstähle von Kleintransportern der Marke Mercedes Sprinter spezialisiert hatte. Insgesamt konnten den Angeklagten elf Taten nachgewiesen werden. Die einzelnen Taten liefen alle nach dem gleichen Schema ab, lediglich die personelle Besetzung unterschied sich von Tat zu Tat. Teilweise wirkten auch Personen mit, die in einem anderen Verfahren, also gesondert verfolgt wurden. Dies betraf etwa J, der im Rahmen der unmittelbaren Tatausführung eine Art Anführerrolle ausfüllte (siehe Schaubild 2).[857] Ob es darüber hinaus noch Hinterleute gab, die den ausführenden Tätern übergeordnet waren, konnte nicht ermittelt werden – auch wenn diesbezügliche Anhaltspunkte vorhanden waren.[858]

Zwecks Begehung der Taten fuhren die Angeklagten – meist in einer Besetzung von vier Personen – zu Ortschaften, die von der deutsch-polnischen Grenze etwa eine Fahrstunde entfernt waren, und suchten dort nach geeigneten Diebstahlsobjekten. Einen solchen Abstand zur Grenze hielten

---

857 An einer Stelle wird er auch als „Bandenchef" bezeichnet, der den Verkauf an die Abnehmer durchgeführt habe.

858 So war etwa in den Handys, die die Täter während der Taten bei sich führten, die Telefonnummer von „den Russen" eingespeichert. Hinderlich für die weitere Verfolgung dieser Spur war jedoch, dass die Täter keinerlei Aussagen zur Organisationsstruktur machten.

sie für erforderlich, da sie in unmittelbar an der Grenze gelegenen Ortschaften mit erhöhten Sicherungsvorkehrungen rechneten. Für die Fahrten benutzten sie unauffällige Fahrzeuge – vorzugsweise einen Renault Vel Satis. Sobald sie einen geeigneten Kleintransporter erblickt hatten, wurden zwei der Angeklagten dort abgesetzt. Einer der Beteiligten, in der Regel J, brach den Transporter auf und aktivierte den Zündmechanismus, während der andere damit befasst war, einer möglichen Entdeckung durch Dritte vorzubeugen. Sobald der Transporter fahrbereit war, wurden die beiden anderen Komplizen, die sich wenige Kilometer vom Tatort entfernt im Renault Vel Satis bereithielten, über die erfolgreiche Entwendung informiert. Daraufhin begaben sich die Angeklagten in beiden Fahrzeugen auf den Rückweg nach Polen. Sie befuhren jeweils dieselbe Strecke, wobei der Renault Vel Satis in einem Abstand von etwa 10 Minuten vorausfuhr. Auf diese Weise sollten die (im entwendeten Transporter) hinterherfahrenden Angeklagten über eventuelle Polizeikontrollen in Kenntnis gesetzt werden können.[859] Kurz vor der deutsch-polnischen Grenze fuhren die Angeklagten zu einem Waldversteck in Form einer kleinen Grube, wo sie das Einbruchswerkzeug versteckten. Dadurch sollte vermieden werden, dass die Gegenstände im Rahmen einer Grenzkontrolle aufgefunden und als verdächtig eingestuft werden könnten. Sodann fuhren die Angeklagten mit dem Sprinter zu einer sog. Zerlegehalle, die sich etwa 50 km hinter der deutsch-polnischen Grenze befand. Dort wurde der Transporter von Unbekannten in seine Einzelteile zerlegt.[860]

---

859 Im Polizeijargon wird hinsichtlich des vorausfahrenden Fahrzeugs auch von „Pilotfahrzeug" gesprochen.

860 Durch Observationsmaßnahmen gelang es letztlich, die Zerlegehalle ausfindig zu machen und in der Folge auszuheben. Bei der Durchsuchung der Zerlegehalle konnten Einzelteile von insgesamt 28 als (in Deutschland) gestohlen gemeldeten Fahrzeugen gefunden werden. Bemerkenswert war nach Ansicht der Ermittlungsbeamten, dass die Angeklagten ungeachtet der Aushebung der Halle ihre Aktivitäten fortsetzten und noch drei weitere Diebstahlstaten begingen.

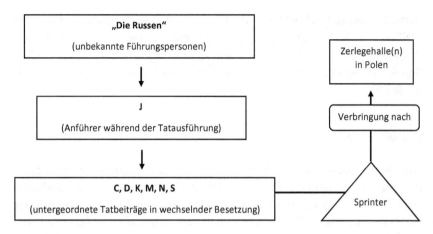

Schaubild 2: Täterstruktur im Sprinter-Fall

Die fünf Angeklagten in diesem Verfahren[861] wurden alle wegen (mittä-terschaftlichen) schweren Bandendiebstahls zu niedrigen Freiheitsstrafen verurteilt. Nur hinsichtlich des Angeklagten M konnte die Strafe nicht mehr zur Bewährung ausgesetzt werden. Das höhere Strafmaß des M war darauf zurückzuführen, dass er an weitaus mehr Einzeltaten mitgewirkt hatte als die anderen.[862] Die rechtlichen Ausführungen im Rahmen des Urteils sind äußerst knapp – was insbesondere damit zu tun haben dürfte, dass das Urteil auf einer Verständigung beruhte.[863] In der Akte findet sich

---

861 J und S wurden jeweils in anderweitigen Verfahren verfolgt.

862 So beläuft sich der Schaden, der durch die Taten entstanden ist, an denen M beteiligt war, auf insgesamt 324.000 Euro. Bei den übrigen Angeklagten geht es demgegenüber jeweils um Summen von ca. 30.000 Euro.

863 Wie auch bei weiteren Verfahren zu sehen sein wird, zeichnen sich diejenigen Urteile, die auf einer Verständigung beruhen, allesamt dadurch aus, dass die Ausfüh-rungen im Rahmen der rechtlichen Würdigung äußerst knapp sind. Von den hier dargestellten 13 Verfahren wurden fünf durch Verständigung beendet. Dass diese Rate über dem allgemeinen Durchschnitt liegt, dürfte zu vermuten sein. So wur-den etwa im Jahr 2018 insgesamt 3.949 amtsgerichtliche und 922 landgerichtliche Verfahren durch Verständigung beendet, bei insgesamt 869.105 Abgeurteilten, *Alten-hain/Jahn/Kinzig*, Die Praxis der Verständigung im Strafprozess, S. 128. Zu beachten ist jedoch, dass es nicht selten auch zu informellen Verständigungen kommt, also solchen, die entgegen den Vorgaben der §§ 267, 273 StPO keinen Niederschlag im Urteil oder Hauptverhandlungsprotokoll finden. Berufsrichter, die im Rahmen der zuvor zitierten Studie befragt wurden, gaben im Durchschnitt an, dass informelle Verständigungen einen Anteil von 31,7 Prozent aller Verständigungen ausmachten, ebd., S. 362. Als Grund für die hohe Quote in Verfahren der organisierten Krimina-

darüber hinaus noch das Urteil gegen das Bandenmitglied S, dem eine (mittäterschaftliche) Beteiligung an insgesamt 22 Taten nachgewiesen werden konnte.[864] Dass dieses Verfahren abgetrennt wurde, hing insbesondere damit zusammen, dass er Aufklärungshilfe zulasten der übrigen Angeklagten geleistet hatte.[865]

c) Geldautomaten-Fall

Die sechs Angeklagten (A, B, E, G, H, T) dieses Verfahrens sind Mitglieder einer niederländisch-marokkanischen Gruppierung, deren Tätigkeitsschwerpunkt in der Sprengung von Geldautomaten liegt. Gegenstand der Anklage sind zwei vollendete und vier versuchte Taten in verschiedenen Bankfilialen im Großraum München. Über die Organisationsstruktur der Gruppierung konnten die Ermittlungsbehörden keine detaillierten Kenntnisse erlangen. Ein niederländischer Kriminalbeamter, der im Rahmen des Gerichtsverfahrens als Experte zu diesem Kriminalitätsphänomen angehört wurde, gab an, dass es sich um eine Organisation mit etwa 500 Mitgliedern bzw. Unterstützern handele. Im Übrigen dürfte auch der (beachtliche) Umfang der getätigten Vorbereitungshandlungen dafür sprechen, dass der Kreis der involvierten Personen nicht auf die Angeklagten beschränkt ist.

Ein Teil der Vorbereitungsmaßnahmen bestand in der Rekrutierung von Personal. Wie der Anwerbungsprozess ablief, unterschied sich je nach Angeklagtem. Der Angeklagte B wurde etwa von einer „sehr einflussreiche[n] Person" in einem Club in Arnheim angesprochen (siehe Schaubild 3). Die

---

lität dürften insbesondere eine umfangreiche Beweisaufnahme und verfahrensverzögernde Praktiken spezialisierter Strafverteidiger (sog. Konfliktverteidigung) zu nennen sein.

864 Dass die Anzahl der Tatbeteiligungen des S die Gesamtzahl der durch die Angeklagten im hiesigen Verfahren begangenen Taten übersteigt, ist damit zu erklären, dass S zuvor mit anderen Personen kooperiert hatte, zu denen im Übrigen auch J zählte.

865 Grundsätzlich soll es gerade unter osteuropäischen Straftätern selten vorkommen, dass sie sich zur Leistung von Aufklärungshilfe bereitfinden. So hat sich auch in diesem Fall S erst aufgrund einer psychischen Drucksituation zu der Aussage entschlossen: Alle anderen Beschuldigten waren aus der Haft entlassen worden. S musste hingegen mit Blick auf seine erfolgten Bemühungen, Beweismittel verschwinden zu lassen, in Untersuchungshaft verbleiben, ohne dass Aussicht auf eine baldige (vorzeitige) Freilassung bestand. Diese Situation nutzten die Ermittler aus und konfrontierten ihn einige Male – und schließlich erfolgreich – mit dem Angebot, durch eine Aussage zulasten seiner Mittäter eine mildere Behandlung zu erfahren.

Angeklagten G und T wurden von einem langjährigen Bekannten, bei dem es sich um das Gruppierungsmitglied L handelt, angeworben. Die Angeklagte A ließ sich von E zur Beteiligung überreden, da sie sich erhoffte, ihm dadurch privat näher zu kommen. Gemeinsam ist den rekrutierten Personen, dass sie jeweils (im höheren vierstelligen Bereich) verschuldet sind. Eine Sonderstellung unter den Angeklagten nahmen E und H ein, da diese bereits der Gruppierung angehörten, also nicht speziell angeworben werden mussten.[866]

Jede rekrutierte Person hatte eine spezielle Aufgabe. So bestand etwa die Aufgabe von G und T darin, jeweils einen Pkw anzumieten. Nach der Anmietung wurden die Fahrzeuge alsbald an andere (unbekannte) Gruppierungsmitglieder übergeben. Verwendung fanden die Fahrzeuge einerseits zur Ausspähung geeigneter Bankfilialen und andererseits zur Lagerung der Tatutensilien.[867] Darüber hinaus wurden auch Fluchtfahrzeuge beschafft, wobei diese nicht angemietet, sondern gestohlen und im Anschluss mit falschen Kennzeichen versehen wurden.[868] Die Angeklagte A war damit betraut, eine Wohnung in Nähe der Tatorte anzumieten. Fündig wurde sie auf dem Online-Portal „AirBnB". Die Wohnung diente als Treffpunkt, Rückzugsort und Bunker. Zu beachten ist nämlich, dass die Tatorte (im Großraum München) in sehr großer Entfernung zur niederländischen Heimat der Angeklagten gelegen waren. Eine weitere Aufgabe der A (wie aller weiblicher Mitwirkender)[869] bestand darin, vor einer – für die Tatbegehung bereits ausgewählten – Bankfiliale zu warten, bis die jeweiligen Geldautomaten mit angeliefertem Bargeld aufgefüllt wurden.

---

866 In der Akte findet sich die Information, dass die Gesamtgruppierung um die Familien dieser beiden Angeklagten herum organisiert sei.

867 Im Polizeijargon wird auch von ‚Bunkerfahrzeugen' gesprochen.

868 Für die Funktion als Fluchtfahrzeug war es für die Täter von entscheidender Bedeutung, dass es sich um ein hochmotorisiertes Fahrzeug handelt. Mehrfache Verwendung erfuhr etwa ein Audi RS 5 mit über 400 PS. Wer die betreffenden Diebstahlstaten begangen hat, konnte nicht aufgeklärt werden.

869 Hintergrund dürfte wohl die Erwägung sein, dass Frauen, die im öffentlichen Raum an einer bestimmten Stelle verweilen, weniger Argwohn auf sich ziehen, als dass bei Männern (möglicherweise) der Fall wäre. In einem getrennten Verfahren wurde gegen C und D ermittelt. Die Abtrennung dieser Verfahren beruhte vermutlich darauf, dass sich die Beiträge von C und D in der Ausspähung der Bankfilialen erschöpfte und eine darüberhinausgehende Mitwirkung nicht anzunehmen war.

Bei der Tatausführung selbst wirkten jeweils zwei Personen mit.[870] Die sechs Taten, die Gegenstand der Anklage waren, wurden alle während der Nachtzeit durchgeführt. Zwecks Verschleierung ihrer Identität trugen die Täter schwarze Regenmäntel und Sturmhauben. Während einer der Täter die Sprengung des Geldautomaten vornahm, war der andere darauf bedacht, einer Entdeckung der Tat durch Dritte vorzubeugen, um gegebenenfalls die Flucht veranlassen zu können. Für die Tatausführung setzten sich die Täter jeweils ein Zeitlimit von drei Minuten, innerhalb dessen die Bankfiliale (mit oder ohne Beute) verlassen werden musste. Erfolgreich waren die Angeklagten in zwei der sechs Fälle. In den übrigen Fällen ist es den Tätern nicht gelungen, die Geldautomaten aufzusprengen.[871] Während der Ausführung der letzten Tat erfolgte der Zugriff durch Ermittlungsbeamte, die aufgrund von Observations- und Abhörmaßnahmen über die Planung der Tat in Kenntnis gewesen waren.

Bei der rechtlichen Würdigung wirkte sich der Umstand aus, dass die Identität der unmittelbar an den Taten beteiligten Personen nur in den letzten beiden Fällen ermittelt werden konnte. Nur hinsichtlich dieser Beteiligten nahm das Gericht versuchten schweren Bandendiebstahl in Mittäterschaft an.[872] Bei den übrigen Taten wurde dagegen für alle Beteiligten nur Beihilfe angenommen, da jeweils nur Mitwirkungshandlungen nachgewiesen werden konnten, die – wie etwa die Anmietung der Rückzugswohnung und der Bunkerfahrzeuge – ausschließlich im Vorbereitungsstadium erfolgten und insoweit keine Tatherrschaft hätten begründen können.

---

870 Als ungewöhnlich wurde es von Seiten der Ermittlungsbeamten angesehen, dass mit E und H zwei Gruppenmitglieder an der unmittelbaren Auswirkung mitwirkten, die (mit Blick auf ihre familiären Verbindungen) in der Gruppenhierarchie vermutlich keine niedrige Stellung hatten, sondern vielmehr als „Schlüsselfiguren" angesehen wurden.

871 Insofern machte sich bemerkbar, dass die Banken auf die Gefährdungslage offenbar durch Aufrüstung der Geldautomaten bereits reagiert hatten.

872 In Tateinheit mit Sachbeschädigung und Herbeiführung einer Sprengstoffexplosion.

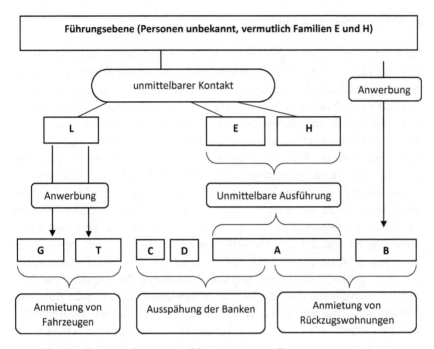

Schaubild 3: Täterstruktur im Geldautomaten-Fall

2. Warenschmuggel

Ein klassisches Betätigungsfeld der organisierten Kriminalität ist auch der Warenschmuggel, also der Handel mit Waren unter Umgehung der Steuerschuld. Dies betrifft insbesondere die Ein- bzw. Ausfuhr, aber auch die Produktion entsprechender Gegenstände. Ausweislich des OK-Lagebilds von 2021 haben entsprechende Taten zwar nur eine eher mäßige Relevanz.[873] Zu bedenken ist jedoch, dass der wirtschaftliche Schaden, der aus diesen Delikten erwächst, außerordentlich hoch sein kann.[874]

---

873 So betrafen nur 5,2 Prozent der OK-Verfahren „Steuer- und Zolldelikte", Bundeslagebild OK 2021, S. 6.

874 Im ersten der im Folgenden darzustellenden Verfahren ging es um einen hinterzogenen Betrag von etwa 7 Mio. Euro. Im zweiten Verfahren ging es um einen Betrag von etwa 16 Mio. Euro, wobei in diesem Verfahren der Steuerschaden dem polnischen Staat – als Produktionsland – entstanden ist.

a) Wasserpfeifentabak-Fall

Die G-AG war eine Logistikfirma in Hamburg, deren Geschäftsführer der Angeklagte M war (siehe Schaubild 4). Das Unternehmen geriet 2014 in eine wirtschaftliche Schieflage, was insbesondere damit zu tun hatte, dass aus dem Verwahrlager der G-AG vier Tonnen Wasserpfeifentabak im Wert von mehreren hunderttausend Euro gestohlen worden waren und die G-AG nicht in der Lage war, die (für den Tabak) bereits festgesetzten Einfuhrabgaben in Höhe von 100.000 Euro zu bezahlen; eine Diebstahlsversicherung hatte M nicht abgeschlossen. Um höhere Einnahmen zu generieren, fasste M den Entschluss, in der Folgezeit erhebliche Mengen Wasserpfeifentabak an einen Abnehmer im EU-Gebiet zu verkaufen,[875] ohne die dabei anfallenden Einfuhrsteuern zu entrichten. Die Vorgehensweise bei den insgesamt 25 Taten war stets dieselbe. Insgesamt bezog die G-AG 25 Lieferungen Wasserpfeifentabak aus den USA und den VAE.[876] Gegenüber dem Zoll gaben M und seine engsten Mitarbeiter, die Angeklagten D, T und B,[877] jeweils an, dass die Waren an ein Unternehmen nach Russland geliefert würden – also keine Einfuhr in das EU-Zollgebiet stattfinde. Bei dem russischen Unternehmen handelte es sich indes um eine Scheinfirma. Das Unternehmen hat es zwar einmal gegeben, allerdings war es bereits seit mehreren Jahren insolvent.[878] Tatsächlich wurde der Tabak an einen Abnehmer innerhalb des EU-Gebiets geliefert. Der Transport erfolgte stets mithilfe von Kleinbussen, die den Tabak im Lager der G-AG abholten.[879] Insgesamt wurde durch die Taten ein Betrag von ca. 4 Mio. Euro an Steuern hinterzogen.

---

875   Die Identität des Abnehmers konnte bis zum Abschluss des Verfahrens nicht festgestellt werden.

876   Alle 25 Taten konnten mithilfe verdeckter Observationen nachgewiesen werden. Bemerkenswert ist, dass die Ermittler – trotz Kenntnis und ausreichender Nachweise – mehr als ein halbes Jahr warteten (und die Observationen fortsetzten), ehe sie den Zugriff durchführten.

877   D war die „rechte Hand" des M, T der Lagermeister und B die Sekretärin des M. Ob weitere der insgesamt etwa 60 Beschäftigten von den illegalen Einfuhren wussten, konnte nicht nachgewiesen werden – auch wenn es Anzeichen dafür gab.

878   Einzelheiten zur Kooperation zwischen der G-AG und der russischen Scheinfirma, etwa zum Zustandekommen der Beziehung, konnten nicht ermittelt werden. Nicht unerheblich erscheint in diesem Zusammenhang, dass die Angeklagten, wie auch die allermeisten der in der G-AG beschäftigten Personen aus Staaten der ehemaligen Sowjetunion stammten.

879   Erstaunlich ist, dass trotz getätigter Observationsmaßnahmen nicht ermittelt werden konnte, wer Adressat (bzw. Abnehmer) der Lieferungen war.

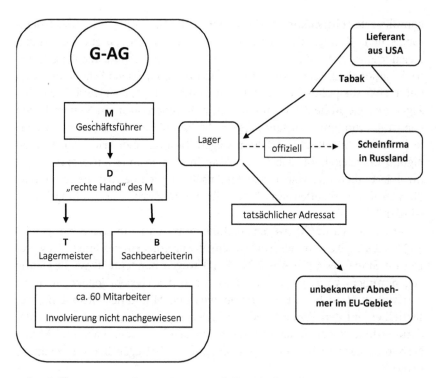

Schaubild 4: Täterstruktur im Wasserpfeifentabak-Fall

Das Gericht verurteilte die Angeklagten wegen gewerbs- und bandenmäßigen Schmuggels gemäß § 373 AO. Alle (vier) Angeklagten wurden als Mittäter angesehen. Hinsichtlich der Sachbearbeiterin B stellte das Gericht jedoch klar, dass „ihre Tatbeiträge (...) im untersten Bereich eines täterschaftlichen Handelns" einzuordnen seien. Bei den übrigen Angeklagten bereitete die Annahme der Mittäterschaft hingegen keine größeren Probleme, insbesondere, weil sie – im Unterschied zu B – für ihre Mitwirkung zusätzlich (und in hohem Umfang) entlohnt wurden.

b) Zigarettenmaschinen-Fall

Angeklagt war in diesem Verfahren nur eine Person, nämlich M. Dieser betrieb ein kleineres Unternehmen zum Im- und Export alter Zigarettenproduktionsmaschinen. Diese bezog er aus fernen Ländern, etwa aus Indonesien oder der Dominikanischen Republik, und verkaufte sie – über ein kompliziertes Firmenkonstrukt – weiter nach Osteuropa. Einige der (osteuropäischen) Kunden des M verwendeten die Maschinen zur Herstellung illegaler Zigaretten, das heißt sie kamen der Steuerschuld nicht nach, die nach nationalem Recht bei der Produktion anfällt (siehe Schaubild 5). So stellte etwa die polnische Firma L, ein Kunde von M, nachweislich 65 Mio. Zigaretten illegal her,[880] wodurch dem polnischen Staat ein Steuerschaden von ca. 16 Mio. Euro entstand. Gegen die Beschäftigten der Firma L wurde in Polen ein Ermittlungsverfahren wegen Bildung einer kriminellen Vereinigung eingeleitet. M selbst war zwar in den Produktionsprozess nicht involviert, allerdings war ihm allem Anschein nach bewusst gewesen, dass die von ihm verkauften Maschinen für diesen Zweck Verwendung finden würden.[881]

Verurteilt wurde M wegen Beihilfe zur Steuerhinterziehung gemäß §§ 370 AO, 27 StGB. In der Anklageschrift war noch ein besonders schwerer Fall im Sinne des § 370 Abs. 3 Nr. 5 AO wegen bandenmäßiger Begehung angenommen worden. Diesen Vorwurf sah das Gericht jedoch nicht als bestätigt an, da sich die Kooperation zwischen M und der Firma L im Wesentlichen auf den Verkauf und die Lieferung der Maschinen beschränkt, darüber hinaus jedoch keine Zusammenarbeit bestanden habe und M insbesondere auch nicht an den wirtschaftlichen Erträgen der L partizipiert habe.[882]

---

880 Ins Blickfeld der deutschen Ermittler geriet auch die Geschäftsbeziehung des M zur slowakischen Firma K, allerdings wurde ein Rechtshilfegesuch der deutschen Ermittler von den slowakischen Behörden mit Verweis auf „laufende Ermittlungen" abgelehnt, weshalb sich die Ermittlungen auf die Geschäftsbeziehungen des M zur polnischen Firma (L) fokussierten.

881 Zwar leugnete M in seiner Vernehmung, über entsprechende Kenntnisse verfügt zu haben. Aus Telefonmitschnitten ergab sich jedoch, dass er von der Flucht eines osteuropäischen Zigarettenproduzenten wusste, gegen den wegen des Verdachts illegaler Zigarettenproduktion ermittelt wurde. Daraus (sowie aus weiteren Umständen) schlossen die Ermittler im hiesigen Verfahren, dass M über Vorkommnisse und Akteure dieser (relativ kleinen) Branche gut informiert gewesen sei und mithin auch Kenntnis von den Machenschaften der L haben musste.

882 Letztlich erscheint in diesem Fall die Annahme einer bandenmäßigen Begehung bzw. die Bandenmitgliedschaft des M eher fernliegend. Dass die Staatsanwaltschaft dennoch einen entsprechenden Verdacht angenommen hat, könnte möglicherweise auch auf ermittlungstaktischen Erwägungen beruht haben (Stichwort: Türöffnerfunktion). Denn der Verdacht einer (nicht bandenmäßig begangenen) Steuerhinterziehung reicht für die Anordnung von Maßnahmen zur Überwachung der Telekommunikation nicht aus, vgl. § 100a Abs. 2 Nr. 2a StPO. Gerade diese Maßnahmen erschienen jedoch – was sich auch im Nachhinein bestätigte – zur Überführung des M besonders aussichtsreich.

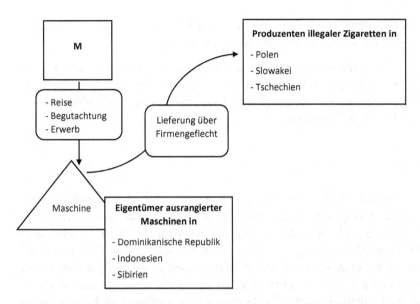

Schaubild 5: Täterstruktur im Zigarettenmaschinen-Fall

Problematisiert wurde im Urteil die Frage, ob die Handlungen des M überhaupt als Beihilfe anzusehen seien. Bei dem Verkauf von (gebrauchten) Zigarettenproduktionsmaschinen handelt es sich nämlich an sich um eine legale Handlung. Strafrechtlich relevant wird der Verkauf erst dadurch, dass die Maschinen im späteren Verlauf durch die Abnehmer für einen rechts-widrigen Zweck verwendet worden sind. Es geht also um das Problem der Beihilfe durch neutrale bzw. berufsbedingte Handlungen.[883] In diesem Fall sah das Gericht die Grenze zu strafbarem Verhalten überschritten:

> „Soweit dem Angeklagten seine Kunden nicht ausdrücklich mitteilten, dass sie die von diesem gelieferten Maschinen zur illegalen Zigaretten-produktion verwenden werden, rechnete der in dieser Branche kundige Angeklagte jedenfalls damit, dass dies die Absicht seiner Kunden war und er ihnen deshalb nicht lauffähige gebrauchte Maschinen zur Tabak-produktion liefern sollte. Das von dem Angeklagten erkannte Risiko strafbaren Verhaltens des (...) war derart hoch, dass er sich mit seiner Hilfeleistung die Förderung eines erkennbar tatgeneigten Täters, der zwingend auf die Lieferungen der Maschinen und Ersatzteile für seine Tathandlung angewiesen war, angelegen sein ließ und zudem durch

---

883 Vgl. dazu auch die Ausführungen unter E.I.5.b)bb).

den Verkauf der Maschinen und die erhaltenen Schwarzgeldzahlungen persönliche Vorteile aus der Hilfeleistung zog."

Bestätigt wurde diese rechtliche Würdigung in der Revisionsinstanz durch den BGH, der zudem klarstellte, dass – angesichts der zeitlich unbegrenzten Überlassung – auch die Höhe des Steuerschadens vom (Gehilfen-)Vorsatz des M umfasst gewesen sei.[884]

3. Drogenhandel

Der Handel mit Betäubungsmitteln kann sicherlich als das praktisch relevanteste Betätigungsfeld der organisierten Kriminalität angesehen werden. So stellt Betäubungsmittelkriminalität in jedem der bisher erschienenen OK-Lagebilder denjenigen Deliktsbereich mit den meisten Verfahren dar.[885] Der (naheliegende) Grund für diese hervorgehobene Stellung dürfte darin liegen, dass in keinem anderen Kriminalitätsfeld ein auch nur annähernd so großer illegaler Markt,[886] mit entsprechend großem Angebot und ebenso großer Nachfrage, existiert.[887] Im Folgenden werden zwei Fälle vorgestellt, die für dieses Deliktsfeld durchaus als repräsentativ angesehen werden können. Im ersten Fall geht es um internationalen Drogenschmuggel, im zweiten Fall um den Betrieb eines Online-Marktplatzes im sog. Darknet.

a) Drogenkoffer-Fall

Die (beiden) Angeklagten in diesem Verfahren, D und G, waren Teil einer international agierenden Gruppierung, die ein weltweites Netzwerk zum Vertrieb von Betäubungsmitteln unterhielt. Die einzelnen Taten liefen grundsätzlich nach demselben Schema ab, im Laufe der Zeit kam es jedoch

---

884 BGH NStZ 2018, 328 (329). Aufgehoben wurde das Urteil lediglich hinsichtlich des Strafausspruchs, da das Gericht der ersten Instanz die Berechnung des Steuerschadens nicht entsprechend den Vorgaben des BGH dargestellt hat.

885 Am höchsten war der Anteil an der Gesamtzahl der Verfahren im Jahr 2009 mit 40,9 Prozent (niedrigster Wert: 2003 mit 33,2 Prozent).

886 Mit Blick auf den Koalitionsvertrag der Bundesregierung von 2021, S. 87, dürfte jedoch damit zu rechnen sein, dass noch in dieser Legislaturperiode Möglichkeiten geschaffen werden, Cannabis als Genussmittel auf legalem Wege erwerben zu können.

887 So liegt etwa laut des Europäischen Drogenberichts 2021, S. 13, die Jahresprävalenz von Cannabiskonsum bei den 15- bis 34-jährigen EU-weit bei 7,7 Prozent (Kokain: 1,2 Prozent; Ecstasy: 1,9 Prozent).

mitunter zu kleineren Änderungen, die insbesondere den Zielort der geschmuggelten Drogen betrafen.

Zunächst konzentrierte sich das Vorgehen auf Kokainlieferungen nach Australien.[888] Dafür wurde dem Angeklagten G von den Hintermännern W und B[889] eine größere Menge Kokain (im einstelligen Kilogrammbereich) geliefert, welche G sodann in seiner Wohnung in Düsseldorf lagerte. Die Aufgabe des G bestand darin, Reisekoffer für den späteren Flugtransport zu präparieren, indem er jeweils ca. 2 kg Kokain im Gestänge der Koffer verbaute.[890] Der anderweitig verfolgte K war damit befasst, Kuriere anzuwerben, die mit den präparierten Koffern nach Australien reisen sollten, um sie dort einer Kontaktperson zu übergeben (siehe Schaubild 6). Für jeden Kurierflug wurden vorzugsweise ein Mann und eine Frau eingesetzt, die als Paar auftreten sollten. Dadurch sollte bei der Einreise im Zielland die Behauptung eines Kurztrips plausibler dargelegt werden können. Der Sohn des G, der Angeklagte D, kümmerte sich unterdessen um die Buchung der Flüge. Dabei nahm er stets die Dienste der Reisebürokauffrau J in Anspruch.[891] Ob J über den Zweck der Flugbuchungen im Bilde war, konnte

---

888 Die Wahl fiel deshalb auf Australien, da dort – angesichts einer sehr restriktiven Drogenpolitik – die Verkaufspreise vergleichsweise hoch sind. Nach Angaben der Ermittler kostete ein Kilogramm Kokain in Deutschland im Großhandel ca. 40.000 Euro. In Australien sei dagegen ein mehr als dreimal so hoher Preis zu veranschlagen gewesen.

889 In welchem Verhältnis W und B zueinanderstehen, konnte nicht geklärt werden. Jedenfalls belieferten beide den Angeklagten G mit Drogen zum Zwecke ihrer Verbauung in Reisekoffern. B hatte bereits früher schon mit G zusammengearbeitet, bis G bei einer Lieferung in die Türkei festgenommen und zu einer mehrjährigen Freiheitsstrafe verurteilt wurde. Der finanzielle Schaden des B, der mit der Sicherstellung der Drogen durch die türkischen Behörden einherging, war offenbar auch der Grund, warum sich G im hiesigen Verfahren zur (erneuten) Kooperation mit B veranlasst bzw. genötigt sah.

890 Laut Urteilsfeststellungen nahm die Präparierung von zwei Koffern fünf bis sechs Arbeitstage in Anspruch.

891 Der Weg über ein Reisebüro war insofern notwendig, als bei jeder Reise von vornherein feststand, dass zu einem späteren Zeitpunkt Umbuchungen vorzunehmen sein würden. Zunächst wurden die Flüge so gebucht, dass zwischen Hin- und Rückflug mindestens zwei Wochen lagen – wodurch die Behauptung eines touristischen Aufenthalts bei der Einreisekontrolle am Flughafen glaubhaft erscheinen sollte. Nach erfolgter Einreise wurde der Rückflug sodann auf ein früheres Datum umgebucht. Dass diese Vorgehensweise auch mit Risiken verbunden war, wird daran deutlich, dass einer der Kuriere bei der Ausreise insbesondere deshalb festgenommen wurde, weil er den vorgeschobenen Grund für die Umbuchung (Unglücksfall in der Familie) nicht hinreichend glaubhaft darlegen konnte.

nicht ermittelt werden. Abgeliefert wurden die Drogen nach Ankunft in Aus-tralien an A, der Teil des Netzwerks war und im Wesentlichen die Geschäfte der Gruppierung in Australien und Japan leitete. Die Übergabe der Koffer fand für gewöhnlich in einem Hotelzimmer statt. Nachdem die Kuriere dort mit neuen, „sauberen" Koffern ausgestattet wurden, traten sie alsbald den Rückflug an.[892] Insgesamt konnten neun Kurierflüge nach Australien festgestellt werden.

Nachdem fünf Kuriere in Australien am Flughafen festgenommen worden waren, entschied sich die Gruppierung für einen Strategiewechsel und konzentrierte sich auf Methamphetamin-Lieferungen nach Japan. Da deutsche Ermittler aufgrund von Telekommunikationsüberwachungsmaßnahmen über die geplanten Lieferungen nach Japan im Bilde waren, konnten die Kuriere bei der Einreise auf frischer Tat durch die japanische Polizei festgenommen werden – was die Gruppierung zu einem erneuten Strategiewechsel veranlasste. Fortan wurde Opium per Paketpost nach Kanada versandt, wobei der Angeklagte G die Präparierung der Pakete vornahm.[893] Die Aufgabe zur Post erfolgte durch die Freundin des Angeklagten D, M. In Kanada war für den weiteren Absatz der Drogen das Gruppierungsmitglied C zuständig. Dessen Beteiligung ging dabei über die Rolle eines bloßen Abnehmers hinaus, da er jeweils auch in die Vorbereitung der Lieferungen involviert war.

Insgesamt bezogen sich die getätigten Transporte auf „mehr als 65 kg Kokain, 30 kg Methamphetamin und mindestens 14 kg Rohopium."

---

892 Gerade die Ausstattung mit (nagel-)neuen Koffern ließ die Sicherheitsbeamten in mehreren Fällen misstrauisch werden – was letztlich zur Festnahme einiger Kuriere führte. Insgesamt scheint die Vorgehensweise hinsichtlich der Rückreise der Kuriere sehr nachlässig und wenig durchdacht gewesen zu sein. Vermutlich entsprach dies jedoch dem Kalkül der Hintermänner, deren Hauptaugenmerk auf dem Hinflug bzw. dem erfolgreichen Transport der Drogen gelegen haben dürfte.

893 Auch in diesem Zusammenhang ging der Angeklagte sehr minutiös vor. So verpackte er das Opium etwa in „Lindor-Kugeln", aus denen er zuvor die Schokolade entfernt hatte.

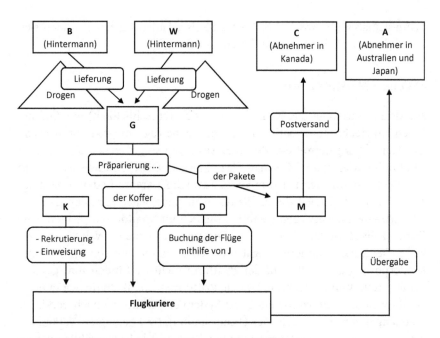

Schaubild 6: Täterstruktur im Drogenkoffer-Fall

Die Angeklagten wurden wegen unerlaubten bandenmäßigen Handeltreibens mit Betäubungsmitteln in nicht geringer Menge[894] gemäß § 30a Abs. 1 BtMG zu einer Freiheitsstrafe von acht Jahren (D) bzw. zehn Jahren und sechs Monaten (G) verurteilt. Das Gericht nahm hinsichtlich beider Angeklagter Mittäterschaft an und stellte dabei auf die vergleichsweise hohe Partizipation der Angeklagten am Tatertrag[895] sowie auf die Wesentlichkeit ihrer Tatbeiträge für das Gesamtgeschehen ab. Die Bandenmäßigkeit sah das Gericht mit Blick auf die Zusammenarbeit der Angeklagten mit W (bzw. später mit K) als gegeben an. Die Anklage (gegen G) hatte darüber hinaus noch auf Beteiligung an einer kriminellen Vereinigung als Hinter-

---

894 In einem der Fälle wurde die Schwelle zur nicht geringen Menge um das 7500-fache überschritten.

895 Für jeden erfolgreich durchgeführten Kurierflug erhielten sie einen Lohn in Höhe von 50.000 Euro. Im Gegensatz dazu erscheint der Lohn für die Kuriere von jeweils 5.000 Euro doch eher gering, vor allem mit Blick auf das ungleich höhere Entdeckungsrisiko.

mann gemäß § 129 Abs. 1, 5 S. 2 Alt. 2 StGB gelautet. Im Urteil finden sich jedoch keine Ausführungen zu diesem Vorwurf.[896]

b) Online-Marktplatz-Fall

Die drei Angeklagten (F, K, L) kannten sich (ausschließlich) aus Online-Foren, in denen Informationen zu Internetbetrug ausgetauscht wurden. Der Kontakt wurde mit der Zeit intensiver und so gründeten sie zunächst den Online-Marktplatz „German Plaza Market". Dabei handelte es sich um eine Plattform im Clearnet zum Verkauf von Softwareprodukten. Allerdings erwies sich der Betrieb dieser Plattform in finanzieller Hinsicht als nicht sehr ertragreich, weswegen sie ihn einstellten und stattdessen planten, eine Darknet-Plattform zum Verkauf von Drogen zu errichten („Wall Street Market"). Der Verkauf anderer illegaler Waren, insbesondere von Waffen oder Kinderpornografie, sollte auf der Plattform nicht stattfinden und gegebenenfalls unterbunden werden. Um die Plattform – vor allem für Verkäufer – attraktiv zu machen, wurde ein Level-System eingeführt, wonach Verkäufer – abhängig von der Anzahl der (beanstandungsfrei) getätigten Verkäufe – besondere Privilegien erlangen konnten. Zu den Privilegien zählten vor allem geringere Provisionszahlungen an die Plattformbetreiber[897] und direkte Überweisungen des Kaufpreises auf das Verkäuferkonto (ohne den Umweg über ein Treuhandkonto). Verkäufer, die bereits auf anderen Plattformen besonders umsatzstark mit Drogen handelten, wurden auch gezielt angeschrieben, um sie zu einem Wechsel hin zur Plattform der Angeklagten zu bewegen.

Die Angeklagten betrieben die Plattform weitestgehend ohne fremde Hilfe. Jeder von ihnen hatte seinen eigenen Zuständigkeitsbereich. L kümmerte sich um die Programmierung der Plattform. Er nahm auch die Auszahlungen der Provisionsanteile an die anderen Angeklagten vor. K übernahm – mit Blick auf seine Linux-Kenntnisse – die Verwaltung der Serverstruktur. F war für die Außenwirkung, insbesondere für die Anwerbung neuer Verkäufer zuständig. In seinen Verantwortlichkeitsbereich fiel auch

---

896 Dass der Verdacht nach § 129 StGB als eine Art „Türöffner" zur Legitimierung von Ermittlungsmaßnahmen fungierte, darf bezweifelt werden, denn in der Regel reicht für entsprechende Maßnahmen der Verdacht bandenmäßigen Handeltreibens mit Betäubungsmitteln aus.

897 Auf dem niedrigsten Level (1) fielen Provisionszahlungen in Höhe von 5,5 Prozent des Verkaufspreises an, auf dem höchsten Level (15) waren es dagegen nur 2 Prozent.

die Auswahl der sog. Trusted Vendors, also solcher Verkäufer, die einen Vertrauensvorschuss genossen und unmittelbar Zahlungen von den Käufern entgegennehmen konnten. Die Klärung von Streitfällen zwischen Käufern und Verkäufern oblag allen drei Angeklagten in wechselndem Rhythmus. Nach eigenem Bekunden sahen sich die Angeklagten insgesamt als gleichberechtigt an (siehe Schaubild 7). So seien alle wesentlichen Entscheidungen stets gemeinsam getroffen worden. Persönlich kennengelernt haben sich die Angeklagten im Übrigen zu keinem Zeitpunkt – bzw. zum ersten Mal anlässlich der Hauptverhandlung vor Gericht. Selbst die bürgerlichen Namen hatten sie nicht ausgetauscht, kannten einander also ausschließlich unter den Pseudonymen, mit denen sie im Internet auftraten.

Die Angeklagten beendeten die Plattform im Wege eines sog. Exit-Scams. Das heißt, sie nahmen die Plattform (nach Erreichen einer gewissen Größe) vom Netz und strichen die (zu diesem Zeitpunkt) treuhänderisch verwahrten Gelder ein.[898]

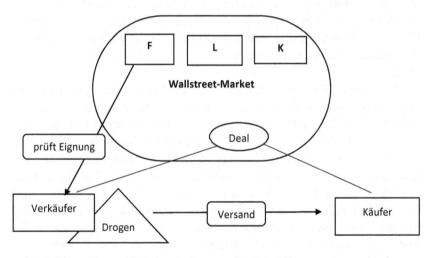

Schaubild 7: Täterstruktur im Online-Marktplatzfall

898　Die Einnahmen der Angeklagten durch den Exit-Scam beliefen sich auf 8,5 Mio. Euro. Aus Interviews mit Ermittlungsbeamten aus dem Bereich der Cyber-Kriminalität ließ sich in Erfahrung bringen, dass der Exit-Scam nicht nur als eine zusätzliche Einnahmequelle neben dem Betrieb der Plattform anzusehen ist – vielmehr handelt es sich um den eigentlichen Zweck der Plattform, auf den die Betreiber von Anfang an ihr Handeln ausrichten. Dies sei im Übrigen auch den Nutzern, insbesondere den Verkäufern, bekannt, werde jedoch als eingepreistes Risiko in Kauf genommen.

Zu Beginn des Ermittlungsverfahrens gingen die Ermittler noch von einem Verdacht nach § 29 Abs. 1 Nr. 10 BtMG aus, der die Verschaffung der Gelegenheit eines Verkaufs unter Strafe stellt. Im Zeitpunkt der Anklage hatte sich jedoch die Ansicht durchgesetzt, dass die Angeklagten nicht nur fremdes Handeltreiben ermöglicht hätten, sondern vielmehr selbst als Handeltreibende anzusehen seien. Dem lag die Erwägung zugrunde, dass die Angeklagten – mit Ausnahme der physischen Verschaffung der Drogen – sämtliche Prozesse des Verkaufsgeschäfts kontrollierten und mithin Tatherrschaft hatten. Die Anklage lautete dementsprechend auf § 29 Abs. 1 Nr. 1 BtMG (und nicht auf § 29 Abs. 1 Nr. 10 BtMG). Zudem wurde auch angenommen, dass die Angeklagten bandenmäßig im Sinne des § 30 Abs. 1 BtMG handelten. Dass die Angeklagten sich gegenseitig nicht persönlich gekannt haben, sei in diesem Zusammenhang unerheblich.

Anzumerken ist, dass das Urteil nicht im Aktenmaterial enthalten ist, da es zum Zeitpunkt der Stellung des Antrags auf Akteneinsicht noch nicht rechtskräftig war. Wie der Medienberichterstattung zu entnehmen ist, entschied das Gericht der ersten Instanz jedoch (offenbar) weitgehend in Übereinstimmung mit dem Inhalt der Anklage.[899] Es bleibt abzuwarten, ob die Entscheidung auch durch den BGH in der Revisionsinstanz bestätigt wird.

Für künftige Fälle dieser Art könnten sich hinsichtlich der rechtlichen Einordnung insofern Änderungen ergeben, als der zwischenzeitlich eingeführte § 127 StGB (Betreiben krimineller Handelsplattformen im Internet)[900] die Strafbarkeit explizit an das Betreiben einer Internet-Handelsplattform zur Ermöglichung fremder Taten knüpft. Das Handeln der Angeklagten im vorliegenden Fall könnte prima facie ohne Probleme unter § 127 StGB subsumiert werden. Zu bedenken ist jedoch, dass Anklage und Gericht die Strafbarkeit der Angeklagten gerade nicht in der Ermöglichung *fremder* Taten erschöpft sahen, sondern von *eigenem* Handeltreiben der Angeklagten ausgegangen sind. Welche Funktion der Spezialvorschrift des § 127 StGB künftig im Normengefüge zukommen wird, bleibt mithin abzuwarten.

---

899 https://rp-online.de/nrw/staedte/kleve/wallstreet-market-fall-von-internet-bande-geht-vor-den-bundesgerichtshof_aid-64339283 (letztes Abrufdatum: 4.3.2023).

900 Gesetz zur Änderung des Strafgesetzbuches – Strafbarkeit des Betreibens krimineller Handelsplattformen im Internet (BGBl. 2021 I, S. 3544).

4. Betrug

Betrugsdelikte spielen im Zusammenhang mit organisierter Kriminalität ebenfalls eine bedeutende Rolle.[901] Mit Blick auf die Täter-Opfer-Beziehung nehmen Betrugsdelikte jedoch in gewisser Weise eine Sonderstellung ein. So wird es häufig als typisches Merkmal für Delikte organisierter Kriminalität angesehen, dass es sich um sog. opferlose Delikte handelt.[902] Gemeint ist mit diesem Begriff, dass es in den entsprechenden Fallkonstellationen keine Täter-Opfer-Konstellationen im herkömmlichen Sinne gibt. Sämtliche der unmittelbar Beteiligten agieren vielmehr als Teilnehmer eines illegalen Marktes. Besonders deutlich wird die Opferlosigkeit am Beispiel von Rauschgift- oder auch Schleusungsdelikten. Bei dieser Art von Delikten ist grundsätzlich davon auszugehen, dass keiner der Beteiligten – weder Käufer noch Verkäufer – eine Anzeige bei der Polizei erstatten wird. Zur Kenntnis der Polizei gelangen entsprechende Taten nur, wenn die Polizei auf eigene Initiative aktiv wird (deswegen auch „Holkriminalität" oder „Kontrollkriminalität").[903] Betrugsdelikte sind dagegen keine opferlosen Delikte. Die getäuschte und finanziell geschädigte Person ist unschwer als Opfer zu erkennen und als solches auch geneigt, die Taten bei der Polizei anzuzeigen.[904]

Am Beispiel von Betrugstaten wird im Übrigen die Innovationsfähigkeit von Gruppierungen organisierter Kriminalität gut sichtbar. Dies betrifft insbesondere die sog. Callcenter-Fälle, bei denen die Betrüger das Vertrau-

---

901 In den Bundeslagebildern fallen Betrugsdelikte unter die Kategorie „Kriminalität im Zusammenhang mit dem Wirtschaftsleben". An der Gesamtzahl der OK-Verfahren im Jahr 2021 hatten Verfahren dieser Kategorie einen Anteil von 16,2 Prozent, Bundeslagebild OK 2021, S. 6. Soweit die Betrugstaten unter Einsatz von Computersoftware erfolgen, fallen die Taten unter die Kategorie „Cybercrime". Verfahren dieser Kategorie hatten einen Anteil an der Gesamtzahl der OK-Verfahren von 2,2 Prozent.

902 *Albrecht*, Organisierte Kriminalität, S. 16; *Oswald*, Geldwäsche als tauglicher Ansatzpunkt zur Bekämpfung organisierter Kriminalität, S. 55, spricht davon, dass es bei entsprechenden Delikten „keine Opfer im klassischen Sinne" gebe.

903 Nach *Luczak*, Organisierte Kriminalität im internationalen Kontext, S. 238, seien die meisten Kriminalitätsfelder der organisierten Kriminalität diesem Bereich zuzuordnen. *Soiné*, ZRP 2008, 108 (109), spricht in diesem Zusammenhang auch von einer „proaktiven Generierung von Ermittlungsverfahren". Statistisch zeichne sich Hol- bzw. Kontrollkriminalität im Übrigen dadurch aus, dass die Anzahl der aufgeklärten und bekanntgewordenen Straftaten jeweils nahezu übereinstimmen, *Kinzig*, Organisierte Kriminalität, S. 268.

904 Bisweilen kommt es jedoch auch vor, dass Betrugsopfer – insbesondere aus einem Gefühl der Scham – von einer Anzeige absehen.

en der angerufenen Opfer in ihre nächsten Angehörigen oder in staatliche Institutionen ausnutzen, um sie zu einer Geldzahlung (in beträchtlicher Höhe) zu veranlassen. Der erste der drei im Folgenden darzustellenden Fälle betrifft eine solche Sachlage. Als zweites geht es um einen Fall, in dem nicht die Vertrauensseligkeit der Opfer ausgenutzt wurde, sondern vielmehr deren Hoffnung auf „schnelles Geld". Der dritte Fall ist im Bereich der Cyberkriminalität angesiedelt.

a) Falsche-Polizisten-Fall

Gegenstand dieses Verfahrens sind Betrugstaten nach dem Schema „Falsche Polizeibeamte". Der Tatablauf war stets derselbe: Ein Gruppenmitglied rief das (potenzielle) Opfer an und gab vor, Polizeibeamter zu sein. Dabei verwendete es eine „gespoofte" Nummer, das heißt im Display des Angerufenen erschien nicht die tatsächliche Nummer des Anrufers, sondern eine andere – in den vorliegenden Fällen die ‚110'.[905] Angerufen wurden in der Regel ältere Personen, da die Täter bei diesen (offenbar) eine gewisse Leichtgläubigkeit oder auch ein größeres Vertrauen in staatliche Institutionen – wie etwa die Polizei – vermuteten. Der vorgebliche Grund für den Anruf bestand darin, dass die Adresse des Opfers auf der Liste einer professionellen Räuberbande stehe – und dementsprechend in Kürze mit einem Einbruch zu rechnen sei. Um die Wertgegenstände des Angerufenen zu schützen, bot der Anrufer an, einen Kollegen (in Zivil) vorbeizuschicken, der die Wertgegenstände sicherstellen und anschließend in der Polizeidienststelle verwahren könne. Soweit der Angerufene zu erkennen gab, dass sich an seiner Adresse keine nennenswerten Vermögensgegenstände befänden, er stattdessen jedoch über ein relativ hohes Guthaben auf seinem Bankkonto verfügte, wurde von Seiten des Anrufers behauptet, ein Mitarbeiter dieser Bank stehe im Verdacht, mit der Räuberbande zu kooperieren und von den Konten der Bankkunden illegal Geld abzuheben. Um das Geld vor dem Zugriff der Räuberbande zu sichern, wurde angeboten (bzw. empfohlen), dass ein Kollege in Zivil vorbeikomme, in dessen Begleitung sich der Angerufene zur nächsten Bankfiliale begeben könne. Während des gesamten Vorgangs blieb der telefonische Kontakt – in beiden Varianten

---

905 Bereits anhand dieses Umstands lässt sich erkennen, dass die Täter es auf Opfer abgesehen hatten, die keine besondere Erfahrung im Umgang mit technischen Dingen haben – grundsätzlich dürfte nämlich bekannt sein, dass Anrufe von Seiten der Polizei nicht mit ‚110' im Display angezeigt werden.

– ohne Unterbrechung aufrechterhalten. Dadurch sollte das Opfer davon abgehalten werden, sich an Dritte (und insbesondere die Polizei) zu wenden, die es auf die betrügerischen Absichten des Anrufers aufmerksam machen könnten. Einige der (potenziellen) Opfer wurden misstrauisch, sobald sie dem Abholer, also dem angeblichen Polizeibeamten in Zivil gegenüberstehen. Manchen der Abholer gelang es nämlich nicht, glaubhaft zu vermitteln, sie seien Polizeibeamte. Soweit der Abholer jedoch Erfolg hatte und die Wertgegenstände bzw. das Geld der Opfer entgegengenommen hatte, begab er sich zum Fluchtauto, in welchem der Fahrer bereits auf ihn gewartet hatte. Sodann fuhren beide gemeinsam in eine entfernt liegende Großstadt, um einem Kurier die Tatbeute zu übergeben. Dieser wiederum brachte die Beute auf dem Flugweg in die Türkei zu den Hintermännern in Izmir.[906]

Insgesamt konnten 19 Taten mit einem Gesamtschaden von ca. 400.000 Euro nachgewiesen werden, die nach diesem Schema abliefen. Die personelle Besetzung variierte von Tat zu Tat. So konnten drei Personen (B, H und M) ermittelt – und in der Folge angeklagt – werden, die in mindestens einem der Fälle als Abholer fungierten. Begleitet wurden die Abholer zumeist von einem Fahrer, der in unmittelbarer Nähe bereitstand, um ein rasches Entfernen vom Tatort zu ermöglichen. Manche der Fahrer waren in anderen Fällen als Abholer tätig, es gab jedoch auch Beteiligte, die ausschließlich als Fahrer eingesetzt wurden, etwa F.[907] Angeworben wurden die Abholer und Fahrer von G, der als Logistiker fungierte, also Bindeglied zwischen Führungs- und Ausführungsebene war (siehe Schaubild 8). Wie der Kontakt zwischen G und den Führungspersonen in der Türkei zustande gekommen war, konnte nicht herausgefunden werden. Ermittelt werden konnte indes eine Frau, die mehrere Male als Kurierin tätig war, nämlich die ehemalige Flugbegleiterin K. Deren Anwerbung erfolgte im

---

906 Der medialen Berichterstattung zufolge scheint Izmir auch allgemein das Zentrum dieser Art von Callcenter-Betrugstaten zu sein, vgl. etwa https://www.tagesschau.de /investigativ/ndr/falsche-polizisten-103.html (letztes Abrufdatum: 4.3.2023).

907 Dem Akteninhalt nach zu urteilen hing die Verteilung der beiden Aufgaben insbesondere vom persönlichen Erscheinungsbild ab. Je gepflegter und seriöser dieses war, desto eher fiel der jeweiligen Person die Aufgabe des Abholers zu. Offenbar gingen die Täter davon aus, dass diese Attribute von Vorteil waren, wenn es darum ging, die Rolle des Polizisten – zumal in Zivil – glaubhaft zu verkörpern.

Übrigen nicht durch G, sondern durch eine andere, unbekannte männliche Person.[908]

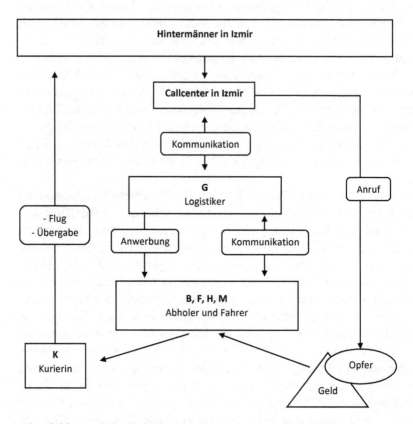

Schaubild 8: Falsche-Polizisten-Fall

Im vorliegenden Verfahren wurden drei Abholer (B, H, M), der Fahrer F, die Kurierin K und der Logistiker G angeklagt. Das Verfahren gegen K wurde kurz vor Beginn der Hauptverhandlung abgetrennt.[909] Der Schuldspruch gegen die fünf verbleibenden Angeklagten lautete auf gewerbsmäßi-

---

908 K wurde im Übrigen nicht mit der Aussicht auf eine finanzielle Belohnung von der Beteiligung an der Tat überzeugt. Vielmehr gelang die Anwerbung über einen privaten Nachrichten-Austausch auf der Plattform ‚Facebook‘, der als Flirt getarnt war.

909 Eine Begründung für die Abtrennung des Verfahrens ergibt sich aus dem Akteninhalt nicht explizit; zu vermuten ist jedoch, dass ein Faktor die schwierige Lebenssi-

gen Bandenbetrug gemäß § 263 Abs. 5 StGB in Tateinheit mit Amtsanmaßung gemäß § 132 StGB.[910]

Das Urteil beruhte auf einer Verständigung, weshalb die rechtliche Würdigung im Urteil nicht allzu viel Raum einnimmt. Hervorzuheben ist jedoch, dass das Gericht (dennoch) auf beteiligungsrechtliche Aspekte eingeht. So wird etwa F, der ausschließlich als Fahrer tätig geworden ist, wegen Beihilfe verurteilt. M und H wurden dagegen hinsichtlich aller Taten, an denen sie beteiligt waren, als (Mit-)Täter verurteilt, obwohl im einzelnen Fall stets eine Aufteilung der Tätigkeiten stattgefunden hat, einer also „nur" als Fahrer fungierte. Das Gericht begründet dies mit der Erwägung, dass M und H die „Abholungen als gemeinsame Sache angesehen und sich entsprechend auch nicht schon im Vorfeld festgelegt, sondern erst spontan entschieden haben, wer jeweils vor Ort eine Abholung durchführen sollte." Diese Würdigung durch das Gericht stehe nicht im Widerspruch zur Bestrafung des F als Gehilfen. Dessen Funktion habe sich nämlich „auf die Rolle des Fahrers [beschränkt]".

b) Rip-Deal-Fall

Die Angeklagten (B, D, S) sind Teil einer international agierenden Gruppierung, die sich auf sog. Rip-Deals spezialisiert hat.[911] Es konnten mehrere einzelne – teils erfolgreiche, teils versuchte Deals – nachgewiesen werden. Bei den Taten gingen die Täter stets nach demselben Muster vor, welches im Folgenden dargestellt wird.

---

tuation der K war. So wurde bei ihr im Rahmen der gesundheitlichen Untersuchung zu Beginn der U-Haft ein Tumor festgestellt.

910 Soweit die Angeklagten die Taten nicht vollenden konnten – was bei acht Taten der Fall war – wurden sie wegen Versuchs verurteilt. Insbesondere die zweite Variante, bei der sich das Opfer zur Bank begeben soll, um Geld abzuheben, hat sehr selten, nämlich nur einmal, zum Erfolg geführt. Die Bankmitarbeiter verfügen in der Regel offenbar über ausreichend Erfahrung und Sensibilität, um entsprechende Fälle erkennen zu können.

911 Der Begriff ist englischen Ursprungs, vgl. insofern die Wendung ‚to rip somebody off‘, was so viel bedeutet wie ‚jemanden (finanziell) ausnehmen‘. Auf Deutsch wird (in einem eher deskriptiven Sinne) von „Vorauszahlungsbetrug" gesprochen. Bei Rip-Deals handelt es sich um ein verbreitetes Kriminalitätsphänomen, das – etwa nach Ansicht des Staatsanwalts, der die Ermittlungen in diesem Fall geleitet hat – in der Regel der organisierten Kriminalität zugerechnet werden kann.

Der Kontakt zwischen den Tätern und den (potenziellen)[912] Opfern kam jeweils unter der vorgespiegelten Absicht eines Immobilienkaufs oder einer Kreditgewährung zustande. Bei den Immobiliengeschäften waren es in der Regel die Täter, die sich telefonisch bei den Grundeigentümern meldeten und Kaufangebote unterbreiteten. Bei den Kreditgeschäften ging die Initiative dagegen von den Opfern aus, die sich auf entsprechende Inserate der Täter meldeten. In keinem der Fälle hatten die Täter vor, die Geschäfte tatsächlich abzuschließen.

In den Gesprächen mit den Opfern gerierten sich die Täter als vermögende Geschäftsleute und stellten sich unter jüdisch klingenden Namen vor, wie etwa ‚Rosch' oder ‚Goldberg'. Vor dem eigentlichen Vertragsschluss sollte das Opfer zu einem persönlichen Treffen erscheinen, das in einem Nobelrestaurant in Norditalien stattfand.[913] Dort versuchte der Verhandler aufseiten der Gruppierung, das Opfer davon zu überzeugen, sich – bevor es zum eigentlichen Geschäft kommen würde – an einem Geldwäschegeschäft zu beteiligen. Durch dieses Vorabgeschäft sollte das Opfer seine Vertrauenswürdigkeit unter Beweis stellen, denn schließlich würden sie – die Täter – im weiteren Verlauf mit einer sechs- bis siebenstelligen Summe in Vorauszahlung gehen. Gewaschen werden sollte (in der Regel) ein höherer fünfstelliger Betrag. Die Täter behaupteten, über Schweizer Franken in bar zu verfügen, die sie gegen einen (weitaus niedrigeren) Euro-Barbetrag aus dem Besitz des Opfers eintauschen würden. Zur Herkunft des Bargelds gaben sie an, dass sie – neben ihrer sonstigen Investitionstätigkeit – auch im Diamantenhandel aktiv seien, und somit branchenbedingt häufiger Umgang mit höheren Bargeldbeträgen hätten.[914] Sofern sich das Opfer mit

---

912 Die Erfolgsquote der Täter ist relativ gering. In den meisten Fällen werden die Opfer im Anbahnungsstadium wegen des Geschäftsgebarens der Täter misstrauisch und brechen den Kontakt ab.

913 Eines der Opfer schilderte auch, dass die auf Täterseite verhandelnde Person das Restaurant allem Anschein nach häufiger frequentierte. So sei etwa der Inhaber des Restaurants an den Tisch gekommen, um – in vertrauter Manier – ein paar Worte zu wechseln.

914 Auf den ersten Blick mag es durchaus überraschen, dass die Täter selbst preisgeben, in kriminelle Unternehmungen verstrickt zu sein. Allerdings erscheinen die Täter dadurch in gewisser Weise auch als ehrlich und vertrauenswürdig. Die Verleitung zur Teilnahme am Geldwäschegeschäft hat – aus Tätersicht – den weiteren Vorteil, dass Opfer, die sich darauf einlassen, kaum geneigt sein werden, Anzeige bei der Polizei zu erstatten. Tatsächlich gab es im Laufe der vorliegenden Tatserie auch lediglich eine Anzeige. Diese stammte von einer Hotelbesitzerin, die bei der ersten Kontaktaufnahme misstrauisch geworden war und umgehend die Polizei einschalte-

diesem Ansinnen einverstanden erklärte, wurde ein weiteres Treffen zwecks Austauschs des Bargelds verabredet. Das Treffen und die gegenseitige Übergabe fanden in der Regel auch wie angekündigt statt. In dem Umschlag, den die Täter an das Opfer übergaben, befanden sich jedoch ausschließlich oder weit überwiegend gefälschte Schweizer Franken. Dieses Umstands wurde sich das Opfer zwar kurz nach der gegenseitigen Übergabe gewahr, allerdings hatten die Täter zu diesem Zeitpunkt bereits die Flucht ergriffen – und waren auch auf anderem Wege nicht mehr für die Opfer erreichbar.[915]

Das Aktenmaterial umfasst zwei Gerichtsverfahren. Das erste Verfahren richtete sich gegen drei Gruppenmitglieder. Infolge des Einsatzes eines Verdeckten Ermittlers konnten diese auf frischer Tat, also bei einem verabredeten Übergabetreffen, festgenommen werden.[916] Bei den Festgenommenen handelte es sich um D, der die Übergabe durchführte, B, der den D begleitete, und S, der mit dem Fluchtfahrzeug bereitstand, um den Tatort – mit B und D – nach erfolgter Übergabe auf schnellstem Wege zu verlassen (siehe Schaubild 9). Den Ermittlern war bekannt, dass es noch andere Personen gab, die – in organisierender bzw. vorbereitender Funktion – an den Taten mitgewirkt hatten. Dies betraf insbesondere diejenigen Personen, die in persönlichem Kontakt mit den Opfern standen, wie etwa den Verhandler im Restaurant in Norditalien. Allerdings konnte keine dieser Personen ermittelt werden. Bekannt waren nur ihre Pseudonyme und teilweise auch ihr Aussehen. Im Zuge der Festnahme des D wurde dessen Mobiltelefon sichergestellt und ausgelesen. Mit den ausgelesenen Daten gelang es den Ermittlern, ihm die Beteiligung an sechs weiteren Taten nachzuweisen, die bereits zu einem früheren Zeitpunkt stattgefunden hatten. In zwei Fällen handelte es sich um vollendete Taten mit Schäden in Höhe von 60.000

---

te. Diese Anzeige war sodann auch der Grund, warum das vorliegende Verfahren eingeleitet wurde und andere Fälle – in denen es zu (teils hohen) Verlusten aufseiten der Opfer gekommen war – überhaupt erst ans Licht gekommen sind.

915 Hinsichtlich eines Falles berichtet der Betroffene anschaulich, wie die Täter nach Austausch des Geldes mit „quietschenden Reifen" davongefahren seien – woraufhin er einen genaueren Blick auf das erhaltene Geld warf und sich des Betrugs bewusst wurde. Aus Scham habe er das (Falsch-)Geld auf einer Raststätte entsorgt und davon abgesehen, die Polizei zu informieren.

916 Der Verdeckte Ermittler gab sich als Schwager der Hotelbesitzerin aus (siehe oben) und führte in dieser Rolle auch die Verhandlungen mit der Gruppierung.

und 10.000 Euro.[917] Wegen dieser Taten wurde D (zusätzlich) in einem zweiten Verfahren verurteilt.

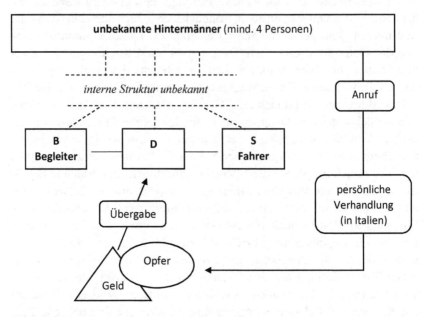

Schaubild 9: Täterstruktur im Rip-Deal-Fall

Im ersten Urteil wurden die drei Angeklagten wegen versuchten gewerbs- und bandenmäßigen Betrugs (in Mittäterschaft) verurteilt. Im zweiten Urteil wurde D wegen (vollendeten) gewerbs- und bandenmäßigen Betrugs verurteilt, ebenfalls in Mittäterschaft. Hinsichtlich (vier) weiterer versuchter Taten, an denen D (allem Anschein nach) beteiligt war, wurde das Verfahren eingestellt.

Beide Urteile beruhen auf Verständigungen – was der Grund dafür sein dürfte, dass die rechtlichen Ausführungen äußerst knapp sind und keine wesentlichen Informationen enthalten. Interessant ist jedoch, dass das Gericht (des ersten Verfahrens) im Rahmen der rechtlichen Würdigung die Feststellung trifft, die Angeklagten seien in „eine professionell agierende Tätergruppierung der organisierten Kriminalität" eingebunden gewesen.

---

917 In den übrigen vier Fällen sind die Taten nicht über das Versuchsstadium hinausgekommen, da die potenziellen Opfer misstrauisch geworden waren und den Kontakt abgebrochen hatten.

c) Phishing-Fall

Gegenstand dieses Verfahrens sind 31 Phishing-Taten,[918] die von einer osteuropäischen Gruppierung verübt worden sind. Bei jeder der Taten gingen die Täter nach demselben, auf Arbeitsteilung ausgerichteten Schema vor. Für die einzelnen Arbeitsschritte bzw. Rollen verwendeten die Täter bestimmte Bezeichnungen, anhand derer auch im Folgenden der Tatablauf dargestellt wird (siehe Schaubild 10).

In einem ersten Schritt verschaffte sich der „Meister" Kenntnis von Zugangsdaten für private Online-Banking-Accounts. Bei dem „Meister" handelte es sich vermutlich um den Hintermann, von dem man lediglich wusste, dass er sich in Lettland aufhielt. Auf welche Art und Weise er an die Zugangsdaten gelangte, konnte nicht aufgeklärt werden. Es wurde jedoch vermutet, dass er über Darknet-Plattformen Kontakt zu Hackern hatte, die entsprechende Daten zum Verkauf anboten.

Die Zugangsdaten gab der „Meister" an den „Kontenverwalter" weiter. Dieser prüfte, ob sich das Konto für einen Zugriff eignete – insbesondere, ob sich ein ausreichend hohes Guthaben auf dem Konto befand. In einem dritten Schritt wurde eine Ersatz-Sim-Karte zu der Mobilfunkverbindung angefordert, die für das Online-Banking bei der jeweiligen Bank hinterlegt war. Mit dieser Sim-Karte, die offenbar ohne größere Probleme beim Mobilfunkanbieter angefordert werden konnte, wurde der „Eingießer" in die Lage versetzt, im Wege des sog. mTan-Verfahrens Überweisungen vom Konto des Opfers auf ein Zielkonto vorzunehmen.

Bei den Zielkonten handelte es sich um Bankkonten, die speziell für diesen Zweck – meist unter Verwendung von Aliaspersonalien – eröffnet worden waren.[919] Einige Zeit vor der eigentlichen Überweisung (vom Konto des Opfers) auf das Zielkonto begann der „Kontenverwalter", regelmäßig größere Überweisungen (von anderweitigen Konten) auf das Zielkonto vorzunehmen. Auf diese Weise sollte verhindert werden, dass die jeweilige Bank angesichts der – andernfalls – einmaligen Einzahlung Verdacht hinsichtlich einer (möglicherweise) kriminellen Herkunft des Geldes schöpfte.

---

918 Bei dem Begriff ‚Phishing' handelt es sich um einen Neologismus, abgeleitet vom englischen Wort „fishing" (angeln). Das „ph" am Wortanfang steht dabei für „password harvesting", also für das Ernten von Passwörtern.

919 Teilweise wurden auch Konten von realen, etwa bereits verstorbenen, Personen verwendet.

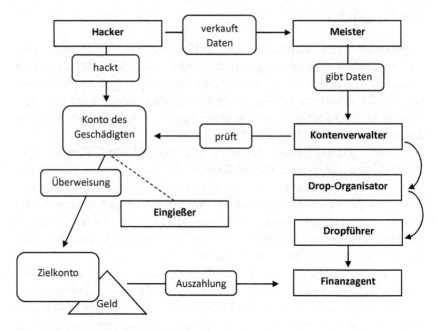

Schaubild 10: Täterstruktur im Phishing-Fall

Sobald der „Eingießer" das Geld überwiesen und der „Kontenverwalter" den Eingang des Geldes auf dem Zielkonto bestätigt hatte, begab sich der „Finanzagent" in eine Filiale der kontoführenden Bank, um sich das Geld auszahlen zu lassen. Die Information darüber, dass das überwiesene Geld auf dem Zielkonto angelangt war, erreichte den „Finanzagenten" über mehrere Stationen: Der „Kontenverwalter" unterrichtete den „Drop-Organisator", der diese Information an den „Drop-Führer" weiterleitete, welcher in unmittelbarem Kontakt mit dem „Finanzagenten" stand und auch für dessen Anwerbung zuständig gewesen war. Die Auszahlung erfolgte unter Vorlage gefälschter Identifikationsdokumente. Während des Auszahlungsvorgangs wurde der „Finanzagent" vom „Dropführer" überwacht. Nachdem der „Finanzagent" die Filiale mit dem ausgezahlten Bargeld verlassen hatte, übergab er dieses dem „Drop-Führer". Über Kuriere wurde das Geld sodann – entsprechend vorher festgelegter Quoten – auf die Beteiligten verteilt.[920]

---

920 Alle Akteure partizipieren anteilsmäßig an der Tatbeute: Der „Meister" erhält ca. 15 Prozent der Tatbeute, der „Kontenverwalter" ca. 10 Prozent, der „Eingießer" ca. 25

Die Anklage in diesem Verfahren richtete sich nur gegen einen der Beteiligten, nämlich gegen den Kontenverwalter A. Dieser wurde vom Gericht wegen gewerbs- und bandenmäßigen Computerbetrugs in 15 Fällen verurteilt. Rechtliche Ausführungen sind in dem – gemäß § 267 Abs. 4 StPO abgekürzten – Urteil kaum enthalten.[921]

5. Prostitution

Die Ausübung von Prostitution stellt in Deutschland regelmäßig kein strafbares Verhalten dar.[922] Zunächst wurden die Rechte von Prostituierten insbesondere durch das Prostitutionsgesetz (ProstG)[923] aus dem Jahr 2002 gestärkt. So begründet die Erbringung einer vereinbarten sexuellen Dienstleistung nach § 1 ProstG eine rechtswirksame Forderung. Auf Grundlage des im Jahre 2017 in Kraft getretenen Prostituiertenschutzgesetzes (ProstSchG)[924] können (bzw. müssen) Prostituierte im Falle einer selbstständigen Berufsausübung ein Gewerbe anmelden.[925] Zur Frage der Sittenwidrigkeit treffen weder das ProstG noch das ProstSchG eine direkte Aussage. Allerdings lässt sich den Gesetzesmaterialien entnehmen, dass fortan die Ausübung der Prostitution nicht mehr als sittenwidrig anzusehen sein sollte.[926] Insgesamt hat also eine weitgehende Liberalisierung der Prostitution stattgefunden.

Angesichts dieser Entwicklung stellt sich die Frage, inwieweit Prostitution noch ein bedeutendes Betätigungsfeld der organisierten Kriminalität

---

Prozent, der „Drop-Organisator" ca. 10 Prozent, der „Dropführer" ca. 40 Prozent. Lediglich der „Finanzagent" erhält einen fixen Betrag, den ihm der „Dropführer" unmittelbar nach Vollendung der Tat aushändigt.

921 Mangels entsprechender Ausweisung im Urteil ist davon auszugehen, dass eine formelle Verständigung nicht stattgefunden hat. In Betracht käme höchstens eine informelle Verständigung. Konkrete Anhaltspunkte sind dafür jedoch – abgesehen vom kurzen Umfang der rechtlichen Würdigung – nicht ersichtlich.

922 Eine Ausnahme bildet insofern § 184f StGB, der die Prostitutionsausübung unter Strafe stellt, soweit sie an einem Ort stattfindet, der mit einem entsprechenden Verbot bedacht wurde.

923 Gesetz zur Regelung der Rechtsverhältnisse der Prostituierten (BGBl. 2001 I, S. 3983).

924 BGBl. 2016 I, S. 2372.

925 Dieser Anmeldepflicht kommt laut Statistischem Bundesamt offenbar nur ein Bruchteil (nur knapp 24.000 von insgesamt vermutlich ca. 400.000) der in Deutschland als Prostituierte Arbeitenden nach.

926 BT-Drs. 14/7174, S. 7 f.

darstellt. Die klassische Funktion der organisierten Kriminalität – also die Versorgung illegaler Märkte[927] – kann im Zusammenhang mit Prostitution nämlich offensichtlich nicht mehr (so wie früher) zum Tragen kommen. Für eine solche Entkoppelung des Prostitutionsgewerbes von der organisierten Kriminalität sprechen auch die einschlägigen Fallzahlen. So verringerte sich etwa der Anteil der Prostitutionsdelikte an der Gesamtzahl aller OK-Verfahren von 10 Prozent im Jahr 2000 auf 0,4 Prozent im Jahr 2021.[928] Die Tätigkeitsschwerpunkte der organisierten Kriminalität dürften sich vor diesem Hintergrund insbesondere auf Formen *unfreiwilliger* Prostitutionsausübung verlagert haben. Von unfreiwilliger Prostitutionsausübung handeln auch die folgenden zwei Fälle, wobei sich die jeweils angewendeten Zwangsmittel unterscheiden. Wo im ersten Fall die Anwendung von Gewalt im Vordergrund steht, geht es im zweiten Fall um die Ausnutzung einer sozialen bzw. wirtschaftlichen Notlage.

a) Laufhaus-Fall

R betrieb ein sog. Laufhaus; das heißt die Prostituierten zahlten für die Zeit ihrer Anwesenheit eine Gebühr und konnten im Gegenzug die Anbahnungs- und Verrichtungsräume der Betriebsstätte nutzen. Ein Arbeitsverhältnis zwischen den Prostituierten und dem Laufhausbetreiber bestand – anders als bei einem klassischen „Bordell" – nicht. M und B waren leitende Angestellte im Laufhaus, wobei M eher für interne Angelegenheiten zuständig war und B für die Darstellung des Betriebs nach außen. Das Laufhaus war sehr groß angelegt. Um es profitabel betreiben zu können, war es erforderlich, dass jederzeit ca. 60 Prostituierte anwesend waren.

---

927 *See*, Wirtschaftskriminalität, organisierte Kriminalität und Korruption, S. 12; *Luczak*, Organisierte Kriminalität im internationalen Kontext, S. 224. Vgl. insofern auch *Bögel*, Strukturen und Systemanalyse der OK in Deutschland, S. 179, die darauf hinweist, dass sich vor diesem Hintergrund organisierte Kriminalität kaum durch Einführung neuer Strafnormen lösen lasse.

928 So auch die Beobachtung von *Henning/Hunecke/Walentowitz*, MschrKrim 2021, 359 (370). Es gibt jedoch auch kritische Stimmen zur Entwicklung der Gesetzgebung in diesem Bereich. Nach *Paulus*, Kriminalistik 2022, 488 (491), etwa handelt es sich bei Zuhälterei und ähnlichen Ausbeutungsdelikten „im Verbund mit illegalen Drogen" um „das gegenwärtig mit Abstand lukrativste und beliebteste und deshalb weiterhin zunehmende Geschäftsfeld der Mafia und OK". Die einschlägigen Gesetze würden keine Abhilfe leisten, sondern basierten vielmehr „auf einem den rechtsstaatlichen Erfordernissen angepassten Wunschdenken und sind nicht geeignet, auf das tatsächliche Geschehen Einfluss zu nehmen".

R gelang es jedoch trotz umfangreicher Werbemaßnahmen nicht, eine entsprechende Auslastung dauerhaft zu erreichen. So waren in der Regel nur ca. 30 Prostituierte anwesend. Um dieses Problem zu beheben, bat R Angehörige der „Hells Angels" und der „United Tribuns", mit denen er auch privaten Austausch pflegte, um Unterstützung (siehe Schaubild 11). Die Inhalte der Absprachen sind nicht bekannt, in der Folgezeit war jedoch eine deutlich größere Anzahl an Prostituierten im Laufhaus anwesend. Viele der neu hinzugekommenen Frauen waren auch offensichtlich einer der beiden Gruppierungen zuzuordnen – was daran erkennbar war, dass sie von vergleichsweise wichtigen Gruppierungsmitgliedern zur Arbeit gebracht und von dort auch wieder abgeholt wurden. Die meisten dieser Frauen gingen der Prostitution indes nicht freiwillig nach, sondern wurden – im Wege der sog. Loverboy-Methode – dazu gezwungen.

Das Vorgehen der Loverboys entsprach stets demselben Muster: Ein (in der Regel sehr muskulöses) Mitglied der Gruppierung nimmt mit dem Opfer auf einer sozialen Plattform im Internet Kontakt auf und lädt es – scheinbar spontan – zu einem Ausflug ein. Während des Ausflugs entwickelt sich (aus Sicht der Frau) eine Liebesbeziehung. Nach der Rückkehr eröffnet er ihr, dass er zur Finanzierung eines geschäftlichen Projekts dringend Geld benötige, welches jedoch durch eine (vorübergehende) Tätigkeit als Prostituierte leicht zu beschaffen sein sollte. Nach anfänglicher Skepsis stimmt sie dem Ansinnen zu. Sobald sie ihm in der Folgezeit ihre Absicht kundtut, nicht mehr weiter als Prostituierte arbeiten zu wollen, droht er ihr an, ihre Familie über ihre Tätigkeit als Prostituierte in Kenntnis zu setzen. Sobald auch diese Drohung nach einer gewissen Zeit keine Wirkung mehr hat, geht er zu roher Gewalt über. Schließlich ergreift die Frau die Flucht und wendet sich an die Polizei. Insgesamt gab es 21 Frauen, die auf diese Weise zur Prostitution im Laufhaus des R gezwungen wurden.

Ob und in welchem Umfang R, B und M von den Gewalthandlungen und dem ausgeübten Zwang wussten, konnte nicht vollends geklärt werden. Allerdings sagten Prostituierte, die im Laufhaus tätig waren, gegenüber der Polizei aus, dass die betreffenden Kolleginnen mit sichtbaren Verwundungen zur Arbeit erschienen. Da die Angeklagten stets über Einzelheiten des täglichen Geschäfts informiert waren, steht zu vermuten, dass ihnen diese Umstände bekannt gewesen sein dürften. Zudem ist zu berücksichtigen, dass R auch im Übrigen einen sehr engen Kontakt zu den Hells Angels und den United Tribuns pflegte.

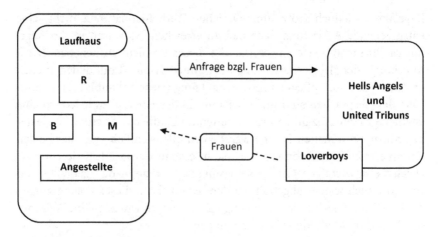

Schaubild 11: Täterstruktur im Laufhaus-Fall

B und R wurden wegen gemeinschaftlicher Beihilfe zum Menschenhandel gemäß §§ 232, 25 Abs. 2, 27 StGB verurteilt.[929] Rechtliche Erwägungen enthält das Urteil kaum – was vermutlich damit zusammenhängt, dass das Urteil auf einer Verständigung beruht. Offenbar ging das Gericht jedoch davon aus, dass es sich bei den Tatbeiträgen der Angeklagten nicht lediglich um neutrale oder berufstypische Verhaltensweisen gehandelt hat, denn ansonsten hätte das Gericht insoweit auf Freispruch entschieden. Vergleichsweise anschaulich sind die diesbezüglichen Ausführungen der Staatsanwaltschaft im Rahmen der Anklageschrift:

„Das Zusammenspiel mit ‚Hells Angels' und ‚United Tribuns' im Wissen um deren milieuspezifische Gefährlichkeit gehört schon nicht zu den berufstypischen Handlungen eines Bordellbetreibers. Aber auch die Aufnahme von Prostituierten, die Bereitstellung von ‚Verrichtungszimmern' oder das Anbieten von Übernachtungsmöglichkeiten verliert betreffend die für Mitglieder oder Umfeldpersonen dieser beiden Gruppierungen tätigen Frauen seinen Alltagscharakter, wenn wie hier der Hilfeleistende nicht darauf vertrauen kann, daß der andere die Hilfe nicht zur Begehung einer vorsätzlichen Straftat ausnutzen wird, mithin das Risiko strafbaren Verhaltens des Unterstützten derart hoch ist, daß der Hilfe-

---

929 Das Verfahren gegen M wurde – wohl mit Blick auf dessen frühes Geständnis und somit früherer Urteilsreife – abgetrennt; im Unterschied zu den anderen Angeklagten erhielt er eine noch bewährungsfähige Freiheitsstrafe.

leistende mit seiner Hilfe sich die Förderung eines erkennbar tatgeneig-
ten Täters angelegen sein läßt (BGH StV 2014, 474 f.; BGH NStZ 2017,
337 ff.)."

Erwähnenswert ist darüber hinaus, dass das Gericht jeweils die Beteiligungsform der „gemeinschaftlichen Beihilfe", also eine Kombination aus
Beihilfe und Mittäterschaft, annimmt. Das Gericht führt dies zwar nicht
im Einzelnen aus, jedoch liegt dem offenbar die Erwägung zugrunde, dass
die individuellen Tatbeiträge der jeweiligen Beteiligten für sich betrachtet
nicht ausgereicht hätten, um Beihilfe anzunehmen. Deshalb werden die
Unterstützungsbeiträge der anderen Beteiligten nach § 25 Abs. 2 StGB zugerechnet. Ob dies noch eine zulässige Form beteiligungsrechtlicher Zurechnung ist, dürfte fraglich sein. So ist im Gesetz nicht vorgesehen, dass
fremde Unterstützungshandlungen wie eigene Unterstützungshandlungen
zugerechnet werden; vielmehr kommt es stets auf den jeweiligen Beitrag
der betreffenden Person an. Auch in der Rechtsprechung findet diese Form
der Beteiligung zumindest bislang keine Erwähnung. Einzig das KG Berlin
weist in einem Beschluss von 1998 „vorsorglich" darauf hin, dass „es eine
gemeinschaftliche Tatbegehung nur in der Form der Mittäterschaft (§ 25
Abs. 2 StGB), nicht aber als ‚gemeinschaftliche Beihilfe'" gebe.[930] Wäre das
vorliegende Verfahren nicht im Wege einer Verständigung beendet worden,
so stünde zu erwarten, dass dieser Aspekt in der Revision aufgegriffen
worden wäre. Ebenso könnte jedoch die Vermutung naheliegen, dass das
Gericht im Falle eines streitigen Urteils davon abgesehen hätte, in der
rechtlichen Würdigung von „gemeinschaftlicher Beihilfe" zu sprechen.

   In materiellrechtlicher Hinsicht sei noch auf einen Aspekt hingewiesen,
den das Gericht zwar unerwähnt lässt, der aber in der Anklageschrift angesprochen wird, und zwar die Frage der konkurrenzrechtlichen Erfassung
der insgesamt 21 Fälle (von Menschenhandel). Eine konkurrenzrechtliche
Schwierigkeit ergibt sich daraus, dass sich die Unterstützungsbeiträge der
Angeklagten jeweils nicht auf eine konkrete Tat bezogen, sondern eher genereller und organisatorischer Natur waren. So haben sie durch Bereitstellung des Betriebs und durch die Kooperationsabrede lediglich in allgemeiner Hinsicht die Voraussetzungen dafür geschaffen, dass die Mitglieder der
Hells Angels und der United Tribuns die Straftaten nach § 232 StGB begehen konnten. Nach Ansicht der Staatsanwaltschaft handelt es sich insofern
um ein sog. uneigentliches Organisationsdelikt – weshalb von Tateinheit

---

930   KG Berlin BeckRS 1998, 15359.

auszugehen sei. Bemerkenswert ist die Heranziehung dieser Rechtsfigur insofern, als sie bislang – soweit ersichtlich – meist im Zusammenhang mit der mittelbaren Täterschaft kraft Organisationsherrschaft zur Anwendung kam, zum Teil auch in Fällen der Mittäterschaft, nicht jedoch bei Beihilfehandlungen.[931]

b) China-Bordell-Fall

In diesem Fall ging es um eine Gruppierung, die unangemeldet insgesamt 33 Bordelle mit meist chinesischen Prostituierten betrieb. An der Spitze der Gruppierung stand Z (siehe Schaubild 12). Er allein traf alle wesentlichen Entscheidungen, etwa über die Eröffnung neuer Bordelle oder die Verteilung der Prostituierten auf die verschiedenen Betriebsstätten. Innerhalb der Gruppierung wurde er mit „LaoDa" angesprochen, was (in einem umgangssprachlichen Sinne) so viel wie ‚Boss' oder ‚Chef' bedeutet. Nach außen hin trat er jedoch kaum in Erscheinung. So wurde keine der „Terminwohnungen" durch ihn persönlich angemietet.[932] Dies übernahmen vielmehr Frauen aus seinem engeren Verwandten- bzw. Bekanntenkreis, insbesondere C, L und W, die auch die – teilweise erfolgten – Anmeldungen der Gewerbe gegenüber dem Gewerbeamt vornahmen.[933] Offiziell angemeldetes Gewerbe war jeweils der Betrieb eines Massagesalons. Die Erbringung von Prostitutionsdienstleistungen wurde dabei bewusst verschwiegen.

Für die Anwerbung von Prostituierten war Li zuständig. Hauptsächlich über Internet-Foren nahm sie Kontakt mit chinesischen Frauen auf. Teilweise befanden sich diese Frauen in China, zum Teil waren sie jedoch bereits in den Schengen-Raum eingereist – was für Li einen geringeren or-

---

931 Die Entscheidung, auf welche die Staatsanwaltschaft verweist, betrifft einen Fall, in dem das Gericht die Rechtsfigur auf die Mittäterschaft anwendet, BGH NStZ 2017, 340 (342). In diesem Urteil findet sich jedoch die Feststellung, dass die tateinheitliche Zusammenfassung mehrerer Taten als uneigentliches Organisationsdelikt auch im Falle der Beihilfe in Betracht komme.

932 Bei den „Terminwohnungen" handelt es sich um gewöhnliche Mietwohnungen. Diese werden von den Kunden zu einem vorab vereinbarten Termin aufgesucht, Laufkundschaft gibt es dementsprechend so gut wie keine.

933 Es zeigt sich auch hier, dass für die Tätigung von Rechtsgeschäften einer kriminellen Gruppierung mit der Außenwelt gerne Frauen vorgeschickt werden. Offenbar gehen die Verantwortlichen (vermutlich zutreffend) davon aus, dass Frauen in geringerem Maße im Verdacht stehen, kriminellen Aktivitäten nachzugehen.

ganisatorischen Aufwand bedeutete.[934] Gemeinsam war allen Frauen, dass sie in Deutschland der Prostitutionstätigkeit zu einem Zeitpunkt nachzugehen gedachten, in dem ihre Aufenthaltsgenehmigung bereits abgelaufen war, wobei es sich meist um Touristenvisa handelte, die von vornherein nicht zur Aufnahme einer beruflichen Beschäftigung berechtigten. Li unterstützte die Frauen auch bei der Beantragung der Aufenthaltstitel, wobei sie mit einer chinesischen Reiseagentur kooperierte – welche jedoch allem Anschein nach vom (eigentlichen) Zweck der Einreise keine Kenntnis hatte. Sobald die Frauen in Deutschland ankamen, holte Z sie am Flughafen ab und brachte sie in eines der Bordelle.

Es gibt keine Anhaltspunkte dafür, dass die Frauen mittels körperlichen oder psychischen Zwangs zur Erbringung der sexuellen Dienstleistungen angehalten wurden. Zu bedenken ist jedoch, dass die Frauen in der Regel weder deutsch noch englisch sprechen konnten und, dass sie über keinen legalen Aufenthaltsstatus verfügten. Mithin gab es schlechterdings keine (naheliegende) Alternative zur Prostitutionsausübung – abgesehen von der Rückreise in ihre Heimat.

Der Gruppierung gehörte noch eine Reihe männlicher Helfer an, deren Aufgabe etwa darin bestand, die Prostituierten von einem Bordell ins nächste zu fahren, um gegebenenfalls einen temporären Mehrbedarf zu decken. Auch war in den Bordellen jeweils stets eine (männliche) Person für den Fall anwesend, dass ein Kunde das vereinbarte Entgelt nicht zu zahlen bereit war.

---

934 Dieses Verfahren zieht auch *Westphal*, Kriminalistik 2018, 262 ff., heran, um das Phänomen der chinesischen Prostitution in Deutschland näher zu erläutern. So weist er hinsichtlich der Motivation der Prostituierten darauf hin, dass diese in aller Regel aus ärmeren ländlichen Regionen stammen, in denen das Lohnniveau auch für chinesische Verhältnisse sehr niedrig sei. Die Motivation, der Prostitution in Deutschland nachzugehen, sei, so *Westphal* – abgesehen von finanziellen Anreizen – insbesondere damit zu erklären, dass eine berufliche Tätigkeit im Ausland dem sozialen Umfeld gegenüber stets als persönlicher Erfolg ausgegeben werden könne.

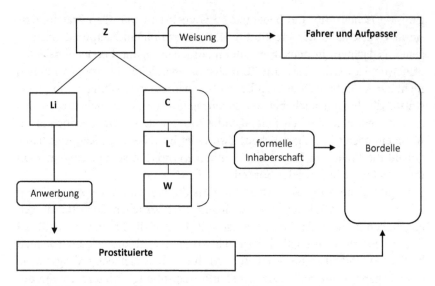

Schaubild 12: Täterstruktur im China-Bordell-Fall

Im vorliegenden Verfahren waren Z sowie C, L, Li und W angeklagt. Z wurde wegen Einschleusens von Ausländern (§§ 96, 97 AufenthG), Steuerhinterziehung (§ 370 AO) und Vorenthaltens von Arbeitsentgelt (§ 266a StGB) verurteilt.[935] Die übrigen Angeklagten wurden weitestgehend wegen derselben Delikte verurteilt, allerdings sah das Gericht diese nur insoweit als Mittäter an, als es um die Schleusungen ging. Hinsichtlich der Steuer- und Lohnabführungsdelikte sei lediglich Beihilfe anzunehmen. Erwähnenswert ist in diesem Zusammenhang, dass das Gericht jeweils von „einer einzigen, fortwährenden organisatorischen Beihilfeleistung" ausgeht. Der Beitrag bestehe nämlich im Aufrechterhalten eines scheinbar regelkonformen Geschäftsbetriebs, insbesondere durch die Scheinanmeldungen gegenüber dem Gewerbeamt. Beiträge zu konkreten steuerhinterziehenden Handlungen seien hingegen nicht erkennbar. Rechtstechnisch entspricht diese Handhabung derjenigen des uneigentlichen Organisationsdelikts[936] – auch wenn das Gericht diese Rechtsfigur nicht explizit heranzieht.

Nicht uninteressant ist, dass das Gericht die bandenmäßige Begehung (der Steuerdelikte) mit der Erwägung ablehnt, dass an keiner der einzelnen Taten drei Personen beteiligt gewesen seien. Offenbar geht das Gericht da-

---

935 Insgesamt ging es um ersparte Aufwendungen in Höhe von 428.000 Euro.
936 Vgl. dazu unter D.I.3.c)aa)(3)(e).

von aus, dass die Beteiligung in Form des uneigentlichen Organisationsdelikts keine Mitwirkung im Sinne der bandenmäßigen Begehung darstellen könne. Diese Handhabung erscheint jedoch nicht überzeugend. Denn gerade ein organisatorischer Tatbeitrag dürfte im Rahmen der Bandenabrede nicht selten eine wichtige Funktion erfüllen – und sollte zumindest nicht von vornherein aus dem Anwendungsbereich bandenmäßiger Begehung ausgeschlossen werden.

6. Schleusung

Schleusungskriminalität bedient – wie es typisch für organisierte Kriminalität ist – einen illegalen Markt. Da es den meisten migrationswilligen Menschen aus der sog. Dritten Welt kaum möglich ist, einen legalen Aufenthaltstitel für die Einreise nach Europa zu erhalten, bieten Schleuser die Mittel und das Know-how, um auf illegalem Wege in die Zielländer zu gelangen. Dementsprechend lässt sich, je nach Migrationsaufkommen, auch eine Zu- bzw. Abnahme der Schleusungskriminalität beobachten. So ist etwa aus den OK-Lagebildern zu erkennen, dass seit dem Jahr 2015, also in zeitlicher Übereinstimmung mit der sog. Flüchtlingskrise, der Anteil der Schleusungskriminalität an der Gesamtzahl der OK-Verfahren merklich angestiegen ist. (siehe Schaubild 13).

Schaubild 13: Schleusungsdelikte und organisierte Kriminalität

Insbesondere mit Blick auf den Klimawandel wird allgemein erwartet, dass Migrationsbewegungen langfristig zunehmen werden.[937] Entsprechendes dürfte auch für die Schleusungskriminalität gelten. Im Folgenden soll ein Fall („Schlepper-Fall) dargestellt werden, in dem es um Schleusungen aus der Türkei nach Westeuropa ging.

Der Angeklagte K war Teil einer Gruppierung, die sich auf die Schleusung von Personen aus der Türkei nach Europa, insbesondere nach Deutschland und Großbritannien, spezialisiert hat. Als Mitglieder der Gruppierung konnten neben dem Angeklagten K die anderweitig verfolgten B, Ö, Y und S ermittelt werden, wobei die Ermittlungsbehörden es für wahrscheinlich hielten, dass noch weitere Mitglieder vorhanden waren.[938] Nach Einschätzung der Ermittlungsbehörden war die Gruppierung hierarchisch organisiert, mit B an der Spitze der Organisation (siehe Schaubild 14).[939] Die Gruppierung ging in hohem Maße arbeitsteilig vor. Meist wirkten die einzelnen Mitglieder nur an bestimmten Etappen eines jeweiligen Schleusungsvorgangs mit, was auch auf K zutraf. In einem Fall buchte er – unter Verwendung seiner eigenen persönlichen Daten – für eine bereits nach Deutschland geschleuste Person ein Flugticket von Deutschland nach Großbritannien. Insoweit leistete er Unterstützung bei der letzten Etappe des Schleusungsvorgangs. Ähnlich ging er auch hinsichtlich zweier türkischer Staatsbürgerinnen vor, die sich ebenfalls bereits in Deutschland befanden. Allerdings verwendete er für diese nicht seine eigenen Daten, sondern eigens für diesen Zweck gefälschte Ausweisdokumente. In anderen Fällen wirkte K in einem früheren Stadium mit. So verbrachte er etwa zwei türkische Männer über die Grenze von Serbien nach Ungarn. In einem weiteren Fall fuhr er die ausreisewilligen Personen zur serbisch-ungarischen Grenze, ließ sie den Grenzübertritt selbständig durchführen, um sie nach einigen Kilometern aufzusammeln und zu einem Bahnhof zu bringen, von dem aus sie mit dem Zug (nach Wien) weiterfuhren. Wiederum in einem anderen Fall fuhr der Angeklagte die Geschleusten von Graz zur deutsch-österreichischen Grenze nahe Schwarzbach, wo jedoch der Grenzübertritt an einer Polizeikontrolle scheiterte. Der Lohn, den die Schleuser für ihre

---

937 Vgl. etwa *Kraler/Katsiaficas/Wagner*, Climate Change and Migration, S. 29, die auch darauf hinweisen, dass durch den Klimawandel hervorgerufene Migrationsbewegungen offenbar weniger mit einer Zunahme von Naturkatastrophen als vielmehr mit ausbleibenden Ernten zu tun hätten.

938 Das Ermittlungsverfahren richtete sich gegen insgesamt acht Personen.

939 Diese Schlussfolgerung zogen die Ermittlungsbeamten aus gegenseitigen SMS-Textnachrichten.

Dienste erhielten, variierte sehr stark. Teilweise ging es um Zahlungen von lediglich 300 Euro. Bei entsprechendem Umfang der geleisteten Unterstützung wurden jedoch auch Beträge in Höhe von 10.000 Euro verlangt.[940]

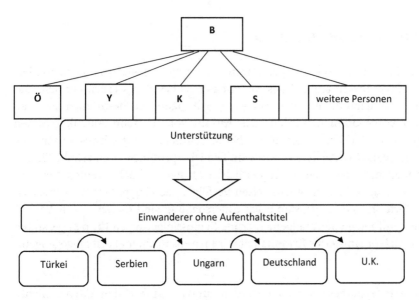

Schaubild 14: Täterstruktur im Schlepper-Fall

In diesem Verfahren war nur K angeklagt. Verurteilt wurde er wegen banden- und gewerbsmäßigen Einschleusens von Ausländern in Mittäterschaft, §§ 97 Abs. 2, 96 Abs. 1 Nr. 1a und b, 25 Abs. 2 StGB. In der Strafzumessung äußert sich das Gericht (zumindest im Ansatz) zur Organisationsstruktur der Gruppierung. So wird zulasten des Angeklagten berücksichtigt, dass er „in sämtlichen Fällen planmäßig und koordiniert vorging und er bei seiner auf längere Zeit angelegten Schleusertätigkeit aufgrund der Tatsache, dass er in mehreren Ländern wie Serbien, Deutschland und Großbritannien über Kontakte bzw. Bezugspunkte verfügt, in verschiedenen Ländern agierte." Die Heranziehung dieses Aspekts war jedoch insofern fehlerhaft, als damit zuvor bereits das Vorliegen eines minder schweren Falles nach § 97 Abs. 3 AufenthG verneint wurde, weshalb es – nach Aufhebung des

---

940 Nach (vermutlich vorgeschobener) Angabe des Angeklagten habe er kein Geld erhalten, vielmehr sei es ihm darum gegangen, Menschen in Not Hilfe zukommen zu lassen.

Strafausspruchs durch das Revisionsgericht – im zweiten Rechtszug zu einer Verringerung des Strafmaßes von vier Jahren und drei Monaten auf drei Jahre und neun Monate kam.[941]

V. Überprüfung der Hypothesen

Im Folgenden soll überprüft werden, ob und inwiefern die formulierten Hypothesen anhand des Aktenmaterials bestätigt werden können. Dabei soll keine quantitative Analyse (nach Häufigkeit bestimmter Parameter) vorgenommen werden. Die Anzahl von dreizehn Aktenkomplexen erscheint dafür nicht als ausreichend. Stattdessen soll schwerpunktmäßig eine qualitative Analyse stattfinden. Die Überprüfung der einzelnen Thesen erfolgt nicht nach einem einheitlichen Muster, vielmehr werden stets unterschiedliche Herangehensweisen verfolgt – abhängig von den jeweiligen Erfordernissen. Gegenstand der Untersuchung sind die einzelnen Verfahren. Auf mögliche verallgemeinernde Schlussfolgerungen für den gesamten Bereich organisierter Kriminalität wird jeweils in einem Fazit eingegangen.

1. Erste Hypothese: Verurteilt werden nur die ausführenden Akteure, nicht aber die jeweiligen Führungspersonen.

Bei der Analyse von Verfahrensakten erscheint es ratsam, sich immer wieder zu vergegenwärtigen, dass Akten nur einen Ausschnitt des tatsächlichen Geschehens darstellen (können). Bei Verfahren aus dem Bereich organisierter Kriminalität wird dies besonders deutlich, wenn man die Relevanz der einzelnen Beteiligungsformen erforschen möchte. Um zu untersuchen, welche Beteiligungsformen für die einzelnen Gruppierungsmitglieder herangezogen worden sind, wäre es eigentlich erforderlich, dass sämtliche Beteiligte verurteilt werden. Soweit jedoch nur ein Teil der Beteiligten verurteilt wird, bleibt das Bild, das sich auf der Grundlage von Verfahrensakten ergibt, lückenhaft. Dies gilt insbesondere dann, wenn – was nicht selten vorkommt – nur Beteiligte mit jeweils ähnlichen Rollen verurteilt werden.

---

941 Auch im zweiten Rechtszug wurde das Vorliegen eines minder schweren Falles verneint, unter anderem mit Verweis darauf, dass „der Angeklagte in der Gruppierung nicht ein völlig unbedeutendes, unwichtiges Mitglied" gewesen sei, er vielmehr „bei der jeweiligen Tatdurchführung komplexe Tatbeiträge geleistet und damit eine zentrale Rolle für die Verwirklichung der einzelnen Taten gespielt" habe.

Um die Relevanz ausgeurteilter Beteiligungsformen besser einordnen zu können, soll im Folgenden untersucht werden, welcher Hierarchieebene die verurteilten Beteiligten jeweils zuzuordnen sind. Zunächst wird auf Fälle eingegangen, in denen im Wesentlichen nur ausführendes Personal verurteilt wurde. Sodann soll es um Fälle gehen, in denen sich das Urteil (auch) auf Führungspersonen bezog. Dabei soll nicht auf alle Verfahren im Einzelnen eingegangen werden, vielmehr sollen lediglich solche Fälle dargestellt werden, die zur Veranschaulichung in besonderem Maße geeignet erscheinen.

a) Verfahren mit Urteilen, die sich nur auf ausführendes Personal beziehen

Besonders deutlich findet sich eine Bestätigung der These im Rip-Deal-Fall. Dort wurden ausschließlich diejenigen Beteiligten verurteilt, die auf frischer Tat festgenommen werden konnten. Die Verhandler und Planer im Hintergrund konnten demgegenüber nicht ermittelt werden. Erschwerend dürfte sich nicht zuletzt der Umstand ausgewirkt haben, dass es sich um eine international aktive und sehr mobile Tätergruppierung gehandelt hat.

Ganz ähnlich verhält es sich im Endoskope-Fall. Auch dieses Verfahren bezog sich lediglich auf Gruppenmitglieder, die an den Diebstählen vor Ort mitgewirkt haben, während die Hintermänner bis zum Schluss unbekannt geblieben sind. Eine besondere Schwierigkeit bestand sicherlich darin, dass sich die Hintermänner in Kolumbien aufhielten.

Dieses Muster findet sich auch in weiteren Fällen wie etwa im Drogenkoffer-Fall, im Falsche-Polizisten-Fall, im Geldautomaten-Fall oder auch im Phishing-Fall. Auch in diesen Fällen hielten sich die Hintermänner (oder Drahtzieher) bekanntermaßen im Ausland auf, mit der Folge, dass sich die Ermittlungen hauptsächlich gegen die ausführenden Täter richteten, die die Taten auf deutschem Boden verübt hatten und auch hier festgenommen werden konnten. Beim Sprinter-Fall spricht einiges dafür, dass die Sachlage ähnlich war. So war in den zwischen den Tätern ausgetauschten Textnachrichten von „Russen" die Rede, bei denen es sich vermutlich um die Führungspersonen handelte. Außerdem legt auch der hohe Organisationsgrad der Taten nahe, dass die Planung auf eine bestimmte Person und nicht lediglich auf Absprachen der ausführenden Täter untereinander zurückging. Letztlich blieb es jedoch bei vagen Anhaltspunkten, da nähere Informationen über die Identität der Hintermänner nicht in Erfahrung gebracht werden konnten.

b) Verfahren mit Urteilen, die sich (auch) auf Führungspersonen beziehen

Nur in wenigen Verfahren wurden auch die Führungspersonen der jeweiligen Gruppierung verurteilt. Dies betraf etwa G im Wasserpfeifentabak-Fall. G war der Vorstandsvorsitzender der G-AG, und auf ihn gingen letztlich sämtliche Schmuggel-Aktivitäten zurück, die Gegenstand des Urteils waren. Im China-Bordell-Fall lag eine vergleichbare Konstellation vor, mit Z als Chef bzw. „LaoDa", der – zumindest in faktischer Hinsicht – die Geschäfte der über 30 Prostitutionsstätten leitete.

c) Fazit

Es überwiegt der Eindruck, dass die Verfahren sich weitestgehend auf das Ausführungspersonal beziehen – und nicht auf die Hintermänner bzw. Führungspersonen. Im Übrigen erhält die Bezeichnung Hintermann mit Blick auf die untersuchten Fälle eine sehr klare Kontur. Zum einen führen die Hintermänner in den betreffenden Fällen[942] keine gegenständlichen Handlungen aus, vielmehr beschränken sie sich auf die Erteilung von Anweisungen. Zum anderen befinden sie sich im Ausland – was eine zusätzliche Erschwernis für die Ermittlungsbehörden darstellt. Bei denjenigen Führungspersonen, die ermittelt und in der Folge auch verurteilt werden konnten, lagen diese beiden Kriterien nicht vor. Sowohl G im Wasserpfeifentabak-Fall als auch Z im China-Bordell-Fall hielten sich in Deutschland auf, zudem wurden sie selbst handelnd tätig. So erledigte etwa G bisweilen auch Zollformalitäten, um den Tabakschmuggel zu ermöglichen, und Z war teilweise damit beschäftigt, Prostituierte vom Flughafen abzuholen und in die Bordelle zu bringen. Insofern würde für Z und G die Bezeichnung „Hintermann" nicht passen.

Im Ergebnis lässt sich die formulierte These insoweit bestätigen, als es um Gruppierungen geht, die von Hintermännern im Ausland geführt werden. Diese blieben in den untersuchten Fällen von der Strafverfolgung verschont. Soweit sich die Führungspersonen jedoch in Deutschland aufhalten und aktiv an den kriminellen Betätigungen mitwirken, lässt sich die These nicht aufrechterhalten.

---

942 Rip-Deal-Fall, Endoskope-Fall, Geldautomaten-Fall, Drogenkoffer-Fall, Falsche-Polizisten-Fall, Phishing-Fall.

2. Zweite Hypothese: In den Verfahren finden sich Beispiele extensiver Auslegung täterschaftlicher Beteiligung.

Zunächst lässt sich feststellen, dass in den meisten, nämlich in neun der 13 untersuchten Verfahren ausschließlich wegen mittäterschaftlicher Begehung verurteilt wurde. In zwei Verfahren kam neben der Mittäterschaft auch Beihilfe zur Anwendung. Des Weiteren gab es zwei Verfahren, in denen ausschließlich wegen Beihilfe verurteilt wurde. Prima facie wird somit der Eindruck bestätigt, dass vor allem die Mittäterschaft für den Bereich der organisierten Kriminalität besonders relevant ist. Im Sinne einer qualitativen Betrachtung soll es jedoch mit einer rein zahlenmäßigen Betrachtung nicht sein Bewenden haben. Vielmehr soll der Blick auf die einzelnen Fälle gerichtet werden, um zu untersuchen, ob sich Tendenzen erkennen lassen, die für eine extensive Anwendung täterschaftlicher Begehungsformen sprechen. Unter extensiver Anwendung soll dabei die Heranziehung täterschaftlicher Beteiligungsformen in solchen Konstellationen verstanden werden, in denen prinzipiell eine der beiden Teilnahmeformen, also Anstiftung und Beihilfe, geeigneter erscheint. Soweit im Einzelfall eine extensive Anwendung der täterschaftlichen Begehungsformen erfolgt, kommen grundsätzlich zwei Erklärungsansätze für diese Handhabung in Betracht. Entweder wird an den Sachverhalt selbst angeknüpft, indem etwa Unterstützungshandlungen mit Blick auf das Gepräge der Tat zu täterschaftlicher Begehung aufgewertet werden, oder der Grund kann in der angewendeten Strafnorm selbst liegen. So gibt es im Haupt- und Nebenstrafrecht nicht wenige Normen, in denen Unterstützungshandlungen als tatbestandsmäßiges Verhalten normiert sind. Die folgende Darstellung soll entlang dieser zwei Varianten erfolgen.

a) Extensive Auslegung täterschaftlicher Begehungsformen aufgrund tatsächlicher Gegebenheiten

Als Beispiele für diese Variante lassen sich der Endoskope-Fall und der Sprinter-Fall anführen.

Im Endoskope-Fall wurden beide Beteiligten als Mittäter bestraft, also auch L, der an der Entwendung der Endoskope selbst nicht mitgewirkt hat, sondern vor den Krankenhäusern im Auto bereitstand, um nach erfolgter Entwendung der Endoskope – gemeinsam mit M – den Tatort schnellstmöglich verlassen zu können. Bei dem Tatbeitrag des L handelt es sich in objektiver Hinsicht eher um eine Unterstützungs- bzw. Beihilfehandlung. Warum das Gericht dennoch von mittäterschaftlicher Begehung ausgegangen ist, führt es nicht aus.[943] Es scheint jedoch, als habe die Stellung des L in der Organisationsstruktur eine Rolle gespielt. So ist er umfänglich an der Vorbereitung der Taten beteiligt, indem er weite Strecken mit dem Auto zurücklegt – einerseits zwecks Auskundschaftung der Krankenhäuser und andererseits anlässlich der Fahrten zu den Tatorten. Er verbringt auch viel Zeit mit den anderen Tatbeteiligten, sodass von einer gewissen Gruppenidentität ausgegangen werden kann – zumal die Beteiligten allesamt aus Kolumbien stammen und in Deutschland kaum über soziale Kontakte verfügen. Im Ergebnis wirkt sich somit die organisatorische und soziale Einspannung des L täterschaftsbegründend bzw. -begünstigend aus.

Im Sprinter-Fall wurden ebenfalls alle Beteiligten wegen Mittäterschaft verurteilt. Dass in diesem Fall Unterstützungshandlungen als täterschaftliche Begehung eingeordnet wurden, ist zwar nicht erkennbar. Als Beispiel für eine extensive Auslegung der Mittäterschaft bietet sich dieser Fall jedoch insofern an, als den einzelnen Beteiligten kaum konkrete Tathandlungen nachgewiesen werden konnten. So konnte zwar festgestellt werden, wer an den einzelnen Taten mitgewirkt hat; in welchem Umfang und in welcher Form die Mitwirkung jeweils stattgefunden hat, konnte hingegen – abgesehen vom anderweitig verfolgten J – nicht ermittelt werden. Dem Gericht war es mithin nicht möglich, zwischen den verschiedenen Tatbeiträgen zu differenzieren, woraufhin es offenbar einheitlich für alle Beteiligten Mittäterschaft annahm.[944] Bei der Strafzumessung wurde zwar eine Differenzierung vorgenommen, allerdings erfolgte diese nicht anhand einer Gewichtung der jeweiligen Tatbeiträge, sondern anhand der Anzahl der Taten, an denen der jeweilige Beteiligte mitgewirkt hat.

Es sollte jedoch auch betont werden, dass in manchen Fällen eine Differenzierung zwischen den jeweiligen Tatbeiträgen sehr wohl erfolgte und auch bei der Zuordnung zu den verschiedenen Beteiligungsformen Niederschlag fand. So wurden im Falsche-Polizisten-Fall die meisten Beteiligten als Mittäter bestraft – mit Ausnahme des F, den das Gericht als Gehilfen

---

943 Die Ausführungen des Gerichts sind an dieser Stelle etwas knapp. So differenziert das Gericht auch nicht zwischen den beiden Beteiligten, obwohl sich die Tatbeiträge – wohl auch hinsichtlich der Qualität – voneinander unterscheiden.

944 Zu beachten ist in diesem Zusammenhang sicherlich, dass das Urteil auf einer Verständigung beruhte – und mithin bei der Abfassung des Urteils vermutlich nicht in gleichem Maße wie sonst auf eine Revisionsfestigkeit geachtet wurde.

ansah. Dessen Gehilfenstellung wurde damit begründet, dass er ausschließlich als Fahrer tätig geworden sei, an der unmittelbaren Ausführung der Betrugshandlungen nicht mitwirkt habe und auch sonst nicht in die Tatorganisation eingespannt gewesen sei. H und M wurden dagegen auch hinsichtlich solcher Taten als Mittäter verurteilt, in denen sie (zumindest in objektiver Hinsicht) lediglich als Fahrer fungierten. Die Mittäterschaft habe sich jeweils daraus ergeben, dass sie in hohem Maße an der Planung und Organisation der Taten mitgewirkt hätten.[945]

b) Extensive Auslegung täterschaftlicher Begehung aufgrund normativer Aspekte

Normative Anknüpfungspunkte für eine extensive Auslegung täterschaftlicher Begehung lassen sich im Wasserpfeifentabak-Fall, im Drogenkoffer-Fall und im Schlepper-Fall feststellen.

Im Wasserpfeifentabak-Fall ist insbesondere bemerkenswert, dass auch die Sekretärin B als Mittäterin verurteilt wurde, obwohl sie stets nur auf Anweisung gehandelt und auch nicht am Tatertrag partizipiert hat. Dass sie dennoch als Mittäterin bestraft wurde, dürfte insbesondere auf die Natur des Tatbestandsmerkmals ‚Hinterziehen‘ in § 373 AO zurückzuführen sein. Dieser Begriff ist relativ weit und umfasst ein breites Spektrum an möglichen Teilhandlungen, von der Beschaffung der Waren über die Erledigung der Zollformalitäten bis hin zum Transport über die Grenze.[946] Soweit die Tat in einem organisatorischen Rahmen stattfindet, sind mithin alle Personen, die jeweils eine der Teilhandlungen vornehmen, als Täter zu bestrafen. Dass damit eine extensive Auslegung (mit-)täterschaftlicher Beteiligung einhergeht, dürfte auf der Hand liegen, letztlich aber auch der Intention des Gesetzgebers entsprechen.

Die Angeklagten G und D im Drogenkoffer-Fall waren im Grunde mit der Erledigung von Hilfsaufgaben betraut. G war für die Präparierung der Koffer zuständig und D für die Buchung der Flüge. Das Gericht nahm dennoch sowohl für G als auch für D Mittäterschaft bezüglich des Handeltreibens gemäß § 30a Abs. 1 BtMG an, da es zum einen die jeweiligen

---

945 Auch an diesem Fall lässt sich somit erkennen, dass die organisatorische Einbindung ein entscheidendes Kriterium für die Annahme von Mittäterschaft ist bzw. sein kann.

946 MüKoStGB/*Ebner* § 373 AO Rn. 44. Als Beihilfehandlung wird dagegen etwa die bloße Anwesenheit beim Entladen des Schmuggelguts genannt (Rn. 46).

Tatbeiträge als wesentlich für das Gelingen des interkontinentalen Drogenhandels ansah und zum anderen von einer organisatorisch verfestigten Stellung beider Angeklagter ausging. Dass die Tatbeiträge essentiell waren, lässt sich kaum in Abrede stellen; denn ohne das aufwendige Verstecken der Drogen in den Koffern hätte der Transport wohl von vornherein nicht erfolgreich bewerkstelligt werden können. Das gleiche gilt auch für die – mit nicht geringerem Aufwand betriebene – Buchung der Flüge. Allerdings fällt es doch schwer, diese Tätigkeiten unter den Begriff des Handeltreibens zu subsumieren, selbst wenn zu bedenken ist, dass der Begriff ein sehr breites Spektrum an möglichen Tathandlungen umfasst.[947] Entscheidend dürfte letztlich die organisatorische Einbindung der Angeklagten in ein weltweit operierendes Drogennetzwerk gewesen sein. Mithin beruht in diesem Fall die extensive Anwendung der Täterschaft nicht allein auf normativen, sondern auch auf tatsächlichen Aspekten.

Ein besonders auffälliges Beispiel für die normative Ausweitung täterschaftlicher Begehungsformen findet sich im Schleusungsfall in Gestalt des § 96 AufenthG. In dieser Norm ist die tatbestandliche Handlung, wegen der auch K verurteilt wurde, mit ‚Hilfeleisten‘ umschrieben. Abgrenzungen zwischen Täterschaft und Teilnahme erübrigen sich daher weitgehend. Eine Besonderheit der Vertatbestandlichung von Unterstützungshandlungen ergibt sich jedoch daraus, dass der Unterstützungsbeitrag auch gemeinschaftlich, also mittäterschaftlich erbracht werden kann.[948] Dies ist bei der Beihilfe nach § 27 StGB nicht möglich.[949]

c) Fazit

Anhand der untersuchten Fälle ist erkennbar, dass in Sachverhalten organisierter Kriminalität eine extensive Anwendung täterschaftlicher Begehungsformen in besonderem Maße zu beobachten ist. Die zweite These lässt sich also bestätigen.

---

947 Im Wesentlichen reicht die Bandbreite möglicher Tathandlungen von der Produktion über den Ankauf bis zum Verkauf von Betäubungsmitteln, Patzak/Volkmer/Fabricius/*Patzak*, BtMG § 29 Rn. 251-327.

948 Nach der Vorgängernorm (§ 92a AuslG), in der die Hilfeleistung nicht als täterschaftliche Begehung normiert war, waren insofern die Anforderungen an die Zurechnung fremder Tatbeiträge deutlich höher, vgl. BayObLG StV 2000, 367 (368).

949 Die gemeinschaftliche Beihilfe gemäß §§ 27, 25 Abs. 2 StGB ist bislang nur selten thematisiert worden. Soweit ersichtlich, scheint es sich indes nicht um eine vom StGB vorgesehene Rechtsfigur zu handeln, vgl. auch die Ausführungen unter E.IV.5.a).

Die organisatorische Einpassung der Tatbeteiligten hat zum einen die Wirkung, dass diese eher als Mittäter angesehen werden. Hauptsächlich wird dabei das Tatinteresse eines Gruppierungsmitglieds aufgrund der Mitgliedschaft als hoch angesehen. Zum anderen führt die Einpassung in eine Organisationsstruktur bisweilen dazu, dass die Gerichte über mangelnde Aufklärung individueller Tatbeiträge hinwegsehen, also in objektiver Hinsicht keine Differenzierungen zwischen den jeweils Beteiligten vornehmen.

Sodann lassen sich auch mit Blick auf normative Aspekte einheitstäterschaftliche Tendenzen erkennen. So finden sich gerade in Deliktstatbeständen, die für den Bereich organisierter Kriminalität typisch sind, Tathandlungen, die ein weites Spektrum subsumierbarer Verhaltensweisen erfassen. Offensichtlich wird diese tatbestandliche Weite vor allem anhand des „Handeltreibens" gemäß §§ 29 ff. BtMG, unter das sämtliche Teilhandlungen von der Produktion bis zur Lieferung gefasst werden können. Dass sich entsprechende Delikte[950] gerade im Bereich organisierter Kriminalität finden, ist auch kein Zufall. Schließlich handelt es sich um Delikte, deren erfolgreiche Begehung das kollektive Zusammenwirken mehrerer Personen bedingt.

3. Dritte Hypothese: Keiner der beteiligten Akteure wird wegen mittelbarer Täterschaft kraft Organisationsherrschaft verurteilt.

Entsprechend den Ausführungen zur ersten These richteten sich die untersuchten Verfahren kaum gegen die jeweiligen Führungspersonen der Gruppierung. Vor diesem Hintergrund erscheint es auch nicht überraschend, dass die mittelbare Täterschaft kraft Organisationsherrschaft in keinem der Verfahren eine Rolle gespielt hat. Nicht ein einziges Mal wurde auch nur in einem der Ermittlungsverfahren ein entsprechender Verdacht geäußert (bzw. aktenmäßig festgehalten).[951]

---

950 Neben §§ 29 ff. BtMG war das in den vorliegenden Fällen § 96 AufenthG und § 373 AO.

951 Zu beachten ist, dass die Rechtsfigur auch auf Akteure anwendbar ist, die nicht an der Spitze der Hierarchie zu verorten sind. *Roxin*, GA 1963, 193 (203), spricht insofern von einer „längere[n] Kette von ‚Tätern hinter dem Täter'". Allerdings bedürfte es insofern eines sehr aufwendigen und großen Machtapparates, der im Bereich organisierter Kriminalität wohl nur in besonderen Ausnahmefällen denkbar ist. In Betracht kämen höchstens mafiöse Organisationen oder Rockergruppierungen, eventuell auch clanmäßige Zusammenschlüsse.

Da die Angeklagten und Verurteilten in den untersuchten Verfahren zumeist nicht zur Führungsriege der Gruppierung zählten, soll im Rahmen einer hypothetischen Betrachtung untersucht werden, ob die Führungspersonen – soweit vorhanden – möglicherweise wegen mittelbarer Täterschaft kraft Organisationsherrschaft hätten verurteilt werden können. Als Maßstab wird nicht auf das vom BGH formulierte Kriterium der regelhaften Abläufe abgestellt, da dieses nur bedingt eine trennscharfe Subsumtion ermöglicht. Die Untersuchung erfolgt vielmehr entlang der Kriterien, die nach *Roxin*, dem Begründer der Rechtsfigur, erfüllt sein müssen.[952] Zunächst wird also danach gefragt, ob den Führungspersonen eine Art Befehlsmacht zukommt. Sodann wird untersucht, ob in den analysierten Verfahren jeweils von einer Fungibilität derjenigen Gruppierungsmitglieder ausgegangen werden kann, die auf der Ausführungsebene tätig geworden sind. Zum Schluss wird der Frage nachgegangen, ob Anzeichen für eine Rechtsgelöstheit der Zusammenschlüsse erkennbar sind.

a) Befehlsmacht

Die Ausübung von Befehlsmacht knüpft an das Vorliegen hierarchischer Strukturen an, durch die Befehls- bzw. Anweisungsrichtungen vorgezeichnet sind. Es muss insofern festgelegt und für alle Mitglieder klar ersichtlich sein, dass Entscheidungen von bestimmten Individuen getroffen werden – und nicht Gegenstand eines Aushandlungsprozesses sind.

In den untersuchten Verfahren gab es einige Fälle, in denen die jeweiligen Gruppierungen von einer relativ strengen hierarchischen Ordnung geprägt waren. So traf etwa im Endoskope-Fall der Hintermann in Kolumbien alle wesentlichen Entscheidungen, wie zum Beispiel die Auswahl der näher auszukundschaftenden Krankenhäuser. Im Drogenkoffer-Fall bestimmten die Hintermänner W und B über Menge und Zielort der zu transportierenden Drogen, G führte diese Vorgaben im Wesentlichen nur aus, indem er die Koffer entsprechend präparierte. Dass Entscheidungen

---

952 Letztlich dürfte auch das Verständnis der Rechtsprechung ideengeschichtlich von *Roxin* geprägt sein. Entsprechend den Ausführungen des ehemaligen Richters am BGH *Nack* wurde im Mauerschützenurteil von einer Heranziehung der Kriterien vor allem deshalb abgesehen, damit die Rechtsfigur auch auf kleinere Wirtschaftsbetriebe angewendet werden könne. Anstelle von Fungibilität und Rechtsgelöstheit wurde nur allgemein von Automatismen oder Regelhaftigkeiten gesprochen, aufgrund derer der Befehlsgeber davon ausgehen könne, dass erteilte Befehle ohne Weiteres umgesetzt würden, siehe unter E.I.3.c)aa)(3).

über die Gliederungsebenen hinweg im Wege gegenseitigen Austauschs getroffen worden wären, ist nicht ersichtlich. Das gleiche gilt auch für den Falsche-Polizisten-Fall, wo eine hierarchische Strukturierung relativ deutlich zu erkennen war, mit den Hintermännern in Izmir an der Spitze, dem Logistiker G auf einer Zwischenebene, und den Abholern bzw. Fahrern auf der unteren Ebene. Auch beim China-Bordell-Fall waren klare Anweisungs- und Befehlswege zu erkennen. Alle wesentlichen Entscheidungen traf Z. Auf einer Zwischenebene verfügten auch die einzelnen Inhaberinnen der Bordelle über Anweisungsbefugnisse, Adressaten waren insofern Personen auf der untersten Ebene, die Hilfstätigkeiten, also Aufpasser- und Fahrdienste erfüllten.

Insgesamt zeigte sich, dass das Kriterium der Befehlsmacht in den untersuchten Fällen mitunter wiederzufinden war. Zu beachten ist sicherlich, dass es sich bei diesem Kriterium um dasjenige mit den wohl geringsten Anforderungen handelt. Dass nämlich innerhalb einer Gruppierung Entscheidungen durch eine (Führungs-)Person getroffen und nicht im Dialog ausgehandelt werden, dürfte auch insgesamt in kriminellen Gruppierungen grundsätzlich nicht selten der Fall sein.

b) Fungibilität

Fungibel ist eine Person dann, wenn sie austauschbar ist, wenn es also für die Erreichung des tatbestandlichen Erfolgs nicht auf sie ankommt, weil eine andere, ebenso geeignete Person bereitsteht, um die Tat an ihrer statt zu begehen. Klassisches Beispiel ist der Soldat einer Armee, die aus einem gleichsam unerschöpflichen Reservoir an potenziellen Befehlsvollstreckern besteht. Im Folgenden soll der Blick auf die Frage gerichtet werden, ob in den Fällen jeweils die Weigerung des angewiesenen Individuums dazu führen würde, dass die Tat nicht (bzw. nur unter Inkaufnahme einer wesentlichen zeitlichen Zäsur) begangen würde. Eingegangen werden soll dabei nur auf solche Verfahren, in denen Anhaltspunkte für Fungibilität zu erkennen sind.

Besonders deutlich lassen sich Anzeichen für Fungibilität des ausführenden Personals im Drogenkoffer-Fall erkennen. So stand den Organisatoren eine große Zahl an Kurieren zur Verfügung, die für den Transport der Drogen eingesetzt wurden. Dem Aktenmaterial lässt sich auch nicht entnehmen, dass die Rekrutierung neuen Personals besondere Probleme bereitet hätte. Im Gegenteil, dem K gelang es immer wieder, neue Personen anzuwerben – was sicherlich auch daran lag, dass die an die Kuriere gestellten

Anforderungen relativ gering waren. Diese mussten sich nämlich nur in die Zielländer begeben und bei der Einreisekontrolle einen möglichst unauffälligen Eindruck machen. Im Ergebnis erscheint die Annahme gerechtfertigt, dass der erfolgreiche Transport der Drogen nicht an der Weigerung eines einzelnen Kuriers gescheitert wäre.

Die Ausgangslage im Falsche-Polizisten-Fall ist ganz ähnlich. Auch dort konnte offenbar ohne größere Probleme neues Personal dafür gewonnen werden, als Abholer bzw. Fahrer an den Betrugstaten mitzuwirken. So führte etwa die Festnahme von H und M nicht dazu, dass die Aktivitäten der Gruppierung ins Stocken gerieten. Vielmehr konnten umgehend T und X rekrutiert werden, um die Ausführung derjenigen Taten zu übernehmen, für die ursprünglich H und M vorgesehen waren. Zu beachten ist jedoch, dass insbesondere die Tätigkeit als Abholer gewisse Fähigkeiten erforderte. So musste die betreffende Person dem Opfer – ohne Uniform und Dienstmarke – glaubhaft vorspiegeln können, als Polizist im Einsatz zu sein. Dass dafür nicht jede beliebige Person geeignet ist, lässt sich auch daran erkennen, dass die Opfer in einigen Fällen aufgrund unprofessionellen Auftretens der Abholer Verdacht schöpften und letztlich von einer Herausgabe der Wertgegenstände absahen. Mithin dürfte hinsichtlich der Abholer im Ergebnis nicht von Fungibilität auszugehen sein.

Im Geldautomaten-Fall lässt sich nur schwer eine eindeutige Aussage treffen, da über die Organisationsstruktur der Gesamtgruppierung nur wenig bekannt ist – wenn auch vieles dafür spricht, dass es sich um eine sehr große Organisation handelt und bei weitem nicht alle beteiligten Personen ermittelt werden konnten. Jedoch wird bereits am vorliegenden Aktenmaterial deutlich, dass es den Führungsleuten offenbar gelang, ständig neues Ausführungspersonal anzuwerben. So entsteht letztlich der Eindruck, dass die einzelnen Personen im Grunde austauschbar, also fungibel waren.

Im Ergebnis lassen sich in zwei Verfahren Anhaltspunkte für Fungibilität des ausführenden Personals erkennen. Anders als bei dem typischen Beispiel einer Armee, bestehend aus Hunderten befehlsempfänglicher Soldaten, geht es hier um fortlaufende Rekrutierungsprozesse, durch die ein ständig neuer Bedarf an Personal gedeckt wird. Der Unterschied besteht mithin darin, dass die Personen erst noch rekrutiert werden müssen, wohingegen die Soldaten einer Armee quasi schussbereit zur Verfügung stehen. Nach hier vertretener Ansicht führt dieser Unterschied jedoch nicht dazu, dass in der Rekrutierungsalternative die Fungibilität zu verneinen wäre. Denn auch insofern ist in hinreichendem Maße gewährleistet, dass die Tat trotz individueller Weigerung (ohne wesentliche zeitliche Zäsur) ausgeführt würde.

c) Rechtsgelöstheit

Das Kriterium der Rechtsgelöstheit bezieht sich weniger auf die einzelnen Akteure, sondern auf die Organisation als solche. Als rechtsgelöst ist eine Organisation nach Ansicht von *Roxin* dann anzusehen, wenn sie sich so weit von den Einflüssen des geltenden Rechts entfernt hat, dass es für Mitglieder der Organisation – in einem praktischen Sinne – ausgeschlossen erscheint, sich gegen Anweisungen zu verbotenem Verhalten unter Inanspruchnahme des Rechtswegs zur Wehr zu setzen. Besonders deutlich tritt die Rechtsgelöstheit bei bestimmten Formen der Staatskriminalität zutage. So gibt es etwa für Befehlsempfänger eines diktatorischen Regimes in der Regel keine Möglichkeit, durch gerichtliche Instanzen die Rechtmäßigkeit bzw. Rechtswidrigkeit einer Anweisung (verbindlich) klären zu lassen. Im Kontext von Kriminalität durch Wirtschaftsunternehmen wird die Meinung vertreten, dass diese per se nicht rechtsgelöst sein könnten. Denn in aller Regel kann von Angestellten eines Unternehmens verlangt werden, von der Befolgung rechtswidriger Anweisungen abzusehen und gegebenenfalls rechtliche Hilfe in Anspruch zu nehmen.[953] Bei organisierter Kriminalität erscheint die Annahme von Rechtsgelöstheit demgegenüber nicht von vornherein ausgeschlossen. Allerdings dürften die Anforderungen nur selten erfüllt sein. In Betracht zu ziehen ist Rechtsgelöstheit etwa bei mafiösen Organisationen oder Clan-Strukturen, soweit sich in ihnen Formen einer Paralleljustiz herausgebildet haben.[954]

Bei den organisatorischen Zusammenschlüssen der untersuchten Verfahrensakten handelt es sich lediglich in zwei Fällen um gesellschaftsrechtlich

---

953 An diesem Aspekt wird auch der Unterschied zwischen den Kriterien von *Roxin* und den vom BGH für wesentlich erachteten „regelhaften Abläufen" erkennbar: Wo mit den Kriterien von *Roxin* Wirtschaftsunternehmen aus dem Anwendungsbereich der Rechtsfigur praktisch von vornherein ausscheiden, ist das Kriterium der „regelhaften Abläufe" quasi speziell auf Wirtschaftsbetriebe zugeschnitten. Die Rechtsprechung des BGH zugrunde gelegt, hätte es im Wasserpfeifentabak-Fall durchaus nahegelegen, mittelbare Täterschaft kraft Organisationsherrschaft aufseiten des M in Betracht zu ziehen. Aber vermutlich war er dafür zu sehr selbst in die unmittelbaren kriminellen Handlungen involviert, was – ungeachtet einer Regelhaftigkeit der Abläufe – für Mittäterschaft sprechen würde.

954 Anzeichen für eine solche Paralleljustiz sieht etwa *Liebl*, Wirtschafts- und organisierte Kriminalität, S. 27.

verfasste Unternehmen, nämlich im Wasserpfeifentabak-Fall und im Lauf-haus-Fall – weswegen insoweit eine Rechtsgelöstheit (von vornherein) aus-scheidet. Aber auch bei den meisten anderen Verfahren ist die Annahme einer Rechtsgelöstheit fernliegend. In keinem der Verfahren sind Anhalts-punkte dafür ersichtlich, dass es spezielle, mit staatlichem Recht in Konkur-renz tretende Regelwerke gab. Sicherlich ist es nicht auszuschließen, dass entsprechende Regelungen vorhanden waren, mit Blick auf Geheimhal-tungsvereinbarungen jedoch nicht nach außen gedrungen sind. Allerdings erscheinen die meisten Gruppierungen auch nicht hinreichend groß und verfestigt, als dass rechtliche Parallelwelten im Bereich des Vorstellbaren wären. Lediglich bei den Gruppierungen im Drogenkoffer-, Falsche-Poli-zisten- und Geldautomaten-Fall handelt es sich um größere Organisatio-nen. Dafür, dass es den Mitgliedern der jeweiligen Gruppierungen in einem praktischen Sinne unmöglich gewesen wäre, Anweisungen nicht zu befol-gen, gibt es jedoch auch in diesen Fällen keine Anhaltspunkte.

d) Fazit

Befehlsmacht entlang hierarchischer Strukturen lässt sich zwar in einigen Gruppierungen wiederfinden. Anzeichen für eine Fungibilität des Ausfüh-rungspersonals könnten noch in drei Fällen erblickt werden.[955] Anhalts-punkte für eine Rechtsgelöstheit ließen sich jedoch in keinem der Fälle erkennen. Selbst wenn man die Führungspersonen ermittelt und festge-nommen hätte, wäre es mithin nicht zu erwarten gewesen, dass es zu einer Verurteilung wegen mittelbarer Täterschaft kraft Organisationsherr-schaft gekommen wäre. Insgesamt scheint nicht damit zu rechnen zu sein, dass mittelbare Täterschaft kraft Organisationsherrschaft für den Bereich der organisierten Kriminalität in Zukunft eine nennenswerte Rolle spielen wird.[956]

---

955 Drogenkoffer-Fall, Geldautomaten-Fall, Falsche-Polizisten-Fall.
956 Was die Anwendungswahrscheinlichkeit der Organisationsherrschaft in Fällen or-ganisierter Kriminalität betrifft, ist im Übrigen zu gewärtigen, dass in keinem Ver-fahren eine so hohe Anzahl an Einzeltaten vorhanden gewesen ist, dass deren kon-kurrenzrechtliche bzw. tateinheitliche Zusammenfassung durch die Klammer der Organisationsherrschaft in praktischer Hinsicht erforderlich erschiene (Stichwort: uneigentliches Organisationsdelikt).

4. Vierte Hypothese: Neuartige, psychologisierende Varianten strafrechtlicher Beteiligung kommen in den Verfahren nicht zur Anwendung.

Die Entscheidungen des BGH, auf die in der (vierten) These abgehoben wird, betreffen Sachverhalte aus dem Bereich des politischen Terrorismus (NSU) und der Staatskriminalität (NS-Verbrechen). Fraglich ist, ob die entsprechenden Rechtsfiguren auch im Zusammenhang mit organisierter Kriminalität Anwendung finden können.

a) Psychische Mittäterschaft

Im Urteil zu den NSU-Morden wurde die Angeklagte Zschäpe als Mittäterin angesehen, obwohl sie weder an den Ausführungshandlungen selbst mitgewirkt noch sich im Rahmen der Vorbereitung in besonderem Maße hervorgetan hatte. Begründet wurde die Mittäterschaft stattdessen mit dem hohen Grad an Identifikation der Angeklagten mit den verübten Taten. In den hier untersuchten Verfahrensakten waren keine Anwendungsfälle von Formen psychischer Mittäterschaft zu finden. Zwar ist zu bedenken, dass die Verfahren allesamt bereits abgeschlossen waren, bevor die Entscheidung im NSU-Verfahren ergangen ist. Eine Heranziehung der (neuen) Rechtsprechung kam somit von vornherein nicht in Betracht. Allerdings lassen sich auch in keinem der Verfahren Anhaltspunkte dafür erkennen, dass es (passiv) Beteiligte gab, die sich – wie die Angeklagte Zschäpe – in ideeller Hinsicht mit den Taten identifiziert hätten. Allen Beteiligten ging es – soweit erkennbar – ausnahmslos um finanzielle Interessen.[957] Ob finanzielle Interessen ähnlich wie politische bzw. ideologische Ziele zu einer mittäterschaftsbegründenden Identifikation taugen, darf jedoch bezweifelt werden.

b) Psychische Beihilfe durch organisationsbezogene Handlungen

Die psychische Beihilfe durch organisationsbezogene Beiträge sah der BGH – wenn auch nicht unter dieser Bezeichnung – im Urteil gegen den KZ-Wachmann Gröning als gegeben an. So habe er zwar (mit Blick auf seine

---

957 Einzig im Schlepper-Fall gab der Angeklagte K an, aus anderweitigen, namentlich altruistischen Motiven gehandelt zu haben – was vom Gericht jedoch als bloße Schutzbehauptung gewertet wurde.

Tätigkeit in der „Häftlingsgeldverwaltung") keinen Tatbeitrag geleistet, der unmittelbar die Tötung von KZ-Insassen gefördert hätte. Allerdings habe er den Betrieb des KZ aufrechterhalten, wodurch sich die Führungspersonen in ihrem mörderischen Vorhaben bestätigt gefühlt hätten. In den untersuchten Verfahren findet sich kein Beispiel, in dem ebenso deutlich die psychische Wirkung organisationsbezogener Handlungen zur Begründung der Beihilfe herangezogen worden wäre. Ansätze lassen sich jedoch im China-Bordell-Fall erkennen. Dort wurden die formellen Inhaberinnen der Betriebsstätten unter anderem wegen Beihilfe zur Steuerhinterziehung verurteilt, obwohl sie selbst nicht aktiv an den Hinterziehungshandlungen mitgewirkt hatten. Die Verurteilung wegen Beihilfe beruhte darauf, dass durch ihre Handlungen das Geschäftssystem aufrechterhalten werden konnte und die Steuerhinterziehung des Z ermöglicht worden sei. Zweifel an der Vergleichbarkeit der beiden Sachverhalte ergeben sich jedoch mit Blick darauf, dass die Angeklagten im China-Bordell-Fall in persönlichem Austausch mit der Führungsperson Z standen und einen Teil der betrieblichen Angelegenheiten auch in eigener Verantwortung erfüllten, wohingegen sich die Mitwirkung Grönings, der im Übrigen auch nicht in unmittelbarem Kontakt zum Leitungspersonal stand, auf absolute Hilfsaufgaben beschränkte. Ihre Brisanz erhält diese Rechtsfigur nämlich gerade erst dadurch, dass Personen (als Teilnehmer) bestraft werden, die *ausschließlich* mit Nebentätigkeiten befasst waren.

c) Fazit

Im Ergebnis bleibt festzuhalten, dass die dargestellten neueren Formen psychologisierender Beteiligung in den untersuchten Verfahren nicht zur Anwendung kamen. Es überwiegt der Eindruck, dass Fälle organisierter Kriminalität sich auch im Allgemeinen nicht für die Anwendung solcher Beteiligungsvarianten eignen, die ein besonders hohes Maß an Identifikation des Einzelnen mit dem Kollektivziel voraussetzen. Perspektivisch erscheint es möglich, dass entsprechende Beteiligungsarten künftig im Zusammenhang mit Clankriminalität zur Anwendung kommen könnten. Denn insofern dürfte über finanzielle Interessen hinaus auch die Familienehre als Identifikationsgrundlage in Betracht kommen. Zudem bestehen Clanverbindungen bisweilen aus sehr vielen Personen, die jeweils unterschiedliche Funktionen wahrnehmen. Dass auch Personen, die nur (vermeintliche) Nebentätigkeiten erfüllen, wegen der psychologischen Wirkung ihrer Beiträge belangt werden können, erscheint somit zumindest nicht ausgeschlossen.

5. Fünfte Hypothese: Keiner der beteiligten Akteure wird als Anstifter verurteilt.

Eine Verurteilung wegen Anstiftung findet sich in kein Urteil. Auch im Rahmen der Ermittlungsverfahren kam es nicht vor, dass ein entsprechender Verdacht geäußert wurde. Im Rahmen des dogmatischen Teils wurde die geringe Relevanz der Anstiftung für den Bereich organisierter Kriminalität zum einen damit erklärt, dass die Abläufe und Strukturen innerhalb der Gruppierungen häufig nicht ermittelbar waren und somit Aussagen zur Entstehung bzw. Hervorrufung der jeweiligen Tatentschlüsse nur schwer getroffen werden konnten. Zum anderen besteht die Annahme, dass die Taten, zu denen der Angewiesene veranlasst werden soll, in Fällen organisierter Kriminalität angesichts der häufig seriellen Begehung möglicherweise nicht in hinreichendem Maße konkretisiert werden (können).⁹⁵⁸

a) Erster Erklärungsansatz: Schwierigkeiten bei der Ermittlung der Entstehung des Tat-enschlusses

Zwar lässt sich auch mit Blick auf die untersuchten Verfahren bestätigen, dass häufig die Entstehung der Tatentschlüsse nicht bzw. nur in unzureichendem Maße nachvollzogen werden kann. So konnte etwa im Laufhaus-Fall nicht der Inhalt der Abrede ermittelt werden, die R mit den Rocker- und Türstehervereinigungen getroffen hatte – weshalb es auch keinen Beweis dafür gab, dass R diese zu den Taten nach § 232 StGB angestiftet hätte. Allerdings gab es auch Verfahren, in denen sehr wohl konkrete Aussagen zur Hervorrufung der Tatentschlüsse möglich waren. Dies betraf insbesondere Rekrutierungs- und Anwerbungskonstellationen. So war im Falsche-Polizisten-Fall der Angeklagte G damit betraut, Personen anzuwerben, die im Ausführungsstadium als Abholer und Fahrer fungieren sollten. Mit Blick auf H, F, M und B (sowie T und X) ist ihm dies auch gelungen. Deren Tatentschlüsse wurden also – mehr oder weniger eindeutig – durch G hervorgerufen. Warum G dennoch nicht als Anstifter, sondern als Mittäter verurteilt wurde, führt das Gericht nicht explizit aus.

---

958 Weitere Erklärungsansätze waren zum einen die Rückdrängung der Anstiftung durch extensive Auslegung der mittäterschaftlichen Tatbegehung; zum anderen wurde die Überlegung angestellt, dass im Bereich organisierter Kriminalität tendenziell eher von einem sog. omnimodo facturus auszugehen sein könnte. Eine Überprüfung dieser Erklärungsansätze schien jedoch mithilfe des Aktenmaterials nicht sinnvoll zu bewerkstelligen zu sein.

Vermutlich ist der Grund jedoch darin zu sehen, dass sich die Tätigkeit des G nicht in der Anwerbung erschöpfte, sondern darüber hinaus auch die Vermittlung der Kommunikation während der Ausführungsphase umfasste. Auch in anderen Verfahren gab es Beteiligte, deren Aufgabe darin bestand, neues Personal zu rekrutieren. Hinsichtlich des Drogenkoffer-Falls ist K zu erwähnen, der – im Unterschied zum vorgenannten G – über die Rekrutierung (und Instruktion) hinaus keine weiteren Aufgaben erfüllte. Mithin wäre es durchaus naheliegend, K als Anstifter zu betrachten. Ob das Gericht dies auch so gesehen hat, lässt sich jedoch anhand des Aktenmaterials nicht beantworten. K wurde nämlich anderweitig, also in einem getrennten Verfahren verfolgt. Das gleiche gilt auch für L im Geldautomaten-Fall.

b) Zweiter Erklärungsansatz: Unzureichende Konkretisierung bei seriell begangenen Taten

Das Argument fehlender Konkretisierung der Taten zum Zeitpunkt der Anstiftung bzw. Einwirkung findet in den untersuchten Verfahren ebenfalls eine Stütze. Im Endoskope-Fall ist über die Entstehung des Tatentschlusses der Haupttäter zwar nur wenig bekannt, allerdings liegt die Vermutung nahe, dass die ursprüngliche Idee zur Tat auf den (unbekannten) Hintermann in Kolumbien zurückgeht. Gleichwohl wäre die Einwirkung des Hintermannes vermutlich nicht als Anstiftung einzuordnen, da die Auswahl – und somit Bestimmung – der Tatörtlichkeiten und Tatobjekte den ausführenden Tätern oblag. Entsprechendes gilt auch für den Geldautomaten-Fall sowie für den Sprinter-Fall. Auch dort oblag die Konkretisierung der – nur der Gattung nach bestimmten – Tatobjekte den ausführenden Tätern.

c) Fazit

Im Ergebnis lässt sich festhalten, dass ein Grund für die geringe Relevanz der Anstiftung im Zusammenhang mit organisierter Kriminalität vor allem in Abschottungstendenzen zu sehen ist.[959] Des Weiteren lässt sich als Grund anführen, dass Gruppenmitglieder, die andere Personen zur Begehung einer Straftat verleiten, meist noch andere Aufgaben wahrnehmen –

---

959 Etwa im Laufhaus-Fall ließ sich der Inhalt des Gesprächs zwischen den Laufhaus-Betreibern und den Rockern nicht ermitteln.

was zur Anwendung von Mittäterschaft führt.[960] So sind die Anwerber häufig auch für die weitergehende Kommunikation mit den (angeworbenen) Personen zuständig und fungieren als Mittler zwischen Führungs- und Ausführungsebene. Auch ist zu gewärtigen, dass Anweisungen häufig nicht hinreichend konkretisiert sind, Einzelheiten der Tatausführung vielmehr der Entscheidung des Angewiesenen überlassen bleiben.

6. Sechste Hypothese: Beihilfe durch berufsbedingte, neutrale Handlungen kommt in Fällen zur Anwendung, in denen Kooperationen zwischen legalem und kriminellem Gewerbe stattfinden.

In den untersuchten Verfahren gab es zwei Fälle, in denen eine Abgrenzung zwischen strafbarer Beihilfe und straflosem berufsbedingtem Verhalten vorgenommen wurde. Dies war zum einen der Zigarettenmaschinen-Fall, zum anderen der Laufhaus-Fall. In dem einen Fall ging es um den Verkauf eines Tatwerkzeugs, in dem anderen um zweifelhafte Berufspraktiken. In der folgenden Darstellung sollen diese beiden Fälle näher betrachtet werden.

a) Neutrale Beihilfe durch Verschaffung von Tatwerkzeugen

Der Zigarettenmaschinen-Fall erinnert sehr an die (meist fiktiven) Beispielsfälle aus Lehrbüchern, in denen der Täter ein Werkzeug kauft, um es im Anschluss für die Begehung einer Straftat zu verwenden. Da auch der BGH über den Zigarettenmaschinen-Fall entschieden hat, ist es angesichts des Mangels an realen Fallbeispielen nicht verwunderlich, dass der Fall im Schrifttum auf eine gewisse Resonanz gestoßen ist.[961] So dürfte er insbesondere zur Illustration der Beihilfe-Dogmatik besser geeignet sein als die sonst in der Praxis meist vorzufindenden Berater-Fälle. Abgesehen von seiner didaktischen Eignung bestätigt der Falles den Eindruck, dass die Dogmatik der neutralen, berufsbedingten Handlungen gerade im Zusammenhang mit organisierter Kriminalität relevant werden kann – vor allem, wenn es um den Verkauf eines (Tat-)Werkzeugs geht. Die Strafbarkeit des Verkäufers richtet sich im Wesentlichen danach, wie hoch zum Zeitpunkt

---

960 So etwa hinsichtlich des G im Falsche-Polizisten-Fall, der zwar für die Anwerbung zuständig war, gleichzeitig aber auch für die Vermittlung der Kommunikation zwischen den Hintermännern und den ausführenden Tätern.

961 Laut der Datenbank Beck-Online wird das Urteil in 30 Entscheidungen sowie in 18 Büchern zitiert.

des Verkaufs das erkennbare Risiko einer späteren Straftatbegehung ist. Für die Einschätzung dieses Risikos stehen dem Verkäufer vor allem zwei Anhaltspunkte zur Verfügung, einerseits der verkaufte Gegenstand, andererseits die Person des Käufers.

Soweit der verkaufte Gegenstand per se eine gewisse Prädisposition dafür aufweist, als Tatwerkzeug verwendet zu werden, erhöht sich dadurch das Risiko einer kriminellen Verwendung seitens des Käufers. In aller Regel wird man bei Gegenständen, die auf legalem Wege erworben werden können, eine solche Prädisposition nicht annehmen. Anders sieht dies bei einer gebrauchten, alten Zigarettenproduktionsmaschine aus. Der Ermittlungsakte lässt sich die Information entnehmen, dass entsprechende Maschinen für moderne Produzenten aufgrund der zu geringen Produktionsgeschwindigkeit nicht profitabel einsetzbar seien. Als Abnehmer kommen also in erster Linie Firmen in Betracht, die nicht wirtschaftlich produzieren – bzw. Wirtschaftlichkeit dadurch zu erreichen suchen, dass sie die (Produktions-)Steuer umgehen. Das Risiko, dass der Abnehmer einer solchen Maschine diese für illegale Zwecke verwenden wird, ist also (auch für den Verkäufer erkennbar) sehr hoch.

Des Weiteren kann für die Bewertung des Risikos einer strafrechtlich relevanten Verwendung auf die Person des Käufers abgestellt werden. Soweit der Verkäufer den Kunden persönlich kennt, dürfte er das Risiko einer strafbaren Verwendung regelmäßig besser einschätzen können als bei einem ihm unbekannten Kunden. In der modernen, städtisch geprägten Form gesellschaftlichen Zusammenlebens dürfte es jedoch eher die Regel sein, dass bei Erwerbsgeschäften des täglichen Lebens die Parteien einander nicht kennen. Im Zusammenhang mit organisierter Kriminalität dürfte die Sachlage anders sein. Gruppierungen der organisierten Kriminalität besitzen keine rechtliche Verfasstheit und haben somit bei größeren Anschaffungen einen erschwerten Marktzugang.[962] Dies gilt gerade für Gegenstände, deren Erwerb rechtliche Probleme mit sich bringen kann. Vor diesem Hintergrund erscheint es für die entsprechenden Gruppierungen notwendig bzw. vorteilhaft, über persönliche Kontakte zu den jeweiligen Anbietern zu verfügen. Für den Anbieter bedeutet dies jedoch, dass er – aufgrund des persönlichen Verhältnisses – auch die Motivationen seiner

---

962 So weist *Riechmann*, Organisierte Kriminalität und Terrorismus, S. 78, hinsichtlich der Beschaffung von Krediten darauf hin, dass – angesichts fehlender Sicherheiten und Möglichkeiten zur Wirtschaftlichkeitsbewertung – im kriminellen Milieu Kredite, wenn überhaupt, nur zu überteuerten Konditionen vergeben würden.

Kunden für den Erwerb und somit auch das Risiko einer strafbaren Verwendung besser einschätzen kann. Im Zigarettenmaschinen-Fall führten gerade die persönlichen Verbindungen des Angeklagten in die Szene osteuropäischer Zigarettenhersteller dazu, dass das Gericht von einer strafbaren Teilnahmehandlung ausging.

Am Zigarettenmaschinen-Fall lässt sich exemplarisch darstellen, inwiefern der Beihilfe durch neutrale bzw. berufsbedingte Handlungen in Form des Verkaufs von Tatmitteln insbesondere in Fällen organisierter Kriminalität eine nicht geringe Praxisrelevanz zukommt. So beruhen gerade in diesem Kriminalitätsbereich Austauschverhältnisse nicht selten auf persönlichen Beziehungen, was dazu führt, dass einem Verkäufer etwaige kriminelle Absichten des Käufers eher bekannt sein dürften.

b) Neutrale Beihilfe in Form illegaler Geschäftspraktiken

Im Laufhaus-Fall haben sich die Angeklagten während des Verfahrens damit zu verteidigen versucht, auf die Berufsüblichkeit ihrer Handlungen zu verweisen. So sei es beim Betrieb eines Laufhauses üblich und auch unvermeidlich, dass die Räumlichkeiten teilweise auch von Prostituierten genutzt werden, die kriminellen Vereinigungen nahestehen bzw. für diese arbeiten. Das Gericht verneinte jedoch die Berufsüblichkeit und stellte darauf ab, dass die Angeklagten die Zusammenarbeit mit den Rockervereinigungen eigens gesucht hatten, sich deren kriminelles Handeln also zumindest „angelegen sein" ließen. Auch an diesem Fall wird deutlich, dass Beihilfe aufgrund neutraler, berufsbedingter Handlungen gerade bei Verhaltensweisen zur Anwendung kommt, die – wie Prostitutionsausübung in einem Laufhaus – eine gewisse Nähe zum kriminellen Milieu haben.

c) Fazit

Mit zwei von 13 Fällen war der Anteil der Verfahren, in denen Beihilfe durch neutrale Handlungen thematisiert wurde, durchaus als hoch anzusehen. Da die beiden Fälle auch nicht besonders exotisch anmuten, sondern ähnliche Sachverhalte im kriminellen Umfeld häufiger vorkommen dürften, lässt sich die Schlussfolgerung ziehen, dass Beihilfe durch neutrale Handlungen gerade im Bereich der organisierten Kriminalität eine hohe Praxisrelevanz hat.

7. Siebte These: Die Verbrechensverabredung gemäß § 30 Abs. 2 Alt. 3 StGB kommt in den Verfahren nicht zur Anwendung.

Die Verbrechensverabredung kam in keinem der untersuchten Verfahren zur Anwendung, obwohl die Ermittlungsbehörden in manchen Fällen Kenntnis von bevorstehenden Taten hatten.[963] Dass es in den betreffenden Fällen nicht zur Anwendung von § 30 Abs. 2 Alt. 3 StGB kam, ist materiellrechtlich damit zu erklären, dass die Taten im weiteren Verlauf jeweils auch vollendet oder zumindest versucht wurden – eine Bestrafung nach § 30 Abs. 2 Alt. 3 StGB somit aus Konkurrenzgründen nicht mehr in Betracht kam. Sodann drängt sich jedoch die Frage auf, warum die Behörden nicht schon vorher eingegriffen haben. Zu denken wäre etwa daran, dass die Staatsanwaltschaft die Anklage auf eine möglichst feste Grundlage gestützt wissen will und die Verbrechensverabredung als weitgehend innerer Tatbestand schwerer zu beweisen ist als eine Tat, die bereits in eine Rechtsgutsverletzung gemündet ist. Auch ist zu erwägen, dass die Ermittlungsbehörden ihre Aufklärungsbemühungen durch ein möglichst hohes Strafmaß honoriert sehen wollen. Allerdings finden sich für entsprechende Vermutungen keine Anhaltspunkte in den untersuchten Verfahren, weshalb sich diesbezügliche Ausführungen an dieser Stelle erübrigen.

Anhaltspunkte für einen weiteren Erklärungsansatz fanden sich jedoch im Wasserpfeifentabak-Fall. In diesem Fall hatte die ermittelnde Behörde relativ früh Kenntnis sowohl von den geplanten Taten als auch von den Tätern. Allerdings wurden die Observationsmaßnahmen noch über einen Zeitraum von mehreren Monaten fortgeführt, ohne einen Zugriff durchzuführen. Am Ende konnten so insgesamt 26 Taten wegen bandenmäßigen Schmuggels nach § 373 AO nachgewiesen werden. Die Ermittlungsbehörde begründete ihr Zuwarten damit, dass durch Nachverfolgung der Warenlieferungen die Abnehmer des Tabaks ermittelt werden sollten – was jedoch bis zum Schluss nicht gelang.[964] Dieser Erklärungsansatz dürfte gerade für Sachverhalte organisierter Kriminalität relevant sein, denn häufig geht es in diesem Kriminalitätsbereich weniger um die Aufklärung einzelner Straftaten, sondern vielmehr der dahinterstehenden Strukturen. So ist or-

---

963 Drogenkoffer-Fall, Wasserpfeifentabak-Fall, Geldautomaten-Fall.
964 Die Ansicht der Angeklagten, dass sich der erst spät vorgenommene Zugriff zumindest im Strafmaß (mildernd) widerspiegeln müsse, teilte das Gericht nicht. Vielmehr gebe es insofern keinen „Anspruch der Angeklagten auf frühestmögliches Einschreiten der Ermittlungsbehörden".

ganisierte Kriminalität auch das hauptsächliche Anwendungsfeld von sog. Strukturermittlungen.[965] Gerade für diesen Zweck dürfte es regelmäßig nicht ausreichen, nur auf Planungen und Vorbereitungshandlungen abzustellen. Vielmehr dürfte es häufig notwendig sein, die Vollendung einer Tat abzuwarten. Besonders deutlich wird dies beim Handel mit illegalen Waren. Abnehmer, Handelsrouten und Logistikstrukturen lassen sich im Wesentlichen nur nachvollziehen, soweit ein Austausch – und mithin die Vollendung des jeweiligen Delikts – bereits stattgefunden hat.[966]

8. Achte Hypothese: § 129 StGB spielt bei der rechtlichen Behandlung der Fälle keine Rolle.

In den untersuchten Verfahrensakten spielte § 129 StGB kaum eine Rolle. Lediglich in einem Verfahren fand die Norm Erwähnung. So lautete im Drogenkoffer-Fall die Anklage (unter anderem) auf Beteiligung an einer kriminellen Vereinigung als Hintermann nach § 129 Abs. 1, 5 StGB (n.F.). Im Laufe der Hauptverhandlung wurde das Verfahren jedoch nach § 154a Abs. 2 StPO auf die Verfolgung der BtM-Straftaten beschränkt. Das Gericht ging mithin davon aus, dass eine Bestrafung nach § 129 Abs. 1, 5 StGB neben § 30a BtMG nicht beträchtlich ins Gewicht gefallen wäre.[967] Nähere Ausführungen dazu enthält jedoch weder das Protokoll der Hauptverhandlung noch das Urteil.

Dass § 129 StGB einzig im Drogenkoffer-Fall Erwähnung gefunden hat, könnte Anlass dazu geben, Rückschlüsse auf die Bedeutung der (reformier-

---

965 Laut *Jahnes*, Initiativermittlungen im Bereich der Organisierten Kriminalität, S. 10, hat der Begriff der Strukturermittlungen „ausschließlich kriminalistische Bedeutung", zur inhaltlichen Ausgestaltung zitiert sie aus einem – anscheinend unveröffentlichten – Tagungsprotokoll der AG Kripo, wonach Strukturermittlungen dadurch gekennzeichnet seien, dass die Ermittlungen „über die Aufklärung von Einzeldelikten hinaus[gehen] und insbesondere Aufklärungsmaßnahmen zur Organisation, zu den Hintermännern, zu den Tatplanungen und -vorbereitungen, zur Beuteverwertung [umfassen] und gezielt täterorientiert [erfolgen]." Vgl. auch *Scherschneva-Koller*, Strukturermittlungen zur Bekämpfung krimineller Syndikate, S. 50 ff., die insbesondere die Relevanz von Strukturermittlungen im Vorfeld der eigentlichen Tatbegehung hervorhebt.

966 Veranschaulichen lässt sich diese These auch anhand des Drogenkoffer-Falles. Dort wussten die Ermittlungsbeamten von den geplanten Lieferungen nach Japan einschließlich der Identität der Kuriere. Eine Festnahme erfolgte jedoch erst durch die japanischen Behörden, die entsprechend informiert worden waren.

967 Zu berücksichtigen ist nämlich, dass die ausgeurteilten Strafmaße mit acht Jahren (D) bzw. zehn Jahren und sechs Monaten (G) bereits sehr hoch waren.

ten) Norm für den Bereich organisierter Kriminalität zu ziehen. Dieser Fall ist nämlich – neben dem Online-Marktplatz-Fall – der einzige, dessen Tatgeschehen sich nach dem 1.1.2017, also nach Inkrafttreten des reformierten § 129 StGB ereignet hat. Dies kann möglicherweise als Indiz dafür gesehen werden, dass die Änderung des § 129 StGB tatsächlich dazu geführt haben könnte, die Norm für eine Anwendung im Zusammenhang mit organisierter Kriminalität zu öffnen. Eine entsprechende Indizwirkung ließe sich auch mit Blick auf inhaltliche Aspekte des Falls stützen. So ist kaum anzunehmen, dass nach alter Rechtslage in diesem Fall eine hypothetische Anklage ebenfalls auf § 129 StGB gestützt worden wäre. Denn zum einen ging es der Gruppierung im Wesentlichen um finanziellen Profit, ein übergeordneter Zweck nach früherem Verständnis ist mithin nicht zu erkennen. Zum anderen ist auch nicht ersichtlich, dass sich das Gruppenhandeln nach einem kollektiv gebildeten Gesamtwillen gerichtet habe. Vielmehr handelte es sich – allem Anschein nach – um ein hierarchisches System, in dem der Wille der jeweiligen Führungsperson maßgeblich war.

Letztlich dürfte jedoch zu berücksichtigen sein, dass die Stichprobe zu klein ist, als dass verallgemeinernde Rückschlüsse zulässig wären. Selbst eine qualitativ-empirische Deutung lässt sich nur schwer vornehmen, da in der betreffenden Anklageschrift, in welcher auf § 129 StGB abgestellt wird, keinerlei Ausführungen zur Anwendung der Norm erfolgen. Im Ergebnis bestätigt sich auf Grundlage der analysierten Akten die Vermutung, dass zumindest nach alter Rechtslage Sachverhalte organisierter Kriminalität in der Regel nicht in den Anwendungsbereich des § 129 StGB fielen. Dass sich dies nach der Änderung der Norm im Jahr 2017 geändert haben könnte, erscheint durchaus möglich. Eine genauere Einschätzung ist an dieser Stelle nicht möglich. Dafür hätte das Aktenmaterial eine größere Anzahl an Fällen umfassen müssen.

9. Neunte Hypothese: In allen Verfahren werden die Beteiligten wegen bandenmäßiger Begehung verurteilt.

In 12 der 13 untersuchten Fälle erfolgte eine Verurteilung wegen bandenmäßiger Begehung.[968] Dies entspricht einer Quote von etwa 92 Prozent. Auch wenn – angesichts der geringen Anzahl – kaum von einem reprä-

---

968 Lediglich im Zigarettenmaschinen-Fall lag keine Bandenmäßigkeit vor.

sentativen Ergebnis auszugehen ist, unterscheidet sich diese Quote doch deutlich vom Ergebnis der Datenbankanalyse, wo lediglich in 43 Prozent der Fälle Bandenmäßigkeit angenommen wurde.[969] Vermutlich hat sich insofern die Vorgabe bei der Aktenempfehlung ausgewirkt, es solle sich um „hochkarätige" Verfahren handeln. So werden etwa Einzeltäter, die in einem kriminellen Netzwerk Güter beschaffen oder Dienstleistungen erbringen, gemeinhin der organisierten Kriminalität zugeordnet, ohne dass sie jedoch Mitglied einer Bande sind. Genauso liegt es auch im Zigaretten-maschinen-Fall. Der Angeklagte M war in der Szene der illegalen Zigaret-tenhersteller gut vernetzt und fungierte als Lieferant von Zigarettenproduk-tionsmaschinen. An der illegalen Herstellung der Zigaretten war er jedoch über die Lieferung der Maschinen hinaus nicht beteiligt, weshalb er nicht als Bandenmitglied angesehen wurde. Insgesamt lässt sich am untersuchten Fallmaterial erkennen, dass die Schnittmenge zwischen organisierter Kri-minalität und Bandenmäßigkeit sehr groß ist.

10. Zehnte Hypothese: Sämtliche Verfahren beziehen sich auf erhebliche Straftaten sowie auf Gruppierungen, die durch eine hierarchische Organisationsstruktur gekennzeichnet sind.

Im dogmatischen Teil wurde anhand von Definitionen organisierter Krimi-nalität sowie der Bandendefinition untersucht, ob sich auf begrifflicher Ebene Unterschiede zwischen diesen Phänomenen feststellen lassen. Im Ergebnis waren lediglich die Erheblichkeit der beabsichtigten Straftaten und – soweit man ältere Definitionen organisierter Kriminalität zugrunde legt – die hierarchische Organisationsstruktur als Merkmale anzusehen, durch die sich organisierte Kriminalität von (einfacher) Bandenkriminalität abhebt. Im Folgenden soll untersucht werden, ob und inwieweit sich dieses Ergebnis anhand der Verfahrensakten bestätigen lässt. Gegliedert wird die Darstellung nach den einzelnen Definitionselementen.[970]

---

969 Siehe unter C.II.3.
970 Nicht eingegangen wird auf das Handlungselement, da die entsprechenden Kriteri-
   en der Arbeitsteilung und Planmäßigkeit nach hier vertretener Ansicht per se nicht
   für eine Abgrenzung zwischen organisierter Kriminalität und Bandenmäßigkeit
   geeignet sind, vgl. dazu die Ausführungen unter D.II.2.d)cc).

a) Personelles Element

Hinsichtlich des personellen Elements lässt sich erkennen, dass in fast allen untersuchten Fällen die jeweiligen Gruppierungen aus mehr als drei Personen bestanden. Lediglich im Online-Marktplatz-Fall waren es genau drei Personen. Hierbei ist anzumerken, dass es sich bei diesem Fall nach Einschätzung des betreffenden Praxispartners nicht um organisierte Kriminalität „im klassischen Sinne" gehandelt habe. In den übrigen Fällen wurde diese Zahl zwar stets überschritten. Wie viele Personen exakt Teil der jeweiligen Gruppierung waren, konnte jedoch häufig nicht konkret beziffert werden. So bestand etwa die Vermutung, dass der Unterstützerkreis im Geldautomaten-Fall bis zu 500 Personen umfasst habe. Im Falsche-Polizisten-Fall konnten lediglich diejenigen Personen identifiziert werden, die in Deutschland aktiv waren. Die Identität und die Anzahl derer, die – etwa als Anrufer im Callcenter oder als Hintermänner – aus der Türkei heraus agierten, konnten bis zum Abschluss des Verfahrens nicht ermittelt werden. Das gleiche gilt auch für den Rip-Deal-Fall, in dem zwar die Vermutung bestand, dass insgesamt acht Personen an den Taten mitgewirkt hätten. Zu beachten ist jedoch, dass diese Vermutung im Wesentlichen auf der Anzahl der bekannten Aliasnamen beruhte. Auf der Grundlage der untersuchten Fälle dürfte es mithin kaum möglich sein, eine konkrete Mindestanzahl an Gruppierungsmitgliedern zu nennen, ab der von organisierter Kriminalität auszugehen ist.[971]

Vorzugswürdig erscheint möglicherweise ein umgekehrter Ansatz: Charakteristisch für organisierte Kriminalität ist nicht eine bestimmte Anzahl, sondern gerade der Umstand, dass die genaue Anzahl der Gruppierungsmitglieder unbekannt ist. Wo bei einer (einfachen) Bande in der Regel bekannt ist, aus welchen Personen sie zusammengesetzt ist, lässt sich dies bei Gruppierungen der organisierten Kriminalität nicht ebenso klar sagen. Ob dieses Merkmal sich für eine zuverlässige Abgrenzung zwischen organisierter Kriminalität und Bandenmäßigkeit eignet, dürfte indes zu bezweifeln sein – was schon daran deutlich wird, dass die Anzahl der unbekannten Personen für gewöhnlich im Laufe des Verfahrens geringer wird, also offensichtlich keine feste Größe darstellt. Als Faustregel oder Indikator dürfte das genannte Kriterium jedoch durchaus in Betracht kommen – insbeson-

---

971 Wobei vermutlich auch bei einer noch so großen Anzahl an Fallbeispielen kaum zu erwarten stünde, dass sich eine eindeutige Antwort auf die Frage nach der erforderlichen Mitgliederzahl herausarbeiten ließe.

dere soweit auf einen Zeitpunkt nach Abschluss des Ermittlungsverfahrens abgestellt wird.

b) Zeitliches Element

In zeitlicher Hinsicht lässt sich feststellen, dass die Zusammenschlüsse in den Verfahren stets für mehrere Jahre Bestand hatten. Diese Zeitspanne dürfte über das hinausgehen, was als Mindestvoraussetzung für das Vorliegen einer Bande verlangt wird („gewisse Dauer"). Eine Übereinstimmung ist demgegenüber mit der zeitlichen Vorgabe der Richtliniendefinition anzunehmen, wo von einer „längere[n] oder unbestimmte[n] Dauer" die Rede ist. Schwierig dürfte es jedoch sein, aus den Fällen konkrete Zeitangaben abzuleiten, um etwa festzulegen, ab welcher Zeitspanne nicht mehr von einer „gewissen", sondern von einer „längeren" Dauer auszugehen ist. Im Ergebnis deuten mithin auch die untersuchten Fälle nicht darauf hin, dass sich auf der Grundlage des zeitlichen Elements eine trennscharfe Abgrenzung vornehmen lässt.

c) Voluntatives Element

Ausgehend von den verschiedenen Definitionsversuchen entsteht der Eindruck, dass die Bandbreite möglicher Ziele, auf deren Erreichung Gruppierungen organisierter Kriminalität ausgerichtet sein können, nicht sehr groß ist. Genannt werden nämlich lediglich finanzielle Interessen und Machtstreben, letzteres insbesondere in Form der Einflussnahme auf öffentliche Entscheidungsprozesse. Da Banden üblicherweise vor allem finanzielle Interessen verfolgen, bliebe für eine Unterscheidung zwischen (einfacher) Bandenkriminalität und organisierter Kriminalität anhand des verfolgten Interesses nur das Machtstreben. Bei den untersuchten Verfahren ist jedoch nicht erkennbar, dass eine entsprechende Ausrichtung unter den Gruppierungen vorhanden gewesen ist. So waren in keinem der Verfahren Anhaltspunkte dafür zu finden, dass es zu Bestechungs- oder sonstigen Beeinflussungsversuchen gekommen ist. Auch Revierkämpfe zwecks Etablierung bzw. Sicherung der eigenen Vormachtstellung finden sich in den Verfahren nicht. Es spricht vielmehr alles dafür, dass es den Gruppierungen ausschließlich darum ging, mit den Straftaten einen finanziellen Profit zu erzielen.

Bestätigen lässt sich demgegenüber die Vermutung, dass sich die Verfahren jeweils auf erhebliche Taten beziehen. Allein schon mit Blick auf die finanziellen Schäden dürfte sich in den meisten Fällen die Erheblichkeit ergeben. Besonders hoch waren die ermittelten finanziellen Schäden etwa im Endoskope-Fall (ca. 7 Mio. Euro), im Phishing-Fall (ca. 900.000 Euro), im Geldautomaten-Fall (ca. 520.000 Euro), im Falsche-Polizisten-Fall (ca. 400.000 Euro), im Sprinter-Fall (ca. 380.000 Euro) und im Rip-Deal-Fall (70.000 Euro). Hohe Steuerverluste ergaben sich im Zigarettenmaschinen-Fall (ca. 16 Mio. Euro), im Wasserpfeifentabak-Fall (4 Mio. Euro) und im China-Bordell-Fall (ca. 428.000 Euro). Im Drogenkoffer-Fall ergab sich die Erheblichkeit unter anderem aus dem Wert der gehandelten Betäubungsmittel in Höhe mehrerer Millionen Euro. Ähnliches gilt auch für den Online-Marktplatz-Fall, bei dem die Täter Drogenverkäufe im Wert von insgesamt ca. 24 Mio. Euro ermöglicht haben. Im Laufhaus-Fall ist angesichts der körperlichen und seelischen Misshandlungen der zur Prostitution gezwungenen Frauen von erheblichen Straftaten auszugehen. Einzig beim Schleusungsfall ließe sich die Erheblichkeit vermutlich infrage stellen. Auf der einen Seite wird zwar die Not auswanderungswilliger Personen ausgenutzt, auf der anderen Seite leisteten die Täter dabei Unterstützung, die Auswanderung zu ermöglichen. Vorliegend scheint es sich auch nicht um einen Fall zu handeln, bei dem die Ausreise mit besonderen Gefahren für die Migranten verbunden war.

d) Organisatorisches Element

Als letztes der vier Elemente soll das organisatorische Element in den Blick genommen werden. Im Zusammenhang mit organisierter Kriminalität wird häufig zwischen hierarchisch strukturierten Gruppierungen und netzwerkartigen Zusammenschlüssen unterschieden. Deshalb soll auch die folgende Darstellung anhand dieser Kategorien gegliedert werden.

aa) Netzwerkartige Zusammenschlüsse

Als Beispiel für einen netzwerkartigen Zusammenschluss lässt sich zunächst der Phishing-Fall anführen. Zwar gelang es den Strafverfolgungsbehörden nicht, zu ermitteln, wie der Zusammenschluss im Einzelnen strukturiert war, allerdings spricht vieles dafür, dass die Täter einander kaum kannten und ausschließlich zur Begehung der Taten ein Kooperationsverhältnis eingingen – mithin netzwerkartig organisiert waren. Das gleiche gilt auch für den Online-Marktplatz-Fall, bei dem die Täter wesentliche Entscheidungen stets in gemeinschaftlicher Abstimmung trafen und sich – wie auch im Phishing-Fall – gegenseitig nicht kannten. Nicht zufällig dürfte es sich bei diesen beiden Fällen gleichzeitig auch um die einzigen Cybercrime-Fälle aus dem Aktenmaterial handeln. In diesem (vergleichsweise jungen) Kriminalitätsfeld scheinen netzwerkartige Zusammenschlüsse vorherrschend zu sein. Dies ist wenig verwunderlich, bietet sich der virtuelle Raum des Cyberspace doch gerade dazu an, unter Wahrung der Anonymität im Zusammenwirken mit anderen Personen tätig zu werden, ohne feste Bindungen eingehen zu müssen.[972]

Als Akteure innerhalb eines Netzwerks können wohl auch die Täter im Laufhaus- sowie im Zigarettenmaschinen-Fall angesehen werden. So kooperierte R mit Rocker- bzw. Türstehervereinigungen, um die Anzahl an Prostituierten im Laufhaus zu erhöhen. R selbst war nicht Mitglied dieser Gruppierungen, jedoch pflegte er einen sehr engen Kontakt – insbesondere mit den Führungspersonen der betreffenden Gruppierungen.[973] Ähnliches gilt auch für M im Zigarettenmaschinen-Fall. Er war zwar nicht Teil der kriminellen Gruppierungen, die in Osteuropa massenweise illegal Zigaretten produzierten. Allerdings war er in der Szene sehr gut vernetzt und kannte die meisten Marktteilnehmer. Die beiden Fälle geben Anlass zur Vermutung, dass Netzwerke – unter anderem – dort anzunehmen sind, wo legale und illegale Marktteilnehmer miteinander kooperieren.

bb) Hierarchisch strukturierte Zusammenschlüsse

In den übrigen Fällen finden sich ausschließlich hierarchisch strukturierte Gruppierungen. Auf diese soll im Folgenden näher eingegangen werden.

---

972 Gerade für den Bereich der Internetkriminalität wird dieses Phänomen unter dem Begriff „crime-as-a-service" zusammengefasst, wodurch ausgedrückt wird, dass der einzelne Kriminelle sein Know-how im Sinne einer Dienstleistung grundsätzlich jedem gegen Entrichtung eines Entgelts zur Verfügung stellt. Instruktiv: Interview mit Arndt Sinn in WIK 2015/3 S. 15 ff.

973 Zum Beleg für die enge Beziehung wird in der Anklageschrift darauf verwiesen, dass R bei der Hochzeit einer Führungsperson der Gruppierung als Trauzeuge fungiert habe.

Besonderes Augenmerk soll dabei auf die Anzahl der vorhandenen Hierarchieebenen gelegt werden.[974]

Im Drogenkoffer-Fall ließen sich etwa vier Ebenen erkennen. Auf der untersten Ebene befanden sich die Kuriere, die für den Transport der Drogen auf dem Luftweg zuständig waren. Darüber befand sich K, der die Kuriere anwarb und instruierte. Dem K war sodann G übergeordnet, der die Präparierung der Koffer vornahm. Auf der höchsten Ebene waren die Hintermänner zu verorten, denen jeweils die Leitung der Geschäfte in bestimmten Regionen oblag. Es dürfte anzunehmen sein, dass diese Darstellung kein vollständiges Bild über die Gesamtheit an Zuständigkeiten und Untergliederungen innerhalb der Gruppierung wiedergibt. Aus dem vorhandenen Aktenmaterial lassen sich jedoch mindestens diese vier Ebenen erkennen.

Eine sehr ähnliche Gruppenstruktur findet sich auch im Falsche-Polizisten-Fall. Dort befanden sich auf unterster Ebene die Abholer und Fahrer. Diese waren dem Logistiker G untergeordnet, der seinerseits Anweisungen umsetzte, die von Seiten des – in der Türkei gelegenen – Callcenters an ihn gerichtet wurden. Allem Anschein nach gab es auch eine Person, die für die Leitung des Callcenters zuständig war, wobei die Akte in dieser Hinsicht keine genaueren Informationen hergibt. Sodann dürfte in diesem Zusammenhang auch der Geldautomaten-Fall zu nennen sein, denn auch dort handelt es sich um eine relativ große Gruppierung mit mehreren Hierarchieebenen. Aus dem Aktenmaterial selbst lassen sich drei Ebenen erkennen.

Im Endoskope-Fall standen an der Spitze der Gruppierung die Hintermänner in Kolumbien. Unterhalb dieser Ebene war M zu verorten, der als Kopf der Gruppierung in Europa anzusehen war. Dem M untergeordnet waren sodann wechselnde Mitglieder, die ihn bei der Auskundschaftung potenzieller Tatobjekte und bei der Durchführung der Diebstähle unterstützten. Sicherlich wäre es auch vertretbar, von nur zwei Hierarchieebenen auszugehen. So könnte M – mit Blick darauf, dass er selbst die Taten ausführte – eher als primus inter pares denn als übergeordnetes Gruppierungsmitglied angesehen werden.

Ähnlich verhält es sich im China-Bordell-Fall. An der Spitze stand Z, der für alle wesentlichen Entscheidungen zuständig war. Darunter befan-

---

974 Zur Veranschaulichung der Hierarchieebenen sei auch auf die grafischen Darstellungen im vorangegangenen Kapitel verwiesen.

den sich die (formellen) Inhaberinnen der einzelnen Prostitutionsstätten. Sodann könnten die Hilfskräfte, wie etwa Fahrer und Aufpasser auf einer Stufe darunter verortet werden, wobei es ebenfalls vertretbar erscheint, von nur zwei Hierarchieebenen auszugehen – mit Z an der Spitze und den restlichen Mitgliedern darunter. Im China-Bordell-Fall kann darüber hinaus erwogen werden, auch die Prostituierten als Mitglieder anzusehen, da sie – allem Anschein nach – keinem unmittelbaren Druck oder Zwang ausgesetzt waren, sondern in gewisser Weise freiwillig der (illegalen) Prostitution in den Massagesalons des Z nachgingen.[975]

Im Rip-Deal-Fall gibt es zwar Anzeichen für eine hierarchische Struktur; Anführer war wohl diejenige Person, die im Nobelrestaurant in Norditalien die Verhandlung geführt hat. Ebenfalls bekannt ist die Aufgabenteilung während der Tatausführung. Allerdings ist es auf Grundlage dieser Versatzstücke kaum möglich, Rückschlüsse auf die interne Organisationsstruktur zu ziehen. Anderweitige Anhaltspunkte ergeben sich aus dem Aktenmaterial nicht, insbesondere sind auch keine Aufzeichnungen von internen Kommunikationsvorgängen enthalten.[976]

Im Sprinter-Fall ist ebenfalls nicht klar, wie die Gruppierung organisiert war. Nicht feststellen ließ sich insbesondere, ob es überhaupt eine Person gab, die als Anführer der Gruppierung bezeichnet werden kann. Lediglich S erwähnte in seiner Beschuldigtenvernehmung, dass sie, das heißt die ausführenden Täter, von „den Russen" mit Mobiltelefonen ausgestattet worden seien. Diese hätten während der Tatausführung zudem (telefonisch) Anweisungen bezüglich der zu fahrenden Route gegeben. Innerhalb des Ausführungspersonals hat J zwar offenbar eine leitende Funktion gehabt. Ob er deshalb im Vergleich zu den übrigen Akteuren auf einer höheren Hierarchieebene zu verorten ist, dürfte zu bezweifeln sein. Da J mit den anderen Beteiligten im Ausführungsstadium zusammenwirkte, scheint es eher angebracht, ihn als primus inter pares anzusehen.

Eine klare hierarchische Gruppenstruktur fand sich wiederum im Wasserpfeifentabak-Fall. Allerdings dürfte dieser Befund nicht weiter überraschend sein, denn bei diesem Zusammenschluss handelte es sich um ein als Aktiengesellschaft verfasstes Unternehmen. Verallgemeinernde Rückschlüs-

---

975 So ist im Urteil die Rede von der „organisatorischen Eingliederung der Prostituierten".

976 In Ermangelung anderweitiger Spuren rekurrierten die Ermittler weitestgehend auf das Mittel der Wahllichtbildvorlage, um – letztlich erfolglos – die übrigen Beteiligten zu ermitteln.

se hinsichtlich interner Strukturen von Gruppierungen der organisierten Kriminalität dürften sich insofern nicht ziehen lassen.

Zum organisatorischen Element lässt sich festhalten, dass netzwerkartige Zusammenschlüsse in den untersuchten Verfahrensakten eher selten vorkamen. Erwähnenswert erscheint, dass sich diese schwerpunktmäßig im Bereich der Cyberkriminalität sowie bei Kooperationsverhältnissen zwischen legalen und illegalen Marktteilnehmern fanden. Zu bezweifeln ist jedoch, ob der Begriff der netzwerkartigen Zusammenschlüsse überhaupt als Gegenbegriff zu hierarchisch strukturierten Gruppierungen geeignet ist. Wenn man sich etwa den Zigarettenmaschinen-Fall oder den Laufhaus-Fall ansieht, so liegt es zwar nahe, die betreffenden Täter als in ein Netzwerk eingebettet zu verstehen. Allerdings besteht die jeweilige netzwerkartige Verbindung gerade zu Gruppierungen, die sehr wohl hierarchisch verfasst sind. Zudem ist zu berücksichtigen, dass auch innerhalb der netzwerkartigen Zusammenschlüsse hierarchische Strukturen zu erkennen sind. So besteht im Phishing-Fall zwischen den Beteiligten zwar jeweils eine anonyme, unverbindliche Kooperationsbeziehung. Von einer Gleichordnung kann jedoch kaum die Rede sein. Man könnte sogar von einer besonders klar hervortretenden hierarchischen Ordnung sprechen. Mithin erscheint es vorzugswürdig, Netzwerk und hierarchische Struktur nicht als entgegengesetzte, einander ausschließende, sondern als Begriffe mit gemeinsamer Schnittmenge zu verstehen.

Ansonsten sind in den untersuchten Verfahren überwiegend hierarchisch strukturierte Gruppierungen anzutreffen. Dieses Ergebnis mag durchaus überraschen, da weithin die Ansicht vertreten wird, organisierte Kriminalität komme vor allem in Form von netzwerkartig strukturierter Kriminalität vor. Inwiefern das vorliegende Ergebnis zur Widerlegung dieser Ansicht taugt, lässt sich schwer sagen. Jedenfalls scheinen unter „hochkarätigen" Fällen organisierter Kriminalität vor allem solche Fälle zu verstehen sein, die sich auf hierarchisch organisierte Gruppierungen beziehen.

e) Fazit

Die meisten der untersuchten Verfahren bezogen sich auf erhebliche Straftaten und auch auf Gruppierungen, die sich durch eine hierarchische Organisationsstruktur charakterisieren lassen. Ob sich aus diesem Befund unmittelbar Rückschlüsse auf die Geeignetheit dieser Aspekte für die Abgrenzung von organisierter Kriminalität zu (einfacher) Bandenkriminalität ziehen lassen, ist jedoch zweifelhaft. Dafür wäre erforderlich, dass als Vergleichsmaßstab Verfahren untersucht worden wären, die nicht der organisierten Kriminalität zuzuordnen sind. Im Ergebnis dürften jedoch eine hierarchische Organisationsstruktur und die Erheblichkeit der Straftaten zumindest als typisch für organisierte Kriminalität anzusehen sein.

11. Elfte Hypothese: Die Zugehörigkeit der Sachverhalte zur organisierten Kriminalität lässt sich vor allem im Rahmen der Strafzumessung erkennen.

Im dogmatischen Teil wurde die Strafzumessung als eines der materiellen Instrumente identifiziert, durch das die Zugehörigkeit eines Sachverhalts zur organisierten Kriminalität berücksichtigt werden kann. In den Blick genommen wird nun das Strafurteil mit seinen verschiedenen Bestandteilen. Es soll untersucht werden, ob die Strafzumessung derjenige Urteilsbestandteil ist, in dem die Zuordnung eines Sachverhalts zur organisierten Kriminalität besonders deutlich zum Ausdruck kommt. Abgestellt wird insofern auf die Häufigkeit bestimmter Begriffe, die als typisch für organisierte Kriminalität anzusehen sind.[977]

Ein besonders anschauliches Beispiel dafür, wie die Zugehörigkeit zur organisierten Kriminalität in sämtlichen Urteilsbestandteilen zum Ausdruck kommen kann, ist der Drogenkoffer-Fall. So geht das Gericht im Rahmen der Feststellung des Sachverhalts ausführlich auf die hierarchische sowie arbeitsteilige Organisation ein, in der die Kurierflüge eingebettet waren. In der Beweiswürdigung zitiert das Gericht zum Beleg der Bedeutung bzw. Gefährlichkeit der Gruppierung einen Ermittlungsbeamten, nach dessen Einschätzung es sich bei (dem Hintermann) W um ein „Top Target' im Bereich der Verfolgung von Straftaten der hochorganisierten internationalen Drogenkriminalität" handele. Im Rahmen der rechtlichen Würdigung führt das Gericht näher aus, warum es das Tatbestandsmerkmal ‚Handeltreiben' auch durch die Angeklagten als erfüllt ansieht. Insbesondere sei insofern auf deren „hochprofessionell praktizierte Einbringung der Betäubungsmittel in Verstecke" abzustellen. Explizit ist sodann die Erwägung im Rahmen der Strafzumessung, wonach die Angeklagten „als Teil einer in-

---

977 Als typisch wurden insbesondere solche Begriffe angesehen, die sich als Definitionselemente in den verschiedenen Definitionsversuchen wiederfinden, wie etwa „Professionalität", „Arbeitsteilung", „Organisationsstruktur", „konspiratives Vorgehen", etc.

ternational operierenden Drogenorganisation" gehandelt hätten. Strafschärfend sei dies insofern zu berücksichtigen, als es über das hinausgehe, was für die Verwirklichung des § 30a Abs. 1 BtMG erforderlich sei.[978]

Ein weiteres Beispiel für die Bezugnahme auf organisierte Kriminalität in mehreren Urteilsbestandteilen ist der Geldautomaten-Fall. So spricht das Gericht bei der Feststellung des Sachverhalts davon, dass die Täter arbeitsteilig und professionell vorgegangen seien. Des Weiteren ist auch von konspirativen Wohnungen die Rede, die den Tätern als Rückszugsort gedient hätten. Zur Begründung der Bandenmäßigkeit stützt sich das Gericht im Rahmen der rechtlichen Würdigung insbesondere auf den Umstand, dass die täterseitigen Aktivitäten als Teilhandlungen einer „organisierte[n] marokkanisch-niederländische[n] Bande" anzusehen seien. In der Strafzumessung stellt das Gericht sodann auf das „höchst professionelle Vorgehen der Tätergruppierung" ab, was damit begründet wird, dass „teilweise während der Sprengung nicht einmal das Verlassen der Bankfiliale erforderlich" gewesen sei. Bei jedem der Angeklagten wird zwecks Strafschärfung zudem auf das „äußerst konspirative[] Vorgehen" abgestellt. In anderen Fällen sind die entsprechenden Formulierungen weniger eindeutig. So wird etwa im Endoskope-Fall im Rahmen der rechtlichen Würdigung von der „aufwendigen Organisation der Taten" darauf geschlossen, dass eine Bandenabrede vorgelegen haben müsse. Sodann wird der „besondere[] organisatorische[] Aufwand" auch zum Beleg der kriminellen Energie und mithin strafschärfend heranzogen.[979] Interessanterweise wurde gleichzeitig strafmildernd berücksichtigt, dass die Täter nicht selbständig gehandelt, sondern im Wesentlichen nur Vorgaben der Hintermänner ausgeführt hätten.

In manchen Urteilen finden sich ausschließlich in der Strafzumessung Formulierungen, die auf eine Zugehörigkeit zur organisierten Kriminalität schließen lassen. So wird im Phishing-Fall strafschärfend berücksichtigt, dass die Gruppierung „deutschlandweit aktiv und hochgradig (...) organisiert" gewesen sei. Ebenso stellt das Gericht auf „die arbeitsteilige, geschickte und raffinierte Tatplanung innerhalb eines gefestigten Zusammenwirkens" ab. Ähnlich verhält es sich im Sprinter-Fall. Dort wird die kriminelle Energie der Täter mit der organisierten Tatausführung begründet. Ander-

---

978 An dieser Erläuterung wird deutlich, dass das Gericht offenbar das Risiko erkannt hatte, mit der strafschärfenden Heranziehung der Zugehörigkeit zur organisierten Kriminalität womöglich gegen das Doppelverwertungsverbot nach § 46 Abs. 3 StGB zu verstoßen.

979 Dass diese doppelte Heranziehung möglicherweise einen Verstoß gegen § 46 Abs. 3 StGB darstellen könnte, wurde vom Gericht nicht angesprochen.

weitige Formulierungen, die üblicherweise einen Zusammenhang mit organisierter Kriminalität nahelegen, finden sich in dem Urteil jedoch nicht. Auch im Rip-Deal-Fall wird lediglich im Rahmen der Strafzumessung auf organisierte Kriminalität Bezug genommen. Dort stellt das Gericht strafschärfend auf den Umstand ab, dass es sich um eine „professionell agierende Tätergruppierung der organisierten Kriminalität" gehandelt habe.

Sodann gibt es auch Urteile, in denen entsprechende Formulierungen nur in anderen Urteilsbestandteilen – also nicht im Rahmen der Strafzumessung – vorkommen. Im Falsche-Polizisten-Fall wird etwa zur Begründung der Bandenmäßigkeit auf den hohen Organisationsgrad und das professionelle Agieren der Hintermänner verwiesen. Im Rahmen der Strafzumessung erfolgt hingegen keine Bezugnahme. Erklären lässt sich dieser Umstand vermutlich damit, dass das Urteil auf einer Verständigung beruht und dementsprechend insgesamt eher inhaltsarm ist.

Keine Bezugnahmen auf organisierte Kriminalität finden sich hingegen im Laufhaus-Fall und im Zigarettenmaschinen-Fall. Daraus könnte geschlossen werden, dass Urteile aus dem Bereich der organisierten Kriminalität nicht stets – zumindest nicht ohne Weiteres – als solche zu identifizieren sind. Naheliegender könnte jedoch die umgekehrte Schlussfolgerung erscheinen, dass diese Fälle eher nicht der organisierten Kriminalität als solcher zuzurechnen sind, sondern lediglich Berührungspunkte mit diesem Kriminalitätsbereich aufweisen. Dies würde sich auch damit decken, dass gerade in diesen Fällen keine Einbindung der Angeklagten in das jeweilige (kriminelle) hierarchische System zu erkennen ist.[980]

Im Ergebnis lässt sich feststellen, dass die Zuordnung eines Sachverhalts zur organisierten Kriminalität im Rahmen eines Urteils an verschiedenen Stellen zum Ausdruck kommen kann. Schwerpunktmäßig finden sich entsprechende Bezugnahmen jedoch in der Strafzumessung in Form strafschärfender Erwägungen. Zudem fällt auf, dass gerade bei denjenigen Verfahren, in denen die hierarchische Struktur der Gruppierung sehr ausgeprägt ist, die Zuordnung zur organisierten Kriminalität auch besonders deutlich anhand der im Urteil verwendeten Begriffe und Formulierungen zu erkennen ist. Mit anderen Worten: Je mehr es sich um einen klassischen Fall[981] organisierter Kriminalität handelt, desto eher finden sich im Urteil auch Begriffe, die typischerweise mit diesem Themenfeld assoziiert werden.

---

980 Vgl. insofern die grafischen Darstellungen unter E.IV.5.a) und E.IV.2.b).
981 Als klassische Fälle sind solche anzusehen, bei denen die handelnden Akteure Teil eines hierarchisch organisierten Zusammenschlusses sind und nicht – entsprechend

12. Zwölfte Hypothese: In den Verfahren finden sich Anwendungsfälle vergleichender Strafzumessung.

Nur in einem Urteil kam es zu einer vergleichenden Strafzumessung, nämlich im Drogenkoffer-Fall. Dort heißt es zwar lediglich, dass die verhängten Strafen „auch im Quervergleich der Angeklagten zueinander angemessen" seien. Anhand dieses Falles lassen sich jedoch sowohl die sachverhaltlichen Voraussetzungen als auch die Gründe des Gerichts für eine (explizite) Heranziehung der vergleichenden Strafzumessung ableiten.

In tatsächlicher Hinsicht müssen demnach mehrere Beteiligte an der Begehung der Taten mitgewirkt haben, wobei die einzelnen Tatbeiträge bekannt sein müssen – um den Vergleich dieser Tatbeiträge geht es schließlich.[982] Hinsichtlich der Motivation des Gerichts, eine vergleichende Betrachtung vorzunehmen, besteht zumindest mit Blick auf den Drogenkoffer-Fall die Vermutung, dass das Gericht dadurch dem Vorwurf, es habe das Verhältnis der Strafmaße zueinander gerade *nicht* hinreichend berücksichtigt, zuvorkommen wollte. Das Strafmaß des D mutet relativ hoch an. So wurde er zwar mit einer Freiheitsstrafe von acht Jahren bedacht, sein Vater G demgegenüber mit zehn Jahren und acht Monaten. Zu beachten ist jedoch, dass G in weitaus höherem Maße vorbestraft war. Außerdem verfügte er in der Gruppenhierarchie über wesentlich mehr Einfluss als D. Vor diesem Hintergrund erschiene es nicht abwegig, die Stimmigkeit des Verhältnisses der beiden Strafmaße anzuzweifeln. Die vergleichende Strafzumessung trägt zwar nicht dazu bei, dieses Verhältnis nachvollziehbar zu machen; diese Funktion kommt vielmehr den einzelnen Strafzumessungserwägungen zu. Durch die vergleichende Strafzumessung konnte das Gericht jedoch – mit Blick auf eine mögliche Anfechtung des Urteils im Wege der Revision – den Verdacht ausräumen, es habe das Erfordernis eines gerechten Verhältnisses nicht im Blick gehabt.

Im Ergebnis lässt sich festhalten, dass vergleichende Strafzumessung in konkreter Form selten vorkommt, aber im Zusammenhang mit organisierter Kriminalität von Relevanz ist. Sie dürfte insbesondere in solchen Fällen zur Anwendung kommen, in denen das Verhältnis der ausgeurteilten Strafmaße zueinander möglicherweise als ungerecht empfunden werden könnte.

---

dem modernen Verständnis – nur netzwerkartig bzw. lose miteinander in Verbindung stehen, vgl. unter B.I.1.

982 Dementsprechend dürfte beispielsweise beim Sprinter-Fall, wo die individuellen Tatbeiträge nicht ermittelt werden konnten, eine vergleichende Strafzumessung von vornherein nicht in Betracht gekommen sein.

Durch die vergleichende Betrachtung im Rahmen der Strafzumessung kann das Gericht zumindest den Verdacht ausräumen, es habe eine gerechte Strafhöhenrelation als zu erwägendes Kriterium außer Acht gelassen.

VI. Ergebnis des empirischen Teils

Im empirischen Teil konnten die Ergebnisse des dogmatischen Teils weitgehend bestätigt werden. Darüber hinaus ließen sich auch einige weitergehende Erkenntnisse aus den untersuchten Fällen ziehen. So besteht zwar die Tendenz, dass vorwiegend ausführende Personen ermittelt, angeklagt und verurteilt werden, während die Führungspersonen unbehelligt bleiben. Dies gilt jedoch nur für solche Führungspersonen, die eine hinreichend große Distanz zum Ausführungspersonal wahren, insbesondere durch Aufenthalt im Ausland.

Teilweise war es nur schwer möglich, auf Grundlage der untersuchten Verfahren verallgemeinernde Schlüsse zu ziehen. Dies betraf insbesondere die Frage nach der Relevanz des § 129 StGB für den Bereich der organisierten Kriminalität. Zwar kam diese Norm in einem Verfahren – wenn auch nur im Rahmen der Anklage – zur Anwendung. Rückschlüsse auf eine (geänderte) Relevanz der Norm lassen sich daraus jedoch kaum ziehen. Das gleiche gilt auch für die Frage nach der Relevanz der Anstiftung. In keinem Verfahren fand diese Beteiligungsform Erwähnung – auch wenn es durchaus Konstellationen gab, in denen Anstiftung nahegelegen hätte. Letztlich kann der Mangel an Anwendungsbeispielen jedoch auch als Indiz dafür gesehen werden, dass die These von der jeweils fehlenden Praxisrelevanz zutreffend sein könnte.

Bemerkenswert war, dass in immerhin zwei Fällen neutrale Beihilfe problematisiert wurde. Beide Fälle betrafen auch keineswegs besonders exotische Fallvarianten. Vielmehr sind ähnliche Sachverhalte überall dort denkbar, wo kriminelle Gruppierungen auf die Dienste legaler Marktteilnehmer zurückgreifen – und umgekehrt.

Ebenfalls fiel auf, dass es in den meisten der untersuchten Verfahren um Gruppierungen ging, die hierarchisch organisiert waren. Dies lässt zumindest den Schluss zu, dass als „hochkarätig" vor allem solche Verfahren angesehen werden, die dem klassischen Verständnis von organisierter Kriminalität entsprechen.

F. Gesamtergebnis und Ausblick

Im Folgenden werden die zentralen Erkenntnisse der Arbeit zusammengefasst dargestellt. Dabei soll jeweils auch im Sinne eines Ausblicks auf künftige Entwicklungen eingegangen werden.

Die rechtliche Erforschung organisierter Kriminalität ist mit einigen Schwierigkeiten behaftet. Neben definitorischen Unschärfen macht sich bemerkbar, dass der Begriff in normativer Hinsicht kaum Bedeutung hat. Im Rahmen dieser Arbeit wurde zur Umgehung dieser Schwierigkeiten ein doppelter Ansatz verfolgt, durch den dogmatische Fragestellungen und empirische Erkenntnismethoden miteinander kombiniert wurden. Insbesondere sah dieser Ansatz vor, die dogmatischen Erkenntnisse anhand von Verfahrensakten zu überprüfen. Eine solche Kombination dogmatischer und empirischer Methoden ist auch künftig bei der Auseinandersetzung mit rechtlichen Aspekten organisierter Kriminalität zu empfehlen. Ohne eine empirische Grundlage bleiben dogmatische Erkenntnisse in diesem Forschungsfeld nämlich zu einem wesentlichen Teil spekulativ.

Die Eingliederung eines Täters in einen organisierten Zusammenschluss stellt sowohl den Gesetzgeber als auch die Gerichte vor Probleme. Dem Gesetzgeber fällt es schwer, hinreichend konkrete Tathandlungen zu formulieren, soweit diese sich auf Taten beziehen, die üblicherweise in einem organisierten Rahmen ablaufen. Prominentestes Beispiel ist das Handeltreiben in §§ 29 ff. BtMG. Gleiches gilt jedoch auch etwa für den Geldwäsche- oder den Schleusungstatbestand. Die Tathandlungen sind jeweils so weit formuliert, dass jeder, der auch nur eine Teilhandlung vornimmt, als Täter angesehen werden kann – und meist auch wird. Ebenso führt die Eingliederung in einen organisierten Täterzusammenschluss dazu, dass die Rechtsprechung von einer höheren Identifikation mit der Tat und somit tendenziell von Täterschaft ausgeht. Beide Entwicklungen sind insofern bedenklich, als sie für den Bereich der organisierten Kriminalität in die Richtung eines einheitstäterschaftlichen Systems weisen, bei dem eine Differenzierung zwischen Täterschaft und Teilnahme aufgegeben wird bzw. entsprechende Differenzierungen auf der Ebene der Strafzumessung erfolgen. Um dieser Entwicklung Einhalt zu gebieten, sollte der Gesetzgeber von der Normierung allzu offener Tathandlungen absehen. Die Rechtsprechung sollte bei der Abgrenzung zwischen Täterschaft und Teilnahme darauf achten, subjektive Aspekte nicht zu sehr in den Vordergrund zu stellen.

Modifikationen oder extensive Auslegungen der Beteiligungsformen sind bei der rechtlichen Einordnung solcher Akteure zu erkennen, die sich an den beiden Enden einer hierarchischen Struktur befinden. Hinsichtlich der Führungspersonen wurden von der Rechtsprechung die Mittäterschaft des Bandenchefs, die psychische Mittäterschaft und die mittelbare Täterschaft kraft Organisationsherrschaft entwickelt – jeweils mit dem Ziel, den betreffenden Akteur als Täter und nicht nur als Teilnehmer bestrafen zu können. Zur Erfassung von Personen, die innerhalb einer kriminellen Organisation auf unterer Gliederungsebene Aufgaben erfüllen, die nicht unmittelbar der Begehung von Straftaten, sondern der Aufrechterhaltung der organisationsinternen Moral dienen, wurde die psychische Beihilfe durch organisationsbezogene Handlungen entwickelt. Auch wenn die genannten Konstruktionen teilweise noch keine Anwendung auf Sachverhalte organisierter Kriminalität gefunden haben, lässt sich erkennen, dass durch sie der Bereich täterschaftlichen bzw. strafbaren Verhaltens in organisierten Zusammenhängen ausgedehnt wird. Da der Gesetzgeber sich bewusst dafür entschieden hat, die Tat als Bezugspunkt der Strafbarkeit zu normieren und kollektive Einflüsse weitgehend auszublenden, ist diese Ausdehnung kritisch zu sehen. Die bei der Anwendung auf Fälle organisierter Kriminalität bisher geübte Zurückhaltung sollte mithin fortgeführt werden.

Nicht abschließend geklärt ist bislang die Funktion von § 129 StGB für den Bereich organisierter Kriminalität. Die Gesetzesänderung von 2017 sollte die Norm zwar für eine Anwendung in diesem Kriminalitätsbereich öffnen. Ob dieses Ziel erfüllt wurde, ist jedoch zumindest zweifelhaft. Vor allem die in der Legaldefinition vorausgesetzte Verfolgung eines „übergeordneten Zwecks" dürfte in Gruppierungen organisierter Kriminalität nur in Ausnahmefällen anzunehmen sein. Weit überwiegend dürfte es den Gruppierungen, wie auch die empirische Untersuchung nahegelegt hat, um finanzielle Interessen gehen, die für sich betrachtet nicht als übergeordnet anzusehen sind. Abgesehen von diesen tatbestandlichen Anwendungshindernissen besteht jedoch kein akutes Bedürfnis, § 129 StGB regelmäßig auf Fälle organisierter Kriminalität anwenden zu können. So lassen sich kollektive Aspekte der Straftatbegehung über bandenmäßige Begehungsvarianten berücksichtigen. Erfassungslücken dürften dabei kaum entstehen, da in sämtlichen Deliktfeldern, die typisch für organisierte Kriminalität sind, Bandendelikte normiert sind – was auch kein Zufall ist, da gerade die neueren Bandendelikte ausgewiesenermaßen eingeführt wurden, um die Bekämpfung organisierter Kriminalität zu fördern. Darüber hinaus lassen sich typische Charakteristika organisierter Kriminalität und kollektive Aspekte der Tatbegehung regelmäßig im Rahmen der Strafzumessung berücksichtigen. Der letztgenannte Punkt ist jedoch durchaus kritisch zu betrachten. Grundsätzlich sollten typisierbare und wiederkehrende Strafwürdigkeitserwägungen – zumindest soweit sie sich auf die Tat und nicht den Täter beziehen – in Form von Straftatbeständen geregelt werden.

Da zum einen die Beteiligungsformen des StGB kollektive Aspekte der Tatbegehung weitgehend ausblenden und zum anderen organisierte Kriminalität selbst nicht tatbestandlich normiert ist, verwundert es nicht, dass organisierte Kriminalität zu einem wesentlichen Teil auf der Ebene der Strafzumessung Berücksichtigung findet bzw. zum Ausdruck kommt. Solange der Begriff der organisierten Kriminalität nicht hinreichend definiert ist, erscheint dieser Zustand einen praktikablen Kompromiss darzustellen – der jedoch mit Blick auf eine Förderung einheitstäterschaftlicher Tendenzen nicht unbedenklich ist.

Literaturverzeichnis

Abanto Vásquez, Manuel A.: Verdirbt die Organisationsherrschaft die Tatherrschaftslehre? In: Heinrich, Manfred / Jäger, Christian / Achenbach, Hans / Amelung, Knut / Bottke, Wilfried / Haffke, Bernhard / Schünemann, Bernd / Wolter, Jürgen, Festschrift für Claus Roxin zum 80. Geburtstag am 15. Mai 2011. Berlin 2011, S. 819-838.

Albrecht, Hans-Jörg: Strafzumessung bei schwerer Kriminalität. Berlin 1994.

– Organisierte Kriminalität – Theoretische Erklärungen und empirische Befunde. In: Albrecht, Hans-Jörg / Dencker, Friedrich / Kanther, Manfred / Rauchs, Georges / Schaefer, Hans-Christoph / Steen-Sundberg, Christina / Waltos, Stanislaw / Yenisey, Feridun, Organisierte Kriminalität und Verfassungsstaat. Heidelberg 1998, S. 1-40.

Albrecht, Peter-Alexis: Organisierte Kriminalität – Das Kriminaljustizsystem und seine konstruierten Realitäten. Kritische Vierteljahresschrift für Gesetzgebung und Rechtswissenschaft 1997, S. 229-237.

Altenhain, Karsten: Die Strafbarkeit des Teilnehmers beim Exzeß. Frankfurt a. M. 1994.

– Die Mitwirkung eines anderen Bandenmitglieds. ZStW 113 (2001), S. 113-145.

Altenhain, Karsten / Jahn, Matthias / Kinzig, Jörg: Die Praxis der Verständigung im Strafprozess – Eine Evaluation der Vorschriften des Gesetzes zur Regelung der Verständigung im Strafverfahren vom 29. Juli 2009. Baden-Baden 2020.

Ambos, Kai: Tatherrschaft durch Willensherrschaft kraft organisatorischer Machtapparate – Eine kritische Bestandsaufnahme und weiterführende Ansätze. GA 1998, S. 226-245.

Argyle, Michael: Soziale Interaktion. Übersetzt von W. R. Arlt. Köln 1972.

Arzt, Gunther: Bedingter Entschluß und Vorbereitungshandlung. JZ 1969, S. 54-60.

Barton, Stephan: Die Revisionsrechtsprechung des BGH in Strafsachen – Eine empirische Untersuchung der Rechtspraxis. Neuwied 1999.

Bauer, Fritz: Ideal- oder Realkonkurrenz bei nationalsozialistischen Verbrechen? JZ 1967, S. 625-628.

Baunack, Martina: Grenzfragen der strafrechtlichen Beihilfe – unter besonderer Berücksichtigung der sogenannten psychischen Beihilfe. Berlin 1999.

Becker, Karina: Der Strafgrund der Verbrechensverabredung gem. § 30 Abs. 2, Alt. 3 StGB. Berlin 2012.

Bernard, Christiane: Einfallstor Flughafen: Drogenschmuggel in Frankfurt am Main – Interview mit Kriminalhauptkommissar Thomas Becker (Kriminaldirektion K63/ GER). In: Werse, Bernd, Drogenmärkte – Strukturen und Szenen des Kleinhandels. Frankfurt a. M. 2008, S. 55-89.

Beulke, Werner / Wessels, Johannes / Satzger, Helmut: Strafrecht Allgemeiner Teil. 51. Aufl. Heidelberg 2021.

Bley, Rita: Rockerkriminalität – Erste empirische Befunde. Frankfurt a. M. 2014.

Bloy, René: Die Beteiligungsform als Zurechnungstypus im Strafrecht. Berlin 1985.

Bockelmann, Paul: Zur Abgrenzung der Vorbereitung vom Versuch. JZ 1954, S. 468-473.

Bögel, Marion: Strukturen und Systemanalyse der Organisierten Kriminalität in Deutschland. Berlin 1994.

Brisach, Gertraud / Maletz-Gaal, Claudia: Mögliche Konsequenzen der Neufassung des § 129 StGB für die Bekämpfung der Organisierten Kriminalität. Kriminalistik 2018, S. 300-304.

Brombacher, Daniel: Die Mutter des organisierten Verbrechens: Die transnationale Drogenökonomie Lateinamerikas. In: Maihold, Günther / Brombacher, Daniel Gewalt, Organisierte Kriminalität und Staat in Lateinamerika. Opladen 2013, S. 27-55.

Bruns, Hans-Jürgen / Güntge, Georg-Friedrich: Das Recht der Strafzumessung. 3. Aufl. Köln 2019.

Charalambakis, Aristoteles: Zur Problematik der psychischen Beihilfe – Zugleich ein Beitrag über die Kausalität der Beihilfe. In: Schünemann, Bernd / Achenbach, Hans / Bottke, Wilfried / Haffke, Bernhard / Rudolphi, Hans-Joachim, Festschrift für Claus Roxin zum 70. Geburtstag am 15. Mai 2001. Berlin 2001, S. 625-640.

Cirener, Gabriele / Radtke, Henning / Rissing-van Saan, Ruth / Rönnau, Thomas / Schluckebier, Wilhelm: Leipziger Kommentar zum StGB. 13. Aufl. Band 2: §§ 19-31. Berlin 2020 (zit.: LK-StGB/*Bearbeiter*).

– Band 4: §§ 38-55. Berlin 2019.

– Band 8: §§ 123-145d. Berlin 2020.

Dallinger, Wilhelm: Aus der Rechtsprechung des Bundesgerichtshofes in Strafsachen. MDR 1957, S. 266-269.

Dencker, Friedrich: Kausalität und Gesamttat. Berlin 1996.

Dessecker, Axel: Zur Konkretisierung des Bandenbegriffs im Strafrecht. NStZ 2009, S. 184-189.

Dienstbühl, Dorothee: Clankriminalität: Phänomen – Ausmaß – Bekämpfung. Heidelberg 2021.

Drenkhahn, Kirstin / Momsen, Carsten / Diederichs, Laura Farina: Organisationsdelikte und Beteiligungsstrafbarkeit – Der Weg zum Münchener NSU-Urteil. NJW 2020, S. 2582-2587.

Eidam, Lutz: Der Organisationsgedanke im Strafrecht. Tübingen 2015.

Eisele, Jörg: Abstandnahme von der Tat vor Versuchsbeginn bei mehreren Beteiligten. ZStW 112 (2000), S. 745-782.

Eisenberg, Ulrich / Ohder, Claudius: Über Organisiertes Verbrechen. JZ 1990, S. 574-579.

Engländer, Armin: Die Täterschaft beim Bandendiebstahl. GA 2000, S. 578-589.

Erb, Volker: Die Qualifikationstatbestände der Bandenhehlerei (§§ 260 I Nr. 2, 260a StGB) – ein spezifisches Instrument zur Bekämpfung der „Organisierten Kriminalität"? NStZ 1998, S. 537-542.

Eroshkina, Natalia: Die organisationsbezogene Beteiligung im Strafrecht – Das tatbestandsmäßige Verhalten der Organisationsdelikte und das Phänomen der Terrorismusfinanzierung. Berlin 2012.

Esser (Vorname nicht genannt): Die Bedeutung des Schuldteilnahmebegriffs im Strafrechtssystem. GA 1958, S. 321-333.

Falk, Bernhard: Erfassung, Beschreibung und Analyse von OK – Defizite und Fortentwicklungsmöglichkeiten bei der OK-Deskription. Kriminalistik 1997, S. 15-22.

Fischer, Thomas: Kommentar zum Strafgesetzbuch. 69. Aufl. Berlin 2022.

Fischer, Thomas / Tröndle, Herbert: Kommentar zum Strafgesetzbuch. 51. Aufl. Berlin 2003.

Flemming, Sandra / Reinbacher, Tobias: „Die unausgeführte Bande" – Zur Vorfeldstrafbarkeit bei Bandendelikten. NStZ 2013, 136-143.

Franzen, Wolfgang: Was wissen wir über Steuerhinterziehung? – Teil 2: Empirische Forschung – außer Spesen nichts gewesen? NK 2008, S. 94-101.

Frisch, Wolfgang: Tatbestandsmäßiges Verhalten und Zurechnung des Erfolgs. Heidelberg 1988.

– Über das Verhältnis von Straftatsystem und Strafzumessung – Unrecht und Schuld in der Verbrechenslehre und in der Strafzumessung. GA 2014, S. 489-503.

Frister, Helmut: Der (bayerische) Verfassungsschutz als Strafverfolgungsbehörde? In: Schulz, Joachim / Vormbaum, Thomas, Festschrift für Günter Bemmann zum 70. Geburtstag am 15. Dezember 1997. Baden-Baden 1997, S. 542-559.

Gallandi, Volker: Straftaten von Bankverantwortlichen und Anlegerschutz. wistra 1989, S. 125-130.

Geilen, Gerd: Raub und Erpressung. JURA 1979, S. 445-446.

Gemmer, Karl-Heinz: Organisiertes Verbrechen – eine Gefahr für die innere Sicherheit? Kriminalistik 1974, S. 529-533.

Godenzi, Gunhild: Strafbare Beteiligung am kriminellen Kollektiv – Eine Explikation von Zurechnungsstrukturen der Banden-, Organisations- und Vereinigungsdelikte. Bern 2015.

Güntge, Georg-Friedrich: Die Spielraumtheorie – Dominanz einer „unwissenschaftlichen" Strafzumessungslehre? ZIS 2018, S. 384-387.

Harden, Thomas: Abschied vom tatrichterlichen Beurteilungsspielraum bei der Abgrenzung von Mittäterschaft und Beihilfe. NStZ 2021, S. 193-201.

Hartmann, Arthur: Sonderregeln für die Beihilfe durch „neutrales" Verhalten? ZStW 116 (2004), S. 585-617.

Hassemer, Winfried: Strafungleichheit: Strafrechtliche Aspekte. In: Pfeiffer, Christian / Oswald, Margit, Strafzumessung – Empirische Forschung und Strafrechtsdogmatik im Dialog. Stuttgart 1989, S. 297-301.

– Professionelle Adäquanz – Bankentypisches Verhalten und Beihilfe zur Steuerhinterziehung. wistra 1995, S. 41-46 (Teil 1), S. 81-87 (Teil 2).

– Sicherheit durch Strafrecht. HRRS 2006, S. 130-143.

Hefendehl, Roland: Tatherrschaft in Unternehmen vor kriminologischer Perspektive. GA 2004, S. 575-586.

– Organisierte Kriminalität als Begründung für ein Feind- oder Täterstrafrecht? StV 2005, S. 156-161.

Heghmanns, Michael: Überlegungen zum Unrecht von Beihilfe und Anstiftung. GA 2000, S. 473-489.

Heinrich, Manfred: Rechtsgutszugriff und Entscheidungsträgerschaft. München 2002.

Heinrich, Wolfgang: Über die Notwendigkeit der Schaffung besonderer polizeilicher Ermittlungseinheiten zur Bekämpfung organisierter Kriminalität. Kriminalistik 1975, S. 292-296.

Heintschel-Heinegg: BeckOK StGB. 54. Edition. München 2022 (zit.: BeckOK StGB/ *Bearbeiter*).

Henning, Juanita / Hunecke, Ina / Walentowitz, Gerhard: Das Prostituiertenschutzgesetz im Lichte der Kriminalitätsstatistik – Vom Inkrafttreten des ProstSchG bis zur Covid-19-Krise. MschrKrim 2021, S. 359-374.

Herzberg, Rolf Dietrich: Täterschaft und Teilnahme – Eine systematische Darstellung anhand von Grundfällen. München 1977.

– Mittäterschaft durch Mitvorbereitung: eine actio communis in causa? JZ 1991, S. 856-862.

Hörnle, Tatjana: Vergleichende Strafzumessung bei Tatbeteiligung – Anmerkung zum Beschluss des BGH 1 StR 282/11 vom 28.6.2011. HRRS 2011, S. 511-512.

– Zur Lage der Strafzumessung in Deutschland. GA 2019, S. 282-295.

Hohmann, Olaf: Zur eingeschränkten Anwendbarkeit von § 129 StGB auf Wirtschaftsdelikte. wistra 1992, S. 85-89.

Huber, Michael / Hofer, Johannes: Das Strafurteil – Grundlagen zu Aufbau und Abfassung von Verurteilung, Freispruch und Einstellung. 3. Aufl. München 2016.

Jäger, Herbert: Individuelle Zurechnung kollektiven Verhaltens – Zur strafrechtlich-kriminologischen Bedeutung der Gruppendynamik. Frankfurt a. M. 1985.

– Makrokriminalität – Studien zur Kriminologie kollektiver Gewalt. Frankfurt a. M. 1989.

Jahnes, Ines: Initiativermittlungen im Bereich der Organisierten Kriminalität. Frankfurt 2010.

Jakobs, Günther: Kriminalisierung im Vorfeld einer Rechtsgutsverletzung. ZStW 97 (1985), S. 751-785.

– Strafrecht, Allgemeiner Teil – Die Grundlagen und die Zurechnungslehre. 2. Aufl. Berlin 1991.

– Akzessorietät – Zu den Voraussetzungen gemeinsamer Organisation. GA 1996, S. 253-268.

– Bürgerstrafrecht und Feindstrafrecht. HRRS 2004, S. 88-95.

Jescheck, Hans-Heinrich / Ruß, Wolfgang / Willms, Günther: Leipziger Kommentar zum Strafgesetzbuch. 10. Aufl. Band 4: §§ 80-184c. Berlin 1988 (zit.: LK-StGB/*Bearbeiter*).

Joecks, Wolfgang / Miebach, Klaus: Münchener Kommentar zum Strafgesetzbuch. Band 1: §§ 1-37 StGB. 4. Aufl. München 2020 (zit.: MüKoStGB/*Bearbeiter*).

– Band 2: §§ 38-79b StGB. 4. Aufl. München 2020.

– Band 3: §§ 80-184k. 4. Aufl. München 2021.

– Band 4: §§ 185-262. 4. Aufl. München 2021.

– Band 7: Nebenstrafrecht I. 4. Aufl. München 2022.

– Band 7: Nebenstrafrecht II (künftig Bd. 8). 3. Aufl. München 2019.

Joerden, Jan C.: Strukturen des strafrechtlichen Verantwortlichkeitsbegriffs – Relationen und ihre Verkettungen. Berlin 1988.

Johannsen, Sven Leif Erik: Die Entwicklung der Teilnahmelehre in der Rechtsprechung. Berlin 2009.

Jojarth, Christine: Money Laundering: Motives, Methods, Impact, and Countermeasures. In: Schönenberg, Regine, Transnational Organized Crime – Analyses of a Global Challenge to Democracy. Bielefeld 2013, S. 17-33.

Kaspar, Johannes: Sentencing Guidelines versus freies richterliches Ermessen – Empfiehlt sich eine Reform des Strafzumessungsrechts? NJW-Beilage 2018, S. 37-40.

Kempf, Eberhard: Die Funktion von Strafrecht und Strafverteidigung in einer modernen Gesellschaft. NJW 1997, S. 1729-1736.

Kerner, Hans-Jürgen: Professionelles und organisiertes Verbrechen – Versuch einer Bestandsaufnahme und Bericht über neuere Entwicklungstendenzen in der Bundesrepublik Deutschland und in den Niederlanden. Wiesbaden 1973.

Kienapfel, Diethelm: Der Einheitstäter im Strafrecht. Frankfurt 1971.

Kilchling, Michael: Organised Crime Policies in Germany. In: Fijnaut, Cyrille / Paoli, Letizia, Organised Crime in Europe – Concepts, Patterns and Control Policies in the European Union and Beyond. Dordrecht 2004, S. 717-762.

Kindhäuser, Urs: Bandenmäßiges Handeltreiben mit BtM. StV 2006, S. 526-528.

– Strafrecht Allgemeiner Teil. 8. Aufl. Baden-Baden 2017.

Kindhäuser, Urs / Neumann, Ulfrid / Paeffgen, Hans-Ullrich: Nomos-Kommentar zum Strafgesetzbuch. 5. Aufl. Baden-Baden 2017 (zit.: NK-StGB/*Bearbeiter*).

Kinzig, Jörg: Die rechtliche Bewältigung von Erscheinungsformen organisierter Kriminalität. Berlin 2004.

Kirkpatrick, David Ryan: Organisierte Kriminalität – Wirtschaftskriminalität. wistra 2016, S. 378-386.

Knauer, Christoph / Kudlich, Hans / Schneider, Hartmut: Münchener Kommentar zur Strafprozessordnung, Bd. 1. 2. Aufl. München 2023 (zit.: MüKoStPO/*Bearbeiter*).

Köhler, Michael: Strafrecht – Allgemeiner Teil. Berlin 1997.

Körffer, Enya: Die nigerianische organisierte Kriminalität und ihre Erscheinungsformen in Deutschland. Kriminalistik 2021, S. 373-376.

Kollmar, Hans: „Organisierte Kriminalität" – Begriff oder Bezeichnung eines Phänomens? Kriminalistik 1974, S. 1-7.

Kotz, Peter: Unerlaubtes Handeltreiben – Abgrenzung zwischen Mittäterschaft und Beihilfe. NStZ 2006, S. 456-458.

Krämer, Katharina: Individuelle und kollektive Zurechnung im Strafrecht. Tübingen 2015.

Kraler, Albert / Katsiaficas, Caitlin / Wagner, Martin: Climate Change and Migration – Legal and policy challenges and responses to environmentally induced migration. Brüssel 2020.

Kretschmer, Joachim: Rechtsprechungsübersicht zum Migrationsrecht. NStZ 2021, S. 83-91.

Krings, Kerstin: Die strafrechtlichen Bandennormen unter besonderer Berücksichtigung des Phänomens der Organisierten Kriminalität. Frankfurt a. M. 2000.

Krüger, Herbert: Führer und Führung. Breslau, 1935.

Kube, Edwin: Situationsbericht für Deutschland. In: Mayerhofer, Christoph / Jehle, Jörg-Martin, Organisierte Kriminalität – Lagebilder und Erscheinungsformen, Bekämpfung und rechtliche Bewältigung. Heidelberg 1996, S. 17-32.

Kudlich, Hans: Münchener Kommentar zur Strafprozessordnung. 1. Aufl. München 2014 (zit.: MüKoStPO/*Bearbeiter*).

Kühl, Kristian: Strafrecht Allgemeiner Teil. 8. Aufl. München 2017.

Lackner, Karl / Kühl, Kristian / Heger, Martin: Kommentar zum StGB. 30. Aufl. München 2023 (zit.: Lackner/Kühl/Heger/*Bearbeiter*).

Lampe, Ernst-Joachim: Systemunrecht und Unrechtssysteme. ZStW 106 (1994), S. 683-745.

– Tätersysteme: Spuren und Strukturen. ZStW 119 (2007), S. 471-518.

von Lampe, Klaus: Geschichte und Bedeutung des Begriffs ‚organisierte Kriminalität'. In: Tzanetakis, Meropi / Stöver, Heino, Drogen, Darknet und Organisierte Kriminalität. Baden-Baden 2019, S. 23-49.

von Lampe, Klaus / Knickmeyer, Susanne: Organisierte Kriminalität – Die aktuelle Forschung in Deutschland. Berlin 2018.

Lang-Hinrichsen, Dietrich: Bemerkungen zum Begriff der „Tat" im Strafrecht – unter besonderer Berücksichtigung der Strafzumessung, des Rücktritts und der tätigen Reue beim Versuch und der Teilnahme (Normativer Tatbegriff). In: Bockelmann, Paul, Festschrift für Karl Engisch zum 70. Geburtstag. Frankfurt a. M. 1969, S. 353-379.

Langneff, Katja: Die Beteiligtenstrafbarkeit von Hintermännern innerhalb von Organisationsstrukturen bei voll verantwortlich handelndem Werkzeug. Aachen 2000.

Lesch, Heiko H.: Täterschaft und Gestaltungsherrschaft – Überlegungen zu der gleichnamigen Monographie von Wilfried Bottke. GA 1994, S. 112-127.

Less, Avner W.: Schuldig – Das Urteil gegen Adolf Eichmann. Frankfurt a. M. 1987.

Less, Günter: Der Unrechtscharakter der Anstiftung. ZStW 69 (1957), S. 43-58.

Letzgus, Klaus: Vorstufen der Beteiligung – Erscheinungsformen und ihre Strafwürdigkeit. Berlin 1972.

Liebl, Karlhans: Wirtschafts- und organisierte Kriminalität. 3. Aufl. Wiesbaden 2016.

von Liszt, Franz: Lehrbuch des Deutschen Strafrechts. 5. Aufl. Berlin 1892.

Luczak, Anna: Organisierte Kriminalität im internationalen Kontext – Konzeption und Verfahren in England, den Niederlanden und Deutschland. Freiburg 2004.

Lüderssen, Klaus: Zum Strafgrund der Teilnahme. Baden-Baden 1967.

Maletz, Claudia: § 129 StGB – praktikabler Straftatbestand bei der Bekämpfung der Organisierten Kriminalität oder juristisches Placebo? Kriminalistik 2010, S. 128-136.

Martin, Sigmund: Vereinigungsbegriff „light" – Zum reformierten § 129 StGB. Kriminalistik 2018, S. 269-272.

Maurach, Reinhart / Gössel, Karl Heinz / Zipf, Heinz: Strafrecht Allgemeiner Teil, Teilband 2 – Erscheinungsformen des Verbrechens und Rechtsfolgen der Tat. 8. Aufl. Heidelberg 2014.

– 7. Aufl. Heidelberg 1989.

Maurer, Matthias: Komparative Strafzumessung – Ein Beitrag zur Fortentwicklung des Sanktionenrechts. Berlin 2004.

Mayer, Hellmuth: Strafrecht Allgemeiner Teil. 1. Aufl. Stuttgart 1953.

Mehrens, Stefanie: Die Kronzeugenregelung als Instrument zur Bekämpfung der organisierten Kriminalität – Ein Beitrag zur deutsch-italienischen Strafprozeßrechtsvergleichung. Freiburg 2001.

Mergen, Armand: Die Kriminologie – Eine systematische Darstellung. 3. Aufl. München 1995.

Mitsch, Wolfgang: Strafrecht, Besonderer Teil 2 – Vermögensdelikte. 3. Aufl. Berlin 2015.

– Karlsruher Kommentar zum OWiG. 5. Aufl. München 2018 (zit.: KK-OWiG/*Bearbeiter*).

Möhn, Heinz-Josef: Organisierte Kriminalität – Terminologische Klarstellung und Begriffsbestimmung. Trier 2007.

Momsen, Carsten / Washington, Sarah Lisa: Conspiracy als Beteiligungsmodell – Teil 1. ZIS 2019, S. 182-203.

Morozinis, Ioannis: Dogmatik der Organisationsdelikte – Eine kritische Darstellung der täterschaftlichen Zurechnungslehre in legalen und illegalen Organisationsstrukturen aus strafrechtsdogmatischer und rechtstheoretischer Sicht sowie ein Beitrag zur Lehre vom Tatbestand. Berlin 2010.

Morsch, Günter / Perz, Bertrand: Einleitung. In: Morsch, Günter / Perz, Bertrand, Neue Studien zu nationalsozialistischen Massentötungen durch Giftgas. Berlin 2011, S. XIII-XXXI.

Mosbacher, Andreas: Der Spielraum des Tatrichters bei Wertungs- und Wahrscheinlichkeitsurteilen. In: Schneider, Hendrik / Kahlo, Michael / Klesczewski, Diethelm / Schumann, Heribert, Festschrift für Manfred Seebode zum 70. Geburtstag am 15. September 2008. Berlin 2008, S. 227-244.

Murmann, Uwe: Tatherrschaft und Weisungsmacht. GA 1996, S. 269-281.

– Zum Tatbestand der Beihilfe. JuS 1999, S. 548-553.

Nack, Armin: Aufhebungspraxis der Strafsenate des BGH – 1992 bis 1995. NStZ 1997, S. 153-159.

– Mittelbare Täterschaft durch Ausnutzung regelhafter Abläufe. GA 2006, S. 342-345.

Nikolidakis, Marios: Grundfragen der Anstiftung: Strafgrund – agent provocateur – Objektsverwechslung. Berlin 2004.

Ostendorf, Heribert: Organisierte Kriminalität – eine Herausforderung für die Justiz. JZ 1991, S. 62-70.

Oswald, Katharina: Geldwäsche als tauglicher Ansatzpunkt zur Bekämpfung organisierter Kriminalität? In: Gehl, Günter, Bedroht die organisierte Kriminalität die Demokratien in Europa? Weimar 1997, S. 51-62.

Pache, Eckhard: Tatbestandliche Abwägung und Beurteilungsspielraum – Zur Einheitlichkeit administrativer Entscheidungsfreiräume und zu deren Konsequenzen im verwaltungsgerichtlichen Verfahren – Versuch einer Modernisierung. Tübingen 2001.

Paeffgen, Hans-Ullrich: Überlegungen zu § 111 StGB. § 111 – wirklich ein janusköpfiger Tatbestand? In: Ebert, Udo / Rieß, Peter / Roxin, Claus / Wahle, Eberhard, Festschrift für Ernst-Walter Hanack zum 70. Geburtstag am 30. August 1999. Berlin 1999, S. 591-624.

Patzak, Jörn / Volkmer, Mathias / Fabricius, Jochen: Kommentar zum Betäubungsmittelgesetz. 10. Aufl. München 2022 (zit.: Patzak/Volkmer/Fabricius/*Bearbeiter*).

Paulus, Manfred: Zuhälter – Über die Wiederentdeckung eines verschwunden geglaubten Wesens. Kriminalistik 2022, S. 488-491.

Pohl, Dieter: Die „Aktion Reinhard" im Licht der Historiographie. In: Musial, Bogdan, „Aktion Reinhard" – Der Völkermord an den Juden im Generalgouvernement 1941-1944. Osnabrück 2004, S. 87-107.

Pollähne, Helmut: Zwischen Therapie und Strafe – Sanktionsprobleme im Betäubungsmittelstrafrecht. StV 2017, S. 337-342.

Puppe, Ingeborg: Der objektive Tatbestand der Anstiftung. GA 1984, S. 101-123.

– Wie wird man Mittäter durch konkludentes Verhalten? NStZ 1991, S. 571-574.

– Strafrecht Allgemeiner Teil – im Spiegel der Rechtsprechung, Bd. 2: Sonderformen des Verbrechens. Baden-Baden 2005.

– Was ist Anstiftung? Zugleich eine Besprechung von BGH, Urteil vom 11.10.2005 – 1 StR 250/05. NStZ 2006, S. 424-426.

– Die Architektur der Beteiligungsformen. GA 2013, S. 514-536.

Puschke, Jens: Legitimation, Grenzen und Dogmatik von Vorbereitungstatbeständen. Tübingen 2016.

Rackow, Peter: Neutrale Handlungen als Problem des Strafrechts. Frankfurt a. M. 2007.

Radde, Leon: Von Mauerschützen und Schreibtischtätern – Die mittelbare Täterschaft kraft Organisationsherrschaft und ihre Anwendung auf Wirtschaftsunternehmen de lege lata. JURA 2018, S. 1210-1224.

Ransiek, Andreas: Pflichtwidrigkeit und Beihilfeunrecht – Der Dresdner Bank-Fall und andere Beispiele. wistra 1997, S. 41-47.

Rebscher, Erich / Vahlenkamp, Werner: Organisierte Kriminalität in der Bundesrepublik Deutschland. Wiesbaden 1988.

Redmann, Michael: Anstiftung und anstiftungsähnliche Handlungen im StGB unter Berücksichtigung linguistischer Aspekte. Berlin 2014.

Reichenbach, Peter: Uneigentliche Organisationsdelikte. JURA 2016, S. 139-149.

Renzikowski, Joachim: Restriktiver Täterbegriff und fahrlässige Begehung. Tübingen 1997.

Riechmann, Mario: Organisierte Kriminalität und Terrorismus – Zur Funktionalisierung von Bedrohungsszenarien beim Abbau eines rechtsstaatlichen Strafrechts. Frankfurt a. M. 2009.

Rotsch, Thomas: Die Rechtsfigur des Täters hinter dem Täter bei der Begehung von Straftaten im Rahmen organisatorischer Machtapparate und ihre Übertragbarkeit auf wirtschaftliche Organisationsstrukturen. NStZ 1998, S. 491-495.

– Tatherrschaft kraft Organisationsherrschaft? ZStW 112 (2000), S. 518-562.

– Neues zur Organisationsherrschaft. NStZ 2005, S. 13-18.

– „Einheitstäterschaft" statt Tatherrschaft – Zur Abkehr von einem differenzierenden Beteiligungsformensystem in einer normativ-funktionalen Strafrechtslehre. Tübingen 2009.

– Verbrechensverabredung im Internet, ZJS 2012, S. 680-690.

Roxin, Claus: Straftaten im Rahmen organisatorischer Machtapparate. GA 1963, S. 193-207.

– Über den Tatentschluß. In: Stree, Walter / Lenckner, Theodor / Cramer, Peter / Eser, Albin, Gedächtnisschrift für Horst Schröder. München 1978, S. 145-166.

– Was ist Beihilfe? In: Kühne, Hans-Heiner, Festschrift für Koichi Miyazawa – Dem Wegbereiter des japanisch-deutschen Strafrechtsdiskurses. Baden-Baden 1995, S. 501-517.

– Probleme von Täterschaft und Teilnahme bei der organisierten Kriminalität. In: Samson, Erich / Dencker, Friedrich / Frisch, Peter / Frister, Helmut / Reiß, Wolfram, Festschrift für Gerald Grünwald zum siebzigsten Geburtstag. Baden-Baden 1999, S. 549-562.

– Die Abgrenzung von Täterschaft und Teilnahme in der höchstrichterlichen Rechtsprechung. In: Canaris, Claus-Wilhelm / Heldrich, Andreas / Hopt, Klaus J. / Roxin, Claus / Schmidt, Karsten / Widmaier, Gunter, 50 Jahre Bundesgerichtshof – Festgabe aus der Wissenschaft. München 2000, Bd. IV, S. 177-198.

– Strafrecht Allgemeiner Teil, Bd. 2: Besondere Erscheinungsformen der Straftat. München 2003.

– Organisationsherrschaft und Tatentschlossenheit. In: Hoyer, Andreas / Müller, Henning Ernst / Pawlik, Michael / Wolter, Jürgen, Festschrift für Friedrich-Christian Schroeder zum 70. Geburtstag. Heidelberg 2006, S. 387-400.

– Organisationsherrschaft und Tatentschlossenheit. ZIS 2006, S. 293-300.

– Zur neuesten Diskussion über die Organisationsherrschaft. GA 2012, S. 395-415.

– Täterschaft und Tatherrschaft. 6. Aufl. Berlin 1994; 10. Aufl. Berlin 2019.

Roxin, Imme: Organisationsherrschaft, „uneigentliches" Organisationsdelikt und die Verfahrensökonomie bei Straftaten in Wirtschaftsunternehmen. In: Barton, Stephan / Eschelbach, Ralf / Hettinger, Michael / Kempf, Eberhard / Krehl, Christoph / Salditt, Franz, Festschrift für Thomas Fischer. München 2018, S. 267-278.

Schäfer, Christoph: Polizeiarbeit auf schwankendem Grund – Ist organisierte Kriminalität mit dem geltenden Recht wirksam zu bekämpfen? Kriminalistik 1987, S. 230-235.

Schäfer, Gerhard / Sander, Günther M. / van Gemmeren, Gerhard: Praxis der Strafzumessung. 6. Aufl. München 2017.

Schaefer, Hans Christoph: Vorbeugung und Bekämpfung der organisierten Kriminalität aus der Sicht der Staatsanwaltschaft. In: Mayerhofer, Christoph / Jehle, Jörg-Martin, Organisierte Kriminalität – Lagebilder und Erscheinungsformen, Bekämpfung und rechtliche Bewältigung. Heidelberg 1996, S. 157-172.

Scherschneva-Koller, Elena: Strukturermittlungen als Ermittlungsmethode zur Bekämpfung krimineller Syndikate. Linz 2014.

Schild, Wolfgang: Der strafrechtsdogmatische Begriff der Bande. GA 1982, S. 55-84.

Schlösser, Jan: Soziale Tatherrschaft – Ein Beitrag zur Frage der Täterschaft in organisatorischen Machtapparaten. Berlin 2004.

Schmidhäuser, Eberhard: Strafrecht Allgemeiner Teil – Lehrbuch. 2. Aufl. Tübingen 1970.

Schnarr, Karl Heinz: Gehören Vorbereitungshandlungen nach § 30 StGB zum Deliktsbereich von Katalogtaten? NStZ 1990, S. 257-261.

Schneider, Hendrik: Neutrale Handlungen: Ein Oxymoron im Strafrecht? – Zu den Grenzlinien der Beihilfe. NStZ 2004, S. 312-317.

Schönke, Adolf / Schröder, Horst: Kommentar zum StGB, 30. Aufl. München 2019 (zit.: Schönke/Schröder/*Bearbeiter*).

Schoreit, Armin: Organisierte Kriminalität – Dogmatische und praktische Probleme. MDR 1992, S. 1013-1017.

Schork, Stefanie: Der minder schwere Fall und die Strafzumessung – ein Einfallstor für die Revision. NJW 2017, S. 3282-3284.

Schroeder, Friedrich-Christian: Der Sprung des Täters hinter dem Täter aus der Theorie in die Praxis – Zugleich Besprechungsaufsatz zum Urteil des BGH v. 26.7.94 – 5 StR 98/94. JR 1995, S. 177-180.

Schünemann, Bernd: Die Rechtsfigur des „Täters hinter dem Täter" und das Prinzip der Tatherrschaftsstufen. ZIS 2006, S. 301-308.

– Der Begriff der sog. Einheitstäterschaft im Strafrecht – Kritik eines dogmatischen Monstrums. GA 2020, S. 224-231.

Schulz, Joachim: Die Bestrafung des Ratgebers – Zur Abgrenzung zwischen Anstiftung und Beihilfe. Berlin 1980.

– Anstiftung oder Beihilfe. JuS 1986, S. 933-942.

See, Hans: Wirtschaftskriminalität, organisierte Kriminalität und Korruption – die inneren Feinde der sozialen Marktwirtschaft und der Demokratie. In: Gehl, Günter, Bedroht die organisierte Kriminalität die Demokratien in Europa? Weimar 1997, S. 9-42.

Seelmann, Kurt: Mittäterschaft im Strafrecht. JuS 1980, S. 571-574.

– Kollektive Verantwortung im Strafrecht. Berlin 2002.

Seher, Gerhard: Vorsatz und Mittäterschaft – Zu einem verschwiegenen Problem der strafrechtlichen Beteiligungslehre. JuS 2009, S. 1-7.

Selzer, Nicole: Organisierte Kriminalität als kriminelle Vereinigung – Eine kritische Auseinandersetzung mit der Reform des § 129 StGB. KriPoZ 2018, S. 224-229.

Sieber, Ulrich: Organisierte Kriminalität in der Bundesrepublik Deutschland. In: Sieber, Ulrich, Internationale organisierte Kriminalität: Herausforderungen und Lösungen für ein Europa offener Grenzen. Köln 1997, S. 43-85.

Sieber, Ulrich / Bögel Marion: Logistik der Organisierten Kriminalität – Wirtschaftswissenschaftlicher Forschungsansatz und Pilotstudie zur internationalen Kfz-Verschiebung, zur Ausbeutung von Prostitution, zum Menschenhandel und zum illegalen Glücksspiel. Wiesbaden 1993.

Sielaff, Wolfgang: Bis zur Bestechung leitender Polizeibeamter? Erscheinungsformen und Bekämpfung der organisierten Kriminalität in Hamburg. Kriminalistik 1983, S. 417-422.

Sinn, Arndt: Organisierte Kriminalität 3.0. Berlin 2016.

– Von Trojanern, Hybriden und Serviceanbietern. In: Sinn, Arndt / Hauck, Pierre / Nagel, Michael / Wörner, Liane, Populismus und alternative Fakten – (Straf-)Rechtswissenschaft in der Krise? Tübingen 2020.

Sinn, Arndt / Iden, Marcel Patric / Pörtner, Patrick: Alter Wein in neuen Schläuchen oder Paradigmenwechsel beim Begriff der kriminellen Vereinigung (§ 129 Abs. 2 StGB)? ZIS 2021, 435-451.

Soiné, Michael: Aufklärung der Organisierten Kriminalität – (k)eine Aufgabe für Nachrichtendienste? ZRP 2008, S. 108-111.

Sowada, Christoph: Der Bandendiebstahl (§ 244 Abs. 1 Nr. 2 StGB) im Spiegel der aktuellen Rechtsprechung des Bundesgerichtshofs. In: Duttge, Gunnar / Geilen, Gerd / Meyer-Goßner, Lutz / Warda, Günter, Gedächtnisschrift für Ellen Schlüchter. Köln 2002, S. 383-402.

Steckermeier, Kristina: Der Tatentschluss von Mittätern (§ 25 Absatz 2 StGB), Verlängerte Tatherrschaft als Zurechnungsgrund – Eine empirisch gestützte Untersuchung. Baden-Baden 2015.

Steen, Henning: Die Rechtsfigur des omnimodo facturus – Ein Beitrag zur Abgrenzung von Anstiftung und Beihilfe. Berlin 2011.

Stein, Ulrich: Die strafrechtliche Beteiligungsformenlehre. Berlin 1988.

Steinke, Wolfgang: Das organisierte Verbrechen – Eine kriminalistisch/kriminologische Analyse. Kriminalistik 1982, S. 78-100.

Terhorst, Bruno: Vergleichende Strafzumessung bei mehreren Tatbeteiligten. JR 1988, S. 272-275.

Toepel, Friedrich: Zur Architektur der Bandendelikte. ZStW 115 (2003), S. 60-90.

Trechsel, Stefan: Der Strafgrund der Teilnahme. Bern 1967.

Trüg, Gerson: Das „Eigentliche" am uneigentlichen Organisationsdelikt im Unternehmenskontext. In: Barton, Stephan / Eschelbach, Ralf / Hettinger, Michael / Kempf, Eberhard / Krehl, Christoph / Salditt, Franz, Festschrift für Thomas Fischer. München 2018, S. 279-298.

Valerius, Brian: NSU – Mitglieder terroristischer Vereinigungen als Mittäter. NJW 2021, S. 2851-2854.

Volk, Klaus: Tendenzen zur Einheitstäterschaft – Die verborgene Macht des Einheitstäterbegriffs. In: Schünemann, Bernd / Achenbach, Hans / Bottke, Wilfried / Haffke, Bernhard / Rudolphi, Hans-Joachim, Festschrift für Claus Roxin zum 70. Geburtstag am 15. Mai 2001. Berlin 2001, S. 563-574.

Walischewski, Leonard: § 129 StGB – Die kriminelle Vereinigung, Wunderwaffe der Strafverfolgung? StV 2000, S. 583-586.

Walter, Michael: Läßt sich der Handlungsunwert an der aufgewendeten „kriminellen Energie" ermessen? – Zur Notwendigkeit und Brauchbarkeit eines eingefleischten Begriffs. GA 1985, S. 197-213.

Weber, Klaus / Kornprobst, Hans / Maier, Stefan: Kommentar zum Betäubungsmittelgesetz, Arzneimittelgesetz, Anti-Doping-Gesetz, Neue-psychoaktive-Stoffe-Gesetz. 6. Aufl. München 2021.

Weigend, Thomas: Grenzen strafbarer Beihilfe. In: Eser, Albin, Festschrift für Haruo Nishihara zum 70. Geburtstag – 5: Beiträge in deutscher Sprache. Baden-Baden, 1998, S. 197-212.

Weißer, Bettina: Organisationsherrschaft und organisationsbezogene Beihilfe – Zur beteiligungsdogmatischen Einordnung der Massenmorde in Konzentrationslagern. GA 2019, S. 244-256.

Welzel, Hans: Zur Kritik der subjektiven Teilnahmelehre. Süddeutsche Juristen-Zeitung 1947, Spalte 645-650.

Wendt, Carsten: Das deutlich unterschätzte „Hawala-Banking". Kriminalistik 2022, S. 451-457.

Weschke, Eugen / Heine-Heiß, Karla: Organisierte Kriminalität als Netzstrukturkriminalität – Teil 1. Berlin 1990.

Westphal, Christian: Illegale chinesische Prostitution in Deutschland – Daten, Analysen und Auswertungsstand. Kriminalistik 2018, S. 262-268.

Wohlers, Wolfgang: Hilfeleistung und erlaubtes Risiko – zur Einschränkung der Strafbarkeit gemäß § 27 StGB. NStZ 2000, S. 169-174.

Wolff-Reske, Monika: Berufsbedingtes Verhalten als Problem mittelbarer Erfolgsverursachung – Ein Beitrag zu den Grenzen der Beihilfestrafbarkeit. Baden-Baden 1995.

Wolter, Jürgen: Systematischer Kommentar zum Strafgesetzbuch. 9. Aufl. 2017 Köln (zit.: SK-StGB/*Bearbeiter*).

Zachert, Hans-Ludwig: Die Entwicklung der Organisierten Kriminalität in Deutschland – Ursachen, Bilanz, Perspektiven. Aus Politik und Zeitgeschichte 1995, Bd. 23 S. 11-19.

Zaczyk, Rainer: Die „Tatherrschaft kraft organisatorischer Machtapparate" und der BGH. GA 2006. S. 411-415.

Zieschang, Frank: Mittäterschaft bei bloßer Mitwirkung im Vorbereitungsstadium? ZStW 107 (1995), S. 361-381.

Zöller, Mark A.: Europäisierte Vereinigungsdelikte? – Der Regierungsentwurf zur Umsetzung des EU-Rahmenbeschlusses zur Bekämpfung der organisierten Kriminalität. KriPoZ 2017, S. 26-33.

Zühlsdorf, Hans: Bekämpfung organisierter Verbrechen. Stuttgart 1974.